Poissons

Poissons

Texte de Karel Pivnička
et Karel Černý

Illustrations de Květoslav Hísek

LA NATURE À LIVRE OUVERT

Gründ

GARANTIE DE L'ÉDITEUR

Pour vous parvenir à son plus juste prix, cet ouvrage a fait l'objet d'un gros tirage. Malgré tous les soins apportés à sa fabrication, il est malheureusement possible qu'il comporte un défaut d'impression ou de façonnage. Dans ce cas, ce livre vous sera échangé sans frais.
Veuillez à cet effet le rapporter au libraire qui vous l'a vendu ou nous écrire à l'adresse ci-dessous en nous précisant la nature du défaut constaté. Dans l'un ou l'autre cas, il sera immédiatement fait droit à votre réclamation.

Librairie Gründ – 60, rue Mazarine – 75006 Paris

Deuxième tirage 1988
Traduction de Barbora Faure
Auteur des dessins : Květoslav Hísek
Arrangement graphique par Antonín Chmel

ISBN 2-7000-1518-5
Dépôt légal septembre 1987
Imprimé en Tchécoslovaquie par TSNP, Martin
3/13/11/53-02

Table

AVANT-PROPOS 6
PRÉSENTATION MORPHOLOGIQUE 6
MOTILITÉ DES POISSONS 9
COLORATION DES POISSONS 9
LE SQUELETTE 10
LA MUSCULATURE 11
LA RESPIRATION 11
LA VESSIE GAZEUSE 12
LA CIRCULATION SANGUINE 13
LA DIGESTION 13
L'EXCRÉTION 14
RÉGULATION OSMOTIQUE 14
LES ORGANES SEXUELS 14
LE SYSTÈME NERVEUX 15
LES GLANDES ENDOCRINES 16
LES SENS 16
L'ÉVOLUTION DES POISSONS 17
LA SYSTÉMATIQUE DES POISSONS 19
APPARITION D'ESPÈCES NOUVELLES 20
ZOOGÉOGRAPHIE 20
FACTEURS ÉCOLOGIQUES 22
- L'eau 22
- La température 23
- L'oxygène et le gaz carbonique 23
- L'acidité de l'eau 24
- La lumière 24
- La pollution 24

LA REPRODUCTION 25
- Les cellules sexuelles 25
- La fraie 26
- Le développement embryonnaire 26
- Les soins à la descendance 27

L'ALIMENTATION DES POISSONS 27
LA CROISSANCE 29
DÉTERMINATION DE L'ÂGE ET DE LA VITESSE DE CROISSANCE 30
DYNAMIQUE DES POPULATIONS 31
- Marquage 31
- Estimation de la taille d'une population 32
- Mortalité des poissons 32
- La biomasse 33

L'INTÉRÊT DES POISSONS 33
- La pêche à l'échelle mondiale 33
- Des ressources inexploitées 35

TECHNIQUES DE PÊCHE 35
- La pêche marine 35
- La pêche en eau douce 36
- La pêche sportive 37

DESCRIPTIONS ILLUSTRÉES 39

BIBLIOGRAPHIE SOMMAIRE 297
INDEX DES NOMS FRANÇAIS 298
INDEX DES NOMS LATINS 301

Avant-propos

Les poissons constituent le groupe le plus nombreux de l'embranchement des vertébrés dont ils représentent environ la moitié des espèces. On les rencontre en eau douce, saumâtre ou salée, dans les abysses océaniques comme dans les lacs de haute montagne, depuis les régions polaires jusqu'aux oasis de déserts. Sous le nom de poisson, on entend deux types différents tant du point de vue évolutif que morphologique et anatomique : les poissons cartilagineux et les poissons osseux. Deux autres groupes, rattachés aux poissons d'une manière purement formelle, du fait de leur morphologie et de leur mode de vie, les lamproies et les myxines, sont des formes particulièrement archaïques.

Il existe environ 20 000 espèces de poissons dont 40 % vivent en eau douce et 60 % dans les mers. Quelques rares espèces sont capables de passer d'un de ces milieux dans l'autre (salmonidés, acipenséridés, anguilles, etc.).

Parmi les espèces marines, plus des trois quarts ont pour cadre de vie la zone littorale jusqu'à une profondeur de 200 m, un dixième seulement est constitué par des poissons de haute mer et un vingtième vit dans les grandes profondeurs.

Chez les poissons d'eau douce, le nombre d'espèces présentes dans les eaux va croissant des pôles vers l'équateur. Il dépend toujours aussi des dimensions et des origines géologiques du milieu. Le fleuve d'Europe le plus riche en espèces est le Danube avec 63 types différents. C'est après la Volga le plus grand fleuve d'Europe mais, contrairement à celle-ci, il a échappé aux effets des glaciations. Les grands fleuves tropicaux sont beaucoup plus riches : l'Amazone abrite quelque 1000 espèces, le Congo plus de 500. La même tendance apparaît dans le milieu marin : la mer Blanche héberge environ 50 espèces, la mer du Nord en abrite 170 et la mer Rouge 1000.

L'homme s'intéresse depuis toujours aux poissons qui constituent pour lui une importante ressource alimentaire, aux potentialités encore inexploitées, qu'il s'agisse de la mer ou de l'eau douce. Par ailleurs, c'est de plus en plus souvent que des milliers de cadavres flottant sur l'eau trahissent une intoxication causée par des effluents industriels, agricoles ou autres. Le public est de plus en plus concerné par ce problème : il se rend compte qu'un milieu malsain pour les poissons ne peut guère être sain pour l'homme.

Notre ouvrage présente et décrit 256 espèces européennes, dulçaquicoles ou marines. En prenant en compte aussi les petites illustrations complémentaires, ce sont environ 370 espèces qui sont décrites. Notre choix s'est fait en fonction de l'intérêt biologique et économique des espèces. Le lecteur y trouvera donc un aperçu complet sur cet important groupe animal et une documentation de base sur sa richesse et sa variété spécifiques. Enfin, les données présentées lui permettront de déterminer facilement la plupart des espèces décrites.

Présentation morphologique

A première vue, on distingue chez le poisson une tête, un tronc et une queue. Chez les poissons cartilagineux, la tête s'arrête au bord antérieur du premier orifice branchial, chez les poissons osseux au bord postérieur de l'opercule. Le tronc s'arrête à l'orifice anal au-delà duquel se situe la queue.

La tête commence par une bouche qui peut être tournée vers l'avant (bouche terminale), vers le bas (bouche inférieure) ou vers le haut (bouche supérieure).

Les narines paires aboutissent à un sac olfactif fermé. Ce n'est que chez les lamproies que la narine, impaire, communique avec l'appareil branchial. La communication entre les narines paires et la cavité buccale existe également chez les dipneustes actuels ou disparus et chez certains crossoptérygiens fossiles. L'oeil sans paupières varie de taille selon le mode de vie. La tête porte aussi plusieurs orifices appartenant à la ligne latérale qui se prolonge chez la plupart des espèces jusqu'à la queue.

Le tronc porte des formations caractéristiques, les nageoires. Elles sont soit paires : pectorales et pelviennes ; soit impaires : dorsale. La nageoire dorsale peut se continuer sur la queue comme chez la lote, l'anguille ou le genre *Anarrhichas.* Il en est de même lorsqu'il existe plusieurs nageoires dorsales (deux chez la perche ou les mulets, trois chez les morues). Les thons et les maquereaux sont dotés d'une série de pinnules qui ont sans doute pour fonction de réduire la résistance des couches d'eau au voisinage du corps.

Les nageoires paires, pectorales et pelviennes, correspondent aux membres des autres vertébrés et permettent les déplacements au sein du milieu aquatique. Chez les poissons osseux, les pectorales sont reliées au crâne ; chez les poissons cartilagineux, elles sont ancrées dans la musculature au moyen d'éléments cartilagineux autonomes. Les pelviennes sont généralement ancrées dans la musculature. Chez certains groupes comme les clupéiformes et les cypriniformes, les nageoires pelviennes se trouvent en position ventrale ou abdominale, chez les perciformes, elles sont situées sous les pectorales et chez les gadiformes elles sont même placées en avant des pectorales. Elles sont complètement absentes chez certains groupes comme les anguilles.

A l'exception de la nageoire adipeuse, toutes les autres nageoires sont consolidées par des rayons osseux ou cartilagineux. Elles peuvent être modifiées en organes copulateurs permettant une fécondation interne (nageoires ventrales transformées en myxoptérygies ou ptérygiopodes chez les requins, ou en ventouses : nageoires ventrales des gobies).

La queue commence au-delà de l'anus et se termine généralement par une puissante nageoire caudale. La partie musculeuse reçoit le nom de pédoncule caudal et joue, avec la nageoire caudale, un rôle important dans les déplacements et dans l'orientation au sein de la colonne

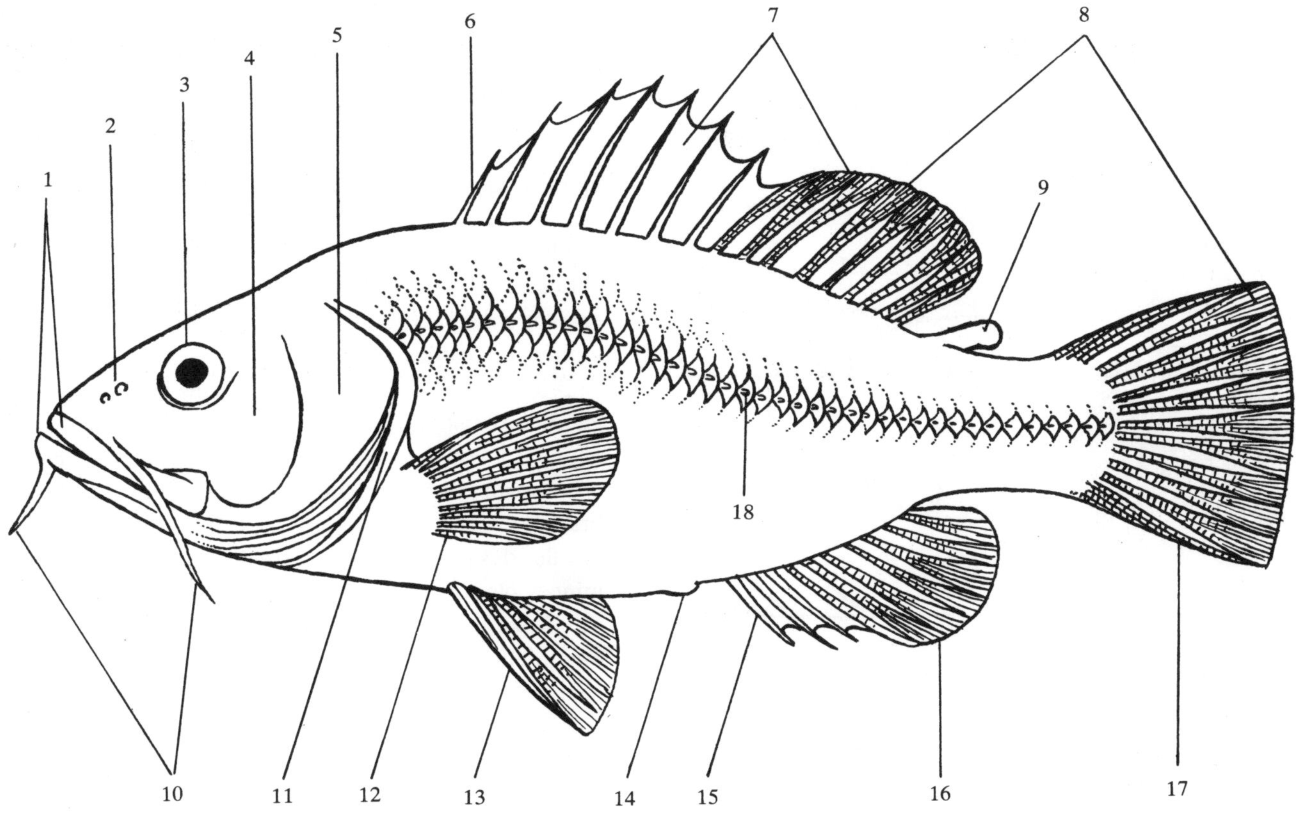

d'eau. La forme du pédoncule et de la nageoire traduisent les aptitudes à la vitesse et les facultés motrices des espèces. Chez les meilleurs nageurs, le pédoncule est mince et la nageoire caudale longuement lobée (thon, espadon), chez les nageurs médiocres, le pédoncule est au contraire court et large, avec une nageoire caudale de petite dimension (gobie). La queue porte également une nageoire anale impaire (transformée en un organe copulateur nommé gonopode chez les xiphophores) parfois une nageoire adipeuse et une partie de la nageoire dorsale.

Chez les poissons osseux supérieurs, la colonne vertébrale s'arrête en avant de la nageoire caudale, dont les deux lobes sont plus ou moins symétriques : on parle d'une queue homocerque. Chez les poissons cartilagineux, mais aussi par exemple chez les esturgeons, la colonne vertébrale se prolonge dans le lobe supérieur de la nageoire caudale, ce qui aboutit à la formation d'une queue hétérocerque.

1. Morphologie théorique d'un poisson : 1 – mâchoires ; 2 – narine ; 3 – oeil ; 4 – préopercule ; 5 – opercule ; 6, 15 – rayons épineux simples ; 7 – nageoire dorsale ; 8 – rayons mous fourchus ; 9 – nageoire adipeuse ; 10 – barbillons ; 11 – membrane operculaire ; 12 – nageoire pectorale ; 13 – nageoire ventrale (pelvienne) ; 14 – anus ; 15 – rayons épineux de la nageoire anale ; 16 – nageoire anale ; 17 – nageoire caudale ; 18 – écailles perforées de la ligne latérale.

2. Différents types de nageoires caudales : A – lamproie ; B – nageoire hétérocerque de requin ; C – nageoire diphycerque de néocératode ; D – nageoire homocerque de carpe. 1 – chorde ; 2 – apophyses supérieures des vertèbres (chez la lamproie, baguettes cartilagineuses) ; 3 – apophyses inférieures des vertèbres ; 4 – corps des vertèbres ; 5 – rayons de la bordure natatoire des lamproies, cératotriches des requins et lépidotriches des poissons osseux ; 6 – urostyle.

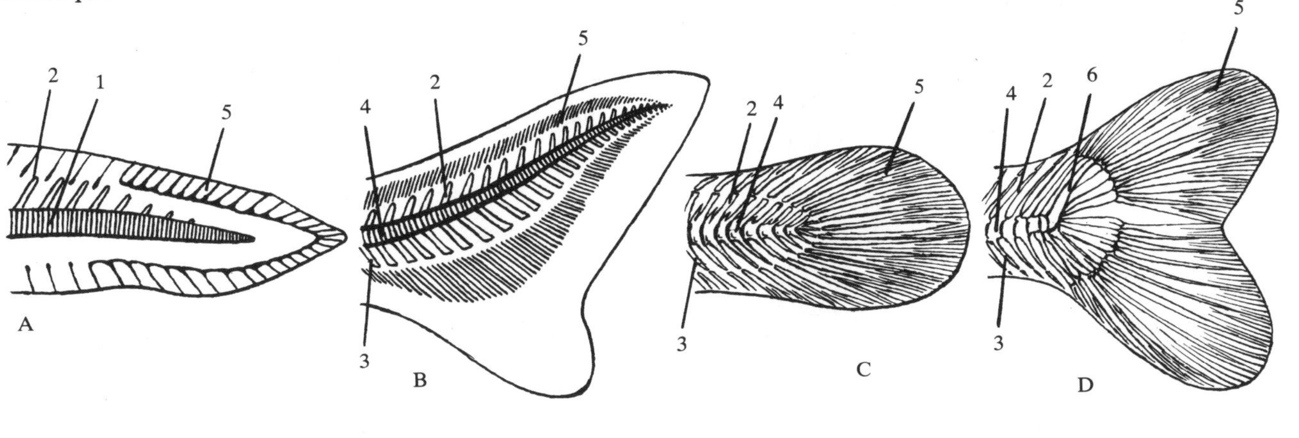

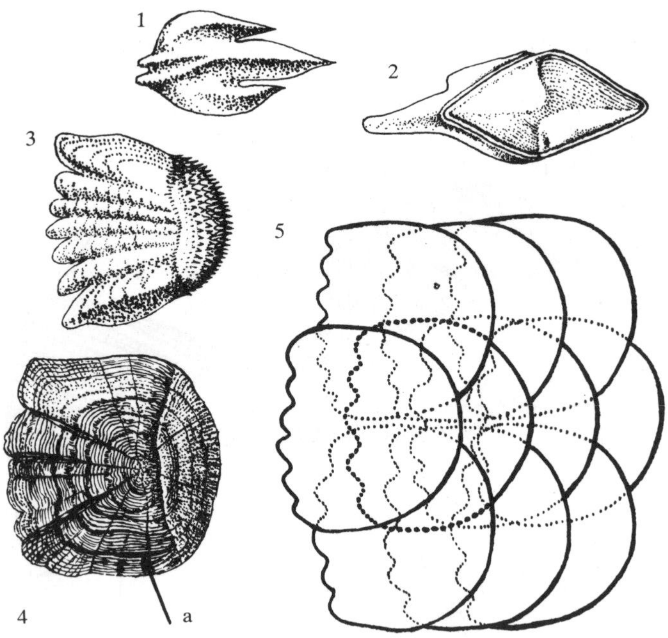

3. Différents types d'écailles : 1 – écaille placoïde de requin ; 2 – écaille ganoïde d'amie ; 3 – écaille cténoïde de perche ; 4 – écaille cycloïde de carassin ; a – annulus : limite des sclérites, plus ou moins tassés ; 5 – schéma du chevauchement des écailles sur le corps du carassin.

La peau des poissons se compose de deux couches principales, l'épiderme qui est superficiel et le derme qui est profond. Elle protège le corps contre les effets du milieu et assure en même temps une fonction respiratoire, excrétrice et osmorégulatrice. Les sécrétions de nombreuses glandes à mucus donnent au corps son contact gluant caractéristique, dont le rôle est entre autres de réduire la friction du milieu aquatique.

La plupart des poissons sont couverts d'écailles qui les protègent efficacement contre les blessures. Plusieurs types d'écailles sont apparus au cours de l'évolution. Les écailles dites placoïdes des requins et des espèces voisines du groupe des chondrychthyens sont en fait des dents épidermiques présentant une surface d'émail qui recouvre une pulpe de dentine. Dans la cavité buccale, de grandes écailles placoïdes forment des rangées de dents.

Les écailles ganoïdes sont le type le plus ancien. Les écailles cosmoïdes en sont une modification ; elles ressemblent aux écailles placoïdes que l'on ne trouve plus que chez le coelacanthe parmi les poissons actuels. Les écailles ganoïdes existent chez les polyptères, les esturgeons et les amies. La couche supérieure (ganoïde) de ces écailles est recouverte d'une couche de ganoïne qui leur donne un brillant vitreux et qui a la même origine que la dentine. Les écailles des poissons osseux (téléostéens) sont en forme de minces plaquettes ovales dépourvues d'émail et de dentine. Lorsqu'elles sont lisses, on les appelle cycloïdes, lorsqu'elles sont rugueuses avec une bande d'épines à l'avant, on les appelle cténoïdes. On trouve les premières par exemple chez les cypriniformes, les secondes chez les perciformes.

Les poissons vivent constamment dans un milieu qui est presque huit cents fois plus dense que l'air. La forme de leur corps est fonction de la forte pression du milieu aquatique. Les déplacements dans l'eau sont fortement conditionnés par sa longueur relative, qui correspond au rapport entre la longueur du corps et sa plus forte dimension transversale. Lorsque la plus grande hauteur du poisson dépasse le tiers de sa longueur, la résistance de l'eau est trop forte pour permettre une évolution aisée. Les déplacements sont également influencés par la friction de la surface du corps contre les couches d'eau. Cette friction est directement proportionnelle à la surface du corps qui augmente elle-même lorsque le corps s'allonge. Une forme optimale intègre toutes ces conditions : un corps idéal n'est ni trop long et mince, ni trop court et haut.

Les nageurs les plus rapides, ceux qui se déplacent librement en haute mer, présentent un corps idéal, d'aspect fusiforme : ce sont les espèces pélagiques comme les saumons, les maquereaux, les requins, les mulets. Les nageurs endurants mais qui n'atteignent pas la vitesse des thons ou des saumons ont un corps allongé (anguilliforme) comme celui des anguilles, de certains requins (par exemple *Chlamydoselachus anguineus*), des orphies (béloniformes), des lotes de mer, etc. Les brèmes et les perches marines de la famille des *Sparidae* ont un corps aplati ; les poissons vivant au fond des mers et des eaux douces

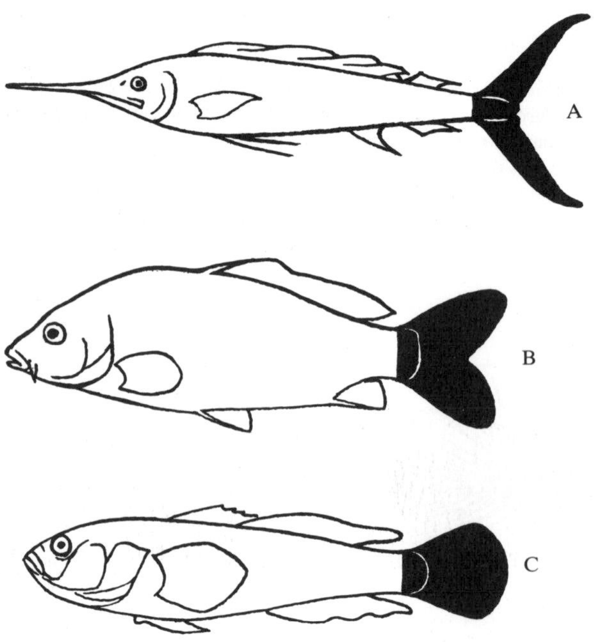

4. Forme de la caudale chez : A – un bon nageur *(Xiphias)*, B – un nageur moyen *(Cyprinus)*, C – un mauvais nageur *(Gobius)*.

présentent un aplatissement dorso-ventral (on parle d'espèces benthiques : raies, baudroies, rascasses, chabots). Les poissons plats reposent sur un flanc et leur corps est fortement comprimé, si bien qu'ils imitent à première vue les poissons du groupe précédent. Certains tétrodontiformes sont pratiquement sphériques, le poisson-lune *(Mola mola)* a une forme discoïdale.

Motilité des poissons

Les poissons nagent le plus souvent grâce à des ondulations de tout le corps (anguille) ou simplement du pédoncule caudal (cas le plus général). Certaines espèces y joignent des mouvements ondulatoires des nageoires impaires (raies, coffre, certains syngnathidés, notoptéridés, etc.). Les mouvements synchrones ou asynchrones des nageoires paires donnent également des résultats intéressants : famille des *Labridae, Pomacentridae* ou le poisson-chien. Les poissons dulçaquicoles sud-américains de la famille des *Gasteropelecidae* sont même capables de sortir du milieu aquatique. Ils effectuent des vols accompagnés de battements actifs des nageoires pectorales. Le vol des poissons marins appartenant aux familles des *Exocoetidae* et des *Hemirhampidae* est au contraire purement passif : leurs nageoires pectorales qui atteignent jusqu'à 80 % de la longueur du corps leur permettent de planer dans l'air en effectuant des déplacements qui peuvent dépasser 400 m lorsque la force du vent est favorable.

La forme du corps, mais aussi son caractère lisse, sont d'utiles éléments pour réduire la résistance de l'eau. L'écoulement est aussi modifié par la forme de la nageoire caudale. Chez les meilleurs nageurs, les lobes dépassent la zone des courants de réaction turbulents qui se forment en arrière de la dimension la plus grande du corps (« trace hydrodynamique ») et prennent une part active à l'orientation du déplacement.

La vitesse maximale, que le poisson n'atteint que pendant des laps de temps réduits, varie de 1 m/s *(Gobius batrachocephalus),* 3 m/s chez le sandre *(Stizostedion lucioperca),* 12 m/s chez le barracuda *(Sphyraena barracuda)* jusqu'à 36 m/s, soit 130 km/h chez l'espadon *(Xiphias gladius).* Il va de soi que la vitesse normale de migration de ces espèces est nettement plus faible.

Coloration des poissons

Si les poissons ont des formes curieuses, leur coloration ne manque pas non plus d'intérêt. Il ne faudrait pas s'imaginer, cependant, que tous les poissons sont aussi multicolores que nous le montrent les livres et les magazines. La tendance la plus courante serait plutôt celle de la discrétion. Les poissons qui se meuvent au sein de la colonne d'eau (espèces pélagiques) ont un dos sombre et un ventre clair, ce qui les rend plus invisibles qu'on les regarde par en-dessous ou par en-dessus. Les poissons qui vivent au fond (espèces benthiques) suivent le même schéma, mais la face ventrale claire n'a pas ici de fonction de camouflage.

La diversité des couleurs et des nuances est due à la présence de pigments (biochromes) ou à la réflexion ou la diffraction physiques de la lumière. Les pigments sont situés dans des cellules particulières, les chromatocytes que l'on trouve surtout dans la couche superficielle de l'épiderme (mais aussi à d'autres endroits). Les mouvements des particules colorées au sein des chromatocytes ont pour résultat des modifications d'intensité et de type de coloration. Chaque pigment est contenu dans un type de chromatocyte différent : les pigments rouge clair dans les érythrocytes, les pigments jaunes dans les xanthocytes, les rouge sombre et bruns à noirs dans les mélanocytes. Les deux premiers types de pigments parviennent aux poissons avec leur nourriture ; quant à la mélanine c'est un sous-produit de la décomposition de protéines. Des cellules spéciales (iridocytes) contiennent des cristaux de guanine, elle aussi sous-produit de la digestion des protéines. Ces cristaux agissent comme autant de miroirs et renvoient vers l'extérieur la lumière incidente. La combinaison des pigments de base et des phénomènes de réflexion et de diffraction aboutit à toute la palette colorée que nous connaissons. La réflexion et la diffraction des iridocytes donnent une coloration argentée, mais si les iridocytes sont situés sous les chromatocytes, c'est la couleur concernée qui prend un éclat métallique.

La plupart des colorations peuvent s'expliquer comme un compromis entre la nécessité de communiquer avec les autres membres de la même espèce et celle de ne pas se faire voir par les prédateurs.

La coloration momentanée du poisson fait l'objet d'une régulation hormonale et nerveuse qui agit surtout sous

5. Variations de coloration des poissons : A – le pigment noir est concentré au coeur des cellules, le pigment coloré est dispersé (petits points). B – le pigment coloré est passé au centre des cellules, le pigment noir est dispersé, la couleur globale du poisson s'assombrit.

l'effet des perceptions visuelles. Les poissons changent de couleur en cas de danger, au moment de la fraie, lors de l'élevage par certains poissons de leur descendance, au moment des migrations, au cours du développement, des saisons, en liaison avec les modifications du milieu, de leur humeur et de leur état physiologique. Les formes juvéniles ont le plus souvent une coloration différente des adultes ce qui correspond surtout aux différences de leur milieu vital.

Mais c'est au moment de la fraie que l'on assiste aux modifications les plus spectaculaires. Les mâles se parent alors de couleurs éclatantes sans se préoccuper de leur visibilité. Il ne faut cependant pas oublier que la plupart de ces couleurs soutenues des mâles ne sont visibles que de très près (donc par les femelles). Certains poissons peuvent réagir très vite aux variations de couleur du support sur lequel ils se trouvent : carrelets, rascasses, chabot d'eau douce. Ce sont alors les impressions visuelles qui sont déterminantes. Ainsi, lorsqu'on place un carrelet de laboratoire à cheval sur deux supports, il prendra la couleur du support sur lequel se trouve posée sa tête. D'autres poissons s'adaptent eux aussi à la couleur dominante de leur environnement. Lorsqu'un brochet ou une perche vivent dans des eaux densément enherbées, leur livrée porte des raies transversales beaucoup plus accusées que chez les mêmes espèces vivant dans des eaux sans végétation.

Les couleurs prémonitrices (forte coloration, avec des contrastes accusés entre les différentes teintes) de certains poissons coralliens de la famille des chétodontidés par exemple méritent elles aussi qu'on s'y arrête. Ce type de coloration est surtout affiché par des espèces territoriales qui annoncent ainsi leur présence et le fait que le secteur leur appartient. Il apparaît aussi chez les poissons venimeux et leurs imitateurs. Les couleurs intenses des espèces récifales correspondent à leur vie parmi les touffes de coraux colorés.

Le squelette

Le squelette se subdivise en colonne vertébrale, crâne et squelette des membres. La colonne vertébrale constitue l'axe du corps. Chez les lamproies et les myxines, il s'agit encore d'une chorde dorsale primitive, baguette souple, dépourvue de tissu cartilagineux ou osseux. Rien n'annonce encore les vertèbres et la chorde est simplement surmontée de petites formations cartilagineuses. Chez les poissons cartilagineux, les vertèbres sont apparentes. Elles sont cartilagineuses et enveloppent la chorde interne. Les vertèbres sont assemblées au moyen d'apophyses. Sur la face dorsale existe un canal qui reçoit la moelle épinière, dans la cavité générale, les côtes viennent s'attacher sur la face ventrale des vertèbres. Dans la région caudale la base des vertèbres comporte un canal qui protège la veine et l'artère caudales. La plupart des poissons osseux ont des vertèbres de même organisation, mais ossifiées. Certains, comme les esturgeons, constituent des exceptions.

Les poissons, les lamproies et les myxines sont les premiers organismes présentant un crâne développé. Celui-ci résulte d'une évolution progressive de la boîte protégeant les organes sensoriels. Ce crâne est cartilagineux et très primitif chez les myxines et les lamproies. Il se compose d'un neurocrâne et de capsules sensorielles abritant les organes olfactif, visuel, auditif et d'équilibre.

6. Squelette d'une carpe : 1 – crâne ; 2 – premières vertèbres soudées entre elles – osselets de Weber ; 3 – corps des vertèbres formant la colonne ; 4 – éléments de soutien (ptérygophores) de la dorsale ; 5 – troisième rayon épineux denté de la dorsale ; 6, 7 – apophyses supérieure et inférieure des vertèbres ; 8 – côtes ; 9 – os soutenant les pelviennes ; 10 – os soutenant les pectorales et reliés au crâne ; 11 – opercule.

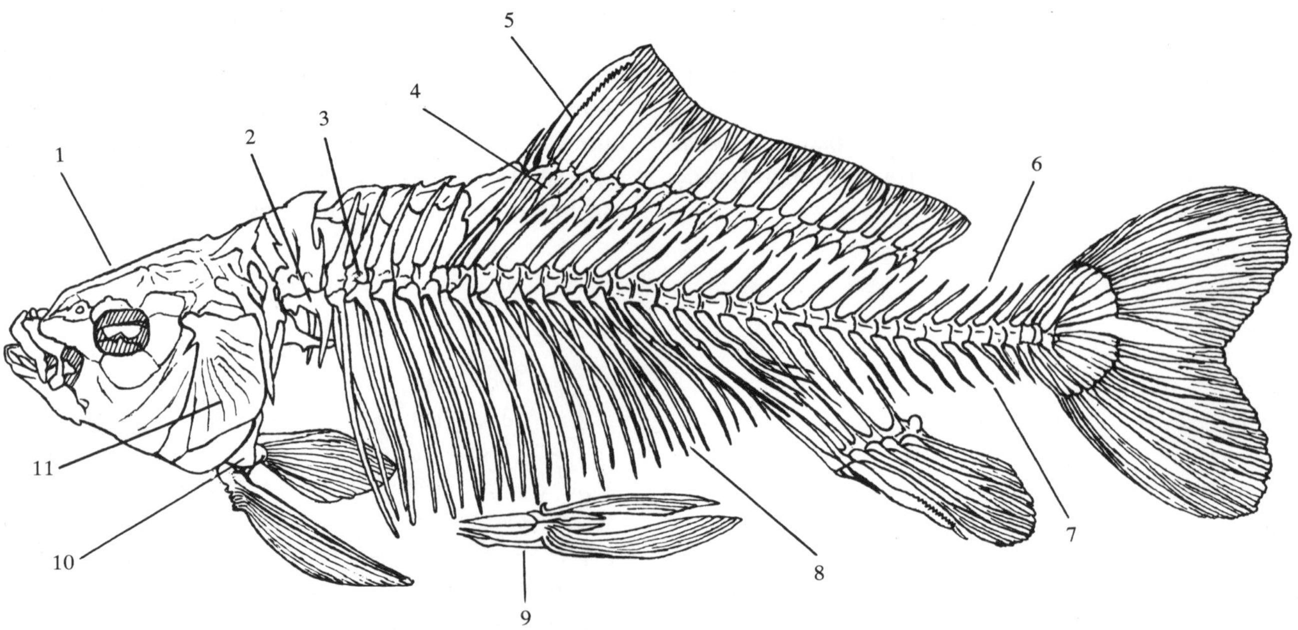

Mais les lamproies comme les myxines sont dépourvues de mâchoires, remplacées par une ventouse buccale. Les arcs branchiaux sont soutenus par des supports cartilagineux autonomes.

Le crâne des requins, des raies et des chimères est cartigineux. Chez certaines espèces, il reçoit cependant des incrustations secondaires de sels de calcium ce qui lui donne un aspect osseux. Le neurocrâne abrite le cerveau et les organes sensoriels. Le splanchnocrâne forme, à l'avant, les mâchoires supérieure et inférieure, ainsi que le support de cinq arcs branchiaux autonomes, parfois plus. Le crâne cartilagineux des esturgeons est d'organisation similaire, mais on les range parmi les poissons osseux du fait de leurs ancêtres au squelette ossifié.

Le vrai tissu osseux n'apparaît que chez les poissons osseux qui constituent le super-ordre des téléostéens.

Le squelette des nageoires impaires est formé de rayons osseux et cartilagineux. Les nageoires pectorales des poissons osseux sont reliées au crâne. Chez les poissons cartilagineux, elles sont en liaison avec le squelette de l'appareil branchial. Chez les deux groupes, les nageoires pelviennes sont librement ancrées dans la musculature. Quelques groupes, comme les gadiformes, font exception : leurs nageoires ventrales se trouvent en avant des pectorales et sont reliées au crâne.

La musculature

La musculature des poissons est assez peu différenciée. C'est sur un poisson cuit que l'on observe le mieux la disposition des segments musculaires. Ceux-ci s'imbriquent les uns dans les autres comme autant de cornets en papier. Chez les lamproies et les myxines ils dessinent les forme d'un 3, chez les autres poissons, celle d'un W aux pointes tournées vers la queue. Entre les muscles se trouvent de nombreuses arêtes fines, souvent fourchues, non reliées au squelette. Ces arêtes sont typiques chez les poissons et apparaissent par ossification au sein d'étuis conjonctifs de fibres musculaires isolées. Les muscles les plus différenciés apparaissent dans la tête. Les organes dotés de muscles autonomes sont les yeux (tous les vertébrés y compris l'homme possèdent six muscles oculaires), l'appareil branchial et les mâchoires. Les nageoires elles aussi sont mues par des muscles particuliers. La musculature du tronc est surtout concentrée dans la partie dorsale du corps et une séparation spéciale, le septum horizontal, la divise en deux : musculature supérieure ou épaxonne, musculature inférieure ou hypaxonne. Comme chez les autres vertébrés, les muscles se divisent en muscles squelettiques striés, activement maîtrisés par l'animal et en muscles viscéraux lisses aux mouvements indépendants de leur volonté. Le muscle cardiaque, pourtant strié, ne répond pas non plus aux ordres volontaires. Lorsqu'on découpe le poisson, on constate qu'un partie de la musculature squelettique est d'un rouge plus soutenu que l'autre. Les muscles de couleur foncée sont situés juste sous l'épiderme, dans la partie médiane du corps, au niveau du septum horizontal ainsi que dans le pédoncule caudal (c'est le muscle dit superficiel que l'on voit clairement sur un poisson dépouillé). Les fibres de ce muscle ont une composition biochimique et une contractilité particulières. La coloration des muscles rouges est due à une concentration élevée d'hémoglobine et de myoglobine. Les muscles rouges sont capables de travailler longuement sans fatigue. C'est pour cette raison que les espèces qui accomplissent de longs parcours (thons, maquereaux, espadons) ont une proportion importante de muscles rouges. Les muscles clairs, plus faiblement alimentés en oxygène, se fatiguent vite, mais peuvent fournir un gros effort sur une courte période. Cet effort se solde cependant par un déficit en oxygène qui aboutit à une augmentation de la concentration d'acide lactique. C'est seulement lorsque celui-ci est éliminé que les muscles blancs sont capables d'une nouvelle activité. Chez les poissons peu mobiles les muscles clairs l'emportent et la proportion de muscles rouges est insignifiante.

La respiration

Pour libérer l'énergie chimique contenue dans la nourriture les poissons ont besoin d'oxygène qu'ils puisent dans l'eau (à quelques exceptions près) exclusivement à l'aide des branchies.

Les lamproies possèdent sept paires de sacs branchiaux dotés chacun de deux orifices. Les orifices externes mettent les sacs en communication avec le milieu environnant, les orifices internes aboutissent à un canal respiratoire commun. Tant que la lamproie nage librement, elle aspire l'eau par la bouche d'où l'eau passe par les canaux respiratoires vers les sacs branchiaux avant d'être rejetée au dehors par les orifices externes. Par contre, lorsque le poisson est fixé sur son hôte, c'est par les orifices externes qu'il aspire l'eau fraîche oxygénée qui est ensuite rejetée par la même voie.

Les branchies des poissons cartilagineux sont très voisines de celles des poissons osseux. Elles sont placées, comme chez les lamproies dans la région antérieure de l'appareil digestif et communiquent avec l'extérieur par des fentes obliques, au nombre de cinq, parfois plus. Les fentes branchiales sont situées sur les flancs à l'avant du corps ou sur sa face ventrale (chez les raies). Elles sont soutenues par des arcs branchiaux cartilagineux. Chez les sélaciens récents, on trouve entre le premier et le deuxième arc branchial une ouverture qui communique avec la bouche et qui peut être observée à l'extérieur sous la forme d'un petit orifice situé derrière l'oeil. C'est le spiracle par

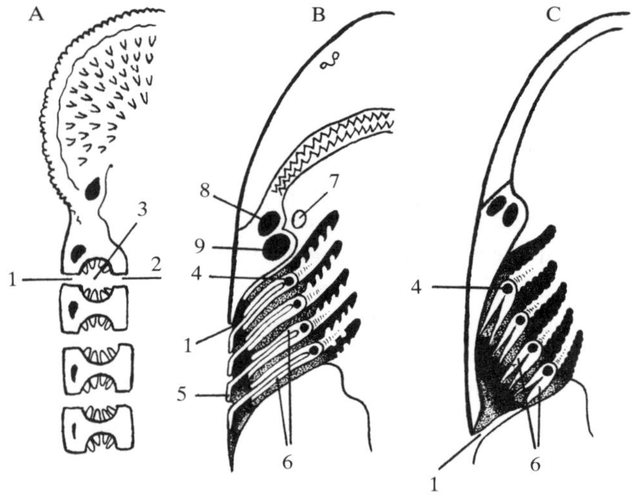

7. Schéma de la moitié gauche des branchies : A – lamproie ; B – requin ; C – poisson osseux. 1 – orifices branchiaux externes ; 2 – orifices branchiaux internes ; 3 – sacs branchiaux ; 4 – arcs branchiaux en section transversale ; 5 – septa branchiaux ; 6 – lamelles branchiales ; 7 – spiracle ; 8 – arc maxillaire en section transversale ; 9 – arc hyoïde en section transversale.

lequel l'eau est aspirée dans la cavité buccale et vers les branchies. Les arcs branchiaux portent les septa interbranchiaux de chaque côté desquels se trouve une hémibranchie. Ce sont les lamelles branchiales, richement irriguées par le sang, qui constituent les véritables organes respiratoires. Elles ont également une fonction osmorégulatrice. Les poissons osseux ont des branchies de même type, mais les septa sont ici raccourcis, et les deux hémibranchies ne sont donc pas séparées. L'appareil branchial est recouvert de chaque côté du corps par un élément commun, l'opercule.

Lors de la respiration, l'eau est aspirée dans la cavité buccale, tandis que les opercules sont fermés. L'eau pénètre de la bouche jusqu'aux branchies, puis, lorsque la bouche est refermée, elle sort par les opercules ouverts. Certains nageurs (thons, maquereaux) respirent d'une manière différente : grâce à leur propulsion rapide, l'eau pénètre en flux continu dans leur bouche ouverte, apportant constamment de l'oxygène frais.

Un grand nombre d'espèces dulçaquicoles a su s'adapter au fréquent manque d'oxygène dans les eaux stagnantes grâce à la formation de différents organes respiratoires auxiliaires. On peut les observer déjà à l'état embryonnaire, lorsque les alevins se développent dans des stations présentant de fortes variations du taux d'oxygène (par exemple entre le jour et la nuit) ou un déficit d'oxygène constant. Chez les embryons, il s'agit des vaisseaux du sac embryonnaire et des ébauches des nageoires. Chez certaines espèces (les dipneustes, la loche d'étang) apparaissent également des excroissances filamenteuses à fonction respiratoire.

Certains poissons peuvent aussi utiliser l'oxygène de l'air. C'est le cas de l'anguille, dont la peau est un organe respiratoire annexe : grâce à cette fonction, l'anguille peut se glisser pendant la nuit dans l'herbe humide et se déplacer d'un réservoir vers un autre. La loche d'étang, elle, avale de l'air et absorbe l'oxygène au niveau de l'intestin, richement doté de capillaires sanguins. Les néocératodes utilisent pour respirer leur vessie gazeuse modifiée en un poumon simplifié. Les poissons d'eau douce appartenant au sous-ordre des anabathoïdés respirent à l'aide d'un organe sus-branchial auxiliaire, nommé le labyrinthe : ce sont notamment les poissons de paradis et les combattants, bien connus des aquariophiles. La cavité du labyrinthe est richement pourvue de capillaires ce qui rend possibles les échanges gazeux (absorption d'oxygène, rejet de gaz carbonique).

La vessie gazeuse

La vessie gazeuse (ou vessie natatoire) est un important organe chez les poissons osseux. C'est à l'origine une évagination du tube digestif avec lequel elle reste en liaison chez certaines espèces (ordres des *Clupeiformes* ou des *Cypriniformes*). Chez d'autres ordres, par exemple chez les *Perciformes,* la communication entre la vessie gazeuse et le tube digestif disparaît au cours du développement. La vessie gazeuse a surtout une fonction hydrostatique. La masse spécifique des tissus des poissons est supérieure à la masse spécifique de l'eau : le poisson ne peut donc flotter sans dépenser trop d'énergie qu'en arrivant à réduire sa densité, ce qui est justement le rôle de la vessie gazeuse. D'autres moyens permettent également d'obtenir la flottaison entre deux eaux, par exemple l'emmagasinage dans les tissus de graisse ou d'huile.

Chez les espèces marines, le volume de la vessie gazeuse représente environ 4–6 % du volume corporel, chez les poissons d'eau douce, 7–14 %, ce qui est en rapport avec la densité supérieure de l'eau marine, permettant une réduction de la vessie.

La forme est variable. Les salmonidés ont une vessie uniloculaire, les cyprinidés, biloculaire. Certaines espèces, comme les chabots en sont dépourvues. Chez les cyprinidés, la section antérieure est reliée à l'appareil stato-acoustique par une série d'osselets, les osselets de Weber. Ce dispositif permet aux poissons d'enregistrer les variations de pression atmosphérique et hydrostatique. Qui plus est, le spectre auditif des cyprinidés est beaucoup plus étendu que celui des autres poissons : leur vessie natatoire fonctionne comme un amplificateur des ondes sonores. Chez certaines espèces, elle fait aussi office de résonateur en amplifiant les sons émis. Chez les amies, les lépisostées, le tarpon, etc., elle joue également un rôle respiratoire.

La circulation sanguine

La circulation sanguine est en liaison étroite avec la respiration. Les globules rouges et le pigment qu'ils contiennent (l'hémoglobine) distribuent l'oxygène à l'ensemble du corps. La surface très développée des globules rouges permet à un litre de sang de fixer la quantité d'oxygène contenue dans 25 l d'eau. L'hémoglobine elle-même est une substance complexe constituée par une composante protéique et un composé ferrique non-protéique, instable et facilement oxydable. La quantité d'oxygène transportée par le sang dépend du nombre de globules rouges, celui-ci déterminant la proportion de fer contenue dans le sang. C'est chez les nageurs rapides (maquereaux, thons) que cette quantité est la plus importante. Elle est faible chez les nageurs lents et les espèces peu mobiles (baudroie, certains poissons-chats, chabots, opsanus).

Le sang circule au sein d'un système fermé et transporte en même temps que les gaz (oxygène, gaz carbonique) des déchets métaboliques, des substances nutritives et des hormones.

Le sang est mis en mouvement continu par l'action du coeur qui est chez les poissons, à l'exception des dipneustes, rempli uniquement de sang désoxygéné. Il se compose d'une oreillette et d'un ventricule. Le ventricule aux parois épaisses se contracte régulièrement en chassant le sang dans l'aorte ventrale qui se subdivise et approvisionne les branchies où le sang s'oxygène. Le sang oxygéné est distribué aux différents organes : la plus grosse partie est amenée par l'aorte dorsale de la tête vers la queue. En chemin, l'aorte se ramifie progressivement et ses branches irriguent les nageoires pectorales, les organes digestifs et l'appareil sexuel, les reins, la musculature et les autres organes. La tête bénéficie d'un système autonome d'artères carotides. Le sang oxygéné traverse les organes où il se débarrasse de son oxygène et retourne vers l'oreillette par le système veineux. Il afflue au coeur par des veines cardinales antérieures et postérieures paires, qui forment, avant d'arriver au coeur, une sorte de chambre nommée canal de Cuvier, tant à droite qu'à gauche. Une veine hépatique achemine le sang veineux vers le foie et une veine porte assure son évacuation. Tout le sang désoxygéné aboutit en fin de compte à l'oreillette puis au ventricule, ce qui boucle le circuit sanguin.

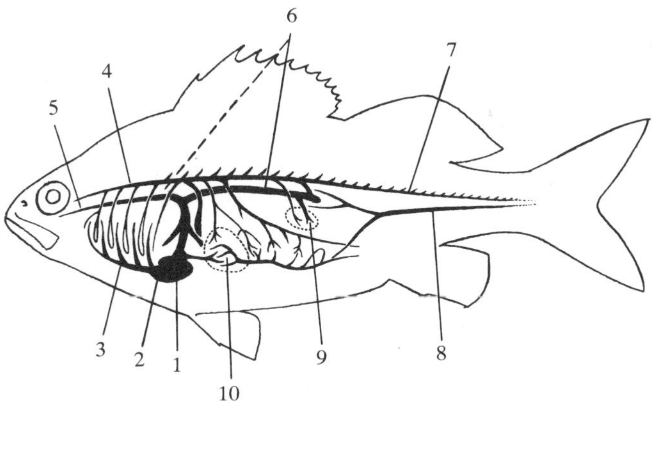

8. Circulation sanguine chez la perche : 1 – oreillette ; 2 – ventricule ; 3 – aorte ventrale ; 4 – aorte dorsale ; 5, 6 – veine cardinale antérieure et postérieure ; 7 – artère caudale ; 8 – veine caudale ; 9 – système porte rénal ; 10 – système porte hépatique.

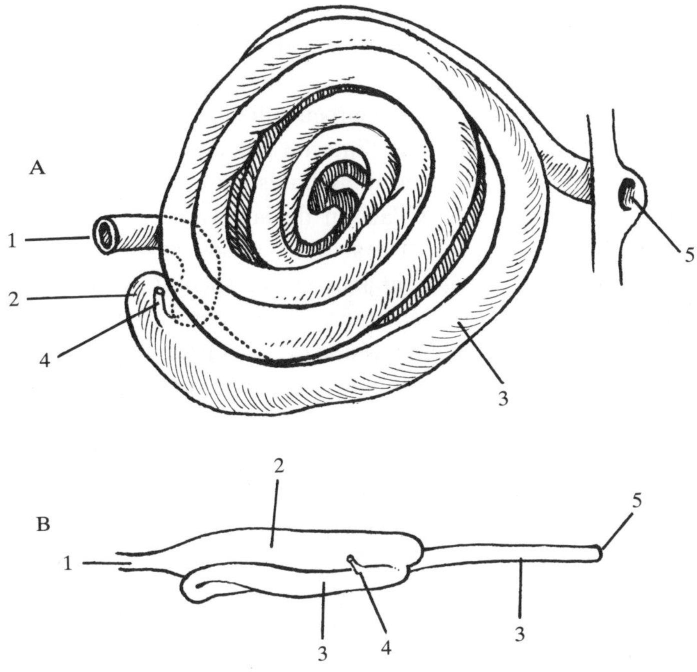

9. Appareil digestif : A – poisson herbivore (noter la longueur de l'intestin) ; B – poisson carnivore. 1 – oesophage ; 2 – estomac ; 3 – intestin ; 4 – extrémité du canal cholédoque ; 5 – anus.

La digestion

L'appareil digestif commence par la bouche. Celle-ci ne contient que des glandes à mucus, car les poissons ne possèdent pas de glandes salivaires. La langue est faiblement développée chez les poissons osseux, bien développée chez les cyclostomes. La cavité buccale débouche sur le pharynx, latéralement perforé par les arcs branchiaux ; le pharynx se poursuit par un oesophage fortement élastique, contenant çà et là des cellules qui sécrètent une substance mucilagineuse favorisant la progression du bol vers l'estomac. Chez certains groupes (cypriniformes par exemple), on ne trouve pas d'estomac à proprement parler et l'oesophage débouche directement dans l'intestin où se déroule la digestion.

Chez les salmonidés ou chez les gadacés, l'intestin forme un grand nombre de diverticules qui accroissent sa surface digestive et contribuent probablement aussi à neutraliser la réaction acide du bol alimentaire à la sortie de l'estomac.

En effet, la réaction est ici fortement acide, avec un pH oscillant entre 2 et 3, en raison de la sécrétion d'acide chlorhydrique. L'enzyme digestive de l'estomac (la pepsine) est le plus active justement en milieu acide, tandis que les enzymes digestives de l'intestin demandent un milieu légèrement basique. C'est dans l'intestin que sont digérées les protéines, grâce à l'action de la trypsine. D'autres enzymes, les lipases et les carboxylases, favorisent la digestion des matières grasses et des sucres. Elles sont sécrétées par le pancréas qui a également un important rôle endocrine avec la sécrétion de l'insuline, indispensable pour maintenir la glycémie à son taux optimal.

Le foie fait lui aussi partie du système digestif. Il produit la bile qui favorise la digestion des lipides et élève le pH du contenu intestinal. Le foie a également pour rôle de stocker et de mettre en réserve le glycogène (sucre du sang), les lipides et les vitamines A et D.

Chez les espèces qui ont une alimentation carnée, et surtout chez les poissons prédateurs, l'intestin est généralement court, tandis qu'il est long chez les poissons herbivores.

L'excrétion

La digestion du sucre et des lipides a pour sous-produits le dioxyde de carbone (CO_2) et l'eau. Celle des protéines dégage des composés azotés en plus de ces deux produits. Chez les poissons osseux il s'agit d'ammoniac (NH_3) dont les molécules sont assez petites pour être librement évacuées par la surface des branchies. Les poissons osseux éliminent donc l'essentiel de leurs déchets azotés au niveau de l'appareil respiratoire (5–10 fois plus environ que par les reins).

Les poissons cartilagineux n'éliminent pas d'ammoniac mais de l'urine, dont ils retiennent activement une partie dans leur corps, ce qui leur permet d'augmenter la concentration de sels dans leurs liquides métaboliques (leur pression osmotique) par rapport à celle de l'eau marine.

A côté des branchies, l'élimination des déchets métaboliques est assurée par un rein primitif, le mésonéphros. Il est situé dans la région supérieure de la cavité générale, le long de la colonne vertébrale. Rouge sombre, de forme allongée, il est bien visible lorsqu'on découpe le poisson, une fois éliminés tous les viscères, y compris la vessie gazeuse.

Seules les larves des lamproies ont encore un rein très primitif nommé pronéphros, dont les canaux débouchent directement dans la cavité générale. Après la métamorphose, ce type de rein disparaît, laissant la place au mésonéphros avec un peloton capillaire placé au sein d'une capsule : c'est le glomérule de Bowman. Ce type de rein, plus efficace, est celui dont disposent tous les poissons. Les substances éliminées passent par l'uretère directement à l'extérieur ; seuls quelques poissons d'eau douce possèdent une vessie.

Régulation osmotique

La régulation osmotique est le maintien de la constance du milieu intérieur par rapport au milieu extérieur. Etant données les différences de pression osmotique des deux milieux (dues surtout à la concentration des substances en solution), une série d'adaptations physiologiques a dû se mettre en place chez les poissons.

Les myxines se maintiennent même de nos jour sans aucun dispositif régulateur. Elles vivent dans l'eau marine et la pression osmotique de leurs liquides internes correspond à celle de l'eau marine.

Les chondrichthyens (requins, raies, chimères) maintiennent leur pression osmotique interne d'une manière particulière. Comme la concentration de sels dans leurs liquides physiologiques équivaut à peu près au tiers de celle des sels dans l'eau marine, ils sont en constant danger de déshydratation par l'eau marine, qui a une pression osmotique plus forte. Ils luttent donc contre ce déficit en sels en retenant activement leur urine dans le corps. Grâce à ce procédé, leur pression osmotique arrive à être légèrement supérieure à celle de l'eau environnante.

Les poissons osseux marins luttent contre leur basse pression osmotique en absorbant constamment de l'eau de mer et en éliminant activement l'excès de sels au niveau des branchies. Mais l'excrétion des sels excédentaires par les branchies doit rester toujours plus rapide que leur absorption. Les poissons d'eau douce se trouvent confrontés à la situation inverse : leurs liquides physiologiques sont plus concentrés que le milieu environnant. Pour éliminer l'eau excédentaire qui afflue dans leur organisme, ils excrètent une grande quantité d'urine diluée (jusqu'à un tiers de leur poids par jour).

Les organes sexuels

Chez les femelles, ce sont les ovaires, chez les mâles les testicules. Les ovaires sont généralement des glandes paires placées dans la cavité générale sous les reins et la vessie gazeuse (si celle-ci existe). Juste avant la fraie, les ovaires occupent une grande partie de la cavité générale et leur masse peut dépasser la moitié de la masse totale de la femelle.

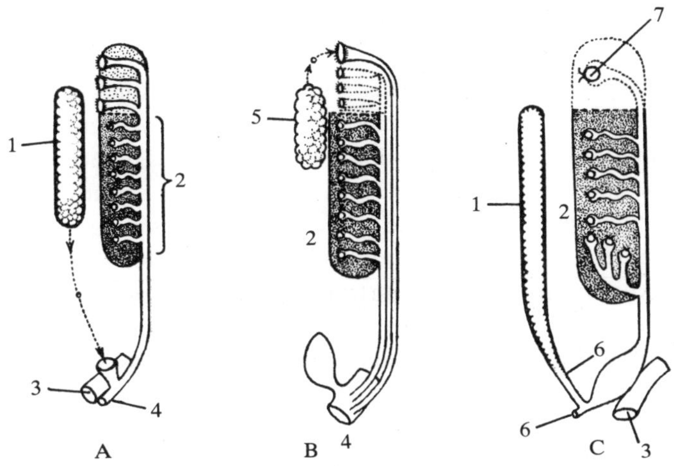

10. Système uro-génital : A – lamproie, B – requin femelle ; C – poisson osseux. 1 – glande sexuelle ; 2 – mésonéphros ; 3 – anus ; 4 – orifice uro-génital ; 5 – ovaire ; 6 – conduit sexuel secondaire des poissons osseux ; 7 – capsule de Bowman.

Chez les cyclostomes, les oeufs passent directement des ovaires dans la cavité générale puis par des pores ventraux dans le milieu aquatique. Chez les chondrichthyens, il existe deux oviductes qui acheminent les oeufs dans la matrice puis les oeufs passent dans l'eau par le cloaque. Chez certains ostéichthyens les oviductes sont absents (salmonidés), et les oeufs passent directement dans l'eau comme chez les cyclostomes. Mais dans la plupart des cas il existe au moins des oviductes réduits.

Les testicules sont également des glandes paires et sont placés au même endroit que les ovaires, mais leur masse maximale ne dépasse pas un dixième de la masse corporelle totale. Ils sont généralement blanc clair, tandis que les oeufs dans les ovaires ont des colorations variées : rose chez les salmonidés, noire chez les esturgeons. Les cellules sexuelles mâles qui parviennent à maturité, les spermatozoïdes, couramment nommés la laitance, sont évacués du corps par les spermiductes, à nouveau absents chez les salmonidés et les cyclostomes.

A quelques exceptions près, tous les poissons sont à sexes séparés. Des formes hermaphrodites, avec ovaires et testicules, apparaissent dans la famille des *Serranidae, Lutjanidae, Sparidae.* Parfois les cellules sexuelles arrivent à maturité simultanément et il y a autofécondation, dans d'autres cas la maturité est progressive et l'autofécondation ne peut avoir lieu. Chez certains xiphophores, on assiste même à un changement de sexe au cours du développement. Il arrive souvent que des femelles qui ont déjà eu des petits se transforment en mâles. Dans certains cas ces mâles sont fertiles, mais le mécanisme de la mutation reste encore inexpliqué.

Le système nerveux

La concentration des organes sensoriels à l'avant du corps a eu au cours de l'évolution des vertébrés un effet important sur la formation du cerveau qui est progressivement devenu l'organe supérieur de direction de toute activité. Alors que chez les vertébrés terrestres ce sont les hémisphères du cerveau antérieur qui prennent progressivement le rôle de centre directeur, chez les poissons, les différentes zones du cerveau restent encore en relation claire avec les organes sensoriels. L'ensemble du cerveau est placé dans une capsule cartilagineuse ou osseuse, le neurocrâne.

Le cerveau antérieur, le télencéphale est entièrement au service de l'organe olfactif. Il est bien développé chez les poissons à l'odorat fin (requins). Il porte la première paire de nerfs céphaliques, les nerfs olfactifs. En plus de l'odorat, le télencéphale influence et dirige le comportement des poissons lors de la fraie et des soins procurés aux oeufs et aux jeunes.

La section suivante est le diencéphale qui est un important centre de maintien de l'équilibre interne et le siège du goût. Il est relié à tout le système endocrine au moyen de l'hypophyse. Ses parois donnent par évagination les vésicules optiques qui sont à l'origine de la rétine. Le diencéphale donne naissance au second nerf céphalique pair, le nerf optique.

La section suivante est le cerveau moyen ou mésencéphale. C'est une partie relativement volumineuse, présentant deux lobes optiques importants. C'est dans cette région que sont enregistrées et décodées les impressions visuelles : réaction à l'apparition d'une proie et mouvement pour l'atteindre, changements de direction face à un obstacle, etc. Les poissons qui s'orientent par la vue ont des lobes optiques très développés. Une partie bien visible est aussi le cervelet qui l'on aperçoit sur la face supérieure du cerveau immédiatement en arrière des lobes optiques. Sa fonction principale est de coordonner les mouvements et de permettre l'orientation au sein du milieu.

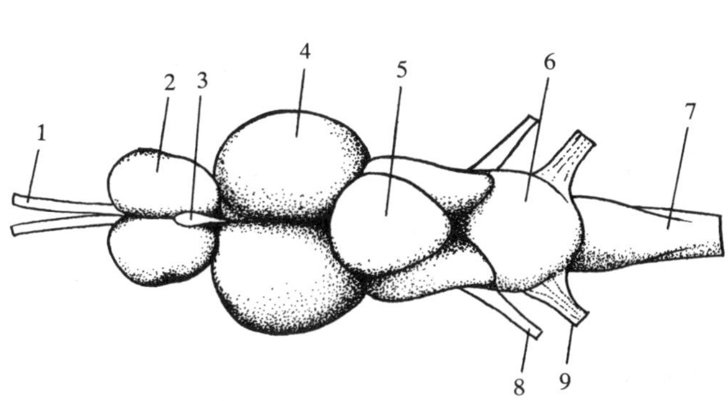

11. Cerveau du gardon, vue supérieure : 1 – nerf olfactif (1er nerf crânien) ; 2 – télencéphale ; 3 – épiphyse ; 4 – mésencéphale ; 5 – cervelet ; 6 – bulbe rachidien (moelle allongée) ; 7 – moelle épinière ; 8 – 7e nerf crânien (nerf facial) ; 9 – 10e nerf crânien (nerf vague).

La dernière partie du cerveau est la moelle allongée qui porte les nerfs crâniens restants (3–10). Elle se continue par la moelle épinière logée dans l'arc neutre des vertèbres et portant les différents nerfs spinaux qui innervent les organes du corps.

Les glandes endocrines

Le système nerveux et les glandes endocrines forment le « système neuro-humoral » qui assure les réactions de l'individu face aux variations du milieu interne ou externe. Les glandes endocrines ne communiquent pas avec le milieu extérieur et leurs sécrétions, les hormones, sont distribuées dans tout le corps par le sang. C'est par exemple la thyroïde dont les sécrétions influent sur le développement, ou les surrénales dont les hormones interviennent dans la régulation du métabolisme, de la tension, et dans le développement des glandes sexuelles. Ces dernières produisent elles aussi une série d'hormones qui régulent le comportement sexuel, mais aussi le degré des soins maternels et même le fonctionnement des gonades elles-mêmes. Une importante glande endocrine est l'hypophyse, placée sur le plancher du diencéphale, et qui coordonne l'activité des autres glandes à sécrétion interne.

Les sens

Les poissons possèdent des sens subtils, importants pour la vie de ces organismes rapides en constant mouvement dans leur milieu. C'est par l'odorat que les poissons repèrent les substances diluées dans l'eau. La muqueuse olfactive est située dans un sac olfactif relié avec les narines par un court canal. Les narines sont en communication avec le milieu extérieur à l'avant du museau. L'odorat des poissons est très fin : il suffit souvent de quelques molécules de substance dans un litre d'eau pour que le poisson y réagisse.

Les yeux sont dépourvus de paupières ; seuls quelques groupes, requins par exemple, ont une paupière nictitante. La mise au point se fait grâce au mouvement du cristallin dans la chambre visuelle, et non par des variations de sa forme comme c'est le cas chez les mammifères. L'oeil est mobile, grâce à l'action de trois paires de muscles moteurs. La plupart des poissons ne voient qu'à 5–10 m de distance. Ils perçoivent par contre ce qui se trouve dans l'eau et ce qui se trouve en dehors de l'eau : dans ce cas, il s'agit d'objets situés au sein de l'angle de ± 50° avec la verticale passant par le milieu du corps. La rétine comprend des points et des bâtonnets qui permettent aux poissons de percevoir à la fois la forme et la couleur des objets. La vision colorée a été démontrée chez une vingtaine d'espèces.

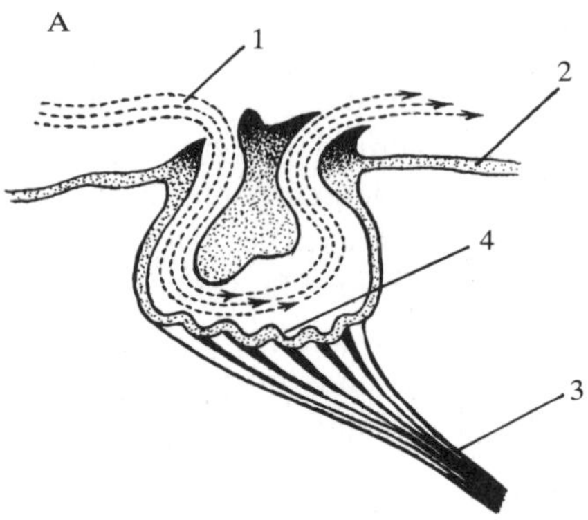

12. Organes sensoriels : A – organe olfactif : 1 – sens d'écoulement de l'eau ; 2 – épiderme ; 3 – nerf olfactif ; 4 – disposition des cellules sensorielles.

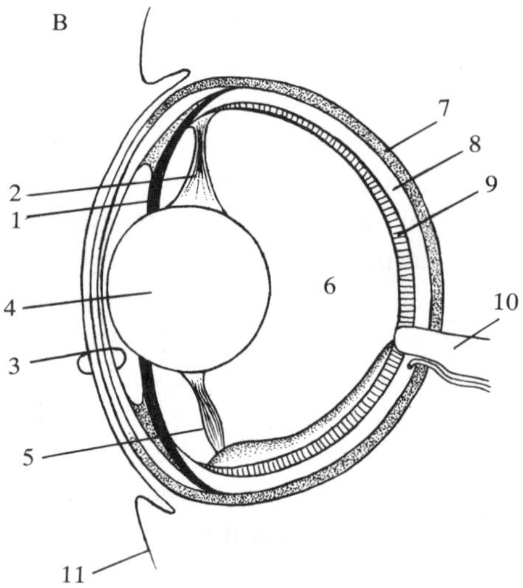

B – oeil : 1 – iris ; 2 – ligament suspenseur du cristallin ; 3 – cornée ; 4 – cristallin ; 5 – muscle moteur du cristallin au sein du globe oculaire ; 6 – intérieur du globe (corps vitré) ; 7 – sclérotique ; 8 – tissu conjonctif ; 9 – rétine ; 10 – nerf optique ; 11 – épiderme.

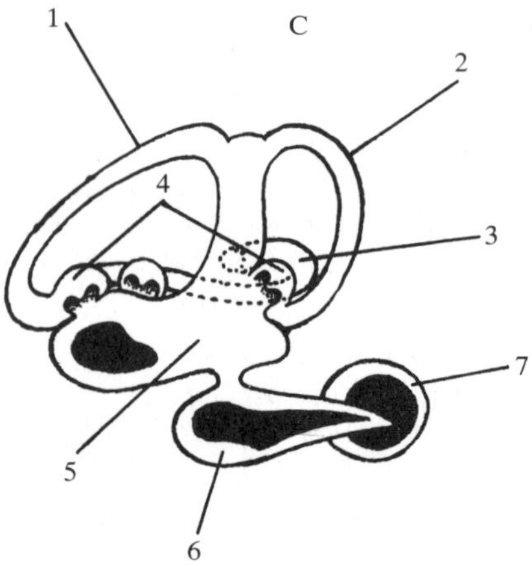

C – labyrinthe membraneux de l'oreille interne : 1, 2, 3 – canal antérieur et canal postérieur vertical et horizontal ; 4 – ampoule des canaux semi-circulaires ; 5 – utricule ; 6 – saccule ; 7 – lagena et otolithes.

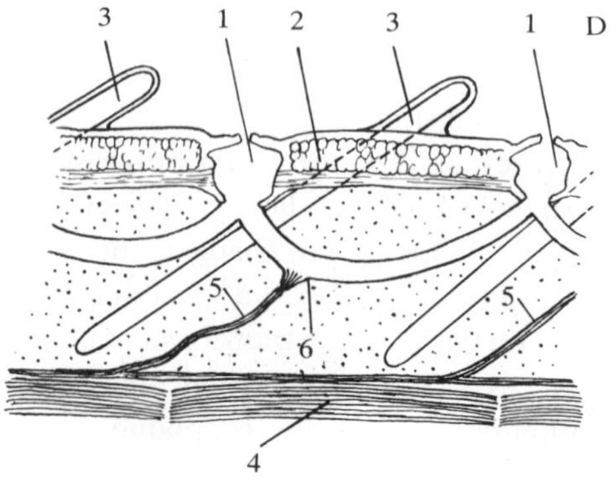

D – coupe de la peau dans la région de la ligne latérale et écaille de la ligne latérale avec son orifice : 1 – orifices dermiques ; 2 – épiderme ; 3 – écailles ; 4 – musculature ; 5 – nerfs ; 6 – cellules sensorielles.

Les récepteurs gustatifs sont situés dans l'épiderme entourant la bouche, dans la cavité buccale, sur les lamelles branchiales et parfois sur d'autres points du corps. On a pu démontrer que de nombreux poissons ont des perceptions gustatives analogues à celles des mammifères. Ainsi la carpe reconnaît-elle les quatre goûts principaux : sucré, acide, salé et amer.

L'organe auditif est relié à l'organe de l'équilibration et innervé par le huitième nerf crânien que l'on nomme pour cette raison nerf stato-acoustique. L'ensemble de l'organe est logé à l'arrière du crâne dans une capsule cartilagineuse ou osseuse et constitue, avec la capsule olfactive et visuelle, l'une des parties fondamentales du crâne du point de vue évolutif. L'oreille interne se compose du labyrinthe duquel sortent trois canaux hémi-circulaires perpendiculaires les uns aux autres. Les extrémités de ces canaux s'élargissent en des sortes d'ampoules où se trouvent des otolithes de carbonate de calcium reposant sur des cellules sensorielles. Le poisson perçoit les mouvements des otolithes sur les cellules sensorielles comme des marques de changement de position. Le siège de l'audition est une vésicule de l'oreille interne nommée *lagena* qui correspond au limaçon des vertébrés terrestres. La vessie gazeuse prend elle aussi part à la réception des sons en fonctionnant comme un amplificateur. L'étendue sonore des poissons se situe entre 16 et 5600 Hz. Beaucoup de poissons sont également capables de produire des sons activement, soit par friction de différents os entre eux, soit par l'action de muscles minces qui entrent en vibration et émettent un son, amplifié par la vessie gazeuse proche. Pendant la Seconde Guerre mondiale, on a souvent pris les bruits émis par des bancs de poissons pour le ronflement des moteurs de sous-marins ennemis.

Un organe sensoriel important est le système de la ligne latérale, innervée par une ramification du dixième nerf crânien (nerf vague). La ligne latérale passe dans la partie médiane du corps et se divise dans la tête en un système de canalicules plus ou moins complexe. Chez les poissons osseux dont le corps est couvert d'écailles, les écailles de la ligne latérale présentent des ouvertures qui permettent aux ondulations de l'eau de parvenir aux cellules sensorielles logées sous ces écailles dans un canal spécial. La ligne latérale « informe » le poisson sur la présence d'une proie, d'un ennemi, d'un obstacle ou encore d'un être humain marchant sur la rive.

L'évolution des poissons

Les plus anciens vertébrés aquatiques sont les Agnathes dont les restes ont été trouvés dans les couches du silurien supérieur qui remontent aux environs de 490 millions d'années. Ces espèces disparues sont aujourd'hui classées dans la classe des ostracodermes. Au cours du silurien et au début du dévonien, il y a environ 435–395 millions d'années, les Agnathes constituaient le groupe le plus nombreux parmi les vertébrés. Ils vivaient près du fond et ressemblaient aux poissons actuels. Chez certaines espèces, l'avant du corps était recouvert d'un bouclier osseux. Seules, les lamproies avec une quarantaine d'espèces et les myxines avec 25 espèces environ se sont maintenues jusqu'à nos jours.

Il est impossible de situer avec précision l'apparition des Gnathostomes. Ils sont apparus après les Agnathes avec lesquels ils ont peut-être des ancêtres communs. Les premiers Gnathostomes connus datent du silurien inférieur (il y a quelque 430 millions d'années). On les range dans la classe des Acanthodiens. Il s'agit de poissons marins ou dulçaquicoles, de taille petite à moyenne, et qui ont peu à peu disparu au cours du permien inférieur (il y a à peu près 200 millions d'années). Les Acanthodiens avaient en commun avec le second groupe important à cette époque, les poissons cuirassés ou Placodermes, une structure analogue du neurocrâne osseux. Les nageoires paires rappelaient déjà celles des ancêtres des requins actuels.

Les poissons cartilagineux ou Chondrichthyens constituent un groupe très homogène qui comprend actuellement environ 650 espèces de requins et raies et 24 espèces de chimères. Tous ces poissons se caractérisent par un squelette cartilagineux bien développé comme le sont aussi les dents et les membres pairs. Les espèces actuelles se distinguent par la fécondation interne. Les premiers représentants des poissons cartilagineux remontent au dévonien moyen (il y a environ 360–380 millions d'années). La plupart des fossiles proviennent des sédiments marins, au contraire des poissons osseux dont les fossiles proviennent surtout des sédiments d'eau douce. Il n'est pas exclu que les poissons cartilagineux aient eu pour ancêtres des Placodermes. Parmi les Chondrichthyens actuels, on distingue deux lignes évolutives bien déterminées : les requins et les raies forment le groupe des Elasmobranches (ou Sélaciens) et les chimères celui des Holocéphales.

De nos jours, le groupe le plus nombreux est celui que forment les poissons osseux (Ostéichthyens) dont les premiers fossiles remontent au dévonien moyen. C'est à cette époque qu'apparaissent presque simultanément tous les principaux sous-groupes de poissons osseux, les Dipneustes, les Crossoptérygiens, les Brachioptérygiens et les Actinoptérygiens.

Les Dipneustes sont des poissons d'eau douce qui sont apparus au dévonien inférieur et qui ont peuplé toutes les eaux du globe. Actuellement, seules six espèces de ce groupe survivent encore dans les eaux tropicales et subtropicales d'Australie, d'Afrique et d'Amérique du Sud. On connaît surtout *Neoceratodus forsteri.* La vessie gazeuse qui apparaît pour la première fois chez les poissons osseux, est ici transformée en une sorte de poumon parfaitement fonctionnel doté d'une alimentation indépendante de sang cardiaque comme c'est le cas chez les vertébrés terrestres.

Les Crossoptérygiens furent de redoutables carnassiers des eaux douces dévoniennes. Un de leurs groupes a donné naissance aux premiers vertébrés terrestres, les ancêtres des amphibiens actuels. Les Crossoptérygiens sont apparus au cours du dévonien inférieur et ont disparu lors du carbonifère moyen. L'unique espèce actuellement en vie est le curieux coelacanthe *(Latimeria chalumnae)* découvert en 1938 au large des côtes sud-est de l'Afrique. Les individus appartenant à cette espèce peuvent atteindre 180 cm de longueur et leur poids dépasse 80 kg. Ce sont des carnassiers se nourrissant de poissons.

Les Actinoptérygiens sont apparus pendant le dévonien moyen et se sont peu à peu imposés pendant le carbonifère jusqu'à devenir le groupe dominant, d'abord dans les eaux douces, puis dans les mers. C'est à ce groupe qu'appartiennent les Paléoniscides, aujourd'hui disparus, les Ganoïdes cartilagineux (Chondrostéens), les Ganoïdes osseux (Holostéens) et les poissons osseux supérieurs (Téléostéens). Les Brachioptérygiens sont généralement classés parmi les Actinoptérygiens.

Les Paléoniscides sont apparus au cours du dévonien et se sont éteints au cours du crétacé. Dès le trias, les représentants de ce groupe se trouvent remplacés peu à peu dans les couches géologiques par des Ganoïdes osseux.

Les Ganoïdes cartilagineux actuels sont placés dans l'ordre des Acipenseriformes. Ce sont par exemple les esturgeons *(Acipenser)* et le genre *Pseudoscaphirhynchus,* en tout quelque 25 espèces généralement de grande taille, vivant dans les eaux douces et salées d'Europe, d'Asie et d'Amérique du Nord.

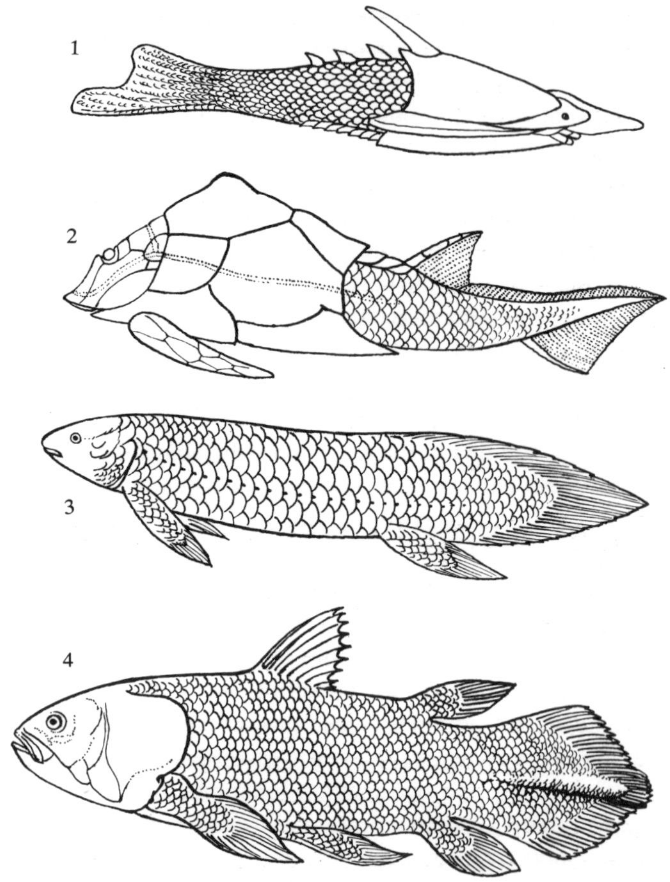

14. Quelques représentants d'Agnathes disparus (Ostracodermes – *Pteropsis rostrata* – 1), de Gnathostomes disparus (Placodermes – représentant du genre *Remigolepsis* – 2) et de poissons osseux archaïques : néocératode (*Neoceratodus forsteri* – 3) et coelacanthe (*Latimeria chalumnae* – 4).

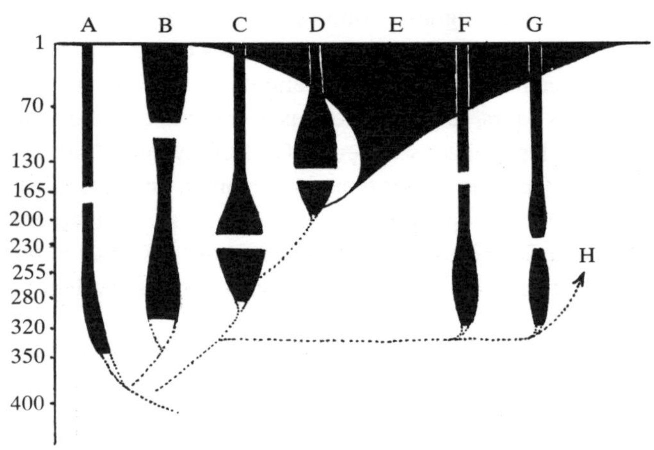

13. Evolution des principaux groupes d'Agnathes et de poissons au cours des ères géologiques. A – Cyclostomes ; B – poissons cartilagineux (Chondrichthyens) ; C – ganoïdes cartilagineux (Chondrostéens) ; D – ganoïdes osseux (Holostéens) ; E – poissons osseux supérieurs (Téléostéens) ; F – Dipneustes ; G – Crossoptérygiens ; H – évolution en direction des Amphibiens.

Les Ganoïdes osseux sont représentés par deux ordres, les Amiiformes et les Lépisostéiformes. Il en existe dix espèces peuplant les eaux douces d'Amérique du Nord. Les plus gros spécimens atteignent 3,5 m de longueur, mais la moyenne tourne autour de 2 m.

Parmi les Brachioptérygiens, seules dix espèces de polyptères et une espèce appartenant au genre Calamoichthys – ou poisson-roseau – se sont maintenues jusqu'à nos jours : toutes africaines.

Le dernier groupe de poissons Actinoptérygiens et aussi le plus important est celui des poissons osseux supérieurs ou Téléostéens, qui descendent probablement des Ganoïdes osseux. Leur apparition remonte au trias moyen. Leur caractère important est leur queue extérieurement symétrique ou homocerque. Les écailles sont cycloïdes ou cténoïdes, les vertèbres entièrement ossifiées, la vessie gazeuse joue surtout un rôle hydrostatique. Ce sont généralement des poissons petits à moyens, mesurant une trentaine de centimètres de longueur, de formes très variables.

L'on voit sur le dessin 13 le développement des principaux groupes au cours des temps géologiques, et sur le dessin 14 leur principaux représentants.

Les différents spécialistes de la classification respectent généralement les grandes divisions mentionnées, mais diffèrent dans l'acception et dans la classification des grandes unités : classes, sous-classes et super-ordres (voir tableau p. 38).

Notre but n'est pas de mettre en place encore un nouveau système. Nous avons donc fait choix d'une classification simplifiée découlant des données précédentes. Certaines simplifications interviennent aussi dans le classement des ordres et des familles.

La systématique des poissons

La systématique ou taxinomie est une branche scientifique qui classe les organismes vivants au sein d'un système hiérarchisé tout en s'efforçant de tenir compte des parentés évolutives des différents groupes. Elle se fonde pour la classification sur des critères morphologiques, anatomiques, physiologiques, éthologiques, etc. L'unité fondamentale est l'espèce, qui se compose d'individus et de leurs populations qui ne s'hybrident pas spontanément avec des individus appartenant à d'autres espèces en produisant des descendants. Au-dessus de l'espèce se trouvent d'autres catégories fondamentales : le genre, la famille, l'ordre, la classe, l'embranchement. Pour une classification plus fine, on subdivise les catégoires fondamentales en sous-genre, super-genre, super-famille, etc.

La première classification des êtres vivants est due à Aristote ; la première classification scientifique universellement reconnue est celle du naturaliste suédois C. von Linné, datant du milieu du XVIIIe siècle. Linné a prolongé les recherches de ses prédécesseurs, la classification des poissons adoptée par lui est celle de son ami Pierre Ardeti. La dixième édition du système de Linné, qui a pour titre *Systema naturae* est devenue la base de la nomenclature scientifique et demeure respectée jusqu'à nos jours.

Linné a introduit et strictement respecté une classification binaire donnant à chaque espèce deux noms. Le premier commence par une majuscule, c'est le nom générique ; le second commence par une minuscule et désigne l'espèce (nom spécifique). Dans les publications scientifiques, le nom spécifique est suivi d'un nom d'auteur (ou de son abréviation) désignant le savant qui a décrit l'espèce et de la date de publication de cette description. Chez les espèces qui ont fait l'objet d'une nouvelle classification, le nom de l'auteur initial est cité entre parenthèses : par exemple *Cyprinus rutilus* Linnaeus, 1758 est devenu *Rutilus rutilus* (Linnaeus, 1758).

Les noms latins ou grecs se rapportent généralement à une particularité morphologique, anatomique ou autre de l'espèce décrite. Ainsi le hotu (genre *Chondrostoma*) est-il un poisson à bouche cornée (du grec *chondros,* cartilage et *stoma* bouche). Le genre *Pleuronectes* doit son nom à sa particularité de nager sur le flanc, *Solea* vient du latin et signifie sandale. Les noms comportent aussi des données géographiques et peuvent reprendre une dénomination locale. Chez les saumons extrême-orientaux du genre *Oncorhynchus,* les noms spécifiques ne sont autres que les appellations indigènes des poissons concernés *(nerca, tchawytcha, keta,* etc.*)*. Les noms génériques ou spécifiques comportent souvent aussi les noms d'ichthyologues célèbres *(Novumbra hubbsi* rappelle l'Américain C. L. Hubbs, *Gobio kessleri* le Russe K. T. Kessler*)*.

La taxinomie fait appel, pour décrire de nouvelles espèces, aux mesures morphométriques et à leurs divers rapports. Elle évalue les caractères méristiques (nombre d'écailles sur la ligne latérale, nombre de vertèbres, de rayons dans les nageoires, etc.) et les caractères plastiques (longueur de la tête, du pédoncule caudal, hauteur du corps, etc.). Les particularités anatomiques servent plutôt à la détermination des taxons supérieurs (familles, ordres, classes).

Actuellement, on utilise aussi pour distinguer les différentes espèces de poissons le nombre de chromosomes, leur position et leur forme. L'électrophorèse est également une méthode de classification moderne : à l'aide d'un champ électrique, on peut séparer et inventorier différentes protéines qui se déplacent en solution à une vitesse proportionnelle à leur poids moléculaire (protéines du sérum sanguin par exemple). Le problème de l'électrophorèse est que nous sommes, pour le moment, incapables de différencier la structure interne de molécules de même poids et de même taille.

Dans la description des poissons on rencontrera souvent des formules chiffrées qui indiquent le nombre de rayons dans les nageoires : rayons épineux (non ramifiés) notés en chiffres romains et rayons mous, ramifiés, en chiffres arabes. Pour le gardon commun, par exemple, la formule

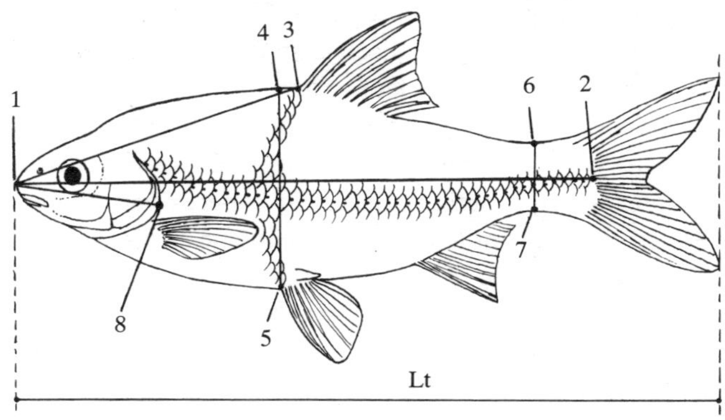

15. Façons de mesurer les critères morphologiques : Lt : longueur totale du poisson ; 1–2 : longueur du corps : 1–3 : distance anté-dorsale ; 4–5 : hauteur maximale du corps ; 6–7 hauteur minimale du corps ; 1–8 : longueur de la tête. Sont également présentées les écailles de la ligne latérale et les rayons des nageoires.

s'écrit de la manière suivante : D III/8–9 ; A III/10–12 ; P I/16–17 ; VII/8–9, ce qui signifie que la nageoire dorsale (D) comporte trois rayons durs et 8–9 rayons mous, la nageoire anale (A) trois rayons durs et 10–12 mous, etc., pour les nageoires pectorales (P) et pelviennes ou ventrales (V). Pour déterminer les poissons, on s'intéresse aussi au nombre d'écailles de la ligne latérale (1.1.) ou au nombre de brachiospines du premier arc branchial ou encore au nombre de vertèbres. Chez le gardon, la ligne latérale comporte 44–49 écailles.

A côté de l'isolement géographique, on connaît aussi l'isolement écologique avec la formation de deux ou plusieurs espèces ayant les mêmes origines, mais vivant de manière durable dans diverses sections de la rivière ou du lac, avec des époques et des lieux de fraie différents, etc.

Citons aussi l'isolement éthologique qui s'oppose au croisement entre des espèces potentiellement compatibles, mais présentant un comportement différent au moment de la fraie.

Apparition d'espèces nouvelles

Chaque espèce se compose d'individus ou de populations vivant sur une aire déterminée. Au cours de l'évolution, les conditions environnantes se modifient progressivement et le poisson doit ou bien s'adapter et survivre, ou bien rester tel quel et disparaître progressivement. Cependant, même une espèce qui arrive à s'adapter se transforme petit à petit ; au bout d'une certaine période (de l'ordre de plusieurs centaines de milliers ou de plusieurs millions d'années) les individus sont différents de leurs ancêtres, parfois au point de ne pas avoir grand-chose en commun avec eux. L'espèce originelle s'est donc peu à peu transformée en une espèce nouvelle, plus ou moins voisine de celle de départ. Le nombre initial d'espèces n'est pas affecté : une espèce de départ donne une espèce nouvelle. Mais d'autres mécanismes peuvent être en jeu, arrivant à accroître le nombre d'espèces existantes. Par exemple, les populations qui constituent une espèce peuvent présenter sur leur aire de distribution une série de formes locales qui peuvent se trouver isolées les unes des autres par un obstacle infranchissable (par exemple géographique : eaux séparées) pendant une certaine durée. Cette situation les empêche de s'hybrider et d'échanger leur matériel génétique, auquel elles doivent leur spécificité. Lorsqu'une telle isolation s'étend sur une longue période (10^4-10^6 années), les populations séparées les unes des autres peuvent se transformer progressivement en espèces autonomes. Celles-ci conservent leur autonomie même après la disparition de l'obstacle qui s'est à l'origine opposé à leur croisement. Un bon exemple est ici le cas de la perche commune *(Perca fluviatilis)* que l'on trouve actuellement en Eurasie jusqu'au fleuve Kolyma ainsi que dans la partie orientale des Etats-Unis et du Canada. Son aire était à l'origine continue, puis elle s'est séparée en deux, entraînant l'apparition de deux populations dont on fait généralement deux espèces distinctes : *Perca fluviatilis* en Eurasie et *Perca flavescens* en Amérique. Cette distinction n'est cependant pas admise par tous les auteurs.

Zoogéographie

L'existence de certaines espèces dans certaines régions n'est pas le fait du hasard. Elle est déterminée par les conditions actuelles et par l'évolution historique des différentes régions terrestres. Les poissons d'eau douce se distribuent en fonction de l'altitude ; les poissons marins, en fonction de la profondeur. La latitude influe également sur cette distribution. Ainsi en Europe centrale, les zones situées au-dessus de 600 à 800 m d'altitude sont peuplées d'espèces des eaux froides, les mêmes qui vivent en Europe septentrionale (omble, corégones). Dans les mers, les courants troublent l'uniformité du milieu : ainsi les côtes de l'Europe occidentale sont sous l'influence du Gulf Stream, un courant chaud qui y permet la vie d'espèces thermophiles appartenant aux familles des Exocétidés, Labridés, Mugilidés, Sparidés ou Mullidés.

La plus grosse masse d'eau est rassemblée dans les mers qui couvrent environ 71 % de la surface du globe et contiennent plus de 98 % de l'eau totale de notre planète. Une grande quantité d'eau s'est cependant trouvée bloquée dans les glaciers au moment des glaciations et le niveau des mers mondiales était donc plus bas qu'à notre époque. Dans les conditions européennes, cela signifie que de nombreux bassins fluviaux étaient unis : Rhin et Tamise, Danube, Dniestr, Don et Dniepr par exemple. Les espèces dulçaquicoles ont donc pu se propager.

Au-delà des côtes, la terre s'avance doucement dans les eaux marines en formant ce qu'on appelle le plateau continental qui mesure en moyenne environ 75 km de large, mais qui peut atteindre jusqu'à 600 km. Dans cette zone, la profondeur se situe aux environs de 130 m, plus rarement jusqu'à 500 m. Au voisinage des côtes européennes, on peut citer par exemple le banc de Dogger dans la mer du Nord. La Baltique et la mer de Barents ne sont pas non plus très profondes. Le plateau continental est bordé par un talus continental qui s'enfonce rapidement en profondeur. Le bassin océanique qui lui fait suite est parcouru de fosses où la profondeur atteint son maximum et de dorsales qui forment au contraire des zones de faible profondeur.

Les océans peuvent être classés géographiquement

(horizontalement) et verticalement, c'est-à-dire selon leurs profondeurs à une latitude donnée. Au point de vue géographique, nous nous intéresserons surtout à la région boréale, avec les sous-régions arctique, atlantico-boréale, atlantico-méditerranéenne et de l'ancienne Sarmatie. La diversité spécifique de ces sous-régions apparaît surtout dans la zone littorale de faible profondeur dont la température est très variable selon les sous-régions.

C'est la sous-région arctique, froide, qui est la plus pauvre en espèces. On y trouve environ 130 espèces de poissons pour la plupart benthiques (vivant près du fond). Les familles les plus représentées sont les *Cyclopteridae, Gadidae, Cottidae, Anarhichadidae, Agonidae, Pleuronectidae, Osmeridae* et *Salmonidae*. Les espèces les plus importantes du point de vue économique sont *Arctogadus borealis* et *Boreogadus saida*.

Les sous-régions atlantico-boréale et atlantico-méditerranéenne sont déjà plus riches. Elles hébergent chacune de 600 à 700 espèces, une grande majorité en étant communes aux deux sous-régions. Les mers côtières : mer de Barents, mer du Nord, mer de Norvège, mer Baltique appartiennent à la sous-région atlantico-boréale. Les zones côtières de l'Atlantique, au sud de la Manche et jusqu'aux côtes de l'Afrique du Nord, ainsi que la Méditerranée font partie de la sous-région atlantico-méditerranéenne.

L'étendue de la mer du Nord et celle de la Baltique s'est plusieurs fois modifiée sous l'effet des variations du niveau océanique au cours des glaciations. La mer du Nord n'était alors qu'un golfe de l'océan Atlantique. Quant à la Baltique elle est passée plusieurs fois de l'état de retenue d'eau douce à celui de mer salée. La composition spécifique de sa faune s'est à chaque fois modifiée en conséquence. A l'époque actuelle, la salinité de la mer Baltique est d'environ 15 ‰ dans sa partie occidentale, soit moins de la moitié de la salinité océanique.

Les poissons méditerranéens constituent un ensemble intéressant. La faune, ici, a en effet évolué d'une manière autonome depuis le primaire supérieur et jusqu'au début du tertiaire : la Méditerranée faisait alors partie d'une mer plus étendue, dénommée *Tethys*, allant de l'Europe méridionale et de l'Afrique du Nord jusqu'à l'Asie Mineure et à l'Indonésie. La Méditerranée, la mer Noire, la Caspienne, ne sont que des restes de ce vaste ensemble. La Méditerranée abrite actuellement environ 500 espèces de poissons. Une partie d'entre elles est arrivée après sa réunion avec l'océan Atlantique ; d'autres espèces, originaires de Méditerranée ont au contraire pénétré dans l'océan (certains membres des familles *Blenniidae, Gobiidae, Labridae*, les espèces *Clupea pilchardus, Engraulis encrasicholus*). On y rencontre aussi des éléments boréo-atlantiques comme *Squalus acanthias, Raja clavata, Sparus aurata, Pleuronectes flesus, P. platessa, Pollachius virens, Trigla guarnatus, Scomber scomber*. A l'ère glaciaire y vivaient également *Salmo salar* et *Salmo trutta* (de nos jours encore il est possible de pêcher la truite de rivière dans les ruisseaux de l'Atlas, en Afrique du Nord). La Méditerranée recèle aussi des espèces pélagiques thermophiles comme *Thunnus thynnus, Xiphias gladius, Mugil cephalus* et des poissons originaires de la mer Noire qui y ont pénétré après la réunion des mers vers la fin du pléistocène, il y a quelque 15 000 ans *(Acipenser stellatus, Huso huso)*. A une époque récente, 14 espèces de la mer Rouge se sont introduites en Méditerranée à l'occasion de la percée du canal de Suez (on parle de migration lessepsienne, d'après F. de Lesseps, artisan de cette entreprise).

La mer Noire fait partie de la sous-région sarmate et sa faune, qui comprend environ 140 espèces de poissons, montre un lien certain avec la faune méditerranéenne. Le territoire de la mer Noire était jadis, comme celui de la Baltique, occupé par un lac d'eau douce. A l'époque de sa plus vaste étendue, au miocène (il y a 20–25 millions d'années), ce lac recouvrait un vaste territoire allant de l'Autriche jusqu'au lac Balkhach en Asie centrale. La salinité actuelle de la mer Noire est de 18 ‰ et une partie de la faune d'eau douce originelle a été repoussée vers les golfes nordiques, moins salés (mer d'Azov). Seules les couches superficielle de cette mer, jusqu'à 130–200 m de profondeur, sont habitables. On y rencontre environ 30 espèces endémiques (spécifiques à ces eaux), surtout de la famille des *Gobiidae*. Une forte concentration d'hydrogène sulfuré en profondeur y rend toute vie impossible.

La répartition zoogéographique des eaux douces est plus précise que celle des eaux marines. Les poissons dulçaquicoles forment un groupe à partir duquel on démontre facilement l'histoire des réunions des différents systèmes fluviaux et la formation des complexes faunistiques actuels.

On considère que 126 espèces de poissons d'eau douce vivent en Europe. Au Canada, pays d'une étendue comparable, on en rencontre 177. Lorsqu'on adjoint à l'Europe une partie de l'U.R.S.S. (toute la partie nord de l'Asie), on arrive à peu près à 400 espèces de poissons, ce qui est fort peu en comparaison de l'Amérique du Nord, de même superficie, et qui en abrite plus de 700. Ce faible nombre de poissons d'eau douce en Europe est en liaison avec les bouleversements glaciaires et le fait qu'on ne trouve pas ici de cours d'eau importants. Seuls le Danube et la Volga peuvent se comparer aux grands fleuves mondiaux, mais le Danube seulement a échappé à l'influence des glaciations et a servi de refuge aux poissons de l'ère tertiaire après l'arrivée des glaciers. C'est dans le Danube que l'on trouve donc le plus grand nombre (63) d'espèces d'eau douce. Plus en s'éloigne vers l'est, l'ouest ou le nord, plus le nombre de poissons diminue. La Dvina septentrionale et la Petchora hébergent une trentaine d'espèces, l'Elbe une quarantaine, la Tamise une vingtaine, la Volga une soixantaine.

L'Europe, l'Afrique du Nord et l'Asie septentrionale (au nord de l'Himalaya) appartiennent à la région paléarctique. Dans sa partie nordique surtout, cette région possède beaucoup d'espèces en commun avec la région néarctique qui comprend l'Amérique du Nord (ces deux régions sont souvent réunies en une seule : la région holarctique). Les espèces communes à ces deux régions appartiennent aux familles suivantes : *Thymallidae, Salmonidae, Umbridae, Esocidae, Percidae* et aux genres *Petromyzon, Lampetra, Cottus* et *Lota.*

Dans le cadre de la région paléarctique, on distingue plusieurs sous-régions. La sous-région de l'océan Glacial Arctique comprend toutes les rivières et tous les fleuves d'Europe et d'Asie qui coulent vers le nord. En Europe et en Asie, cette sous-région abrite environ 80 espèces de poissons. Seule sa partie européenne nous intéresse ici, avec les rivières norvégiennes, finlandaises, celles de la presqu'île de Kola et enfin la Dvina du Nord et la Petchora. Dans tous ces cours d'eau on rencontre des saumons, dans la Dvina du Nord également la brème, l'ablette le chevesne.

Le reste de l'Europe peut être rattaché à la sous-région méditerranéenne que l'on peut subdiviser en provinces balte, méditerranéenne et ponto-caspico-aralienne. La province balte comprend les cours d'eau qui se jettent dans la Baltique et la mer du Nord, y compris les cours d'eau alpins et ceux qui se jettent dans le golfe de Gascogne ; la province méditerranéenne les cours d'eau qui se jettent dans la Méditerranée (ainsi que les cours d'eau de la péninsule Ibérique se jetant dans l'océan Atlantique) et la province ponto-caspico-aralienne les fleuves qui se jettent dans la mer Noire, la Caspienne et la mer d'Aral.

La province balte recèle 55 espèces de poissons. On y rencontre la plupart des espèces appartenant à la sous-région de l'océan Glacial Arctique ainsi que des espèces thermophiles comme le barbeau, la zope et la brème du Danube, le rasoir et le silure glane. Dans la province méditerranéenne les salmonidés sont de plus en plus rares et le nombre total d'espèces est également limité, ce qui s'explique par la faible longueur et l'isolement des différents cours d'eau. Les nases (genre *Chondrostoma*) y sont nombreux et les deux genres *Pachychilon* et *Aulopyge* y sont endémiques.

La province ponto-caspico-aralienne est caractérisée par la présence des genres *Caspiomyzon, Clupeonella, Proterorhinus*, etc. Les fleuves les plus importants en sont le Danube et la Volga. Dans le Danube on note l'absence de la lamproie de rivière et la présence de la lamproie de Danford qui y est endémique, tout comme *Hucho hucho, Acerina schraetzer, Aspro streber, Aspro zingel.* Le Danube, le Rhin et le Rhône sont parfois considérés comme appartenant à une province zoogéographique autonome. Les cours des péninsules du sud de l'Europe sont relativement pauvres en espèces d'eau douce. Les fleuves de la péninsule Ibérique par exemple ne contiennent que 16 espèces d'eau douce.

Facteurs écologiques

L'écologie est la discipline scientifique qui a pour but d'étudier les rapports des différents êtres vivants avec leur milieu et entre eux. Cette définition est également valable pour les poissons dont l'extension sur le globe et la richesse numérique des populations sont limitées par un ensemble de conditions liées aux propriétés physico-chimiques de l'eau : salinité, température, quantité d'oxygène dissous, acidité, concentration en éléments nutritifs fondamentaux, lumière. Des millions de petits poissons naissent chaque année, puis se reproduisent eux-mêmes une fois parvenus à maturité. Des liens complexes apparaissent entre des individus de la même espèce qui sont en compétition pour la nourriture, les abris, les frayères, les partenaires sexuels. Les rapports entre les différentes espèces ne sont pas moins compliqués. Il en résulte des variations constantes dans la taille des différentes populations, aboutissant en fin de compte soit à l'extension de l'aire d'une espèce qui prospère, soit à sa diminution chez une espèce qui périclite : diminution qui peut entraîner la disparition complète de l'espèce en question.

L'homme exerce son influence de manière directe par la pêche, et de manière indirecte par la destruction des frayères, l'assèchement de vastes territoires, la rectification des cours d'eau, etc. L'agriculture et l'industrie influent notablement sur la qualité de l'eau et agissent ainsi sur la richesse spécifique des cours et sur la taille des différentes populations dans le cadre d'une espèce. Comme les autres êtres vivants, les poissons sont capables de s'adapter dans une certaine mesure aux variations du milieu, mais cette adaptation n'est pas sans limites. Les cadavres qui flottent à la surface des rivières et des mers témoignent de plus en plus souvent de notre mauvaise gestion des milieux naturels. Les impératifs écologiques devraient pourtant être respectés.

L'EAU

L'eau se distingue de l'air avant tout par sa forte densité (elle est à peu près 800 fois plus dense que l'air). C'est un excellent solvant des substances minérales indispensables à la vie, mais aussi, malheureusement, d'un grand nombre de produits nocifs. Grâce à sa densité, l'eau est un milieu porteur et les plus grands êtres vivants sont justement des êtres aquatiques. La masse des cétacés dépasse souvent 100 tonnes, vingt fois environ celle des plus grands mammifères terrestres : les éléphants. On peut penser qu'étant donné leur masse imposante (jusqu'à 30 tonnes) les plus gros reptiles de l'ère secondaire, les dinosaures, vivaient eux aussi en milieu aquatique.

L'eau de mer contient en moyenne 33–38 ‰ de sels en solution, le plus important en étant le chlorure de sodium. L'évaporation et la formation de la glace en augmentent la salinité, l'arrivée des eaux douces fluviales la diminue. Lorsque la salinité dépasse 15 ‰, l'eau de mer devient de plus en plus dense quand la température s'abaisse, jusqu'au point de congélation qui est de −1,9 °C. Cette propriété la distingue de l'eau douce dont la plus forte densité est atteinte à 4 °C. Cette particularité de l'eau douce a une grande importance pour les êtres qui y vivent : ils peuvent passer l'hiver près du fond des étangs, lacs ou rivières où s'accumule l'eau la plus dense, encore liquide, dont la température est de 4 °C.

D'autres éléments importants, nécessaires à la vie, sont dissous dans l'eau. La protéosynthèse (les protéines sont les composantes principales des êtres vivants) ne peut avoir lieu sans azote et sans phosphore. L'azote est contenu dans l'eau avec les nitrites, les nitrates et l'ammoniac, ainsi que sous forme organique, dans les acides aminés. Les précipitations en apportent également une certaine quantité. Le phosphore est un important facteur limitant de la photosynthèse. Il existe dans l'eau sous forme de phosphates ou de phosphore organique en solution. Le silicium et une série d'oligo-éléments présents en très faible quantité sont également importants : le fer, le manganèse, le zinc, composants importants des enzymes d'oxydation, ou encore le molybdène, le zinc, le cobalt et le cuivre, importants pour la régulation de la croissance végétale.

LA TEMPÉRATURE

La température influe sur tous les processus vitaux des poissons et sur le nombre d'espèces contenues dans différents types d'eaux. La température moyenne des couches superficielles des eaux océaniques est de 17 °C. Elle varie de −1,9 °C, température de solidification de l'eau marine, à 26 °C dans les régions tropicales. A 50° de latitude Nord, la température moyenne annuelle de l'eau est en surface de 5−6 °C. Dans les eaux douces, la température varie de 0 °C à plus de 50 °C dans certaines sources chaudes. Mais même à cette température on trouve encore des poissons (par exemple *Cyprinodon maculatus* dans les sources chaudes californiennes). Par contre, un poisson voisin du brochet, *Dallia pectoralis,* vivant en Sibérie et dans l'Alaska, survit même à une période de congélation. On connaît des cas de chiens qui ont rejeté des poissons gelés parce que ces derniers avaient repris vie à la chaleur de leur estomac et s'étaient tout à coup mis à bouger. Les eaux douces (et surtout les retenues peu profondes) sont beaucoup plus dépendantes de la température de l'air que les eaux marines. Cela implique que les poissons marins sont moins adaptés aux variations de température que les poissons d'eau douce. Les espèces des profondeurs marines surtout sont très sensibles et réagissent à des variations de quelques dixièmes de degré (on parle d'espèces sténothermes).

La plupart des espèces évitent le plus possible des températures supérieures à 30−35 °C. A ces températures, la consommation d'oxygène augmente de manière importante, alors que l'eau en contient moins en solution. Des températures favorables ont au contraire un effet positif sur la digestion, la vitesse des déplacements et la quantité de nourriture absorbée. Dans les conditions climatiques européennes, la carpe ne connaît une croissance intensive que pendant les mois où la température dépasse 15−20 °C. C'est également à ces températures qu'elle fraie. La durée de développement embryonnaire dépend elle aussi de la température de l'eau. Chez la perche par exemple, ce développement dure quatre semaines à une température de 10 °C, 6 jours seulement à 20 °C.

L'OXYGÈNE ET LE GAZ CARBONIQUE

L'oxygène est un important facteur limitant du milieu aquatique. La quantité contenue dans l'eau est déterminée par les échanges avec l'atmosphère, la production d'oxygène des plantes vertes (surtout les Bacillariophycées et les Chlorophycées), la respiration des êtres vivants, plantes et micro-organismes. Elle est indirectement liée à la température et à la proportion de sels en solution. Un litre d'eau douce contient à 0 °C 10,29 ml d'oxygène en solution, un litre d'eau de mer à la même température seulement 8 ml d'oxygène. A 30 °C, la quantité d'oxygène de l'eau douce tombe à 5,6 ml et celle de l'eau marine à 4,5 ml. L'immense volume de l'eau de mer et la faible concentration en matières nutritives font que l'oxygène ne manque jamais dans les eaux marines. Dans les eaux douces, par contre, la quantité d'oxygène en solution est très variable. La respiration des plantes et des animaux, la décomposition de leurs cadavres en consomment également une partie. Lorsqu'on pense aux faibles dimensions des réservoirs et des rivières et aux immenses quantités de matières organiques qui s'y déversent dans les régions densément peuplées, on comprend aisément l'importance capitale de l'oxygène dans ces eaux. En effet, la masse de matière organique se décompose peu à peu, mais consomme ce faisant de l'oxygène (la décomposition d'un gramme de matière organique consomme environ un gramme d'oxygène). Le gaz est donc réellement ici un facteur limitant et il n'est pas étonnant que ce soit justement chez les poissons d'eau douce que sont apparues de nombreuses adaptations à sa rareté.

La répartition des cours d'eau selon les étages tient elle aussi compte des besoins en oxygène des différents types de poissons. Les plus oxygénées sont les eaux de montagne, les torrents et les rivières avec une pente de 10−130 ‰. C'est la « zone des truites » où l'on rencontre la truite, le chabot, la loche franche. La zone suivante est celle des ombres. Elle a une pente de 5−20 ‰ etabrite l'ombre de rivière, le chevesne, les nases, le goujon et l'ablette. A l'étage du barbeau, avec une pente de 2−15 ‰, on rencontrera le barbeau, les nases, la zährte, le chevesne, mais aussi le gardon, la vandoise, le goujon, la loche franche et d'autres espèces. Dans la zone des brèmes enfin, située dans le cours inférieur des rivières avec une pente minimale, vivront les brèmes, la carpe, la tanche, le silure, le sandre, l'ablette, la bouvière, la perche goujonnière, etc. Les différents étages ne sont pas nettement délimités, la quantité d'oxygène dissous diminue progressivement depuis l'étage des truites où l'eau est saturée jusqu'à une valeur nulle. Dans certaines sections de rivières on voit aussi se former, même dans la partie inférieure, une nouvelle zone montagnarde ; par exemple une zone des truites en aval d'un barrage qui laisse échapper les couches inférieures d'eau froide ; une fois saturée en oxygène, une telle eau est prête à accueillir la truite et les autres poissons de l'étage montagnard.

L'eau des étangs et des lacs s'aère dans le courant de l'année grâce à l'action du vent et aux variations de sa température et de sa densité. Ainsi, l'eau oxygénée peut-elle pénétrer même dans les strates inférieures. Les mêmes phénomènes peuvent être observés en milieu marin. Dans les régions polaires, l'eau froide et riche en oxygène tombe vers le fond et s'écoule progressivement en direction de l'équateur. On estime que l'eau des profondeurs atlantiques se trouvait près de la surface il y a environ 500 ans ; celle des profondeurs pacifiques, il y a 1000 ans. Dans certaines mers fermées (comme la mer Noire), l'eau profonde ne parvient jamais à remonter vers la surface et se trouve donc dépourvue d'oxygène.

Le gaz carbonique (CO_2) est également important pour la vie aquatique. En effet, au cours de la photosynthèse, c'est le gaz carbonique et l'eau qui permettent, sous l'action de l'énergie solaire, la fabrication de composés organiques (sucres), indispensables à la vie de tous les organismes. Le dioxyde de carbone parvient dans le milieu aquatique avec les eaux de pluie ; une autre partie provient de la respiration des organismes vivants, des plantes et des micro-organismes ; une partie enfin du substrat par la décomposition acide du carbonate de calcium.

L'ACIDITÉ DE L'EAU

L'acidité de l'eau (le pH ou potentiel d'hydrogène) des eaux douces comme des eaux marines est déterminée par les réactions entre le gaz carbonique, les carbonates et les carbonates acides. Dans les étangs qui regorgent de matières nutritives minérales, la photosynthèse est intense durant la journée. Le gaz carbonique présent dans l'eau est ainsi consommé et la réaction de l'eau se déplace vers les valeurs basiques (la neutralité correspond au pH 7, des valeurs plus fortes indiquent une réaction basique, des valeurs plus faibles une réaction acide). Mais les lacs actuels sont menacés par un autre danger : une eau qui devient de plus en plus acide du fait d'un apport d'eau de pluie acide. Ces « pluies acides » sont dues à l'augmentation de la concentration d'oxyde de soufre dans l'air et la réaction de cet oxyde avec l'eau pluviale aboutissant à la formation d'acides sulfurique et sulfureux. Les lacs d'Amérique du Nord et d'Europe ne cessent ainsi de s'acidifier ; il en va de même partout où l'on brûle des combustibles riches en soufre. Le pH de telles eaux descend à 3–4 et elles deviennent nocives pour les poissons. Pour le moment, le pH des mers n'est pas encore un facteur limitant pour la vie des poissons et des autres organismes qui y vivent : leur forte teneur en sels et leur immense volume neutralisant l'effet des pluies acides. Le pH marin est constant et se situe entre 8,1 et 8,3.

LA LUMIÈRE

L'énergie lumineuse est indispensable à tous les organismes. Les plantes vertes la fixent lors de la photosynthèse, la transforment en énergie chimique et la « transmettent » sous cette forme aux animaux. Dans le milieu aquatique, cependant, l'intensité lumineuse diminue rapidement lorsqu'on descend en profondeur et la photosynthèse n'est possible que dans les couches supérieures des eaux marines (jusqu'à 100–200 m de profondeur). Les poissons quant à eux sont capables de vivre à des profondeurs bien plus importantes, mais dépendent alors pour leur alimentation de ce qui est produit dans les strates supérieures (la couche euphotique). Dans les eaux douces, la couche euphotique ne dépasse pas 40 m de profondeur au grand maximum, et peut ne descendre qu'à 20 m dans les eaux polluées et généralement riches en matières nutritives.

Les variations régulières de la quantité de lumière au cours de l'année (les photopériodes) sont également importantes pour les poissons. Elles influencent les cycles de reproduction, les migrations, la formation de bancs. L'alternance régulière de jours et de nuits influe sur l'activité, la recherche de nourriture, etc. La pêche marine et la pêche en eau douce utilisent toutes les deux les réactions positives d'un grand nombre de poissons à la lumière. Les poissons sont attirés vers une source lumineuse et pris au piège. C'est le cas par exemple des harengs, sprats, sardines, maquereaux. Les espèces qui vivent près du fond, surtout à de grandes profondeurs, sont pratiquement insensibles à la lumière (esturgeons, raies) ou la fuient carrément (espèces des profondeurs).

Lorsqu'on descend en profondeur, on rencontre un nombre sans cesse croissant de poissons émetteurs de lumière (à 300 m 45 % des espèces possèdent des organes lumineux). Mais même à 700 m sous les mers, les poissons parviennent encore à distinguer une trace lumineuse. Les yeux de ces espèces sont d'une taille démesurée et occupent environ 1/3 de la surface de la tête. Lorsqu'on descend encore, les yeux diminuent à nouveau. A plus de 1500 m de profondeur règnent les ténèbres absolues et les yeux, lorsqu'ils existent, ne servent qu'à repérer les signaux lumineux émis par d'autres individus.

LA POLLUTION

La quantité des eaux usées produites chaque jour par une ville d'un million d'habitants se monte à un demi-million de tonnes et représente une petite rivière ayant un débit de

50 m^3/s. Une fabrique de cellulose ou une usine alimentaire de taille moyenne produisent à peu près la même quantité d'eaux sales. Les effluents toxiques des industries, qui contiennent par exemple des sels de métaux lourds (cuivre, plomb, nickel, cadmium, mercure, etc.) sont également nocifs pour les poissons et les autres organismes aquatiques. Toutes ces substances sont dangereuses à des concentrations de quelques millièmes de milligramme à un milligramme par litre d'eau. (Le milligramme représente un millionième de kilogramme ou 10^{-6} kg.) Dans la chaîne alimentaire, les substances nocives s'accumulent et se concentrent progressivement dans les corps des algues, crustacés et poissons et peuvent parvenir jusqu'à l'homme. On se souvient de la mort de plus de quarante personnes en 1956 dans le golfe japonais de Minamata : ces personnes se nourrissaient de poissons pêchés près des lieux d'évacuation des effluents d'une fabrique d'aldéhyde acétique qui utilisait le mercure comme catalyseur.

L'agriculture industrielle enrichit les eaux douces en composés azotés utilisés comme engrais chimiques, dans une moindre mesure aussi de composés phosphorés. La valeur nutritive (la trophie) des eaux augmente, ce qui entraîne un accroissement de la production de matières organiques (algues et cyanophycées). On dit que l'eau « fleurit » : certaines espèces de cyanophytes s'agglutinent en flocons visibles à l'oeil nu. Après la mort de ces plantes microscopiques, leur décomposition s'accompagne souvent de la captation de tout l'oxygène disponible dans l'eau et les poissons meurent d'asphyxie. Le phosphore, facteur limitant de la photosynthèse, est actuellement introduit dans l'eau par les détergents ménagers, dont la composante active est souvent en solution dans des sels phosphorés.

En milieu marin, les zones menacées sont les embouchures des fleuves qui apportent de fortes quantités de substances organiques ou polluées, des métaux lourds, des pesticides et d'autres produits néfastes. Les accidents des supertankers pétroliers, avec leur chargement de plusieurs centaines de milliers de tonnes, représentent un danger particulièrement important. Mais les produits pétroliers arrivent aussi dans les mers par les fleuves (le Rhin apporte chaque jour 12 000 tonnes de produits pétroliers dans la mer du Nord).

Dans chaque maillon de la chaîne alimentaire la concentration des produits nocifs se multiplie par dix environ. Par exemple, une concentration de DDT de 10^{-9} dans le phytoplancton se solde par une concentration de 10^{-8} dans le zooplancton, de 10^{-7} chez le sprat et de 10^{-6} chez le maquereau.

Un autre type de pollution des eaux douces, mais aussi des golfes marins, est la pollution thermique au voisinage des centrales électriques : thermiques comme atomiques. La quantité de chaleur est telle qu'elle peut transformer du tout au tout le régime de l'eau concernée. Selon la taille de la centrale, l'augmentation moyenne de température se situe au voisinage de 5–10 °C. Il en résulte une diminution de la quantité d'oxygène dissous et une perturbation des cycles biologiques des poissons (reproduction, migrations, survie, croissance, etc.). Les espèces des eaux froides (surtout les salmonidés) disparaissent définitivement de telles stations.

La reproduction

C'est grâce à des reproductions répétées que les différentes espèces de poissons se maintiennent sur la terre depuis de nombreux millions d'années. Nous savons depuis Darwin que c'est surtout le plus ou moins grand nombre de descendants viables qui détermine la force ou la faiblesse évolutive des individus, des populations et des espèces.

Toutes sortes de types de reproduction apparaissent chez les poissons, chacun avec ses avantages et ses inconvénients. Là où la concurrence entre les espèces est faible, il vaut la peine de mettre au monde un grand nombre de petits descendants qui (dans la mesure où le milieu et les conditions climatiques le permettent) occupent rapidement la totalité de l'espace disponible. Là au contraire où la lutte pour la vie est sans merci, il faut à tout prix que les jeunes soient dès le début de taille à se défendre. Une quantité de situations intermédiaires existent évidemment entre ces deux extrêmes.

LES CELLULES SEXUELLES

Au début de la saison de reproduction se forment dans le corps des mâles les cellules sexuelles ou gamètes mâles, les spermatozoïdes (processus nommé spermatogénèse) et dans le corps des femelles les gamètes femelles ou ovules (oogénèse). Ces deux types de cellules ne possèdent que la moitié des chromosomes et le nombre caractéristique de chaque espèce n'est à nouveau atteint qu'après la fécondation. Les spermatozoïdes des différentes espèces de poissons se distinguent par la forme et la taille, mais sont le plus souvent ovoïdes avec un long flagelle qui leur permet de se déplacer en direction de l'ovule. L'ovule contient à la fois des substances de réserve qui nourriront l'embryon (le jaune) et un sac embryonnaire qui donnera naissance, après la fécondation, au nouvel individu. L'ovule est protégé par différentes membranes : la membrane primaire ou membrane vitelline et au minimum une membrane protectrice secondaire, formée de cellules nutritives modifiées. Chez certaines espèces on assiste à l'apparition de membranes supplémentaires dites tertiaires, qui se forment après la fécondation sous l'action de différentes glandes accessoires des voies sexuelles femelles. Ce sont par exemple les enveloppes cornées des oeufs des requins.

Les oeufs de poissons sont de tailles très diverses. Les plus gros sont ceux des requins ovipares (jusqu'à 6–10 cm de longueur). Les salmonidés et les esturgeons ont également des oeufs relativement gros (respectivement 4–7 mm et 1–4 mm). Chez les espèces qui produisent une très grande quantité d'oeufs par rapport à leur taille, ceux-ci sont très petits (chez les harengs, ils ne dépassent pas 1 mm). Au sein de la même espèce, les individus d'âge moyen produisent les oeufs les plus gros. La quantité de matières nutritives de réserve, dont l'embryon disposera au cours de son développement, est en relation étroite avec la taille de l'oeuf. Plus ces réserves sont riches, plus grosse, plus autonome, plus mobile sera la larve qui finira par éclore. Les gros oeufs peuvent aussi être une adaptation à la pauvreté du milieu où les larves se développent.

Le nombre d'oeufs chez les différentes espèces dépend de la taille de la femelle. Les espèces les plus petites produisent aussi le moins d'oeufs (en valeur absolue). Ainsi l'épinoche produit environ 100 oeufs, le vairon 500–5000. La carpe, selon sa taille, de 100 à 250 000 par kilogramme de poids, ce qui fait plus d'un million pour une femelle de 5 kg. La plupart des poissons européens d'eau douce produisent annuellement entre 10 et 100 000 oeufs. Parmi les espèces marines, le plus fertile est le poisson-lune qui produit jusqu'à 300 millions d'oeufs, puis la lotte de mer avec 60 millions d'oeufs, la morue commune avec 2–9 millions d'oeufs, le hareng avec 100 000 à 2 millions d'oeufs.

LA FRAIE

La fraie est généralement une affaire « collective ». Les mâles et les femelles libèrent le plus souvent les produits sexuels dans l'eau sans qu'il y ait de copulation à proprement parler. La fécondation se passe donc hors du corps maternel (elle est externe) et le milieu fécondant dans lequel se déplacent les spermatozoïdes est l'eau. Avec un tel type de fécondation les pertes sont naturellement nombreuses : une grande quantité d'ovules restent stériles. Les espèces qui prennent soin de leur descendance (cichlidés, gobiidés) fraient en couples grâce à quoi la proportion d'ovules fécondés s'accroît de manière considérable. Chez les requins, les raies et les poissons d'eau douce de la famille des *Poecilidae,* la fécondation est interne, le mâle éjectant la laitance directement dans l'orifice sexuel ou dans son voisinage immédiat, grâce à un organe copulateur particulier, résultant chez les requins et les raies de la transformation des nageoires ventrales (ptérygopode). Chez les xiphophores de la famille des *Poecilidae,* il s'agit de la nageoire anale modifiée ou gonopode.

La majorité d'espèces européennes ne fraient qu'une fois par an, certaines fraient de manière fractionnée en plusieurs fois : la brème, le chevesne, le rotengle, le rouget de vase. Une carpe acclimatée à Java arrive à maturité au bout de 1,5–2 ans et fraie environ tous les deux mois. Le rouget de la mer Noire *Mullus barbatulus ponticus* libère quotidiennement pendant trois mois quelques ovules à la fois. Cette fraie fractionnée peut être interprété comme une adaptation à l'utilisation optimale des ressources alimentaires dont les réserves se renouvellent plusieurs fois pendant la période chaude de l'année. Dans les stations où le niveau de l'eau varie fortement, la fraie fractionnée est un des moyens de remplacer le premier naissain disparu.

La plupart des espèces européennes fraient au printemps, au moment où la température de l'eau monte progressivement et où les journées s'allongent. Dans les eaux douces, les brochets sont parmi les premiers à frayer juste après le dégel. Leurs petits prennent ainsi une nette avance sur les autres poissons dont ils consomment les jeunes tout au long du printemps. La perche fraie elle aussi très tôt : elle se contente d'une température voisine de 8 °C. Les cyprinidés suivent ; la carpe et la tanche, espèces thermophiles, étant parmi les dernières. La truite, le saumon, les corégones et la lote fraient à l'automne et au printemps. Leurs embryons se développent dans les frayères jusqu'au printemps suivant. Parmi les espèces marines, les harengs fraient au printemps, mais certaines races préfèrent attendre l'été et l'automne. La morue commune fraie au début du printemps, de février à avril, la morue *Eleginus navaga* fraie en hiver.

Il arrive souvent que la même espèce ne fraie pas au même moment selon le lieu où elle vit. Ainsi le capelan *(Mallotus villosus)* fraie de mars à mai dans la partie occidentale de la mer de Barents et d'août à septembre dans sa partie orientale. Dans le Caucase, le vairon fraie en avril, dans la Petchora en juillet seulement. Acclimatée en Australie, la perche fraie en octobre et novembre. Chez la même espèce, on note des périodes de fraie différentes selon les races : ainsi, des races de printemps et des races d'automne existent par exemple chez le hareng, la lamproie, les corégones et certains saumons.

LE DÉVELOPPEMENT EMBRYONNAIRE

C'est dès la fécondation, c'est-à-dire la fusion entre un gamète mâle et un gamète femelle en une cellule unique ou zygote, que commence le développement du nouvel individu. Après sa pénétration dans l'ovule, le spermatozoïde perd son flagelle et seul son noyau parvient jusqu'au centre de l'ovule où il fusionne avec le noyau femelle. C'est le début de l'embryogénèse, un processus qui se déroule généralement à l'intérieur des enveloppes de l'oeuf.

Au cours de cette période, le nouvel individu est entièrement dépendant des réserves alimentaires stockées dans le vitellus. La période embryonnaire peut se diviser en trois phases. La première, ou blastogénèse, est une phase de segmentation de l'oeuf, accompagnée de l'apparition des ébauches des différents organes. Pendant cette phase l'embryon ne grossit à peu près pas. Suit une phase d'organogénèse, au cours de laquelle les ébauches connaissent un grossissement intensif, par division et croissance de leurs cellules constitutives. Dès que l'embryon se dégage de ses enveloppes, c'est l'éclosion et le début du stade libre. L'embryon libre commence à ressembler à un poisson adulte. Ce stade d'embryon libre est très long par exemple chez les saumons, très court chez les cyprinidés. Sa durée est directement proportionnelle à la taille du sac vitellin. Dès que l'embryon libre devient capable de s'alimenter, il passe au stade larvaire. Celui-ci s'achève par la formation du squelette et la disparition de la bordure natatoire embryonnaire. Vient ensuite la période juvénile au cours de laquelle le jeune poisson (l'alevin) commence à ressembler à l'adulte dont il se distingue cependant par la taille, l'immaturité des gonades et souvent aussi la coloration. Chez les salmonidés par exemple, les formes juvéniles portent des rayures de couleur sombre. La période juvénile s'achève avec la maturation des gonades. Le poisson entre dans la phase adulte. Celle-ci peut durer de quelques mois (certaines espèces de la famille des *Gobiidae,* des *Scopelidae*) jusqu'à quelques dizaines d'années. Les espèces de grande taille peuvent atteindre cent ans : le bélouga par exemple. Les individus arrivant à la vieillesse (phase de sénescence) sont rares. Au cours de cette période la croissance s'arrête, le poisson ne fraie plus régulièrement ou abandonne totalement la fraie. Cette période peut être très brève, comme chez les saumons du Pacifique qui meurent peu de temps après la fraie.

Un phénomène intéressant est celui du développement des ovules non fécondés (parthénogénèse). Chez les harengs par exemple, les ovules non fécondés peuvent se développer jusqu'au stade de l'embryon libre. Chez le carassin doré, les populations européennes ne comportent que des femelles, les mâles étant rarissimes. Par contre, dans sa patrie d'origine qui est l'Asie orientale, les populations comportent les deux sexes. Chez les populations sans mâles on assiste à un phénomène nommé gynogénèse, où un spermatozoïde d'une autre espèce induit la division sans féconder l'ovule. On n'obtient alors à nouveau que des femelles de carassin.

LES SOINS À LA DESCENDANCE

Au cours de leur longue évolution, les poissons ont « développé » une grande série de méthodes de soins apportés aux oeufs ou aux jeunes. Les poissons pélagophiles libèrent leurs oeufs directement dans l'eau. Ce sont les poissons de la famille des *Scombridae,* les sardines, les corégones, les morues, les soles, turbots et barbues parmi les espèces d'eau douce, le rasoir et bien d'autres. Les oeufs sont libres et flottent entre deux eaux. Une grosse gouttelette lipidique les empêche de tomber au fond. Le développement se déroule dans une eau suffisamment approvisionnée en oxygène, et ni les embryons, ni les larves de ces espèces ne présentent d'adaptations au manque de ce gaz. Comme les pertes au cours de la fraie et du développement embryonnaire sont importantes, les espèces pélagophiles produisent une quantité importante d'ovules.

Les espèces benthophiles fraient près du fond. On distingue ici les poissons phytophiles qui libèrent leurs ovules sur les plantes aquatiques, lithophiles qui libèrent leurs ovules sur les pierres et psammophiles qui libèrent leurs ovules sur le sable. Les oeufs des phytophiles ont une enveloppe visqueuse grâce à laquelle ils se fixent fermement sur le support. Certaines espèces sont tributaires de conditions particulières : le brochet par exemple ne fraie que lorsqu'il dispose de plantes terrestres fraîchement immergées. Les ovules et les embryons sont adaptés au manque d'oxygène qui survient surtout pendant la période nocturne. Les embryons sont dotés de glandes particulières, situées sur la tête, et qui leur permettent de s'accrocher à la végétation. En plus de la carpe et du brochet, ce groupe comporte la brème, le gardon, les espèces marines de la famille des *Labridae.* Les phytophiles auraient bien du mal à frayer dans les portions supérieures des rivières, sur les côtes rocheuses, etc. Les espèces qui peuplent de tels sites se passent donc d'un substrat végétal et fraient sur le fond pierreux. Ce sont notamment des salmonidés, des acipenséridés, ainsi que les aprons, les barbeaux et la plupart des gobiidés. Les embryons sont généralement photophobes (c'est-à-dire qu'ils fuient la lumière) et restent parmi les pierres jusqu'à la résorption du vitellus. Les psammophiles fraient sur le sable. A ce groupe appartiennent le goujon, les mulets, la loche franche. De nombreuses espèces peuvent frayer sur différents supports : gardon, brème, rotengle.

Les soins à la descendance commencent par une surveillance active des frayères ; à un degré supérieur, on assiste à la protection des oeufs puis des alevins. Pour citer quelques exemples, le premier degré de soins est celui des saumons qui commencent par se mettre en quête d'une frayère convenable (située dans la partie supérieure d'un cours d'eau). Ils creusent ensuite, par des battements violents du corps, un nid dans le fond de la frayère et surveillent ses environs pendant un certain temps après la fraie. Une technique tout à fait intéressante est celle des poissons ostracophiles qui pondent leurs oeufs dans la cavité palléale des mollusques. C'est le cas de la bouvière.

L'alimentation des poissons

L'alimentation apporte aux poissons l'énergie nécessaire à leur croissance, à leur multiplication, à leurs déplacements et à la recherche de nouvelles nourritures. Comme tous les vertébrés à sang froid, les poissons peuvent rester très longtemps sans s'alimenter. Ils survivent sans dommage à un jeûne de plusieurs mois : ils consomment alors les réserves accumulées auparavant.

Les poissons se nourrissent surtout de plancton, de

benthos et de poissons. Seul un nombre limité a une vie parasitique. Le plancton est un nom collectif désignant les organismes qui flottent librement et de manière permanente dans l'eau et qui sont plus ou moins incapables de mouvements autonomes. Le terme vient du grec *planktos :* errant, ballotté çà et là. On distingue le zooplancton (composante animale) et phytoplancton (composante végétale). Au plancton s'oppose le necton, du grec *nektos :* nageant, et qui est constitué par l'ensemble des organismes caractérisés par des déplacements actifs. Ce sont donc surtout les poissons, mais aussi les céphalopodes, les tortues, les cétacés, etc. 2000 espèces marines environ constituent le phytoplancton, dont 1700 environ existent dans l'hémisphère Nord. Parmi ses représentants importants on compte les diatomées, les dinophycées, les algues bleues ou cyanophycées et les algues. Tous ces groupes sont représentés en eau douce par des genres et des espèces adaptées aux milieux.

Parmi les quelque 2000 espèces d'organismes marins qui constituent le zooplancton, 1200 environ sont des crustacés, 400 des larves de coelentérés et de mollusques.

Chez les poissons qui se nourrissent de phytoplancton, on constate la présence de longues et denses branchiospines servant de filtre efficace pour séparer de l'eau les particules alimentaires. C'est ainsi que le menhaden *(Brevortia tyranus),* poisson vivant dans l'ouest de l'océan Atlantique, peut filtrer 40 l d'eau à la minute. Les espèces adaptées à la consommation de phytoplancton à l'âge adulte sont relativement rares. Citons ici une espèce récemment introduite en Europe depuis le Sud-Est asiatique, *Hypophthalmichthys molitrix,* qui se nourrit tout d'abord de zooplancton, puis de phytoplancton à l'âge adulte.

Les espèces qui consomment du zooplancton sont des zooplanctonophages. Elles filtrent leur nourriture comme les représentants du groupe précédent grâce à leurs denses branchiospines. Certaines espèces de harengs et de sardines appartiennent à ce groupe. Parmi les poissons dulçaquicoles, on pense ici aux corégones, à l'ablette et à certains autres cypriniformes. Deux des plus gros requins actuels se nourrissent eux aussi de zooplancton : le requin-baleine *(Rhincodon typus)* et le requin pèlerin *(Cetorhinus maximus).* Les lamelles filtrantes sont moins denses ici que chez les phytoplanctonophages car les particules de zooplancton que ces poissons consomment sont environ 10 fois plus grosses que les particules de phytoplancton.

Certains poissons se nourrissent de végétaux supérieurs flottants ou immergés (macrophytes) ou d'algues, etc. Ils consomment en même temps, cela va sans dire, les organismes animaux qui s'y trouvent. Ainsi les mugilidés qui raclent les couverts d'algues consomment en même temps les détritus organiques et les animalcules qui s'y abritent. Parmi les espèces d'eau douce, le hotu, le gardon parfois et certains cichlidés se nourrissent de la même manière. Le rotengle, parmi les poissons d'Europe et *Ctenopharyngodon idella,* une espèce originaire d'Asie, se nourrissent de végétaux supérieurs.

Les êtres vivants qui peuplent les fonds marins et dulçaquicoles à différentes profondeurs constituent un autre groupe d'organismes qui servent de nourriture aux poissons. On leur donne le nom collectif de benthos (du grec *benthos :* profondeur). Sa variété spécifique est immense. On pense qu'il en existe environ 180 000 espèces dans les mers du monde (en comptant les poissons benthiques). Presque toutes les espèces benthiques marines vivent dans la zone côtière de faible profondeur. Comme le plancton, le benthos se compose d'une fraction végétale (phytobenthos) et d'une fraction animale (zoobenthos). Le phytobenthos constitue cependant moins d'un pour cent de l'alimentation des organismes marins. Dans les eaux douces, sa part dans l'alimentation des poissons est légèrement plus importante.

Parmi les organismes benthiques marins, on compte des spongiaires, des gastéropodes, des amphineures, des crustacés, des vers polychètes, des bivalves. Dans les eaux douces, le fond des retenues et des rivières est peuplé de protozoaires, de rotifères, de nématodes, de menus crustacés, de larves d'insectes (chironomidés, par exemple) de vers oligochètes et de mollusques. Parmi les espèces benthophages on compte surtout les poissons qui se tiennent habituellement près du fond (raies, poissons plats, baudroies, grondins, gobies dans les mers, loches et chabots dans les eaux douces). D'autres espèces trouvent dans le benthos un complément de nourriture (brèmes, carpes).

Les chats marins de la famille des *Anarrhichadidae* se nourrissent d'oursins, d'ophiurides, de mollusques et de crabes. Leurs dents aiguës, puissantes, leur permettent d'écraser les coquilles protectrices de leurs proies. Les tétrodontiformes, au contraire, se servent de leurs dents plates pour broyer les coraux et les coquilles de mollusques.

Les poissons carnassiers constituent un autre groupe alimentaire, comprenant les requins, les saumons, les gades, les maquereaux, les thons, les barracudas, etc., tous mangeurs de poissons. Parmi les espèces dulçaquicoles, on peut leur adjoindre la truite, le saumon du Danube, le brochet, l'aspe, le sandre, le silure, la perche.

Les poissons parasites forment un groupe tout à fait à part.

La composition des aliments absorbés par différents poissons varie non seulement avec l'âge, mais aussi avec la saison. Les poissons s'intéressent généralement à la nourriture la plus abondante et la plus accessible. L'églefin par exemple se nourrit au printemps surtout du frai de hareng, en été de benthos. Le requin pèlerin consomme du plancton au printemps et en été, du benthos en hiver. De nombreux corégones en principe zooplanctonophages consomment des mollusques benthiques dans certains lacs.

Le type et la forme des mâchoires correspondent

également à la diversité des aliments qu'elles sont censées saisir et broyer. Chez les prédateurs on remarque une mâchoire longue, bien armée de dents (portées par le maxillaire, la mandibule, le prémaxillaire). Dans la cavité buccale se trouvent d'autres dents recouvrant le vomer, l'os palatin et l'épiptérygoïde. Un dernier type de dents apparaît enfin chez les poissons osseux : ce sont les dents pharyngiennes des cyprinidés, portées par le dernier arc branchial. Ces dents servent à broyer des proies importantes et à séparer les aliments de l'eau excédentaire. Chez les lamproies, la ventouse buccale est recouverte de fausses dents cornées.

De nombreuses espèces benthophages se caractérisent par leur bouche protractile qui leur permet d'aspirer la nourriture sur le sol : brème, carpe, esturgeons, poissons de la famille des *Mormyridae*. Les planctonophages ont une grande bouche, largement extensible ; les branchiospines leur servent de tamis qui filtre l'eau aspirée. Les poissons qui broutent les algues ont souvent une bouche fendue obliquement. La lèvre inférieure est cornée et tranchante, comme l'est parfois aussi la lèvre supérieure (hotu, mulets). De nombreux benthophages possèdent autour de la bouche des barbillons : les organes sensoriels qui s'y trouvent permettent de détecter la nourriture.

La plupart des poissons avalent leur nourriture entière, sans la mastiquer. Certains prédateurs sont toutefois capables d'arracher à leur proie des lambeaux de chair et s'attaquent à des animaux plus gros qu'eux-mêmes (requins, néocératode, piranha sud-américain, myxines). Ils peuvent parfois racler et aspirer la chair de leur victime (lamproies).

Chez les poissons qui ont une nourriture animale, le taux d'utilisation de la nourriture se situe aux alentours de 80 %, les 20 % restants étant évacués sous forme d'excréments. Les espèces phytophages ne transforment, elles, que 50–60 % de la nourriture. Une grande partie de l'énergie qui provient de cette nourriture digérée (assimilée) sert à assurer les processus physiologiques, une plus faible part sert à la croissance (production de nouvelle biomasse) et à la formation des cellules sexuelles. Le rapport entre la masse d'aliments absorbée et le gain de poids du poisson dépend du type de nourriture, de la saison, de la taille et de l'âge de l'individu. Chez les carnassiers, il se situe entre 5 et 10/1, ce qui signifie qu'il leur faut absorber en moyenne de 5 à 10 kg de nourriture pour un gain de poids de 1 kg. Chez les espèces végétariennes ou celles qui se nourrissent d'animaux présentant un grand déchet (mollusques par exemple), le rapport entre la masse absorbée et le gain de poids se situe entre 10 et 100 pour 1. Des observations faites sur le rouget de la mer Noire *Mullus barbatulus ponticus* ont permis de montrer que le poisson consommait en 24 h une quantité de nourriture correspondant à 20 % de son propre poids. Cette nourriture était assimilée à 70 %, répartis comme suit : deux tiers de cette quantité pour les processus physiologiques, un petit tiers pour la fabrication de cellules sexuelles et un centième seulement pour le gain de poids. La consommation quotidienne de nourriture varie avec la taille du poisson (elle est plus faible chez les gros poissons), la température (elle augmente avec la température extérieure) et avec la quantité de nourriture offerte (elle augmente lorsque la nourriture est abondante). Elle se situe en moyenne entre 10 et 20 % de la masse du poisson chez les sujets de petite taille, autour de 5 % chez les gros sujets. L'étude de la consommation et de son utilisation pour la croissance est surtout importante pour les élevages piscicoles où les résultats obtenus peuvent amener l'éleveur à apporter un complément alimentaire.

La croissance

La croissance s'accompagne chez tous les individus d'une augmentation de la taille et du poids du corps. Au contraire d'autres groupes animaux (oiseaux, mammifères, insectes), les poissons ont une croissance indéterminée : leur corps continue à s'allonger et à grossir même lorsqu'il a atteint sa maturité sexuelle. Il en va de même pour les amphibiens, les reptiles, les mollusques ou les arbres. Il ne faut pas penser pour autant que les poissons ont une croissance infinie. Une fois la maturité sexuelle atteinte, leur vitesse de croissance se ralentit progressivement. D'autre part, l'âge atteint par les différentes espèces est lui aussi un facteur limitant. Il dépend dans une grande mesure de la taille des poissons : un grand nombre d'espèces dulçaquicoles tropicales (comme les characinidés bien connus des aquariophiles) ou d'espèces marines comme les gobiidés ne dépassent pas un an d'âge. Les espèces de grande taille peuvent au contraire vivre jusqu'à cent ans. On connaît des cas d'esturgeons et de bélougas vieux de 100 à 150 ans, mais ces chiffres ne sont pas forcément toujours exacts. Beaucoup plus fiables sont les chiffres obtenus en captivité : un esturgeon a ainsi atteint 69 ans, une carpe 38 ans, une truite 49 ans, une anguille 68 ans. Il est rare que de tels âges soient atteints en pleine nature et on peut dire qu'en moyenne la plupart des espèces vivent de 1 à 20 ans.

L'espèce la plus petite connue est sans doute un poisson de la famille des gobiidés vivant aux Philippines, *Pandaka pygmaea,* qui ne dépasse pas 8–12 mm de longueur. D'autres gobiidés européens (genre *Crystallogobius* par exemple) ne sont pas tellement plus gros. A l'autre bout de l'échelle on trouve des géants comme le requin pèlerin *(Cetorhinus maximus)* ou le requin-baleine *(Rhincodon typus)* qui atteignent respectivement 15 et 18 m de longueur. Parmi les espèces anadromes (vivant dans les mers, mais frayant en eau douce, par opposition aux espèces catadromes comme l'anguille) le plus gros poisson est le bélouga *(Huso huso)* qui peut atteindre 9 m de long et peser 1,5 à 2 tonnes. Parmi les poissons d'eau douce, le silure glane, avec ses 3 m de long et ses 200 kg, est lui aussi loin d'être un nain ! Il faut cependant dire que de nos jours les poissons ont rarement le temps d'atteindre de telles tailles : les pêcheurs sont là pour les en empêcher. Les hommes du paléolithique prenaient des spécimens de l'esturgeon russe *Acipenser gueldenstaedti* qui atteignaient 3 m de longueur ; à notre époque, les plus belles pièces ne dépassent pas 2,4 m.

Parmi les facteurs abiotiques qui interviennent dans la croissance des poissons, la température joue un rôle primordial. Une température soit trop basse soit au contraire excessive ralentit considérablement la croissance : la carpe par exemple cesse de s'alimenter dès que la température de l'eau descend au-dessous de 13–15 °C. Dans la majeure partie de l'Europe, elle ne grossit donc que pendant les mois d'été. La plupart des poissons fuient les températures excédant 30–35 °C et cessent de grossir lorsque l'eau atteint de tels chiffres.

Les éleveurs savent depuis toujours qu'il existe une corrélation entre le nombre de poissons d'un site et leur croissance. Ils savent donc respecter le rapport optimal entre la taille d'une population, la croissance individuelle des sujets et leur croissance globale. La croissance individuelle est optimale lorsque les poissons sont peu nombreux dans un réservoir. Lorsqu'on augmente ce nombre, les gains de poids individuels s'abaissent légèrement, mais la production totale augmente. On finit cependant par atteindre un point où, la population augmentant, la production totale chute. C'est donc au pisciculteur à décider s'il cherche à obtenir une forte productivité avec des poissons relativement petits, ou une productivité plus faible, avec des poissons en moyenne plus gros. Les mêmes rapports s'établissent aussi en pleine nature, mais les effets du nombre sont souvent masqués par d'autres facteurs (notamment les rapports complexes qui s'instaurent entre différentes espèces de poissons) et il devient difficile de déterminer quel est le facteur responsable de la baisse de la vitesse de croissance.

Dans un espace limité la croissance est également fonction de la concentration accrue de produits métaboliques qui jouent un rôle positif ou négatif selon les cas. Chez les espèces territoriales comme la truite, une forte densité d'individus contraint le sujet dominant à affirmer sans cesse sa position de force. Cette contrainte l'oblige à d'incessantes dépenses d'énergie, sans qu'il soit en mesure de trouver une nourriture suffisante, si bien que sa croissance se ralentit. Un autre individu vient progressivement le supplanter et toute la situation se répète continuellement. Il en résulte un ralentissement de la croissance de tous les individus de la population, même lorsque la nourriture est présente en quantité suffisante. De simples contacts visuels ou olfactifs entre les individus de la même espèce peuvent influer sur la vitesse de croissance. Des expériences ont montré que certains blenniidés grossissent plus lentement lorsque leurs représentants sont placés dans des aquariums séparés, sans possibilité de contacts visuels ou olfactifs réciproques, que dans le cas contraire. Les alevins du poisson-chat américain *(Ictalurus nebulosus)* consomment eux aussi plus de nourriture et grossissent plus rapidement lorsqu'ils sont élevés en groupe.

Le fait de grossir rapidement est important pour le poisson, entre autres parce que cela lui permet d'échapper plus vite à la pression des carnassiers qui ne peuvent avaler que des proies d'une certaine taille. Cette réalité est surtout manifeste chez les poissons hauts, comme la brème, qui deviennent peu accessibles pour les prédateurs à partir d'une certaine longueur corporelle (et surtout de la hauteur correspondante). Une croissance rapide aboutit aussi à une maturation sexuelle plus précoce, donc à une multiplication plus avancée. Elle s'accompagne d'une augmentation des substances de réserve dans les ovules, donc d'une meilleure possibilité de survie des embryons et des larves, donc encore d'un accroissement de la taille de la population. Il en résulte alors un abaissement de la vitesse de croissance des individus. Nous voyons clairement ici que la vitesse de croissance en fonction de l'abondance de nourriture fonctionne comme un véritable mécanisme régulateur de la taille des populations.

Détermination de l'âge et de la vitesse de croissance

Après la Seconde Guerre mondiale, les biologistes se sont penchés sur la question de la détermination de l'âge absolu d'individus appartenant à différents groupes animaux. Ils ont notamment étudié la répétition des structures des parties protectrices ou sustentatrices du squelette (coquilles de mollusques, os, dents, otolithes des vertébrés). En ichthyologie, on détermine depuis le début de notre siècle l'âge des individus et leur vitesse de croissance à l'aide de leurs écailles, des os operculaires, des vertèbres et des otolithes.

Cette détermination se fonde sur les structures concentriques et répétées qui apparaissent sur les écailles et sur certains os. En effet, les écailles s'accroissent de la manière suivante : sous la plaquette initiale centrale (sclérite) viennent s'ajouter de nouvelles plaquettes au fur et à mesure de la croissance, chacune de ces plaquettes étant légèrement plus grande que la précédente. Si on les regarde par-dessus, ces plaquettes apparaissent comme autant de cercles concentriques. Lorsque la croissance est lente, les sclérites sont densément serrés les uns contre les autres, au printemps et en été, au contraire, pendant la période de la croissance intensive, ces sclérites sont fortement éloignés. La limite entre les sclérites denses et les sclérites éloignés forme un anneau de croissance et correspond à une année. La distance entre le centre de l'écaille et les différents anneaux est proportionnelle à l'augmentation de taille du poisson dans l'année considérée. L'écaille traduit aussi le ralentissement de la croissance pendant une période végétative où le refroidissement, le manque de nourriture, voire une maladie, ralentissent la croissance. Il faut distinguer ces faux anneaux des anneaux de croissance annuels pour ne pas avancer à l'âge du poisson et diminuer sa vitesse de croissance.

L'alternance des sclérites denses et écartés est caractéristique des poissons de la zone tempérée. Mais dans les régions tropicales et subtropicales aussi, la croissance ralentit ou s'arrête périodiquement avec la venue de la saison sèche. Les écailles, les os et les otolithes portent ici aussi des structures concentriques, formées par les variations saisonnières de dépôt de phosphate et de carbonate de calcium, comme chez les poissons de la zone tempérée.

En pratique, il faut souvent confronter les valeurs obtenues par l'étude des écailles avec des valeurs obtenues par une autre méthode, indépendante de celle-ci. On fait souvent appel au marquage des poissons dont on peut suivre la croissance à partir de la date de ce marquage, en les pêchant régulièrement chaque année et en les relâchant après les avoir mesurés. On obtient ainsi des données directes sur l'accroissement de taille au cours de l'année.

Dynamique des populations

On entend généralement par le terme de population un groupe d'individus appartenant à la même espèce, vivant dans une région donnée et se croisant librement entre eux. Une population se caractérise par son nombre d'individus, sa mortalité, sa natalité, sa décomposition en classes d'âges et la répartition dans l'espace de ses individus. La connaissance de ces paramètres est indispensable : elle permet de normaliser la pêche des espèces d'intérêt économique et de déterminer les mesures nécessaires à la protection des espèces menacées.

Une population qui n'est limitée ni par le manque de nourriture ni par le manque d'espace s'accroît rapidement (on dit qu'elle réalise son potentiel biotique). Mais cette croissance a des limites, même lorsque les ressources alimentaires sont suffisantes. S'il n'en était pas ainsi, notre planète ne tarderait pas à être jonchée de cadavres d'animaux et de végétaux qui auraient fini par manquer et d'espace et de nourriture. La seule espèce chez qui les populations s'accroissent encore de cette manière est l'homme. Chez toutes les autres espèces, la taille des populations sur un territoire donné et à une époque donnée est bornée par une limite infranchissable, à laquelle on donne le nom de capacité biotique du milieu. Le nombre d'individus de la population oscille constamment, avec des amplitudes plus ou moins accusées, autour de cette délimitation.

Comme chez d'autres espèces animales ou végétales, il existe chez les poissons de bonnes et de mauvaises années. Ainsi la pêche du hareng dans la partie nord-est de l'Atlantique en est-elle tributaire. On distingue des fluctuations courtes qui se répètent environ tous les quatre ans et des fluctuations longues qui s'étendent sur une dizaine d'années environ. Les variations de la taille des populations de poissons sont déterminées par des facteurs climatiques comme la température au moment de la fraie et dans les jours suivants, ou l'humidité de certaines années mais aussi par la quantité de matières nutritives disponibles et les relations concurrentielles entre les individus, etc. Le nombre de poissons total dépend de la natalité (nombre d'individus mis au monde dans l'année), elle-même liée au nombre moyen d'ovules produit par les femelles. La stabilité de la taille de la population dépend dans une grande mesure de la composition en âges du groupe de reproducteurs : généralement, plusieurs classes d'âge participent simultanément à la fraie. Si chez certaines espèces la classe d'âge qui fraie pour la première fois constitue le gros des reproducteurs (harengs de la Caspienne, saumons d'Europe) chez la plupart des autres espèces le groupe de reproducteurs se compose surtout des classes d'âge qui n'en sont plus à leur première fraie (harengs, turbots et barbus, cyprinidés, perches, etc.). Ce type de populations reproductrices est le mieux développé chez les espèces caractérisées par leur longévité, comme les esturgeons. Il en a résulté par le passé des populations numériquement très stables. Avec l'intervention de l'homme par la pêche et par la pollution, les populations d'esturgeons sont devenues nettement moins nombreuses.

La taille des populations dépend aussi de la valeur nutritive des ovules pondus, elle-même fonction de l'âge moyen des femelles reproductrices. En effet, ce sont les ovules les plus riches en vitellus qui ont la meilleure espérance de survie et de bon développement. De tels oeufs sont généralement pondus par des femelles qui se trouvent au premier tiers ou à la moitié de l'âge auquel l'espèce considérée se reproduit.

MARQUAGE

C'est par le marquage que l'on peut obtenir les informations de base sur la taille des populations, la mortalité, la vitesse de croissance, les migrations ou le devenir de poissons introduits dans un site. Cette technique fondamentale n'est pas employée chez les seuls poissons (baguage des oiseaux, des chauves-souris également).

Le marquage des poissons a une histoire plus que centenaire et plusieurs millions de poissons d'eau douce ou de mer ont ainsi été identifiés depuis les débuts de cette technique. En les capturant à nouveau, l'homme a pu comprendre de nombreux mystères relatifs à leur vie.

16. Modèles de plaques de marquage et leur emplacement de fixation : 1 – plaque dite de Leov ; 2 – plaque plastique ; 3 – plaque de Petersen ; 4 – plaque plastique « Floy tag » ; 5 – étiquette plastique ; 6 – bouton plastique ; 7 – plaque de mâchoire ; 8 – plaque implantée dans la cavité générale ; 9 – plaque hypodermique.

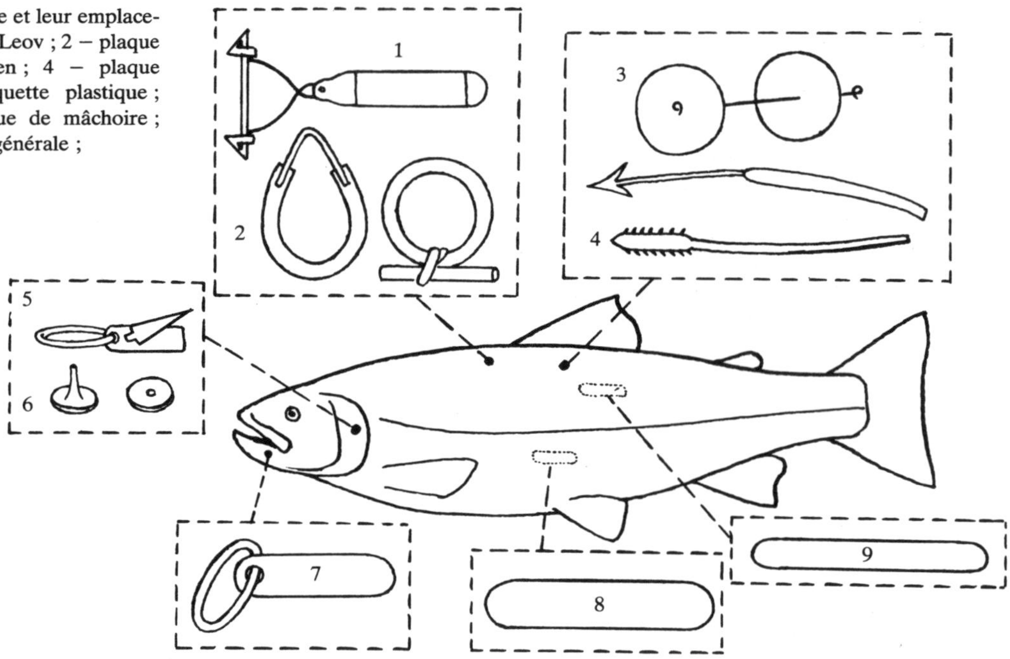

Les poissons peuvent être marqués de deux manières. Le premier type de marquage ne respecte pas l'intégrité du sujet marqué (par exemple ablation d'une nageoire), le second permet de distinguer les individus. Pour ce dernier type de marquage, on fait actuellement appel à une série de plaques d'identité fixées aux opercules, aux mâchoires ou implantées dans la musculature. Ces plaques portent un numéro permettant de reconnaître l'individu pendant la période durant laquelle il en est porteur de l'insigne.

Les plaques d'identité sont conçues de manière à ne pas blesser le poisson, à ne pas augmenter son risque de mortalité, à ne pas faciliter sa capture, etc. La manipulation du poisson doit être délicate et aussi rapide que possible.

ESTIMATION DE LA TAILLE D'UNE POPULATION

Chez les espèces migratrices, saumons par exemple, on peut compter directement le nombre de poissons qui passent à un certain endroit de la rivière en un temps donné. Dans la pêche marine on se contente généralement d'estimations approximatives obtenues en comparant la taille de la prise à l'unité d'efforts de pêche. On a souvent montré, en effet, que la prise est, dans des conditions données, proportionnelle à la taille du stock de sa réserve (population destinée à être pêchée).

L'estimation numérique des populations peut se faire également à l'aide du marquage. Depuis une vingtaine d'années, une nouvelle technique se développe rapidement : elle utilise pour les estimations des sondes ultrasoniques de profondeur. Cette technique présente une quantité d'avantages. Elle est indépendante des statistiques de pêche, peu coûteuse en temps, d'une bonne fiabilité. L'inconvénient majeur est qu'il est quasiment impossible de distinguer les différentes espèces, et qu'elle ne repère pas les individus situés juste au niveau du fond ou au contraire à la surface. De plus, le coût de l'équipement de base est relativement important. Cet équipement se compose tout d'abord d'une sonde possédant un émetteur, un convertisseur et un récepteur. L'émetteur produit une impulsion électrique qui est transformée en signal acoustique. Celui-ci traverse l'eau jusqu'à sa rencontre avec un obstacle (poisson, fond, etc.) Il se réfléchit alors jusqu'au récepteur où il est à nouveau transformé en signal électrique. L'appareil est muni d'un écran où apparaît la forme de l'obstacle. Le temps nécessaire à l'aller et au retour de l'onde sonore (temps d'écho) est directement proportionnel à la profondeur à laquelle se trouvent les poissons. Une machine à calculer qui fait partie de l'appareil totalise les données individuelles pour chaque poisson.

MORTALITÉ DES POISSONS

La mortalité, sans cesse compensée par la natalité, est un paramètre important de régulation numérique des populations. Elle est due aux prédateurs, aux parasites, aux maladies, à la vieillesse ou au manque de nourriture, à la température, au pH, à la pollution, etc. Toutes ces données sont groupées sous l'appellation commune de mortalité naturelle. L'intervention humaine par la pêche modifie elle aussi la dynamique des populations et cause la « mortalité par pêche ». La plus forte mortalité naturelle survient chez les oeufs et les embryons. Chez ces derniers il s'agit surtout de la période critique au cours de laquelle, les ressources vitellines consommées, le jeune commence à consommer une nourriture prélevée dans le milieu extérieur. Chez les alevins, la mortalité reste élevée. Elle est relativement faible chez les adultes et s'accroît à nouveau avec l'âge. Chez la plupart des espèces qui n'assurent aucun soin à leur descendance 95 à 99 % des jeunes meurent au cours des premières semaines de vie. La mortalité des espèces de longévité moyenne (cyprinidés par exemple) se situe à l'époque de la maturité sexuelle, aux alentours de 30 à 40 % par an. Dans les élevages où la carpe constitue le produit principal, on compte avec une mortalité d'environ 10 % chez les nourrains de deux ans. Ce chiffre peut être considéré comme la valeur minimale de la mortalité, car toutes les causes de mortalité naturelle sont ici tenues à leur plus bas niveau.

Au cours de leur évolution, les poissons se sont dotés de toute une série de dispositifs protecteurs qui rendent la tâche des prédateurs difficile. Les dispositifs les plus simples sont la coloration protectrice, l'existence d'épines sur les nageoires et les opercules, la formation de bancs, les soins donnés aux descendants et l'utilisation d'abris. Les poissons dotés de glandes venimeuses forment un groupe particulier, tout comme ceux dont la chair elle-même est toxique. La fréquence d'apparition des adaptations protectrices augmente du nord vers le sud, avec le nombre d'espèces prédatrices. Dans les mers, les espèces dotées d'épines ou d'autres mécanismes naturels sont plus nombreuses d'une part en allant vers l'équateur, d'autre part, à la même latitude, du large vers le littoral, ce qui est en liaison avec le nombre croissant d'espèces lorsqu'on progresse dans ces directions. Sur les côtes africaines, par exemple, les pêcheurs côtiers remontent au niveau de Dakar jusqu'à 67 % de poissons « armés », tandis qu'au large leur nombre descend à 44 %. La même situation se reproduit dans les eaux douces : dans les eaux d'altitude, le pourcentage de poissons « armés » est nettement plus bas que dans les eaux moyennes et inférieures des rivières. On note aussi que les épines protectrices sont plus courtes chez les espèces nordiques que chez les espèces méridionales appartenant au même groupe : on peut prendre ici comme exemple les scorpénidés ou les cottidés.

Au cours de leur développement, mais aussi selon la saison, les prédateurs s'intéressent à différentes espèces de poissons, généralement parmi les groupes numériquement les plus importants ou les plus faciles à capturer. Si la nourriture vient à manquer, le prédateur s'attaque aussi aux espèces armées (lorsque le brochet a vraiment faim, il n'hésite pas à s'en prendre à l'épinoche).

Au moment de la fraie, les carnassiers prennent plus facilement les mâles, surtout chez les espèces qui font le guet près des nids, comme les mâles de *Gobius paganellus* ou de l'épinoche. La plus forte mortalité des mâles est compensée par leur nombre plus important chez leurs descendants.

Le pêcheur ne fait en exerçant son activité qu'entrer en concurrence avec la mortalité naturelle par prédation, parasitisme ou maladie. Plus il prend de poissons, plus il libère de nourriture pour les individus restants qui arriveront plus rapidement à une taille intéressante.

LA BIOMASSE

La biomasse, ou masse globale d'une ou plusieurs populations à un moment donné, dépend de la croissance individuelle des poissons et de leur nombre. Le pêcheur qui s'intéresse à une certaine population utilise une partie de sa biomasse, partie qui sans cela disparaîtrait du fait de la mortalité naturelle. La partie de la biomasse qui est pêchée constitue son rendement. Dans l'économie piscicole, ce qui intéresse l'homme, ce n'est pas seulement le rendement absolu, c'est-à-dire le nombre de kilogrammes pêchés par an, mais aussi la durée pendant laquelle il sera possible de pêcher. Il n'aurait aucun sens de pêcher tant de poissons en une saison que la population totale en soit compromise. Le bon pêcheur économe ne prélèvera donc qu'une partie de la population (un quart ou un tiers de la biomasse totale) de manière à assurer son avenir.

L'intérêt des poissons

Les poissons représentent pour nous depuis toujours une importante source alimentaire. Les pêcheurs paléolithiques savaient déjà tirer profit des migrations de reproduction pour faire des réserves de nourriture en prévision des périodes de pénurie. Le problème était alors leur conservation. Le séchage et la salaison furent probablement parmi les premières méthodes de conservation. Les études d'écailles et de vertèbres découvertes dans les dépotoirs des campements paléolithiques nous permettent de connaître les espèces pêchées et la taille des prises.

La musculature des poissons contient dans sa fraction sèche 15 – 30 % de protéines ce qui est plus que chez les animaux d'élevage. La chair de poisson contient les dix acides aminés indispensables à l'homme et constitue une source importante d'iode, de phosphore, de potassium, de fer, de cuivre, de vitamines A et D. La faible teneur en sucre en fait un important aliment de régime.

A quelques rares exceptions près, les poissons marins ne sont pas élevés mais simplement pêchés. Il s'agit donc d'une exploitation qui ne dépasse pas le niveau « préhistorique » de la chasse et de la cueillette. De ce fait, de nombreuses populations locales (harengs, sardines, maquereaux) se trouvent menacées d'extinction du fait d'une surexploitation halieutique.

LA PÊCHE À L'ÉCHELLE MONDIALE

Jusqu'au début du XIXe siècle, l'ensemble de la pêche

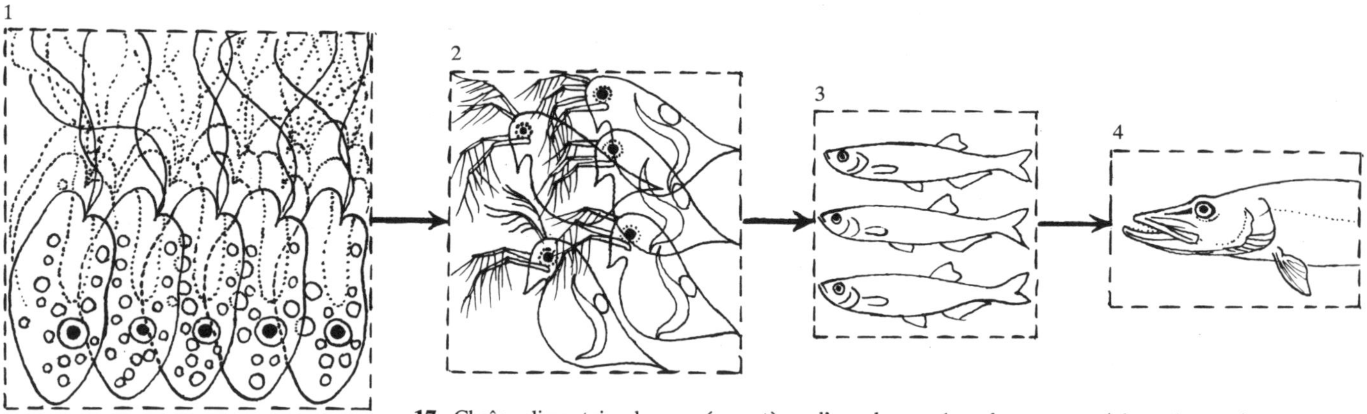

17. Chaîne alimentaire dans un écosystème d'eau douce : 1 – algues vertes (phytoplancton) ; 2 – cladocères (zooplancton) ; 3 – poisson planctonophage (ablette) ; 4 – poisson carnassier (brochet).

mondiale ne dépassait pas 2 à 3 millions de tonnes par an. Elle se montait à 5 à 10 millions de tonnes environ au début de notre siècle, mais on ne disposait alors à l'échelle de la planète d'aucune donnée statistique. Après la Seconde Guerre mondiale fut fondée l'ONU. Une des branches de cette organisation, la FAO (Food and Agricultural Organisation), qui a son siège à Rome, publie depuis 1974 un rapport annuel sur la pêche. Ce rapport fournit des données sur la pêche dans les eaux douces et marines de la totalité du globe. Faute de chiffres, les experts de la FAO font des estimations. Une première estimation remonte à la veille de la dernière guerre (1938) : au cours de cette année, 21 millions de tonnes de poissons, d'organismes animaux et végétaux ont été prélevés dans les mers et les eaux douces. En 1968, les prélèvements se chiffraient à 64,3 millions de tonnes, trois fois plus qu'en 1938. Nous en sommes aujourd'hui à 70 millions de tonnes environ, dont 3 à 4 millions de tonnes de mollusques, 2 millions de tonnes environ de crustacés et quelque 1,5 millions de tonnes de végétaux marins. Les poissons d'eau douce constituent environ 7 à 9 millions de tonnes.

Les estimations actuelles de la production océanique découlent des analyses des transformations énergétiques dans les chaînes alimentaires. Le point de départ est l'estimation de la production primaire du phytoplancton. Cette production primaire sert à l'alimentation des herbivores ou consommateurs de premier ordre (dans les mers, surtout le zooplancton). Le zooplancton constitue à son tour la nourriture des consommateurs de deuxième ordre, etc. l'ensemble formant ce que l'on nomme une chaîne alimentaire. Nous savons aussi qu'au cours de la transformation de l'alimentation végétale par les organismes animaux, 20 % seulement de la biomasse végétale est utilisé ; le même rapport existe pour ce qui est de la consommation animale des prédateurs.

Connaissant la production primaire, le nombre de maillons dans la chaîne et le taux de transformation, on peut arriver à une estimation de la production océanique ou de la biomasse nouvelle apparue en une année, soit en unités de masse vivante 241,6 . 10^6 tonnes. Une grande partie de cette production est cependant consommée par les oiseaux et les mammifères prédateurs, par les poissons carnassiers et même par divers invertébrés. De plus, cette valeur est une estimation toutes espèces confondues, alors que l'homme n'utilise qu'environ 1 % de ces espèces. La plupart des estimations de la productivité potentielle halieutique se situent donc aux environs de 100 millions de tonnes par an, dans l'hypothèse d'une exploitation équilibrée d'un nombre accru d'espèces.

La FAO subdivise la surface océanique mondiale en dix-neuf régions principales, de productivité très variable. Les plus fortes captures se situent dans les régions où la production de phytoplancton et de zooplancton atteignent leurs valeurs maximales (nord-ouest de l'océan Pacifique, avec une productivité de 7–9 kg/ha, nord-ouest et nord-est de l'océan Atlantique avec 7 kg/ha environ). En moyenne, les prises sont dans l'Atlantique de 2,5 kg/ha ; dans le Pacifique de 2 kg/ha, dans l'océan Indien de 0,5 kg/ha. D'ailleurs, on peut voir sur la carte que la haute mer est en fait une sorte de « désert » où la production de nourriture est très faible. La plus forte quantité de nourriture, donc la plus forte productivité en poissons se situe dans les zones peu profondes du plateau continental, ou encore dans les sites où des courants ascendants ramènent une quantité suffisante de produits alimentaires vers la surface (c'est ce qui se produit par exemple près des côtes occidentales sud-américaines).

La pêche maritime s'intéresse à quelque 200 espèces de poissons. 80 % de la masse pêchée totale sont constitués par les représentants de cinq ordres : les Clupéiformes, les Gadiformes, les Perciformes, les Salmoniformes et les Pleuronectiformes. Le record a été longtemps détenu par l'anchois du Pérou *(Engraulis ringens)*, dont on a pêché en 1970 plus de 13 millions de tonnes. Dans les années 1974–1978 ses prises annuelles n'ont cependant guère dépassé 2 700 000 tonnes si bien qu'il a été supplanté par le lieu d'Alaska *(Theragra chalcogramma)* qui représente annuellement 4,5 à 5 millions de tonnes.

DES RESSOURCES INEXPLOITÉES

Il est plus que probable que nous ne pourrons pas, dans l'avenir, dépasser de façon significative les tonnages obtenus actuellement, du moins pour les principales espèces économiques. Si l'on veut augmenter sensiblement la quantité de protéines animales tirées de la mer, il faudra désormais se tourner vers d'autres sources.

Il est encore possible, à notre époque, d'augmenter les quantités pêchées d'invertébrés tels que les crevettes, les crabes, les huîtres. On peut également penser que différents céphalopodes peuvent être capturés en plus grand nombre. Mais les plus grands espoirs reposent dans l'extraction du krill, constitué par des crustacés du plancton marin. Dans les mers nordiques, le krill se compose surtout d'espèces appartenant au genre *Calanus,* dans l'Antarctique, d'espèces du genre *Euphasia.* Ces crustacés ont beau être minuscules (de 1/10 de mm à quelques millimètres), ils forment d'immenses essaims. On peut aussi augmenter le tonnage de certains poissons encore peu exploités pour diverses raisons. Ainsi, les poissons volants appartenant à l'ordre des Beloniformes, dont les prises augmentent depuis quelque temps. Un autre groupe sur lequel on peut fonder certains espoirs est la famille des Myctophidés, voisins des saumons. Il s'agit de petites espèces qui vivent dans les profondeurs, descendant à plus de 500 m pendant la journée et remontant vers la surface durant la nuit. La technologie de cette pêche demande encore à être affinée.

Les espèces marines commencent aussi à faire l'objet d'un véritable élevage, bien qu'avec des méthodes différentes de l'aquaculture en eau douce. Les espèces qui s'y prêtent le plus usuellement appartiennent à la famille des Mugilidés. Il s'agit de poissons euryhalins et eurythermes, ce qui signifie qu'ils supportent de fortes variations de concentration de sels dans l'eau ou de température. Un autre intérêt des mulets repose dans le fait qu'il s'agit d'espèces de niveau trophique peu élevé, se nourrissant de végétaux, de plancton et de matériaux détritiques. Les élevages sont situés en Méditerranée, en Inde, etc. Une autre espèce euryhaline est un proche parent du hareng, *Chanos chanos,* également végétarien. Originaire des zones côtières de l'océan Indien et de l'océan Pacifique, il est élevé en Indonésie, dans les Philippines, à Taiwan, etc. On élève aussi intensivement des saumons du Pacifique, acclimatés dans d'autres régions du globe : lacs nord-américains, Nouvelle-Zélande, etc.

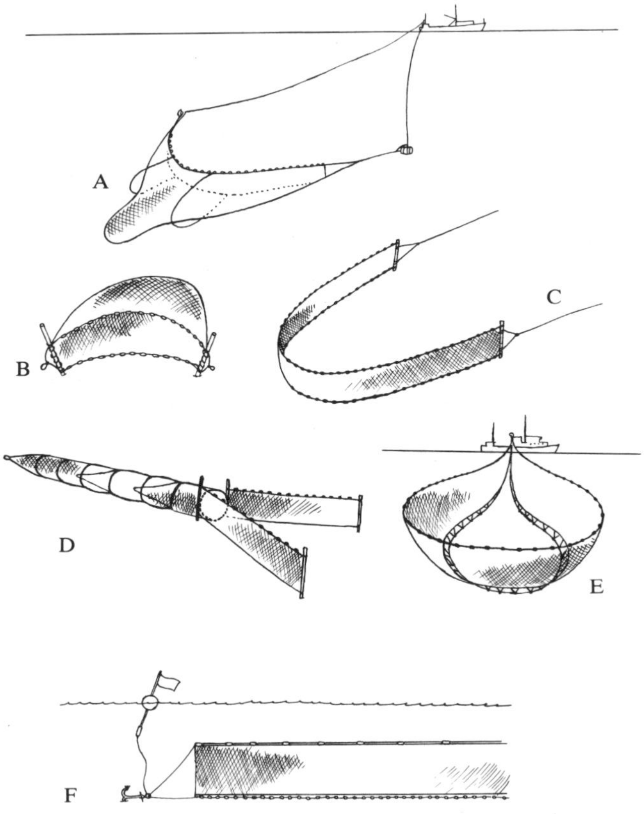

18. Différents types de filets : A – chalut ; B – drège ; C – seine (ou senne) ; D – nasse, bordigue ; E – boliche ; F – filet dérivant droit.

Techniques de pêche

LA PÊCHE MARINE

Une demande sans cesse croissante soumet les navires et leur équipement à un nombre de contraintes. Il importe avant tout que les poissons pêchés soient immédiatement conditionnés de manière à éviter les pertes. Les navires de pêche actuels sont équipés pour fabriquer des produits semi-élaborés ou directement produire des conserves. D'immenses chambres froides peuvent accueillir plusieurs dizaines de tonnes de poissons à la fois. Les navires ne sont donc pas contraints de retourner au port fréquemment et peuvent rester en mer tant qu'ils n'ont pas atteint leur pleine capacité. La taille de ces navires est réellement imposante. Ainsi le chalutier soviétique *Maïakovski* atteint un tonnage de 3700 tonnes, mesure 85 m de longueur et est manoeuvré par un équipage de 110 hommes. Il peut tirer derrière lui un chalut de 38 m de largeur et congeler jusqu'à 30 tonnes de poissons par jour. Les plus gros chalutiers actuels atteignent jusqu'à 100 m de long et sont équipés de moteurs développant une puissance de 6000–7000 CV.

Si les navires doivent être puissants et bien équipés, il en va de même des filets de pêche. Après la Seconde Guerre mondiale, les anciens filets de chanvre ont été remplacés par des filets en fibres synthétiques, plus légers, plus durables et plus résistants.

En pleine mer, le chalut est d'une efficacité redoutable. Le chalut a une sorte de sac que le bateau traîne soit sur le

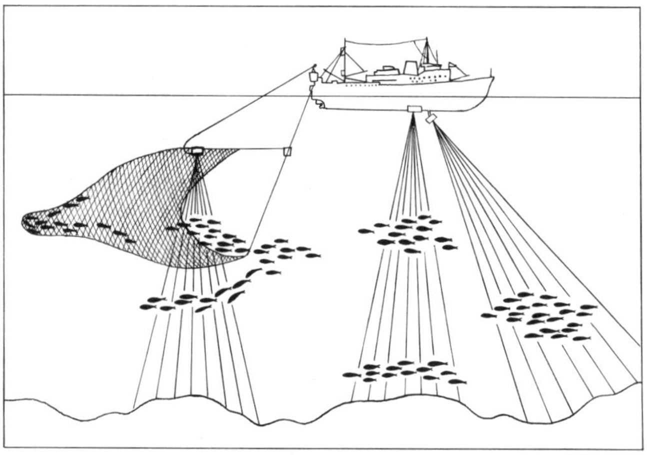

19. Navire de pêche doté d'un sonar permettant de repérer les bancs de poissons, aussitôt capturés au chalut.

fond, soit entre deux eaux. Les mailles du filet laissent passer l'eau et retiennent les poissons qui se trouvent sur sa route. La taille de la prise est proportionnelle à la vitesse du chalut dans l'eau et à sa taille : deux données qui dépendent à leur tour de la force motrice du navire. A la fin du XIXe siècle furent introduits les moteurs à vapeur et les moteurs diesel qui permirent d'augmenter la puissance de traction des bateaux et, partant, la taille des chaluts. Rapidement, le problème qui s'est posé a été celui de repérer les bancs de poissons et de tirer le chalut au niveau où ils se trouvaient. C'est là que le sonar fut d'un grand secours. Avant l'utilisation des sondes soniques, les pêcheurs devaient repérer les poissons grâce à des indices indirects : oiseaux de mer pêchant à la surface, dauphins, etc. Les sondes actuelles sont à la fois plus sûres et plus rapides. Elles peuvent quantifier les signaux reçus et calculer le nombre de poissons à l'unité de surface.

A côté des chaluts, on emploie également en pleine mer des seines. Leur efficacité dépend ici aussi de la vitesse à laquelle le navire peut enfermer un banc de poissons. Pour la pêche au thon, les seines atteignent 2000 m de long et 200 m de haut ; pour la pêche au hareng ou au maquereau, on se « contente » de filets de 1500 m de long sur 150 m de haut. Une prise de 200 tonnes pour un seul coup de filet n'a alors rien d'étonnant. Beaucoup de poissons sont également capturés à l'aide de pièges et d'engins divers. Certains chalutiers augmentent leur efficacité en faisant appel à un courant électrique avec des impulsions de 400 Hz/s et une tension d'environ 600 V. Il existe également des espèces pêchées de nuit qui sont attirées dans un filet spécial par une source lumineuse ou aspirées à l'aide d'une pompe.

LA PÊCHE EN EAU DOUCE

Les eaux douces ne représentent qu'une surface totale de 5 millions de km^2, soit 70 fois moins que les mers. Cependant, leur rendement moyen actuel est d'environ 15 kg/ha (la moyenne des océans est d'environ 1,5 kg/ha), car les possibilités d'intervention humaine pour augmenter le rendement sont ici infiniment plus importantes. Les rendements peuvent être augmentés surtout dans les retenues de petite dimension, allant de 10 ha à 100 ou au maximum 1000 ha, car il y est possible d'utiliser de nouvelles technologies d'élevage et de pêche, de protéger les poissons, d'apporter des compléments alimentaires, etc. Dans le cas d'une nourriture naturelle complétée par des apports artificiels, on peut augmenter le rendement moyen annuel des étangs situés dans les régions subtropicales chaudes jusqu'à plusieurs milliers de kilogrammes (5 à 10 000 kg/ha) par an.

L'élevage des poissons est une activité typiquement agricole, visant à intensifier le rendement. On y parvient par une monoculture plus ou moins stricte d'une espèce donnée (carpiculture, trutticulture, etc.) ou de quelques espèces, par la séparation des classes d'âge, par des apports énergétiques sous forme d'engrais, de travaux d'amélioration, de compléments alimentaires, de manipulations de l'eau en cas d'une oxygénation insuffisante, etc.

En Europe, les étangs sont traditionnellement voués à la carpiculture, avec un rendement variant entre 100 et 1000 kg/ha/an. On peut augmenter la productivité de l'étang en installant une certaine polyculture : l'élevage simultané de plusieurs espèces permet une utilisation maximale de toute la nourriture naturelle disponible. Les espèces qui consomment des végétaux aquatiques supérieurs ont ici une grande importance (par exemple *Ctenopharyngodon idella*).

Un autre moyen d'augmenter la productivité est d'abaisser la durée d'élevage des poissons en réduisant leur poids moyen au moment de la commercialisation. On vend donc actuellement des carpes de trois étés d'un poids moyen de 1,5 kg, parfois des carpeaux de deux étés ne pesant que 1 kg. Il s'agit alors de poissons sexuellement immatures qui emploient la majeure partie de l'énergie apportée par l'alimentation pour leur accroissement pondéral. Lorsque les poissons sont élevés en cages traversées par un courant d'eau et qu'ils sont alimentés artificiellement (la nourriture naturelle est ici tout à fait exclue), les rendements moyens atteignent des chiffres importants et l'on compte sur plusieurs récoltes par an. Un élevage de truites arc-en-ciel en bacs produit jusqu'à 2 millions de kg/ha/an, un élevage de carpes dans les mêmes conditions 1 à 4 millions de kg/ha/an. Avec de tels rendements surgissent cependant de nombreux problèmes. Il faut aussi savoir que nombre d'espèces ne s'adaptent que difficilement aux fortes densités de peuplement des bacs, à la concentration des résidus métaboliques, etc.

La carpe n'est pas le seul poisson à faire l'objet d'un élevage intensif. Aux Etats-Unis on soumet au même traitement avec des résultats fort satisfaisants des poissons-chats appartenant aux genres *Ictalurus* et *Ictiobus,* au Proche-Orient, en Afrique et en Asie du Sud-Est on élève surtout des tilapies (famille des cichlidés), qui ont pour gros avantage d'être généralement herbivores.

Les poissons reproducteurs (carpes, tanches, silures) sont lâchés dans des étangs de « pose » où ils libèrent leurs produits sexuels. Quelques semaines après la fraie, les alevins sont capturés et transférés dans les étangs de premier été, puis de deuxième été, riches en nourriture naturelle et où les alevins passent rapidement à l'état de nourrains. Les nourrains sont enfin transférés dans des étangs d'embouche où ils atteignent la taille commerciale. Des viviers particuliers servent à l'hivernage des jeunes et des reproducteurs.

Tous les étangs sont dotés d'une bonde construite de façon à permettre l'évacuation tant de l'eau de surface que de l'eau profonde. Une rigole périphérique sert à la régulation de l'arrivée de l'eau dans l'étang. Près de la vanne d'écoulement est creusée une pêcherie, sorte de fosse accueillant les poissons lors du vidage. Au moment de la pêche dans l'étang, le niveau de l'eau doit être amené à son minimum. Les poissons s'assemblent dans la pêcherie où ils sont capturés à l'aide de filets, de claies ou d'épuisettes. Pour leur manipulation, on utilise également des épuisettes, des bacs et des paniers qui permettent le transport d'un endroit à un autre. Bien évidemment, c'est au moment de la pêche que les poissons sont triés et pesés, avant d'être chargés à l'aide d'engins hydrauliques et transportés vers des viviers où ils attendent d'être acheminés vers le circuit commercial. Les nourrains et les reproducteurs pêchés lors du vidage des étangs sont transférés dans les viviers d'hivernation. Au printemps, les reproducteurs sont mis à frayer, les nourrains répartis dans les étangs d'embouche pour atteindre la taille commerciale, tandis que les alevins passent à l'état de nourrains : ce qui boucle le cycle d'élevage.

LA PÊCHE SPORTIVE

Depuis quelques décennies, la pêche sportive est devenue une importante activité de loisirs touchant 1 à 10 % des habitants des pays d'Europe et d'Amérique du Nord. A côté de la détente apportée, on compte que chaque pêcheur sportif prend en moyenne 10 à 70 kg de poisson par an, ce qui représente un quart à un tiers de la consommation annuelle de poisson par famille. Il est donc tout à fait naturel que les pêcheurs sportifs se trouvent faire l'objet de nombreuses études sociologiques, économiques voire halieutiques.

Le repeuplement des eaux en truites et en carpes, visant à augmenter le nombre de prises moyennes annuelles et à promouvoir l'achat de licences, est organisé dans de nombreux pays d'Europe. On compte ce faisant sur les chances de développement des poissons lâchés ou on empoissonne carrément avec des sujets adultes. Dans les deux cas, il est indispensable de suivre de très près le rendement de la biomasse totale des poissons lâchés, rendement qui reste faible, aux environs de 110 à 120 % (la biomasse pêchée ne dépasse que de 10 à 20 % celle des poissons libérés). Rappelons à titre de comparaison que le rendement d'un carpier atteint 300 à 400 %. Nous voyons donc que bien des points sont encore susceptibles d'être améliorés.

L'équipement principal du pêcheur sportif se compose d'une canne (en bambou, métal, fibre de verre), généralement composée de plusieurs segments pour en faciliter le transport. Elle est munie d'oeillets qui guident la ligne. Celle-ci est enroulée sur un moulinet (pour la mouche ou pour le lancer) qui joue aussi un rôle dans la lutte avec le poisson : il est en effet doté d'un frein qui s'oppose aux efforts du poisson pour s'enfuir. Le moulinet porte quelque 100 à 200 m de ligne de 0,2 à 0,8 mm d'épaisseur. La pointe de ligne enfin supporte un hameçon dont la forme et la taille correspondent au type de poisson visé. Pour la pêche au coup ou au vif, on utilise un flotteur dont le rôle est de maintenir l'appât à une certaine distance du fond. Ce bouchon en matériau léger est fixé à la ligne et signale au pêcheur la touche éventuelle. Dans la pêche au lancer, on utilise des cuillers, le plus souvent en forme de poissons. C'est de cette manière qu'on pêche les poissons carnivores (brochet, sandre). La mouche est un leurre particulier : elle imite les insectes volant près de l'eau. La pêche à la mouche vise notamment les truites et les ombres de rivière.

Chaque pays a sa propre réglementation limitant le nombre de prises par pêche et déterminant pour de nombreuses espèces (carpe, poissons carnassiers) une taille minimale. Les poissons sont protégés au moment de la fraie et certains types de pêche sont limités voire interdits (nasses, filets, pièges divers). Il est également interdit au pêcheur amateur de vendre ses prises.

Aperçu de la classification des principaux groupes de Cyclostomes, Chondrichthyens et Ostéichthyens selon différents auteurs

BERG, 1940	NIKOLSKI, 1971	NELSON, 1976
Super-classe *Agnatha* (Agnathes) **Classe** 1. *Petromyzones* (Lamproies) 2. *Myxini* (Myxines)	**Super-classe** *Agnatha* (Agnathes) **Classe** *Cyclostomata* (Cyclostomes) **Sous-classe** 1. *Petromyzones* 2. *Myxini*	**Super-classe** *Agnatha* (Agnathes) **Classe** 1. *Cephalaspidomorphi* **Ordre**: *Petromyzoniformes* (Lamproies) 2. *Pteraspodomorphi* **Ordre**: *Myxiniformes* (Myxines)
Super-classe *Gnathostomata* (Gnathostomes) **Classe** 1. *Elasmobranchii* (Plagiostomes) **Sous-classe** *Selachii* (Requins, Raies) **Classe** 2. *Holocephali* **Sous-classe** *Chimerae* (Chimères) **Classe** 3. *Dipnoi* (Dipneustes) **Classe** 4. *Teleostomi* (Téléostomes) **Sous-classe** a) *Crossopterygii* b) *Actinopterygii* **Ordre** 1. *Polypteriformes* 2. *Acipenseriformes* (Esturgeons) 3. *Lepisosteiformes* (Lépisostéens) 4. *Amiiformes* (Amies) 5. *Clupeiformes* (Harengs) et ordres suivants	**Super-classe** *Gnathostomata* (Gnathostomes) **Classe** *Pisces* (Poissons) **Branche** 1. *Chondrichthyes* (Poissons cartilagineux) Requins, Raies, Chimères **Sous-classe** a) *Elasmobranchii* b) *Holocephali* **Branche** 2. *Osteichthyes* **Sous-classe** a) *Dipnoi* b) *Teleostomi* **Groupe** ab) *Crossopterygii* bb) *Actionopterygii* **Super-ordre** 1. *Branchiopterygii* (Polyptères) 2. *Chondrostei* (Esturgeons) 3. *Holostei* (Amies, Lépisostéens) 4. *Teleostei* (Poissons supérieurs) **Ordre** *Clupeiformes* (Harengs) et ordres suivants	**Super-classe** *Gnathostomata* (Gnathostomes) **Classe** 1. *Chondrichthyes* **Sous-classe** a) *Elasmobranchii* b) *Holocephali* **Classe** 2. *Osteichthyes* (Poissons osseux) **Sous-classe** a) *Dipneusti* b) *Branchiopterygii* c) *Crossopterygii* d) *Actinopterygii* **Groupe** 1d *Chondrostei* (Chondrostéens) 2d *Holostei* (Holostéens) 3d *Teleostei* (Téléostéens) Super-ordres et ordres de poissons supérieurs

Descriptions illustrées

LÉGENDES :

♀ : femelle
♂ : mâle
D : rayons de la dorsale
A : rayons de la nageoire anale
P : rayons de la pectorale
V : rayons de la ventrale (pelvienne)
chiffres romains (I, II, etc.) : rayons épineux
chiffres arabes (1, 2, etc.) : rayons mous
l.l. : ligne latérale
Fécondité : nombre d'oeufs par ponte ou par saison

L'ordre des PETROMYZONIFORMES (appartenant à la super-classe des Agnathes et à la classe des Cyclostomes) regroupe des vertébrés aquatiques pisciformes, sans mâchoires, dotés d'une chorde dorsale qui persiste durant toute la vie. Le squelette est cartilagineux. Les branchies en forme de saccules sont indépendantes et logées dans la région antérieure du corps ; elles ne sont pas soutenues par des arcs branchiaux comme chez les poissons. La peau est nue, les nageoires paires ne sont pas développées. Les membres de la famille des PETROMYZONIDAE vivent dans les eaux douces et salées de la zone tempérée des deux hémisphères. Ils forment environ huit genres avec une vingtaine d'espèces.

Lamproie de Wagner

Caspiomyzon wagneri

La partie supérieure du disque buccal porte une petite dent obtuse (exceptionnellement dédoublée), la partie inférieure cinq dents. Le corps est uniformément gris, plus clair dans la région ventrale. La lamproie de Wagner vit dans la mer Caspienne, et vient frayer dans la Volga, l'Oural, la Tereka et d'autres fleuves qui se jettent dans cette mer. Elle se présente sous deux formes que l'on distingue par leur taille. Au début de septembre, lorsque la température tombe à 10–12 °C, elle commence sa migration à contre-courant des rivières, migration qui dure jusqu'en décembre. La lamproie parcourt alors jusqu'à 10 km par jour, elle maigrit et perd progressivement ses réserves lipidiques. Ainsi, les tissus contiennent jusqu'à 34 % de graisse au niveau de l'embouchure de la Volga, 20 % au niveau de Volgograd et 1–2 % à l'arrivée dans la frayère. La fraie a lieu de mars à mai, sur un fond sableux ou caillouteux où la lamproie construit un nid. La plupart des adultes meurent après la fraie. Le développement larvaire est très long et se poursuit au minimum pendant trois ans.

Les adultes ont une activité carnassière. Ils attaquent d'abord des proies relativement petites, puis se fixent sur un poisson à l'aide de leur ventouse buccale et râpent la musculature superficielle de leur victime avec la langue, avant de l'aspirer. Leur tube digestif peut aussi contenir des algues.

Longueur : 35–55 cm, grande forme,
20–30 cm, petite forme.
Poids : 0,2–1 kg.
Fécondité : 20 000–32 000 oeufs.
Synonyme : *Petromyzon wagneri.*

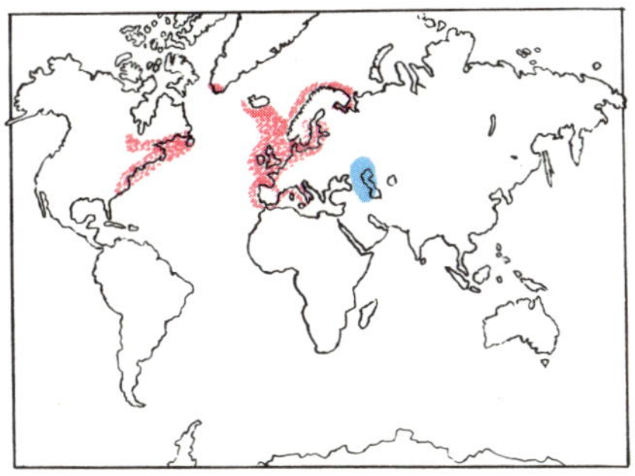

Distribution des espèces *C. wagneri* (en bleu) et *Petromyzon marinus* (en rouge).

Lamproie de mer

Petromyzon marinus

A la différence des lamproies du genre *Lampetra,* la lamproie de mer présente un disque buccal portant à sa partie supérieure une courte plaquette avec deux dents contiguës. Le disque lui-même porte un grand nombre de pointes solides disposées radialement.
La coloration est variable, le dos le plus souvent brun-jaune à brun-vert avec des taches sombres ou claires. La face ventrale est généralement claire. Cette lamproie vit dans les mers, le plus souvent près du rivage, exceptionnellement à des profondeurs atteignant ou dépassant 500 m. On la trouve aussi dans les eaux saumâtres des embouchures. Elle remonte les rivières pour frayer. La femelle creuse alors dans les eaux courantes des fosses atteignant 2 m de long et 1 m de large, où elle pond ses oeufs. Elle arrive ce faisant à déplacer des pierres atteignant un poids d'un kilogramme. La fraie a lieu au printemps, plusieurs fois au cours de la vie du poisson. Les lamproies ne prennent alors aucune nourriture et forment des groupes de plusieurs individus. Le développement larvaire se déroule en eau douce et sa durée n'est pas précisément connue. Après la métamorphose, les jeunes sujets migrent vers les mers en quête de nourriture. Les adultes parasitent les poissons sur lesquels ils se fixent à l'aide de leur ventouse buccale. Leurs dents acérées percent la peau et la lamproie aspire le sang de sa victime en même temps que sa chair broyée. Des glandes situées près de la ventouse buccale produisent une sécrétion qui s'oppose à la coagulation du sang.
La chair de la lamproie, grasse et délicate, est fort estimée dans certains pays, mais le poisson n'a pas grand intérêt économique à cause de sa rareté, encore accentuée depuis quelques années, notamment du fait de la difficulté des lamproies à atteindre leurs frayères naturelles. En effet, le développement des ouvrages fluviaux qui leur barrent la route constitue un obstacle quasi infranchissable à leur reproduction.

Longueur : 60–80 cm, au maximum 100 cm ; taille des larves, jusqu'à 20 cm.
Poids : 1,5–2 kg, exceptionnellement 2,5 kg.
Fécondité : 200 000–240 000 oeufs.
Distribution : Partie septentrionale du littoral atlantique, aussi bien en Europe qu'en Amérique du Nord. En Europe, elle remonte au nord jusqu'à la mer Blanche et descend au sud jusqu'à l'Adriatique.
Synonyme : *Batymyzon bairdii.*

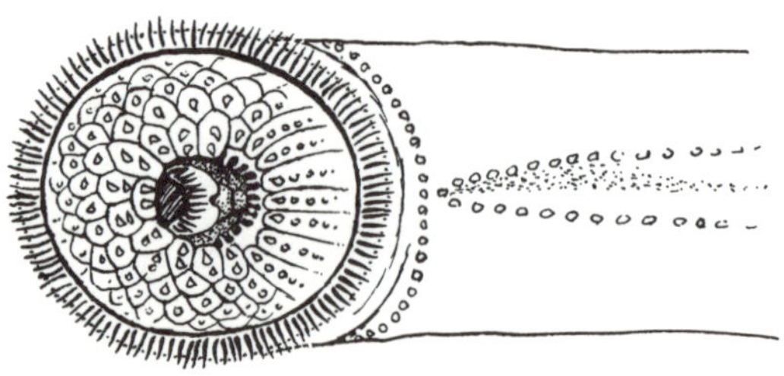

Disque buccal montrant la disposition radiale caractéristique des dents. Les deux dents de la mâchoire supérieure apparaissent nettement.

Lamproie de rivière

Lampetra fluviatilis

La lamproie de rivière est une cousine de la lamproie de Planer. Plus petite que la lamproie de rivière, la lamproie de Planer se caractérise par les dents faibles et émoussées qui garnissent son disque buccal ; elles sont aiguës chez la lamproie de rivière. La plaque cornée supérieure porte elle aussi deux dents acérées, tandis qu'elle est lisse chez la lamproie de Planer. Dernier signe distinctif : les deux nageoires dorsales de la lamproie de rivière sont séparées par un espace. Le dos est brun-vert, les flancs jaune doré, la face ventrale est de couleur claire.

La fraie se déroule de la même manière que chez la lamproie de Planer, dans des frayères en fosse creusées dans le lit des rivières. Les oeufs mesurent environ 1 mm et donnent naissance à des larves tandis que les adultes meurent après la fraie. Le développement larvaire dure 4 ans, quelquefois davantage et les larves vivent le plus souvent enfouies dans le sol. Après la métamorphose, les poissons migrent vers la mer où ils vivent surtout dans la zone côtière et s'alimentent de manière intensive. Les lamproies se nourrissent d'invertébrés, de poissons morts, mais s'attaquent aussi aux poissons vivants sur lesquels elles se fixent à l'aide de la ventouse buccale. De leurs dents aiguës, elles déchirent alors la peau et aspirent le sang, les liquides tissulaires et la musculature du poisson. Après la maturation sexuelle, les adultes quittent la mer et remontent les rivières pour frayer. On connaît des migrations d'automne et de printemps, mais la fraie se déroule au printemps et au début de l'été.

La chair de la lamproie de rivière est grasse et délicate. Par contre, le mucus et le sérum sanguin sont toxiques : il faut donc penser, avant toute préparation culinaire, à laver la chair complètement et à éliminer le plus possible le sang. Les prises annuelles de lamproies de rivière s'élèvent depuis quelque temps à 2–4 tonnes.

Longueur : 30–40 cm, parfois jusqu'à 50 cm, les femelles sont plus grosses que les mâles, les larves atteignent jusqu'à 13 cm de long.
Poids : jusqu'à 0,7 kg.
Fécondité : 4000–40 000 oeufs.
Distribution : cours d'eau du nord, de l'ouest et partiellement du sud de l'Europe, mers adjacentes, littoral nord-américain.
Synonyme : *Petromyzon fluviatilis.*

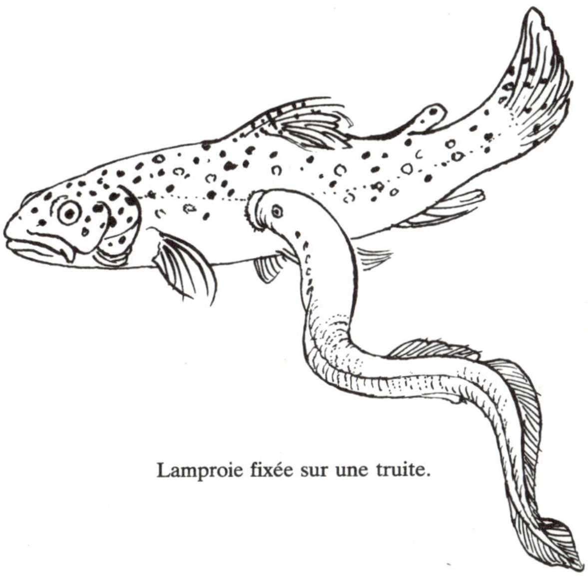

Lamproie fixée sur une truite.

Disque buccal.

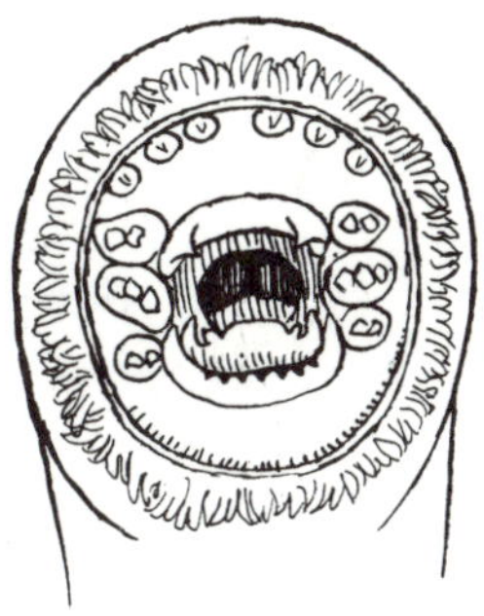

Lamproie de Planer, petite lamproie *Lampetra planeri*

Chez la lamproie de Planer adulte, les nageoires dorsales se touchent ; les mâles présentent au moment de la fraie une papille uro-génitale cylindrique, les femelles possèdent une nageoire anale, absente chez les mâles.
Le corps est gris-vert à verdâtre, les flancs et le ventre sont plus clairs. Cette espèce non migratrice vit dans les ruisseaux et les rivières, au niveau de la zone des truites.
Le mode de reproduction est assez curieux. Après le développement larvaire qui se prolonge pendant 4 ans, la métamorphose a lieu de l'automne jusqu'au printemps. D'avril à juin, les adultes creusent des frayères dans le sable et le gravier qu'ils déplacent avec des battements de la queue, poussant les plus grosses pierres avec la bouche. Au moment de la fraie la femelle se fixe par la bouche à une pierre, le mâle enroule sa partie postérieure autour de son corps, parfois en s'agrippant avec la bouche à la nuque de la femelle. Les larves possèdent lors de l'éclosion une bouche triangulaire avec une grosse lèvre supérieure en forme de fer à cheval. Leurs fentes branchiales sont logées dans une raie longitudinale commune, les yeux sont couverts de peau, les nageoires ne sont que faiblement développées. Les larves passent 4 ans enfouies dans le sable ou la vase où elles se nourrissent de restes organiques et de menus organismes vivant sur le fond. Les adultes ne vivent que quelques mois car ils meurent après la fraie. Leur système digestif atrophié ne leur permet pas de se nourrir. La taille des adultes est inférieure à celle des larves avant la métamorphose.
La lamproie de Planer n'a pas d'importance économique, mais peut être utilisée comme appât pour la pêche.

Longueur : 12–16 cm, larves jusqu'à 18 cm.
Poids : 15–20 g, max. 40 g.
Fécondité : jusqu'à 1500 oeufs.
Distribution : bassin de la Baltique, de la mer du Nord, France, Irlande.
Synonyme : *Petromyzon planeri.*

Larve.

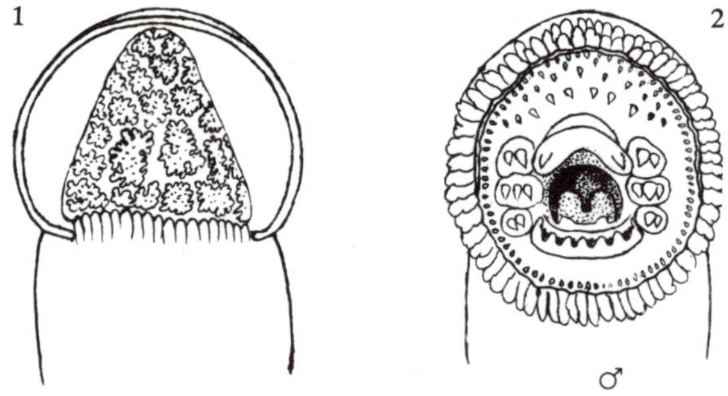

Disque buccal de la larve, encore dépourvu de dents (1) ; disque buccal de l'adulte mâle, avec les dents disposées de manière caractéristique (2).

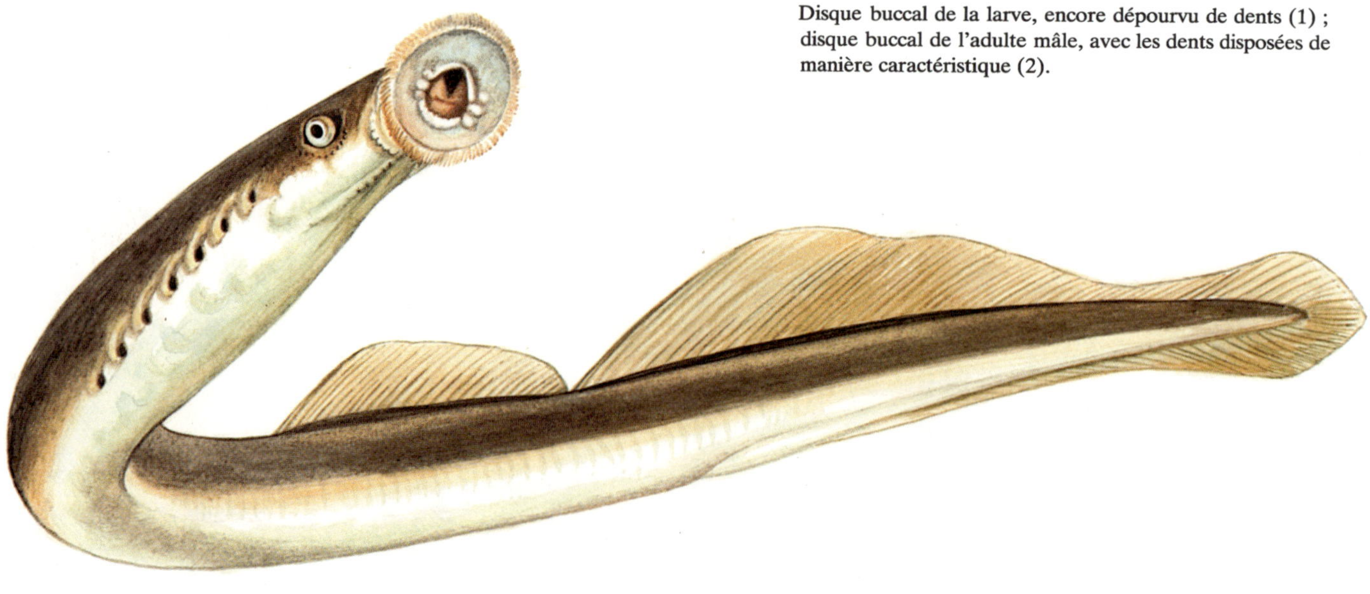

Lamproie du Danube *Eudontomyzon danfordi*

De nombreuses petites dents se voient sur le disque buccal entre son bord et trois paires de plaquettes latérales internes. Les trois paires de plaques latérales portent chacune deux dents par plaque, la lame supérieure porte elle aussi deux dents aiguës, la lame inférieure est fortement arquée.
Le dos est gris-bleu à gris-brun, les flancs gris-jaune, le ventre jaunâtre à blanchâtre. Les larves présentent une grosse bouche triangulaire et leurs yeux sont recouverts de peau. Les nageoires ne sont que faiblement développées. Le développement dure 4 à 5 ans. La métamorphose a lieu de juin à juillet, après quoi les glandes sexuelles parvienent progressivement à maturité. Les adultes se fixent sur les poissons morts ou vivants et se nourrissent de leur sang et de leur musculature. Cette activité est favorisée par le tranchant des dents et des plaques buccales et par une langue qui râpe la peau et les muscles comme une lime. Au printemps de l'année suivante a lieu une fraie collective. On ignore si certains poissons survivent, mais une majorité d'adultes meurent après la ponte. Selon la température de l'eau, le développement embryonnaire dure 3 à 6 jours. Les larves vivent dans le sable et la vase du cours supérieur des ruisseaux et des petites rivières, où elles se nourrissent de particules organiques et des animalcules qu'elles recèlent.
Sans intérêt économique, la lamproie du Danube sert parfois d'appât pour la pêche aux poissons carnassiers.

Longueur : 15–25 cm.
Poids : 40–60 g.
Fécondité : 2000–3000 oeufs.
Distribution : cours supérieur du Danube et ses affluents.
Synonyme : *Lampetra danfordi.*

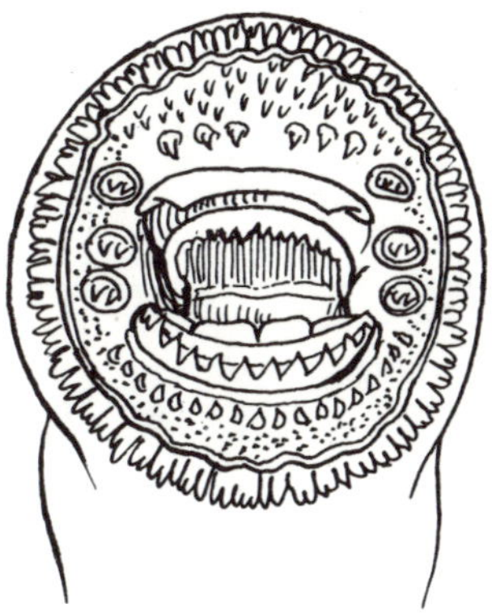

Disque buccal.

Les vertébrés aquatiques qui constituent l'ordre des MYXINIFORMES se caractérisent par un squelette cartilagineux sans vertèbres. Les myxines vivent uniquement en eau marine ou saumâtre. Elles ne possèdent pas de nageoires paires et les nageoires impaires ne sont que faiblement développées. Les yeux sont réduits et recouverts de peau. Autour de la bouche se trouvent des barbillons charnus. Chez les espèces appartenant à la famille des MYXINIDAE, toutes les chambres branchiales communiquent avec l'extérieur par un seul conduit commun.

Myxine

Myxine glutinosa

La myxine a un corps allongé, anguilliforme, présentant un orifice branchial de chaque côté à l'avant du corps. Yeux, mâchoires, nageoires pectorales ou ventrales sont inexistants, le corps est recouvert d'une épaisse couche de mucus qu'elle sécrète surtout quand elle est excitée. On dit qu'il suffit de placer une à deux myxines dans un seau d'eau pour la voir se transformer rapidement en une épaisse gelée mucilagineuse.
La coloration est variable, dans les tons roses et gris-rouge.
Les myxines vivent près du fond à 20–600 m. Elles aiment s'enterrer, de sorte que seule une partie de la tête est visible. On en a pêché jusqu'à 1100 m de profondeur. Elles se nourrissent d'invertébrés vivant près du fond et de poissons, en donnant la priorité aux poissons morts, malades ou captifs des filets. Leur activité est surtout nocturne. A l'aide de leur langue dentée, elles creusent un trou dans le corps du poisson dont elles dévorent la musculature et les viscères. Un seul poisson peut être attaqué par plusieurs dizaines de myxines.
Les myxines arrivent à l'âge adulte lorsqu'elles mesurent 25–28 cm. Elles se multiplient pratiquement à tout moment de l'année.

Longueur : 30–45 cm, maximum 60 cm.
Poids : 0,5–1 kg.
Fécondité : 20–30 oeufs.
Distribution : côtes atlantiques européennes, de Mourmansk jusqu'à Gibraltar ; partie occidentale de la Méditerranée ; littoral atlantique nord-américain.

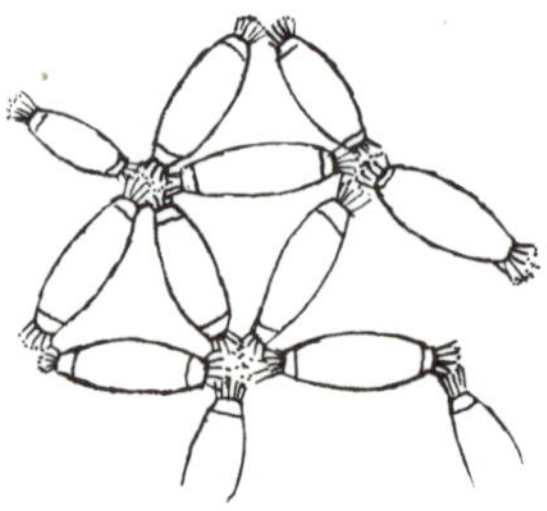

Oeufs en forme de capsule cornée présentant des paquets d'excroissances filamenteuses caractéristiques aux deux extrémités. Les excroissances portent des crochets qui fixent les oeufs les uns aux autres et les ancrent au sol.

La sous-classe des Elasmobranches (ELASMOBRANCHII) appartient à la classe des poissons cartilagineux (Chondrichthyens) et à la super-classe des Gnathostomes (Gnathostomata). Les Elasmobranches, appelés aussi Plagiostomes, possèdent un squelette cartilagineux et un corps couvert d'écailles placoïdes osseuses. De chaque côté du corps s'ouvrent cinq à sept fentes branchiales. Les mâchoires sont développées et portent généralement des dents aiguës, les branchies sont soutenues par des arcs branchiaux cartilagineux. La vessie gazeuse est absente. Chez les mâles, le bord interne des nageoires ventrales est transformé en un organe copulateur pair, dit ptérygopode. L'ordre des HEXANCHIFORMES comprend des requins primitifs possédant six ou sept paires de fentes branchiales, une nageoire dorsale et une chorde bien conservée. La famille des HEXANCHIDAE comprend au total six espèces vivant dans les mers chaudes.

Griset

Hexanchus griseus

Le griset possède 6 paires de fentes branchiales et ses yeux sont dépourvus de paupière nictitante. L'unique nageoire dorsale se trouve dans la partie postérieure du corps. La face dorsale et les flancs sont brun ou gris-noir, les flancs sont brun-rouge, le ventre clair.
Le griset vit dans les eaux océaniques tropicales et subtropicales et il est fréquent en Méditerranée. Il arrive jusqu'aux côtes de l'Islande dans les années où le Gulf Stream est particulièrement fort. C'est une espèce vivipare, les jeunes mesurent environ 50 cm à la naissance. Le griset se nourrit de poissons (différents gades, turbots et barbues), mais aussi de gros crustacés. On a quelquefois même trouvé des restes de phoques dans leurs voies digestives. Le griset vit dans les eaux chaudes, à une profondeur de 200–1000 m; dans des eaux plus fraîches, il se tient plus près de la surface.
C'est un requin sans intérêt économique. En mer du Nord, on en capture généralement pendant l'automne et la chair est en vente sur les marchés. Elle n'a rien de comparable avec la chair fine de la touille *(Lamna nasus)*.

Longueur : jusqu'à 5 m, généralement 2 m environ.
Poids : 80–200 kg.
Fécondité : jusqu'à 100 jeunes.
Distribution : mers tropicales et subtropicales.
Synonyme : *Squalus griseus*.

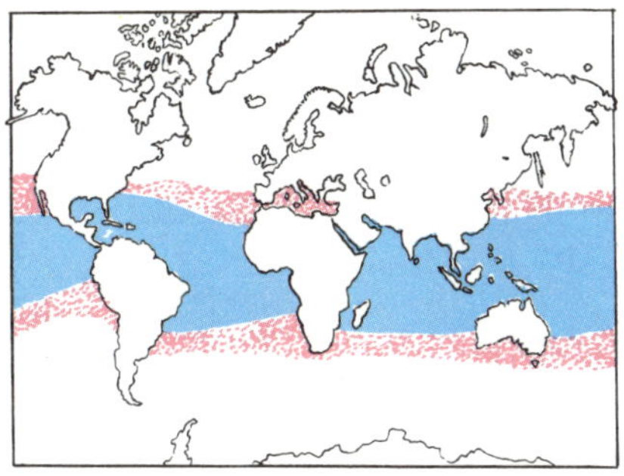

Distribution des requins dangereux pour l'homme : en bleu – eaux dangereuses toute l'année, en rouge – eaux dangereuses pendant la saison chaude.

L'ordre des LAMNIFORMES comprend un grand nombre de requins actuels. Ils possèdent deux nageoires dorsales et une nageoire anale ; parmi les autres caractères, notons cinq fentes branchiales et des dents toutes identiques sur les mâchoires. La famille des LAMNIDAE compte de gros requins pélagiques.

Touille, taupe *Lamna nasus*

La touille est un gros requin caractérisé par l'absence de la paupière nictitante et par une nageoire caudale en croissant presque symétrique, le lobe supérieur légèrement plus développé cependant que le lobe inférieur. Les dents sont puissantes, les arcs branchiaux sont dépourvus de branchiospines. La première dorsale est beaucoup plus grande que la seconde et sort souvent de l'eau. Le bord postérieur des deux nageoires dorsales et de la caudale est de couleur claire tout comme le ventre, tandis que le dos et les flancs sont bleu-noir à gris. Le corps est relativement haut en son milieu, si bien que le requin ressemble un peu à un thon.

Nageur rapide, l'animal porte de chaque côté du pédoncule caudal des pinnules carénées qui facilitent le mouvement en fendant l'eau. Les touilles se déplacent généralement en bandes de 20 à 30 individus qui accompagnent près de la surface les bancs de harengs, de sardines ou de maquereaux qui constituent la majeure partie de leur nourriture. Très voraces, les touilles parcourent de grandes distances en quête de nourriture.

Ce sont des requins vivipares : une fécondation interne, le plus souvent automnale, est suivie l'été suivant par la mise au monde de 3 à 6 petits, mesurant quand même 50 à 70 cm de long. Soit dit en passant, les jeunes touilles atteignent cette taille entre autres en consommant, dans le ventre maternel, les ovules non fécondés.

La chair de la touille est délicate et relativement appréciée sous le nom de « veau de mer », mais les prises sont en diminution depuis quelques années. La touille est classée parmi les requins nuisibles et dangereux car elle consomme des poissons économiquement intéressants, endommage les filets des pêcheurs et s'attaque quelquefois à l'homme.

Longueur : 3,5–4 m, maximum 5 m.
Poids : 100–200 kg.
Fécondité : 3–6 jeunes.
Distribution : zone tropicale et subtropicale tempérée de toutes les mers mondiales, absent dans les eaux fraîches arctiques, antarctiques, et au nord de l'océan Atlantique et du Pacifique. Les jeunes pénètrent parfois dans l'embouchure des fleuves.
Synonyme le plus courant : *Lamna cornubica.*

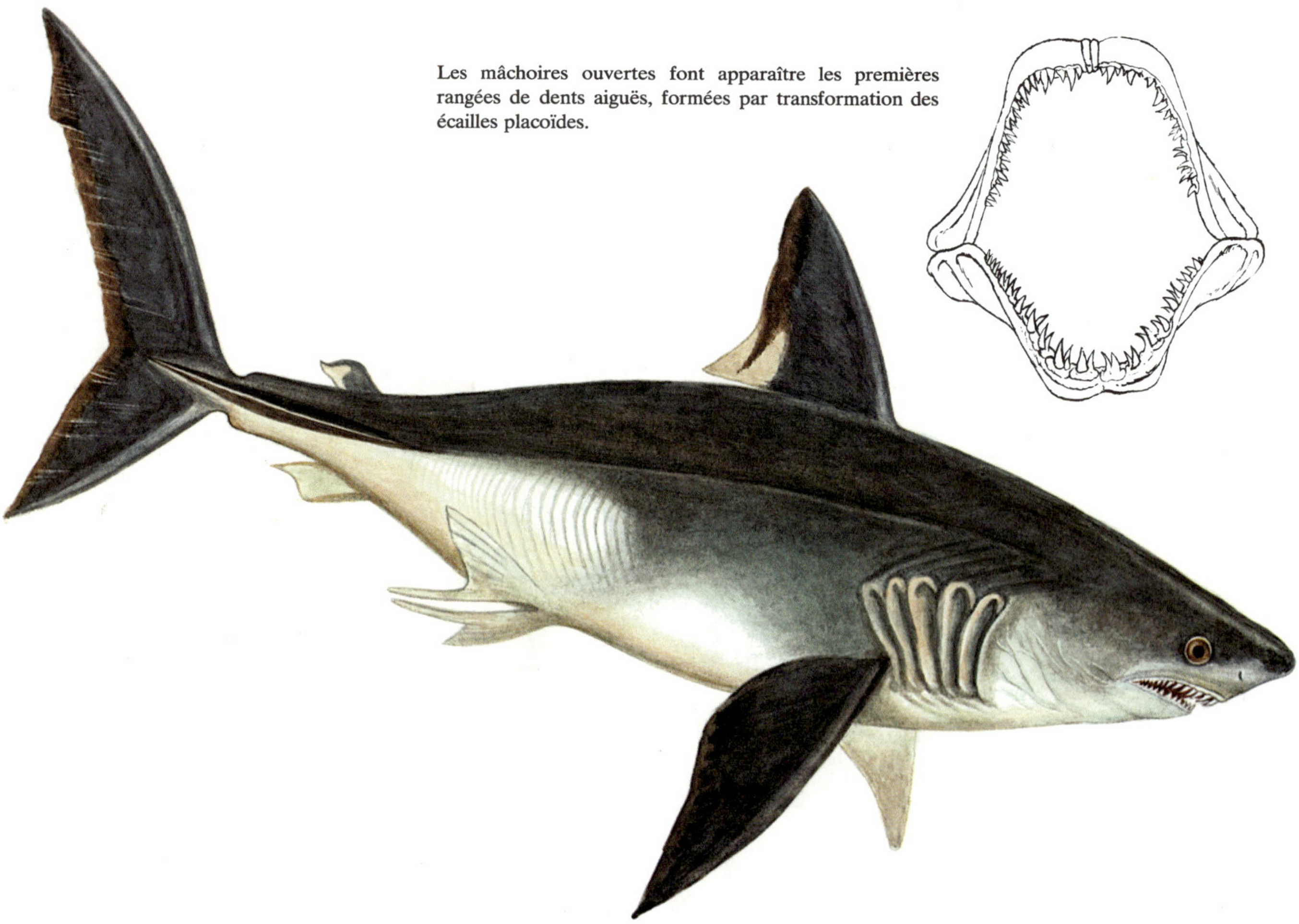

Les mâchoires ouvertes font apparaître les premières rangées de dents aiguës, formées par transformation des écailles placoïdes.

La famille des CETORHINIDAE se compose d'un genre unique avec une seule espèce.

Requin pèlerin *Cetorhinus maximus*

C'est l'unique représentant de la famille. En plus de sa grande taille, le requin pèlerin se reconnaît à ses fentes branchiales, longues, bien marquées du dos jusqu'à la gorge. La face interne des arcs branchiaux porte de nombreuses et longues branchiospines. Les dents, elles aussi nombreuses, sont petites et obtuses. Le dos du requin pèlerin est brun-vert, parfois presque noir, taché de gris dans la région antérieure.

C'est un des plus gros requins existants. Près des côtes européennes on arrive à pêcher des sujets atteignant 7,5 m de long. Tout laisse à penser que c'est un animal vivipare, la gravidité dure 3 ans. Le requin pèlerin tire sa nourriture de l'eau à la manière des cétacés mysticètes : il nage la gueule ouverte et filtre le plancton de l'eau à l'aide des branchiospines densément implantées sur les arcs branchiaux. On a découvert que ces branchiospines se renouvelaient chaque hiver et repoussaient au printemps, ce qui est peut-être en relation avec la faible quantité de plancton qui existe en hiver.

Le requin pèlerin vit surtout en pleine mer, généralement en solitaire. Il peut former des bandes au moment des migrations alimentaires, bandes atteignant 50 à 250 individus. En Norvège, il était jusqu'à il y a environ 100 à 150 ans chassé pour l'huile de son foie qui peut atteindre 500 à 700 kg chez les grosses pièces, soit un tiers de la masse totale. Il est sans grand intérêt économique.

Longueur : maximum 14 m.
Poids : 3,5–4 tonnes.
Distribution : cosmopolite, à l'exception des régions tropicales.

La nourriture planctonique se compose le plus souvent de crustacés de la famille des *Euphasiidae* (1) et des *Gammaridae* (2) ainsi que de petites espèces de mollusques libres (3).

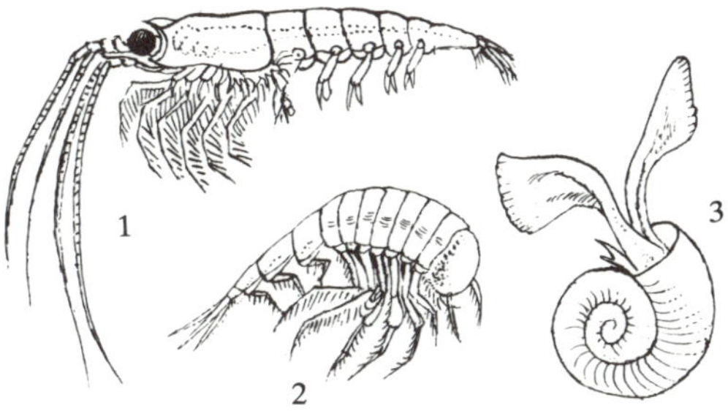

Les longues et denses branchiospines sont indispensables pour le filtrage de l'eau d'où le requin tire sa nourriture planctonique.

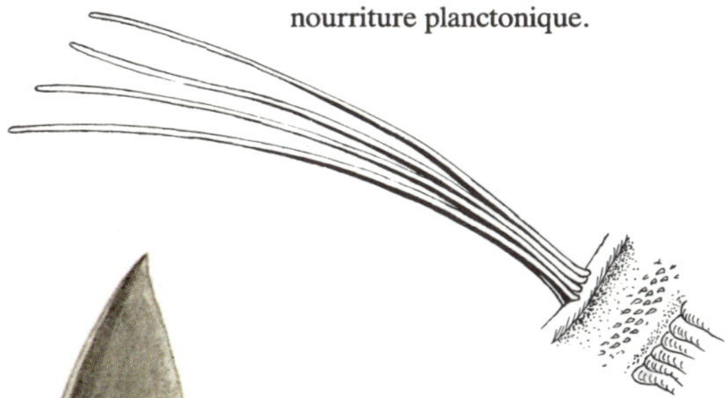

Un seul genre avec quatre espèces constitue la famille des ALOPIIDAE, reconnaissable au long lobe supérieur de la caudale et aux pectorales développées. Elle peuple toutes les mers tropicales, subtropicales et tempérées.

Renard marin

Alopias vulpinus

Le dos est gris-bleu à noir, les flancs plus clairs, parfois marbrés, les nageoires pectorales gris-bleu, le ventre gris-blanc. C'est un requin de taille moyenne, parvenant à l'âge adulte lorsqu'il atteint une longueur d'environ 4 m. Il est vivipare et les jeunes naissent généralement en été. On ne connaît pas le nombre de jeunes par portée.
Le renard marin se nourrit surtout de poissons pélagiques comme les harengs et les maquereaux. On pense qu'il rassemble d'abord les poissons en groupe compact à l'aide des battements du lobe développé de la caudale, puis se jette sur eux en choisissant sa proie.
Il vit surtout dans les couches superficielles de l'eau, en pleine mer, mais on le rencontre aussi près des côtes.
La chair du renard marin est relativement compacte et était jadis vendue sous le nom de « thon blanc ». Sa valeur économique est insignifiante et il est sans danger pour l'homme.

Longueur : jusqu'à 6 m.
Poids : jusqu'à 300 kg.
Distribution : cosmopolite, assez fréquent même en Méditerranée et dans la zone tropicale à subtropicale de l'Atlantique. En été, il pénètre même dans la mer du Nord.

1 2

Le renard marin se nourrit surtout de poissons pélagiques comme les maquereaux (1) et les harengs (2).

Les membres de la famille des SCYLIORHINIDAE se caractérisent par la présence de la membrane nictitante, l'oviparité et la position très reculée de la première dorsale qui prend naissance en arrière de la verticale passant par le bord antérieur des nageoires ventrales.

Petite roussette

Scyliorhinus caniculus

C'est un représentant typique des petits requins vivant dans la zone côtière. La coloration varie du gris-jaune au gris-rouge, avec une multiplicité de petites taches foncées et plusieurs grosses taches sur le dos et les nageoires. Le ventre est clair et sans taches.

La petite roussette se tient généralement près du fond sableux ou vaseux par 15–20 m de profondeur, mais elle peut descendre jusqu'à 100 m. Elle se nourrit surtout de mollusques, de crustacés et de vers benthiques, dans une plus faible mesure aussi de petits poissons. La fécondation est interne. Entre 7 et 14 jours plus tard, les femelles pondent jusqu'à 20 oeufs mesurant environ 6 cm de long, avec une enveloppe cornée, dure, portant quatre longs filaments spiralés mais solides. Ces filaments accrochent les oeufs au fond ou à la végétation. Après 8 à 9 mois de développement externe, ces oeufs donnent naissance à de petits requins dotés d'une vésicule vitelline.

Sa faible taille et sa coloration font de la petite roussette un hôte apprécié des aquariums publics. Sa chair est parfois consommée ou utilisée comme appât, mais son intérêt économique est limité.

Longueur : 60–80 cm, maximum 1 m.
Poids : 5–10 kg.
Fécondité : 2–20 oeufs.
Distribution : côtes européennes et africaines, de la Norvège centrale jusqu'à l'équateur, Méditerranée, mer Noire.

Galeus melanostomus est une espèce voisine atteignant 70 cm de long. Il vit près des côtes européennes à 200–500 m de profondeur.

Lors de la copulation, le mâle s'enroule autour de la femelle.

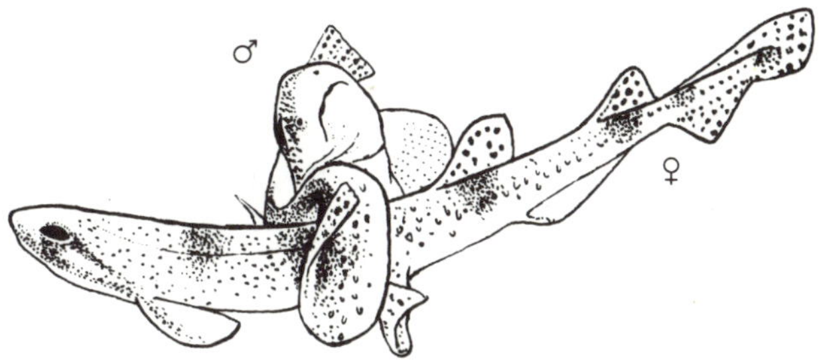

Grande roussette

Scyliorhinus stellaris

Proche parente de la petite roussette, la grande roussette s'en distingue par ses pelviennes arrondies et par la disposition différente des nageoires dorsales et anale : tandis que chez la petite roussette le bord postérieur de la deuxième nageoire dorsale rejoint le pédoncule caudal au-delà du bout de la nageoire anale, chez la grande roussette il se place à peu près au-dessus du milieu de celle-ci. Le dessous de la tête a lui aussi une allure différente : chez la petite roussette les lobes des narines viennent jusqu'aux dents de la mâchoire supérieure, chez la grande roussette ils sont plus courts. La coloration enfin est différente : chez la grande roussette, les taches sombres du dos, des flancs et des nageoires sont beaucoup plus importantes.
La distribution de la petite roussette est plus vaste que celle de sa grande cousine qui n'existe pas en mer Noire et ne vient que jusqu'à Dakar, le long des côtes africaines.
Les deux espèces ont un mode de vie comparable, mais la grande roussette préfère les fonds durs, pierreux, et sa nourriture comporte plus de poissons. La fécondation est ici également interne et les oeufs se développent pendant 9 mois hors du corps maternel. Les deux espèces de roussette présentent la même particularité biologique de pouvoir pondre des oeufs fécondés dans l'année qui suit la fécondation. Au moment de la copulation le mâle retient la femelle à l'aide de son pédoncule caudal.
La grande roussette n'apparaît pas très souvent dans les prises des pêcheurs et sa chair est de qualité médiocre. Sa petite taille en fait une espèce fréquemment élevée dans les aquariums marins publics.

Longueur : 60–100 cm, exceptionnellement 150 cm.
Fécondité : 20 oeufs.
Distribution : Atlantique, rivages africains et européens, Méditerranée.

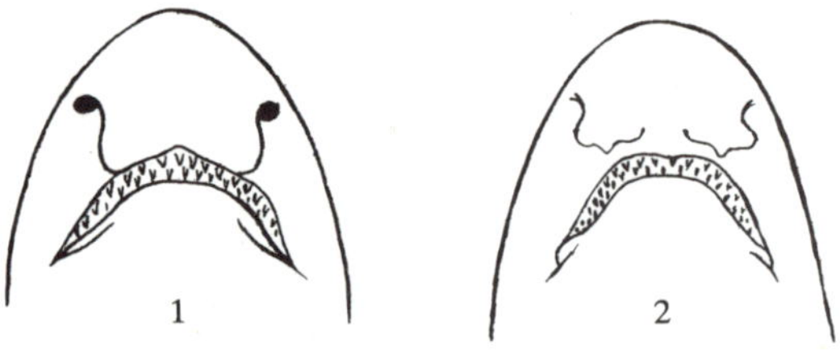

Têtes de la petite roussette (1) et de la grande roussette (2), vues d'en bas. Chez la première espèce, les narines arrivent jusqu'aux dents de la mâchoire supérieure.

La famille des CARCHARHINIDAE est l'une des plus riches en espèces. Elle comprend quatre-vingts à cent espèces de requins vivant dans les mers tropicales, subtropicales et tempérées du globe. Les caractères distinctifs de cette famille sont l'emplacement de la cinquième fente branchiale, à la verticale du bord antérieur de la nageoire pectorale (ou même plus loin), la taille importante du lobe supérieur de la nageoire caudale et l'absence de pinnules sur le pédoncule caudal.

Requin bleu

Carcharhinus glaucus

Le requin bleu a un corps puissant, allongé, doté de pectorales longues et recourbées. La face dorsale est bleu sombre, les flancs sont un peu plus clairs, les nageoires bleutées, le ventre blanc. Les animaux morts perdent rapidement leur belle teinte bleu foncé. Le requin bleu est une espèce cosmopolite des mers chaudes, remontant au nord jusqu'à la Scandinavie méridionale. C'est une espèce de taille moyenne. Les sacs vitellins des embryons sont reliés par un « placenta vitellin » à la paroi utérine, ce qui assure leur alimentation. Il y a plusieurs jeunes par portée et ils mesurent 30 à 50 cm.

Le requin bleu se tient surtout près de la surface. Il entreprend en été de longues migrations au cours desquelles il est souvent accompagné par le poisson-pilote *(Naucrates ductor)*. La longueur de ces migrations dépend de la température de l'eau. Dans les années de forte insolation, il pénètre jusqu'en mer du Nord. Il accompagne souvent les navires de pêcheurs ou autres et se nourrit des déchets et des restes de poissons jetés par-dessus bord. Il chasse également les poissons et différentes espèces de requins.

C'est un requin sans grand intérêt économique, mais les pêcheurs sportifs le prennent à la ligne à titre de trophée. Dans les eaux britanniques, on en prend ainsi quelque 3 à 5000 individus par an. Il fait aussi l'objet d'une chasse intensive au Japon. Longtemps considéré comme mangeur d'hommes, le requin bleu ne semble pas mériter cette fâcheuse réputation.

Longueur : jusqu'à 4 m.
Poids : jusqu'à 150 kg.
Fécondité : 60 jeunes environ.
Distribution : toutes les mers chaudes du globe.
Synonymes : *Prionace glauca, Carcharias glaucus.*

L'espèce voisine *Galeorhinus galeus* (milandre) vit dans les eaux chaudes de tous les océans. Elle atteint 1,5 m de long, est ovovivipare, la durée de gestation de la femelle est d'environ 10 mois. Les pêcheurs sportifs la considèrent comme un trophée (pêché à la ligne).

Mustèle, émissole *Mustelus mustelus*

Chez la mustèle, les deux nageoires dorsales sont à peu près de même taille : la première légèrement plus grande commence derrière les pectorales, la seconde s'implante en avant de la petite nageoire anale. La coloration est grise, le ventre plus clair ; surtout chez les jeunes, le dos et les flancs peuvent être tachés de blanc.
C'est un requin des zones littorales, relativement moins mobile que certaines autres espèces ; il n'entreprend pas de grandes migrations. Il se nourrit surtout de mollusques et de crabes vivant sur le fond dont il écrase les carapaces à l'aide de ses dents aplaties. Il ne consomme que peu de poissons. Comme les autres requins, la mustèle est dépourvue de vessie gazeuse et son principal organe hydrostatique est son foie, relativement gros et saturé d'une huile riche en vitamine A. La viviparité de cette espèce a été déjà observée par Aristote. Les femelles mettent au monde jusqu'à 20 petits à la fois, mesurant 15 cm à la naissance. Au cours de leur développement au sein du corps maternel les petits se nourrissent à l'aide d'un placenta vitellin qui rappelle le vrai placenta des mammifères.
La chair de la mustèle, peu appréciée, est surtout consommée dans les pays méditerranéens.

Longueur : 1–1,8 m, maximum 2 m.
Fécondité : 20 jeunes.

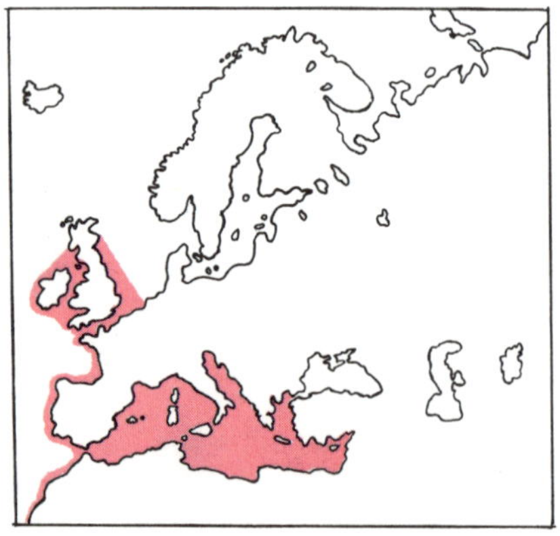

Distribution de *M. mustelus*.

L'espèce voisine *Mustelus canis* suit les côtes européennes jusqu'au golfe de Gascogne. Elle atteint 100–150 cm de long, maximum 3 m, mais ne présente pas de danger pour l'homme.

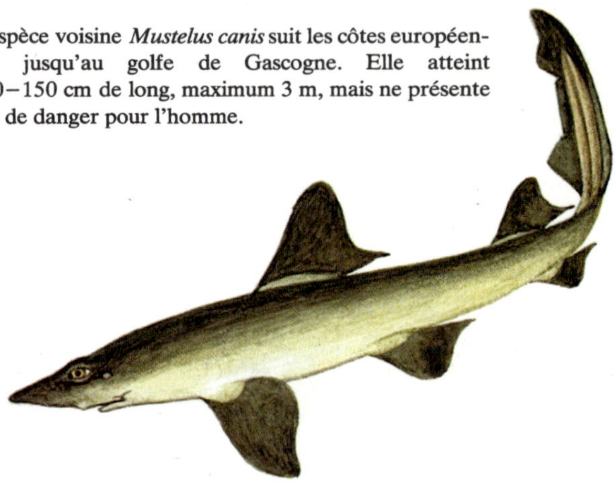

La famille des SPHYRNIDAE comprend environ six espèces de requins de grande taille qui se reconnaissent surtout à la forme particulière de la tête, élargie latéralement et rappelant un marteau.

Requin-marteau

Sphyrna zygaena

Les yeux du requin-marteau sont placés sur les côtés de la tête élargie, la bouche est très largement fendue. Selon certains spécialistes, les excroissances de la tête serviraient de stabilisateurs complémentaires ; selon d'autres, ils amélioreraient l'orientation des sensations olfactives.
Le requin-marteau se nourrit surtout de poissons, les petits individus d'invertébrés, surtout de crustacés. C'est un requin vivipare dont les embryons se développent dans le corps maternel auquel ils sont reliés par le sac vitellin, ce qui rappelle le placenta des mammifères. La naissance a lieu généralement dans la seconde moitié de l'été et à l'automne.
L'intérêt économique de cette espèce est minime : sa chair n'est pas consommée et ne peut servir à la fabrication de farine de poisson, car la peau dure et rêche des requins endommage les moulins utilisés pour cette fabrication.
On connaît plusieurs cas d'agressions contre des humains et le requin-marteau est donc considéré comme dangereux.

Longueur : 3,5–4, rarement 5 m.
Poids : 150–300 kg, maximum 500 kg.
Fécondité : jusqu'à 40 jeunes.
Distribution : tous les océans, surtout en zone tropicale. La limite nord-européenne est la mer du Nord, on le trouve aussi dans la Méditerranée.
Synonymes : *Squalus zygaena, Zygaena malleus.*

Espèce voisine *S. tiburo,* peuplant les eaux subtropicales et tropicales de l'Atlantique Ouest. Elle atteint 80–120 cm, au maximum 2 m. Les excroissances latérales sont moins développées que chez *S. zygaena.*

Les représentants de l'ordre des SQUALIFORMES se distinguent par l'absence de la nageoire anale. Les deux dorsales sont munies de puissantes épines. La famille des SQUALIDAE regroupe des requins au corps allongé, élancé, dépourvu de nageoire anale, mais le signe distinctif et tout à fait particulier est la présence d'épines indépendantes à l'avant des deux nageoires dorsales.

Aiguillat

Squalus acanthias

L'aiguillat possède deux grosses épines communiquant avec des glandes venimeuses. Le museau est allongé et pointu, les yeux volumineux, le lobe supérieur de la puissante nageoire caudale est plus important que le lobe inférieur.

Le dos et les flancs sont gris sombre à brunâtre, le ventre clair. Quelques taches claires ornent les flancs.

C'est le requin le plus courant dans la partie nord de l'océan Atlantique où on le trouve au voisinage des côtes européennes, africaines et américaines, au nord y compris dans la mer Blanche, dans les eaux proches de l'Islande, du Groenland méridional et du Labrador. Il existe aussi en Méditerranée, en mer Noire et en mer d'Azov. Des sous-espèces voisines vivent dans le Pacifique et dans l'hémisphère Sud. Il forme des bandes vivant près du fond ou entre deux eaux, à des profondeurs allant de 10 à 200 m, remontant à la surface pendant la nuit. Il migre au printemps vers le littoral pour se reproduire, et en automne vers le large et en profondeur. Les bandes sont généralement composées d'individus du même sexe. L'aiguillat se nourrit surtout de poissons vivant en bancs. Il est ovovivipare ; la gestation se prolonge pendant 18 à 22 mois, après quoi la femelle met au monde une dizaine de petits mesurant 20 à 30 cm.

L'aiguillat était jadis exterminé comme espèce nuisible car il s'attaque aux poissons pris dans les filets qu'il endommage par la même occasion. Plus tard, on s'aperçut que son foie, qui représente jusqu'à 20 % de la masse corporelle, contenait une huile de qualité et il fit l'objet d'une pêche commerciale. Actuellement, on prend par an 30 à 40 tonnes d'aiguillats qui servent surtout à la fabrication de farine de poisson, mais une partie de la chair, qui est relativement bonne, est commercialisée pour la consommation.

Longueur : 80–100 cm, exceptionnellement (femelles) jusqu'à 120 cm.
Poids : 5–8 kg, au maximum 10 kg.
Fécondité : 3–25 petits.
Distribution : cosmopolite.

Petit à la naissance. On remarque les restes du sac vitellin.

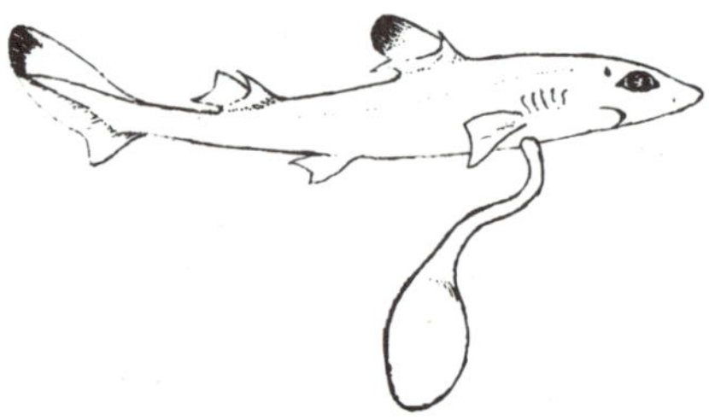

Etmopterus spinax est un petit requin de l'Atlantique Nord, ne dépassant pas 45 cm. Il vit à 70–700 m de profondeur.

Au contraire des Squalidae, les membres de la famille des DALATIIDAE ne présentent pas d'épines indépendantes devant les nageoires dorsales. La famille comprend sept genres et douze espèces de requins peuplant tous les océans de l'Arctique jusqu'à l'Antarctique.

Laimargue, requin du Groenland *Somniosus microcephalus*

La laimargue est un gros requin qui se distingue par ses deux dorsales de petite taille, la première placée dans la zone médiane du corps. Les yeux et les fentes branchiales sont eux aussi petits par rapport à la taille totale.
Le corps est de couleur sombre, brun-noir virant au gris chez les sujets morts.
La laimargue vit plutôt près du fond, mais suit souvent ses proies jusqu'à la surface et les Esquimaux du Groenland en profitent pour la pêcher au harpon ou à l'aide de courtes lignes (18 à 20 m). Mais c'est le plus souvent un requin des profondeurs, vivant à 150–500 m, parfois observé jusqu'à 1200 m.
C'est une espèce pratiquement omnivore, ayant une longue durée de vie. Le contenu stomacal de plusieurs spécimens a montré des restes humains, probablement ceux de pêcheurs et de marins noyés. La laimargue fait également office d'éboueur à proximité des flotilles de pêche à la baleine ou autre, où elle consomme avidement tous les détritus.
Sa biologie reste encore un mystère. Selon certaines sources, la femelle pondrait au printemps à des grandes profondeurs 300–500 ovules dans des capsules cornées grosses de 8 cm environ, selon d'autres sources, elle serait vivipare et mettrait au monde une dizaine de petits longs de 70 cm environ.
La laimargue a été beaucoup pêchée autrefois à cause de l'huile de son foie, riche en vitamine A, tandis que sa chair était consommée séchée ou salée plutôt que fraîche. Notre siècle a vu les prises diminuer et les sujets capturés servent surtout à la fabrication de farine. On pense que l'ingestion de sa chair peut avoir des effets toxiques.

Longueur : 4–6 m, maximum 8 m.
Poids : 250–500 kg, exceptionnellement jusqu'à 1400 kg.
Distribution : tout l'océan Atlantique, certaines parties de l'océan Glacial Arctique, le Pacifique septentrional. Dans l'Atlantique et la Manche, la limite sud est formée par l'embouchure de la Seine.

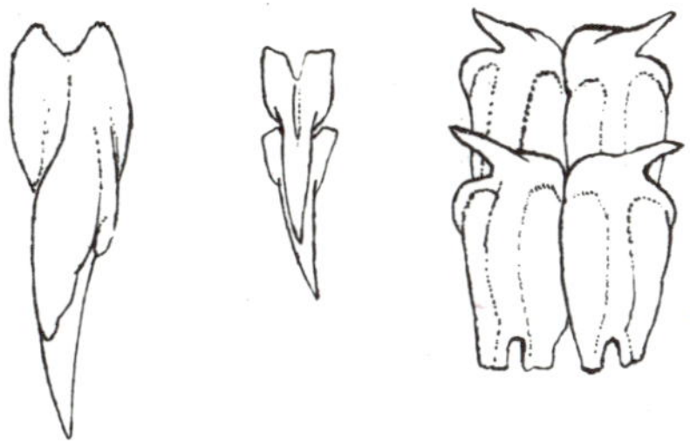

Détail des dents des deux mâchoires. Les dents de la mâchoire supérieure (gauche) sont étroites, en poignard, celles de la mâchoire inférieure larges et en biseau.

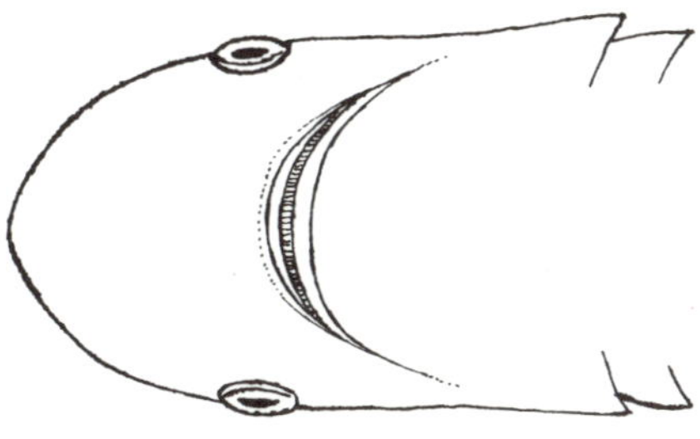

Face ventrale de la tête, montrant la bouche largement fendue en demi-cercle.

La famille des SQUATINIDAE se compose de requins-raies, présentant des caractères propres aux deux groupes. Ils rappellent les raies surtout par la compression dorso-ventrale du corps et par leurs nageoires pectorales et ventrales larges et horizontales. Comme les autres requins, les Squatinidés sont pourvus de fentes branchiales latérales et d'une bouche terminale et non inférieure comme chez les raies.

Ange de mer

Squatina squatina

L'ange de mer est l'unique représentant de la famille, vivant près des côtes européennes, à l'exception de la Méditerranée où ses membres sont plus nombreux.
La face dorsale est gris-vert à gris-brun avec de petites taches sombres, le ventre clair. Il existe deux nageoires dorsales. La région supérieure de la tête porte les yeux et deux gros spiracles.
L'ange de mer vit près du fond, à 5–90 m de profondeur, souvent presque à moitié enfoui dans le sable ou dans la vase. Malgré sa forme aplatie c'est un bon nageur pouvant parcourir de grandes distances. Il se nourrit de poissons démersaux, turbots et barbues, carrelets ou raies, ainsi que de crabes et de mollusques. Il fraie de février à avril en Méditerranée, un peu plus tard près des côtes atlantiques anglaises et françaises. C'est une espèce ovovivipare : un certain temps après l'accouplement (de mai à juin), la femelle met au monde des jeunes mesurant 20 à 25 cm.
L'importance économique est nulle. Il peut servir pour la fabrication de farine, mais sa chair, comestible, est de qualité médiocre.

Longueur : 1,2–2 m, rarement jusqu'à 2,5 m.
Poids : 25–50 kg, maximum 80 kg.
Fécondité : 10–25 petits.

Distribution de *S. squatina.*

Les raies appartiennent à l'ordre des RAJIFORMES, caractérisés par un corps aplati et des pectorales fortement développées. Cinq paires de fentes branchiales s'ouvrent sur la face ventrale. La plupart des raies sont des espèces marines. La famille des RAJIDAE comprend des poissons cartilagineux aplatis, auxquels leurs pectorales élargies donnent une forme en losange. La plupart des membres de la famille se caractérisent par la présence d'épines sur la face dorsale du corps. Les organes électriques et la nageoire anale sont absents.

Raie bouclée

Raja clavata

La face dorsale de la raie bouclée est couverte d'un grand nombre de petites épines épidermiques et d'aiguillons plus développés disposés le long de la ligne médiane et sur la longue queue, bien séparée du reste du corps. Ces épines sont portées par une base en forme de bouton arrondi et sont surtout très développéses chez les mâles sexuellement mûrs.

La coloration est très variable, le plus souvent cannelle à gris clair sur la face dorsale, crème clair sur la face ventrale. La raie bouclée vit le plus souvent au niveau des fonds sableux ou argileux, à 10–60, voire jusqu'à 400 m de profondeur.

Au printemps les femelles reproductrices migrent vers les hauts fonds du littoral, suivies par les mâles. La fécondation est interne. Les oeufs sont protégés par une capsule cornée mesurant 6 à 10 cm de long qui laisse sortir au bout de 16 à 20 semaines de jeunes raies en tout point semblables aux adultes. On trouve souvent ces capsules vides en grand nombre sur les plages. Après la digestion du reste du sac vitellin, les jeunes raies se nourrissent de petits crustacés ; les adultes ajoutent aux invertébrés également des poissons.

La raie bouclée est souvent pêchée, soit au chalut soit à la ligne par les pêcheurs amateurs. La chair est de qualité moyenne, sans intérêt économique véritable.

Longueur : 60–80 cm, femelle maximum jusqu'à 110 cm, largeur jusqu'à 75 cm.
Poids : 6–10 kg, rarement jusqu'à 17 kg.
Fécondité : 5–20 oeufs.
Distribution : eaux littorales de l'ensemble de l'Europe, depuis l'Islande et la Norvège septentrionale jusqu'à la mer Noire, ainsi que sur le littoral atlantique africain.

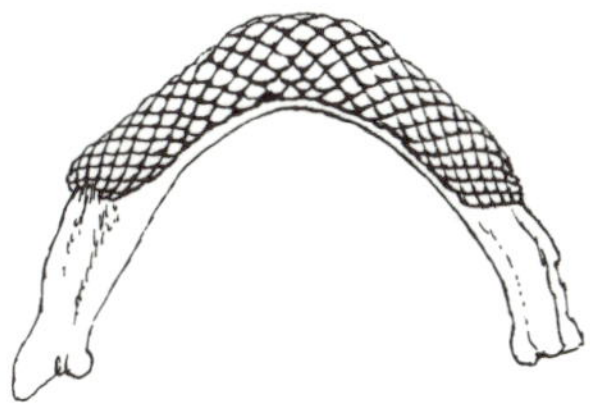

Mâchoire inférieure montrant la dentition caractéristique.

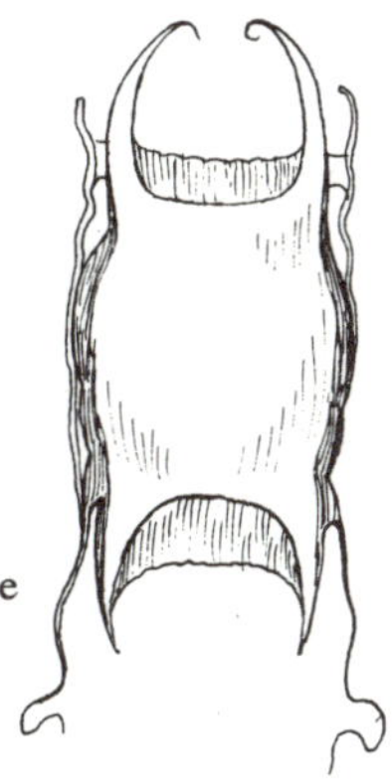

Dans sa capsule cornée l'oeuf mesure 6–10 cm de long.

Raie radiée

Raja radiata

La raie radiée présente des nageoires pectorales bien développées, lobées, de forme plus arrondie que la raie bouclée ou la raie lisse. Elle se distingue également des autres espèces de raies par la forme de la base des boucles. Les grandes, au nombre 12 à 19, suivent la ligne médiane de la face dorsale ; les petites, nombreuses, sont disséminées sur tout le dos. Toutes présentent une base massive, étoilées, d'où le nom spécifique du poisson.
La coloration est variable, le dos généralement cannelle clair avec une multitude de taches crème ou cannelle foncée, le ventre est blanc.
La raie radiée remonte plus au nord que la raie bouclée et existe aussi près des côtes nord-américaines.
Elle descend à des profondeurs importantes, mais se tient le plus souvent à 50–100 m, dans les régions nordiques à 200–1000 m. Sa nourriture se compose surtout de poissons, notamment de morues, turbots et barbues, harengs et capelans qu'elle chasse au fond grâce à son flair exceptionnel. Le mode de vie et la multiplication sont analogues à ceux des autres raies. Les femelles atteignent l'âge adulte avec une taille de 40 cm, les mâles de 42 cm. Les oeufs et leurs enveloppes sont plus petits que chez la raie bouclée (4–6 cm) et les femelles les pondent surtout de février à juin, bien qu'on puisse prendre des femelles pleines durant toute l'année. Le dessus des oeufs porte un grand nombre de filaments minces et longs. Le nombre d'oeufs par ponte n'est pas connu.
La chair, de qualité médiocre, est peu consommée à l'état frais. Elle est parfois mise en conserve, mais les prises servent surtout à la fabrication de farine de poisson.

Longueur : 40–60 cm, maximum 100 cm.
Poids : 4–8 kg, maximum 14 kg.

Distribution de *R. radiata*.

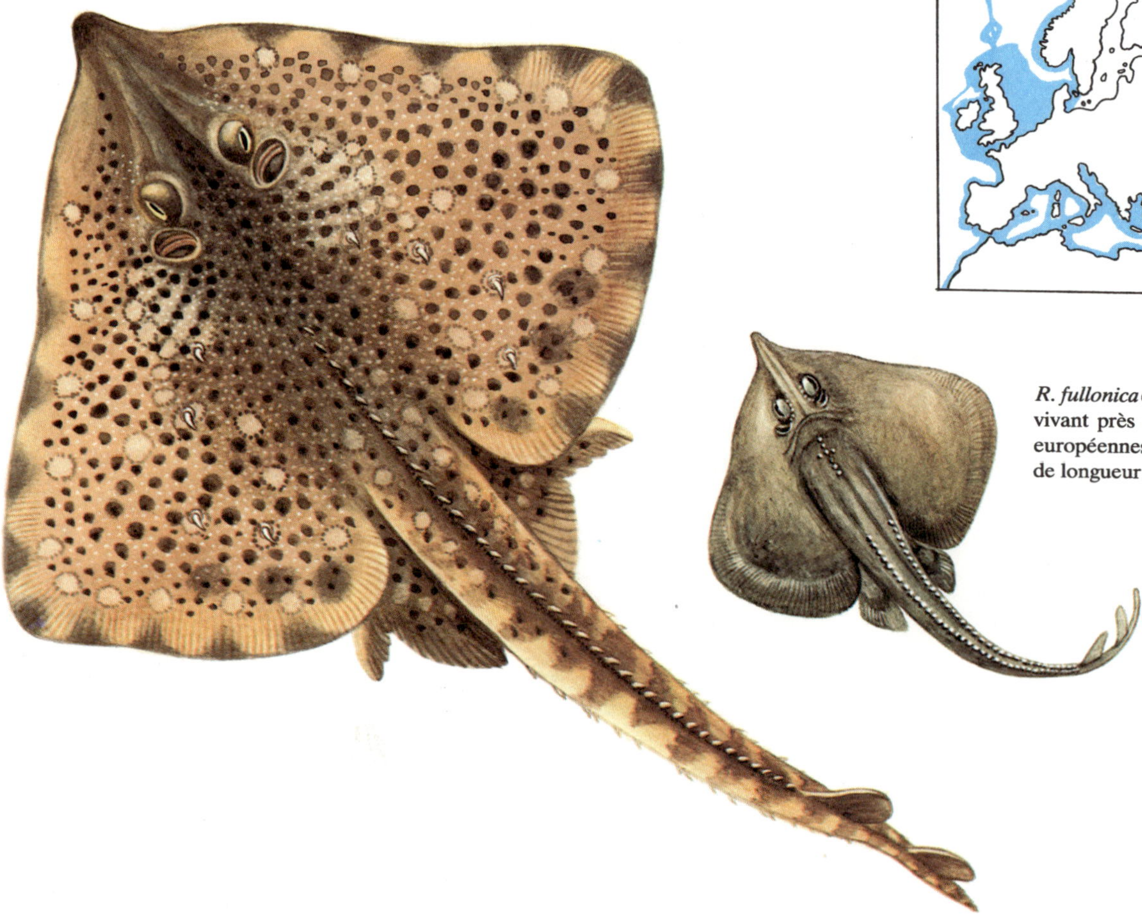

R. fullonica est une espèce voisine vivant près des côtes atlantiques européennes. Elle atteint 120 cm de longueur maximale.

Raie lisse *Raja batis*

C'est la plus grande raie des eaux européennes et une des plus grandes espèces existantes. Elle se distingue par son museau pointu, deux à trois fois plus long que la distance interoculaire. Chez les jeunes sujets la peau est lisse à l'exception d'épines paires anté- et post-oculaires. Chez les adultes, la face dorsale porte de petites boucles de peau. La queue porte 12 à 20 grandes épines implantées sur la ligne médiane.

La coloration est très variable et va du vert olive au cannelle foncé, avec des taches irrégulières, sombres et claires. Chez les jeunes, on voit sur le dos deux taches ovales, ocellées, au centre plus sombre.

Elle vit à des profondeurs de 30–600 m, les jeunes spécimens se tiennent parfois sur des bas-fonds près des côtes. Elle se nourrit surtout de morues et de harengs, mais peut s'attaquer également à d'autres espèces de raies et à certains requins.

C'est surtout de février à août que les femelles pondent un nombre encore précisément inconnu d'oeufs abrités dans des capsules cornées longues de 14 à 29 cm et dotées de deux faisceaux de longs et minces filaments servant à la fixation. Les oeufs éclosent au bout de 5 à 9 mois et les jeunes mesurent alors 21 cm. La maturité sexuelle survient quand ils atteignent 1,5 m de longueur.

La chair de la raie lisse est agréable à consommer à l'état frais ou en conserve, le foie est riche en huile. On la pêche surtout au chalut et les prises annuelles se chiffrent actuellement aux environs de 2000 à 3000 tonnes. Les gros exemplaires sont de plus en plus rares.

Longueur : 1,5–2,5 m, maximum 2,85 m ; envergure jusqu'à 2 m.
Poids : 75–100 kg, maximum 113 kg.
Distribution : Atlantique, de l'Islande et la Norvège septentrionale, jusqu'à l'ouest de la Méditerranée.

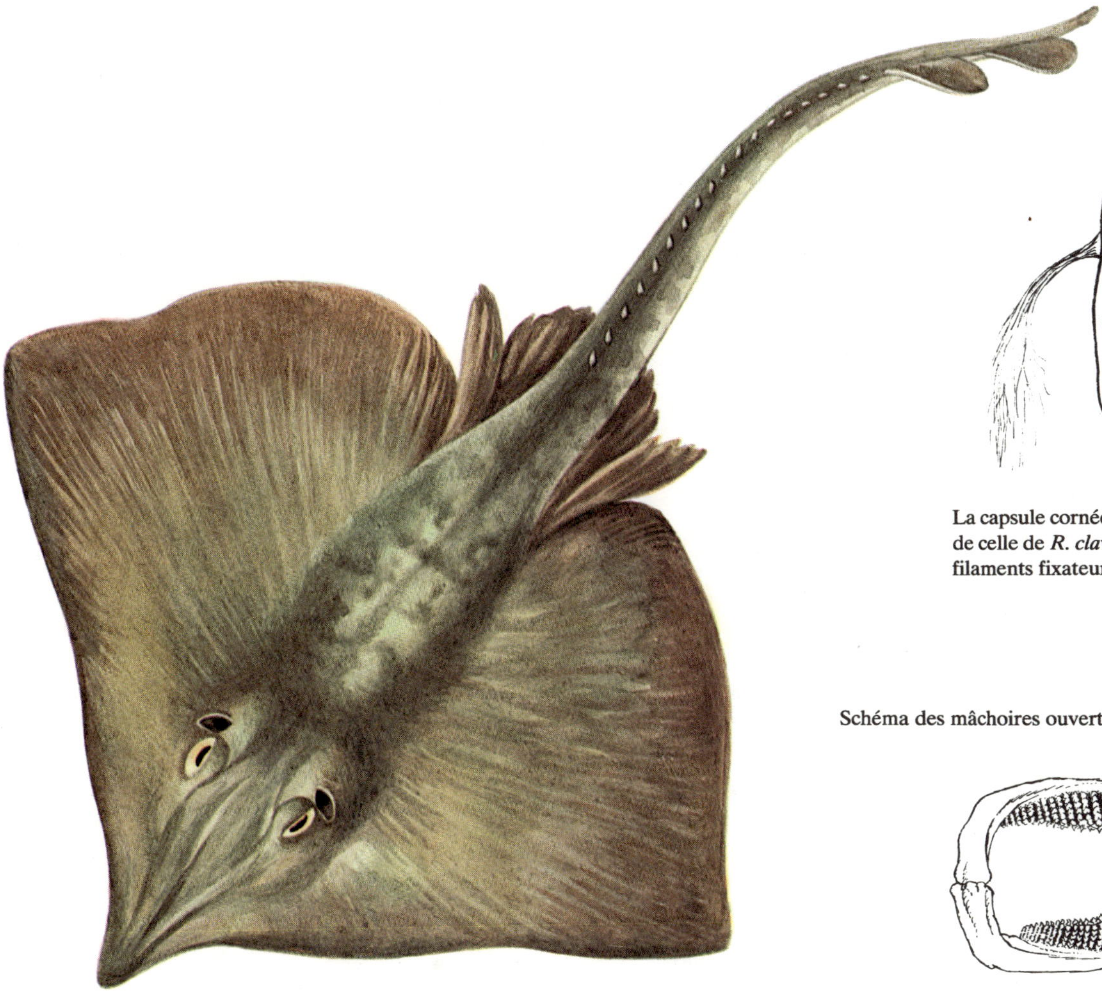

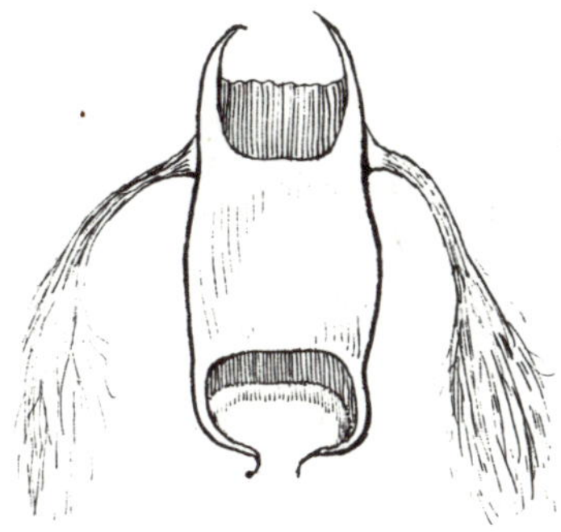

La capsule cornée abritant l'oeuf se distingue de celle de *R. clavata* par la présence de longs filaments fixateurs ramifiés.

Schéma des mâchoires ouvertes avec les dents placoïdes.

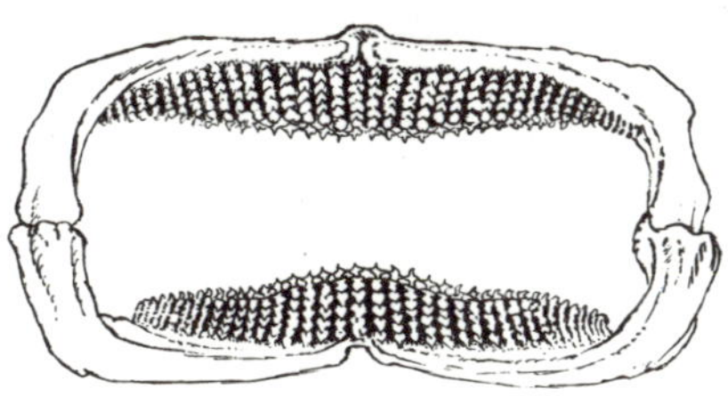

Raie à museau pointu

Raja oxyrhynchus

L'avant du corps se termine par un long rostre mesurant entre 1/3 et 2/5 de la longueur du disque. La peau du dos est lisse à l'exception de quelques épines sur le rostre. On trouve aussi des épines sur la queue. La mâchoire inférieure porte 32 à 42 rangées de dents aiguës, plus ou moins identiques. La coloration de la face dorsale du disque est très variable, du gris presque jusqu'au noir, en passant par le brun avec des taches brun clair ou carrément laiteuses. La face ventrale est grisâtre, bordée de nombreuses petites taches.
Comme la plupart des autres raies, celle-ci vit près du fond à 100–1000 m de profondeur, le plus souvent entre 130 et 275 m, sur un sol mou et argileux. L'oeuf se trouve dans une capsule doublement bombée, les filaments antérieurs et postérieurs sont courts. La capsule sans les filaments mesure 12 à 13 cm de long, 7 à 10 cm de large, mais elle est plus grosse dans les eaux méditerranéennes. L'époque de ponte dépend de la température de l'eau, en Méditerranée de février à avril, en mer du Nord de juin à juillet. Les jeunes se nourrissent de crustacés et passent progressivement à une nourriture à base de poissons. La raie à museau pointu s'attaque aux petits individus des genres *Sebastes, Trigla, Callionymus,* etc. Elle arrive à la maturité sexuelle lorsqu'elle atteint environ 1 m de long.
C'est une espèce commune, à l'écologie pourtant encore peu connue. Elle n'a pas de valeur économique, mais peut être prise au chalut en même temps que d'autres poissons.

Longueur : jusqu'à 150 cm de long, largeur du disque corporel jusqu'à 1 m.
Distribution : Méditerranée, Atlantique, mer du Nord ; au nord jusqu'à Trondheim, parfois encore plus loin.
Synonyme : *Raja vomer.*

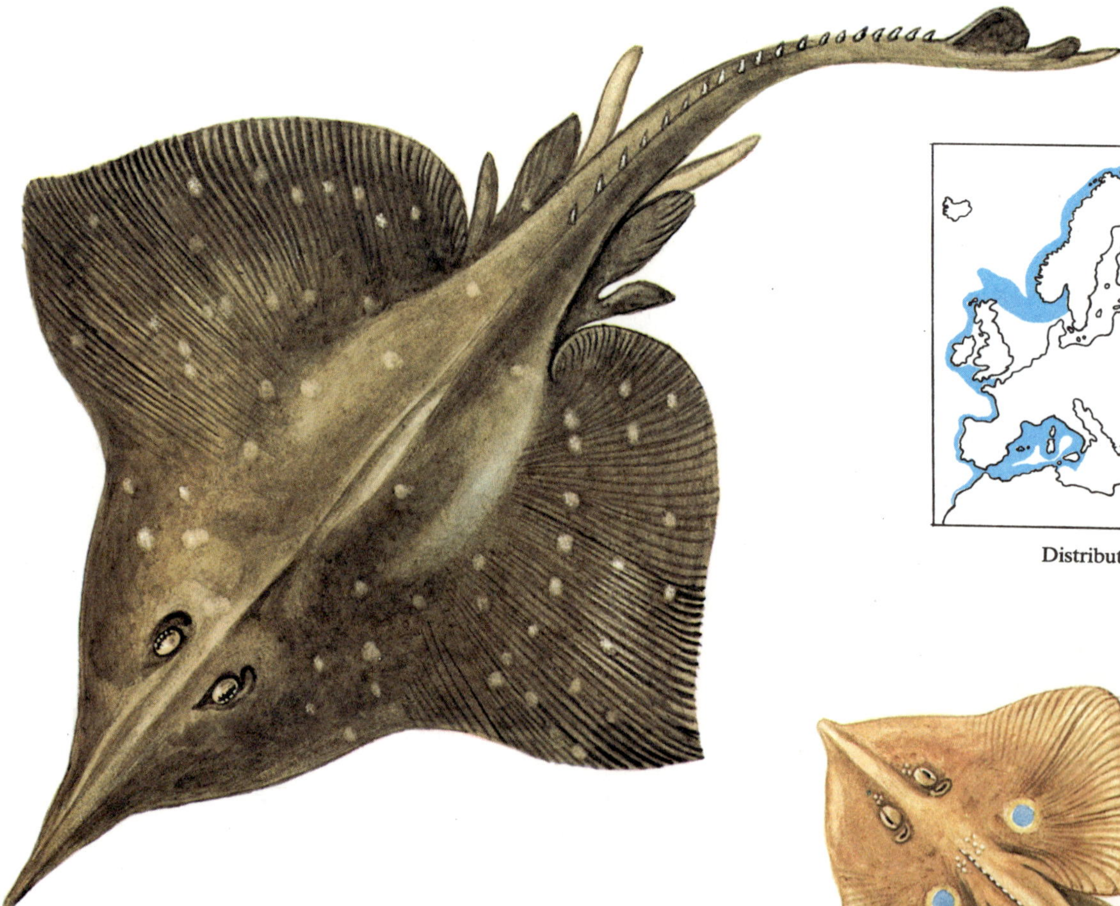

Distribution de *R. oxyrhynchus.*

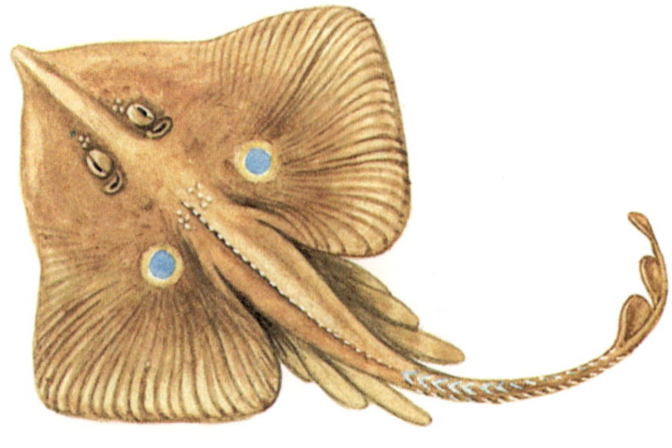

Raja quadrimaculata est une espèce aux couleurs intéressantes, vivant sur les côtes de l'Atlantique, de l'Angleterre jusqu'à l'Afrique du Sud et en Méditerranée. Elle mesure environ 40 cm, au maximum 65 cm de long et vit à 50–200 m de profondeur.

Raja hyperborea

Raja hyperborea a une forme semblable à celle de la raie radiée, mais se distingue de celle-ci par son rostre à la fois plus long et plus aigu, son front plus large et ses épines dorsales au nombre de 22 à 30 (12 à 19 chez la raie radiée).
La face dorsale du disque est bleu-gris, parfois brun-gris avec de petites taches sombres et claires. La face ventrale est jaune sale chez les jeunes sujets, tachée de sombre chez les adultes chez qui les taches peuvent être unies en bandes, souvent plus importantes que la couleur de fond blanc jaunâtre.
C'est une espèce d'eau fraîche, vivant près des substrats argileux à des profondeurs de 500–800 m. On peut exceptionnellement la prendre à plus de 2000 m ou au contraire dans des eaux peu profondes (250–300 m). La forme des capsules rappelle en plus grand celles de la raie radiée, avec une longueur de 8 à 12 cm, une largeur de 5 à 8 cm. A l'éclosion, les petits mesurent 15 à 16 cm de long. Après la digestion du vitellus les jeunes sont très autonomes et capables de s'attaquer à des proies mesurant leur longueur. On ne sait pas combien d'oeufs sont pondus à la fois. *Raja hyperborea* se nourrit de crustacés de la famille des *Euphasiidae,* mais aussi de poissons.
Son mode de vie est assez peu connu, surtout à cause de sa vie dans les grandes profondeurs. Elle est rarement prise, et sa chair ne présente pas d'intérêt.

Longueur : 65–70 cm, maximum jusqu'à 1 m.
Distribution : nord de l'Atlantique, du sud de la Norvège et de l'Islande jusqu'au Spitzberg et à la Nouvelle-Zemble, côtes du Groenland.
Synonyme : *Raja borea.*

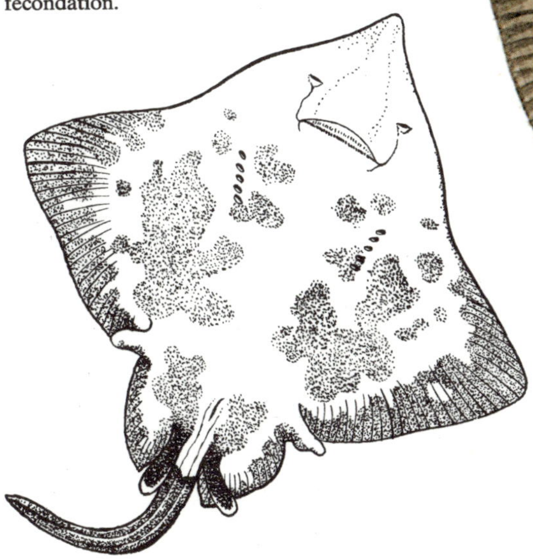

Face ventrale : on voit la position de la bouche, des fentes branchiales, et la forme des nageoires ventrales facilitant la fécondation.

Les espèces appartenant à la famille des DASYATIDAE se reconnaissent à leurs nageoires pectorales soudées en avant de la tête. La face supérieure de la queue porte plusieurs épines acérées, pouvant dépasser 30 cm de longueur et servant essentiellement à se défendre contre les requins. La famille comprend quatre genres et quelque trente-cinq espèces vivant surtout dans les eaux littorales des mers chaudes et tempérées.

Pastenague

Dasyatis pastinaca

Le disque arrondi est ici plus court que la queue en fouet. Le corps est lisse, sans épines ni aiguillons, seuls les gros exemplaires présentent une rangée d'aiguillons bordant sur le dos la ligne médiane. Un aiguillon long de 8 à 35 cm, denté, implanté au premier tiers de la queue, sur la face dorsale, est caractéristique de l'espèce. La face inférieure de l'aiguillon porte des sillons abritant des glandes venimeuses. D'un coup de queue, la pastenague plante l'aiguillon dans sa proie ou dans son agresseur. La blessure est très douloureuse et peut être dangereuse, même pour l'homme, car le poison a des effets neurotoxiques et hémotoxiques. Certains sujets possèdent deux ou plusieurs aiguillons.

La face dorsale de la pastenague est gris olive à brunâtre, le ventre est clair.

Elle vit surtout à des profondeurs de 5–75 m, sur des fonds sableux où elle s'enfouit. Elle se plaît dans les golfes tranquilles et peut vivre dans l'eau saumâtre des embouchures. Elle se nourrit surtout de petits poissons, de mollusques, de crabes. C'est une espèce ovovivipare, probablement à fécondation interne. Les embryons se développent dans l'oviducte élargi à cet effet et se nourrissent aux stades avancés de leur développement des sécrétions de la paroi de cet oviducte. La mise au monde a lieu en été, mais les oviductes des femelles contiennent alors en plus des jeunes quelque 12–32 oeufs en cours de développement.

La pastenague a une chair comestible ; son foie volumineux (jusqu'à 1/3 de la masse de la femelle) est source d'une huile très riche en vitamine D.

Longueur : 1–2 m, maximum 2,5 m (femelles).
Poids : 10–25 kg, rarement jusqu'à 40 kg.
Fécondité : 4–12 petits.

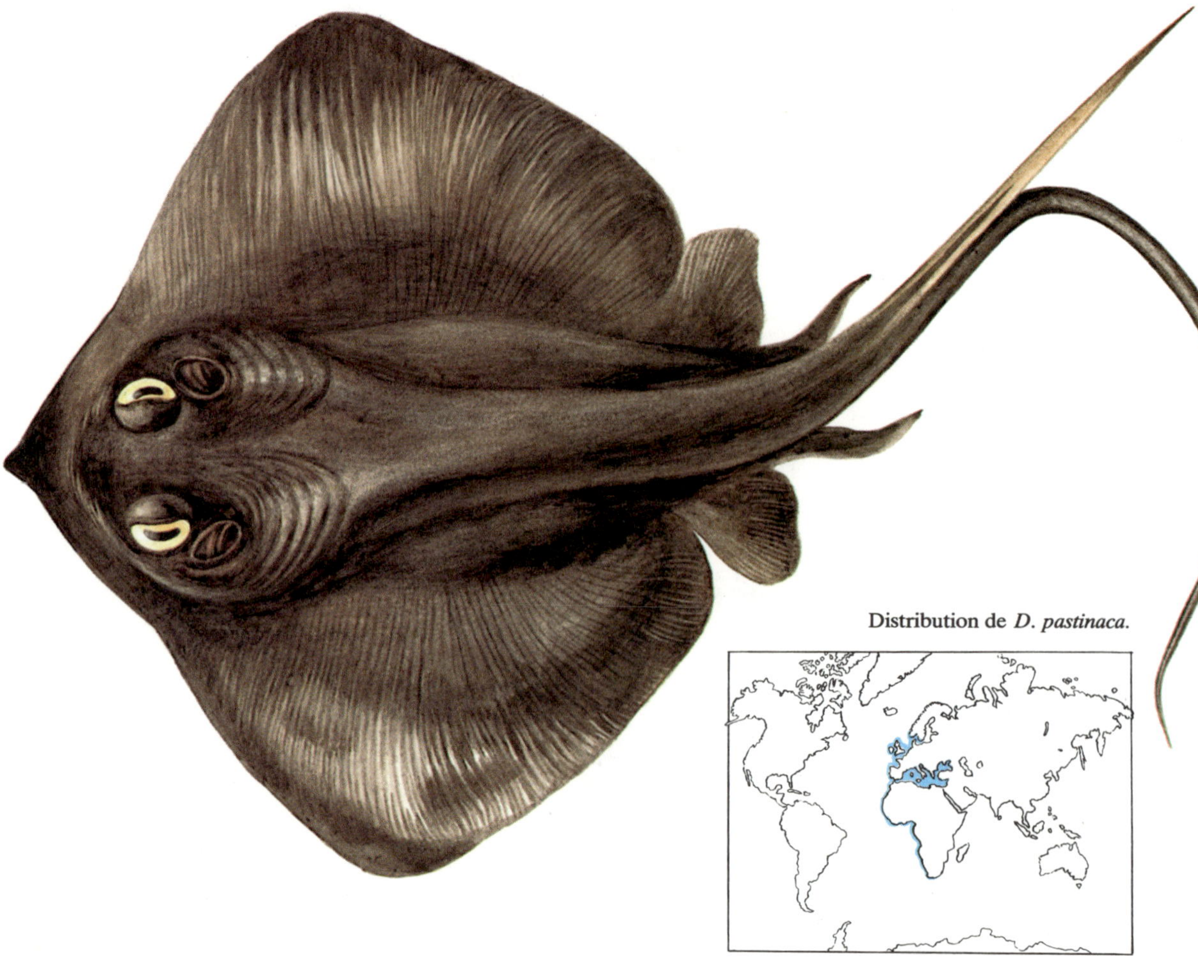

Distribution de *D. pastinaca.*

Chez les raies appartenant à la famille des MYLIOBATIDAE, la tête dépasse librement du disque formé par la soudure des nageoires pectorales dont les extrémités sont pointues. La queue est généralement très longue, chez certaines espèces armée d'un aiguillon. La famille comprend cinq genres et environ vingt-cinq espèces vivant dans les eaux côtières chaudes de tous les océans.

Raie-aigle

Myliobatis aquila

Les nageoires pectorales de la raie-aigle n'entourent pas la tête dont la partie antérieure dépasse librement du disque. Comme chez la pastenague, la queue est longue, en fouet, sans nageoire caudale. Au contraire de la pastenague, elle porte toutefois une petite nageoire dorsale derrière laquelle se trouvent un, exceptionnellement deux aiguillons dentés munis de glandes venimeuses. La piqûre de cet aiguillon occasionne aux pêcheurs des blessures douloureuses. Les pectorales sont longues et pointures, ce qui donne à la raie-aigle vue de dessus l'allure d'un rapace en plein vol (d'où son nom latin et son nom d'aigle de mer dans de nombreuses langues allant de l'anglais jusqu'au russe).

La face dorsale est gris-vert à gris-brun, avec des taches claires chez les jeunes. Le ventre est gris clair.

C'est une espèce pélagique, vivant au-dessus des fonds sableux ou argileux, de profondeur de 100 m environ, plutôt dans des eaux chaudes. On peut la voir près des côtes sud-ouest de l'Irlande et dans la Manche. Elle se nourrit surtout de crabes et de mollusques dont elle écrase les coquilles solides à l'aide de ses dents plates en pavés, rangées sur trois rangs de chaque côté de l'ouverture buccale. C'est une espèce ovovivipare, dont les petits se nourrissent au cours de leur développement de sécrétions produites par la paroi des oviductes.

En comparaison avec d'autres raies, la raie-aigle nage relativement bien et vite ; les pêcheurs sous-marins aiment la prendre au harpon. Elle n'a pas d'intérêt économique.

Longueur : 1,5–2 m, queue atteignant 3 m.
Poids : 20–25 kg.
Fécondité : 5–7 petits.
Distribution : côtes de la Norvège méridionale et nord des îles Britanniques, Atlantique jusqu'aux côtes de l'Afrique du Sud, Méditerranée.
Synonymes les plus habituels : *Raja aquila, Myliobatis nuctula.*

La raie-aigle tachetée *(Aetobatus narinari)* est une espèce voisine vivant dans les eaux chaudes de tous les océans, au nord jusqu'aux côtes marocaines, dans la zone de la plate-forme continentale comme en pleine mer. Elle peut mesurer 1–2, au maximum 2,5 m. C'est un précieux trophée des pêcheurs sportifs.

Les représentants de l'ordre des TORPEDINIFORMES et de la famille des TORPEDINIDAE se caractérisent par leur peau lisse, leur nageoire caudale bien développée et surtout par la présence d'organes électriques situés symétriquement à l'avant du corps.

Torpille marbrée

Torpedo marmorata

La torpille marbrée a un corps discoïdal avec une queue puissante portant deux nageoires dorsales à peu près identiques. Les spiracles sont situés à l'arrière des yeux et leur bord est comme déchiqueté.

Le dos est cannelle foncé marbré de clair, le ventre crème.

La torpille marbrée vit généralement tout près du fond sur un substrat sableux ou quelquefois argileux, à 10–30 m, exceptionnellement jusqu'à 100 m de profondeur. Sa coloration mimétique fait qu'on la distingue généralement mal du substrat où elle s'enterre de temps en temps. Elle se nourrit d'invertébrés ou de petits poissons benthiques qu'elle peut assommer par des décharges de ses organes électriques. Ceux-ci, pairs, réniformes, sont d'origine musculaire. Les fibres musculaires sont transformées en éléments électriques dont la tension individuelle est très faible, mais dont l'ensemble arrive à atteindre une tension de 45 à 200 V avec une intensité de 3 à 7 A. Les décharges électriques servent cependant surtout à des fins défensives.

La torpille marbrée est ovovivipare. Selon la taille des femelles, il peut y avoir jusqu'à 35 jeunes par ponte.

La torpille marbrée est parfois prise au chalut, mais ne présente pas d'intérêt économique. Sa chair est comestible mais de qualité médiocre.

Longueur : 60–80 cm, maximum 1,5 m.
Poids : 2–5 kg.
Fécondité : 5–35 petits.
Distribution : Méditerranée ; Atlantique, au nord jusqu'aux côtes danoises ; littoral africain jusqu'à l'Afrique du Sud.

L'espèce *T. torpedo* est voisine de la torpille marbrée. Son aire de distribution est analogue à cette dernière le long des côtes européennes. *T. torpedo* ne mesure cependant que 30 à 40 cm, au maximum 60 cm. La tension de l'organe électrique atteint jusqu'à 300 V.

Torpille noire

Torpedo nobiliana

Le corps est lisse et discoïdal. La queue porte deux nageoires dorsales, la première nettement plus grande que la seconde. La distance qui les sépare est elle aussi plus grande que chez la torpille marbrée. Le bord des spiracles est lisse et ils ont une forme de goutte.
La coloration est plus foncée que chez la torpille marbrée, gris-brun à cannelle foncé sur le dos, blanc rosé sur le ventre.
La distribution est à peu près la même que celle de la torpille marbrée dans les eaux européennes, mais elle est plus commune encore dans la Manche et à l'ouest des îles Britanniques.
La torpille noire vit sur les fonds sableux ou vaseux à 10–150, voire jusqu'à 350 m de profondeur. Elle est vivipare et on ne connaît pas le nombre de petits par ponte. Elle se nourrit surtout de poissons démersaux et son contenu stomacal peut renfermer des restes de morues, mais aussi de requins. On possède sur elle assez peu de données concrètes, mais on a pu observer la torpille noire attaquant une proie : elle l'enserre dans ses nageoires pectorales, l'immobilise ou la tue par une décharge électrique et ne la consomme qu'une fois morte. Plus imposante que la torpille marbrée, la torpille noire produit aussi des décharges électriques plus puissantes, soit jusqu'à 220 V avec une intensité de 8 A, ce qui représente une arme offensive ou défensive tout à fait terrible.
La torpille noire ne présente pas d'intérêt économique et est rarement prise par les pêcheurs. Le sérum sanguin est toxique.

Longueur : 150–180 cm.
Poids : 40–50 kg, maximum 70 kg.
Distribution : côtes européennes et africaines de l'Atlantique, Méditerranée.

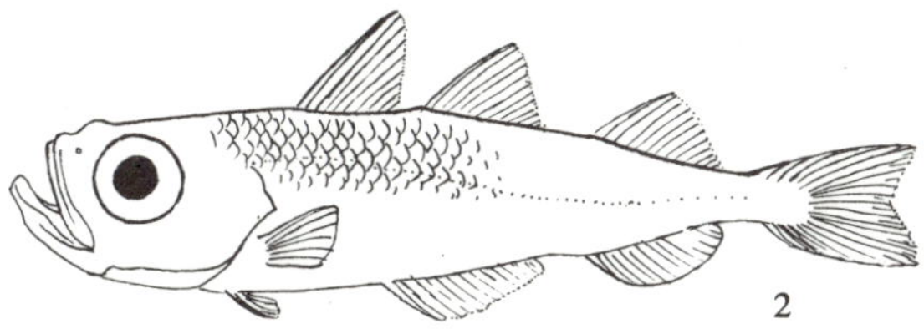
2

La torpille noire se nourrit surtout de poissons. L'analyse du contenu stomacal a mis en évidence différentes espèces de gades, notamment de jeunes spécimens de *Pollachius pollachius* (1) et de *Gadiculus argenteus* (2).

1

La sous-classe des Holocéphales (HOLOCEPHALI) comprend des proches parents des requins et des raies. Quelques caractères distinctifs en font un groupe à part : la soudure de la mâchoire supérieure avec le crâne, la présence d'une seule fente branchiale externe de chaque côté de la tête, fente recouverte d'un opercule de peau, l'absence d'un cloaque. La sous-classe comprend l'unique ordre des CHIMAERIFORMES, divisé en trois familles avec quelque vingt-cinq espèces au total.

Chimère *Chimaera monstrosa*

Un corps nu, latéralement comprimé, étiré en longueur, fortement aminci du côté de la queue. Celle-ci se termine par un filament, jamais plus court que la longue nageoire pectorale. Chez les mâles, les pelviennes sont transformées en organes copulateurs ou ptérygopodes. La première dorsale est courte et s'arme à l'avant d'une longue épine reliée à une glande à venin. La blessure est douloureuse mais ne présente pas de danger pour la vie. La tête du mâle comprend à l'avant une excroissance particulière en forme de doigt qui semble servir à maintenir la femelle pendant l'accouplement.
Le dos et les flancs sont rouges à brun-gris avec des taches brunes plus foncées, le ventre est clair. Sur les flancs, la ligne latérale apparaît clairement et ses orifices sont également bien visibles sur la tête.
La chimère vit au fond, à une profondeur de 300–500 m, parfois moins (autour de 100 m). Elle se tient près des côtes en hiver. Elle se nourrit surtout d'étoiles de mer, de crabes, de crevettes, de mollusques, qu'elle déchiquette tout en broyant les coquilles à l'aide de ses dents en plaquettes. La reproduction a lieu surtout au printemps et en été, la fécondation est interne.
On trouve souvent dans les chaluts jusqu'à cent chimères et plus par remontée, mais le poisson ne présente pas d'intérêt industriel. On extrait parfois de l'huile de son foie volumineux.

Longueur : 80–100 cm, maximum jusqu'à 150 cm (en comptant la queue filamenteuse).
Poids : 10–15, maximum jusqu'à 25 kg.
Fécondité : 100–200 oeufs.

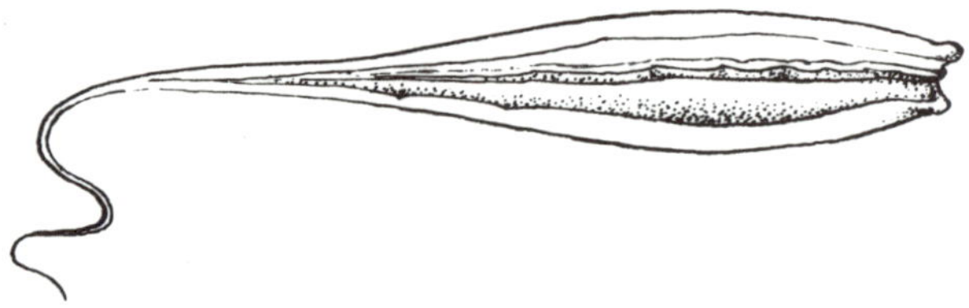

Les oeufs de chimère sont abrités dans une capsule cornée longue de 15–18 cm. Deux oeufs mûrissent seulement à la fois dans les ovaires. Pendant une courte période, la femelle les conserve collés par un long filament près de l'orifice sexuel.

La sous-classe des ACTINOPTERYGII comprend des poissons de mer et d'eau douce au squelette primitivement ossifié, aux branchies recouvertes par un opercule commun et dotés d'une vessie gazeuse. Les esturgeons (ordre ACIPENSERIFORMES, super-ordre CHONDROSTEI) possèdent un squelette secondairement cartilagineux avec une chorde entièrement conservée, une queue hétérocerque comme les requins, un corps nu couvert par endroits de rangées de plaques osseuses. La famille des ACIPENSERIDAE comprend au total quatre genres de poissons migrateurs et dulçaquicoles, localisés dans l'hámisphère Nord, et portant les signes distinctifs de l'ordre.

Bélouga

Huso huso

C'est l'espèce la plus grande de la famille. Le bélouga se distingue des esturgeons vrais *(Acipenser)* par la forme et la disposition de la région buccale. Le dos porte 11 à 14, les flancs 40 à 52, le ventre 9 à 11 boucliers osseux. La coloration est gris-noir, brun-noir à brun-vert sur le dos, le ventre est blanc, parfois crème, les boucliers osseux sont jaunâtres.
Le bélouga a une croissance rapide : il lui faut en moyenne 10 ans pour atteindre une longueur d'un mètre. Il a une durée de vie qui peut atteindre 100 ans. Ce sont d'abord les mâles, à 10 ans, puis les femelles, à 15 ans, qui parviennent à l'âge adulte. Le bélouga est un poisson anadrome qui remonte pour frayer le cours des fleuves (Danube, Don, Volga). La fraie a lieu en mai, et la fécondité est immense par rapport à la taille : une femelle peut pondre plusieurs millions d'oeufs. A une température de 13 °C l'incubation dure 8 jours. Les alevins se nourrissent d'invertébrés benthiques et passent progressivement à une nourriture composée de poissons. On a même découvert dans le contenu stomacal de gros individus des restes de jeunes phoques *(Phoca caspica)*.
Hormis la période de fraie, le bélouga vit dans la mer où il trouve une nourriture suffisante. Il existe des populations qui entreprennent la migration reproductrice dès l'automne (race « d'automne ») et passent l'hiver dans les fleuves, et d'autres qui migrent au début du printemps (race « de printemps »). L'importance économique du bélouga est de premier plan, mais les prises sont de moins en moins nombreuses du fait d'une surexploitation de l'effectif maternel. La chair, grasse, est de goût délicieux ; les oeufs fournissent le caviar.

Longueur : 5–8 m, généralement pas plus de 2,5 m.
D : 62–75, A : 28–42.
Poids : jusqu'à 1500 kg, le plus souvent 150–200 kg ou même moins.
Fécondité : 360 000–7 700 000 oeufs.
Distribution : mer Noire, Caspienne, mer d'Azov, Adriatique et leurs affluents.

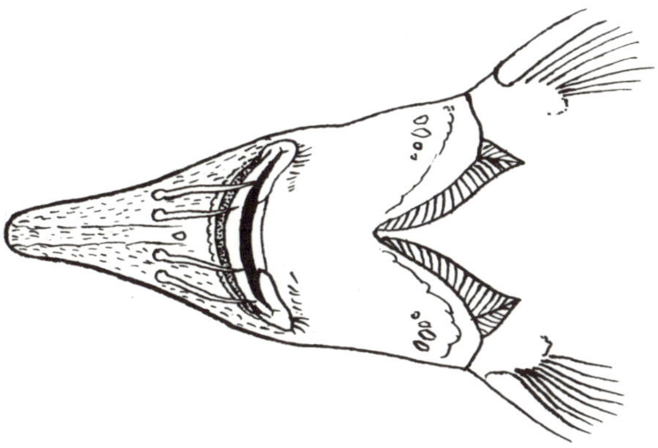

Dessous de la tête, permettant de voir la grosse bouche fendue en demi-cercle et quatre barbillons lisses, relativement longs, aplatis et atteignant la lèvre supérieure. Le bord inférieur des opercules est soudé en une sorte de repli.

Esturgeon

Acipenser sturio

Le genre *Acipenser* comprend au total 16 espèces eurasiatiques et nord-américaines. Les esturgeons vrais se distinguent du bélouga par la forme de la bouche, les barbillons cylindriques, mais aussi par le fait que le bord inférieur des opercules n'est pas ici ventralement soudé en un repli transversal. L'esturgeon a un museau allongé, les barbillons sont implantés plus près de la bouche que de son extrémité. La lèvre inférieure est fendue. Le premier rayon des pectorales est renforcé. Le dos porte 9 à 13 scutelles, les flancs 24 à 44, et le ventre 9 à 11 scutelles.
La face dorsale est gris-vert à gris-brun, le ventre clair, les scutelles blanc sale, les nageoires brunâtres.
L'esturgeon vivait à l'origine sur tout le littoral européen et le long des côtes est de l'Amérique du Nord. Actuellement, ses prises en Europe occidentale sont exceptionnelles. Il ne remonte plus du tout le Rhin ni l'Elbe et il est rare aussi dans la mer Noire et dans les fleuves qui s'y jettent.
L'esturgeon compte parmi les plus gros représentants de sa famille. Sa croissance est relativement rapide, les sujets de 10 ans atteignent déjà 1,5 m. La maturité sexuelle survient à 7–9 ans chez les mâles, à 8–14 ans chez les femelles. L'esturgeon est un poisson migrateur qui ne vit en eau douce qu'au moment de la fraie. Sa fécondité est remarquable, de l'ordre de 1 à 2 millions d'oeufs par ponte. Les alevins se nourrissent d'invertébrés vivant sur le fond ; les adultes sont prédateurs, mais ramassent également des mollusques, des vers polychètes ou des crabes. Dans les mers, l'esturgeon vit probablement au-dessus des fonds sableux ou argileux. Il ne remonte pas aussi haut pour frayer que, par exemple, le bélouga.
Actuellement, les effectifs d'esturgeons sont tellement bas que leur intérêt économique est minime. On peut incriminer à la fois la surexploitation des populations, mais aussi la liquidation ou la pollution des frayères et les constructions de barrages ou d'autres ouvrages hydrauliques.

Longueur : jusqu'à 350 cm.
D : 31–47 ; A : 21–34.
Poids : jusqu'à 300 kg.
Fécondité : 800 000 à 2 400 000 oeufs.

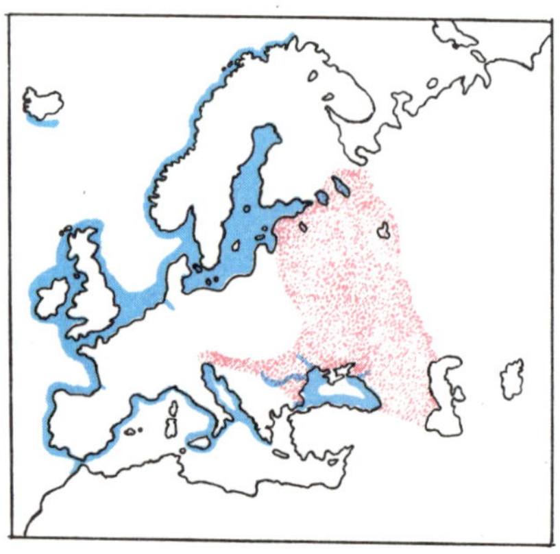

Distribution de *A. sturio* (en bleu) et de *A. ruthenus* (en rouge).

Espèce voisine *A. gueldenstaedti* vivant dans la mer Noire et dans la Caspienne. Cet esturgeon ne dépasse pas 2,5 m de longueur avec un poids maximal de 100 kg. Le rostre est particulièrement court, les barbillons sont lisses. Avant la Seconde Guerre mondiale, les prises atteignaient 9000 tonnes par an, elles sont minimes à notre époque.

Esturgeon étoilé

Acipenser stellatus

Cet esturgeon se caractérise par un museau très allongé et mince, mesurant 62 à 65 % de la longueur de la tête. La lèvre inférieure est fendue. Les barbillons lisses sont situés comme chez l'esturgeon commun plus près de la lèvre supérieure que de l'extrémité du museau. Entre les scutelles couvrant les flancs, on voit de petites plaquettes étoilées. On compte 11 à 14 scutelles dorsales, 30 à 36 latérales, 10 à 11 ventrales. La coloration est brun-noir sur le dos et les flancs au-dessus de la ligne latérale, le ventre est clair.

L'esturgeon étoilé mesure 1 m aux environs de sa dixième année et parvienn à sa maturité sexuelle entre 10 et 15 ans. Comme chez le bélouga, on trouve des populations de printemps qui remontent les fleuves de mars à juin et des races d'automne qui remontent en octobre et novembre. La race d'automne passe l'hiver dans les eaux du fleuve et fraie au printemps de l'année suivante. Les oeufs pondus sont collés sur des pierres. A 20 °C (température de l'eau), ils éclosent au bout de 5 jours. L'esturgeon étoilé se nourrit d'invertébrés et de poissons.

Comme les espèces précédentes, l'esturgeon étoilé est tributaire du milieu marin et ne se hasarde en eau douce qu'au moment de la fraie. Les alevins restent dans les rivières pendant 2 à 3 mois et passent ensuite un certain temps dans leur embouchure. L'esturgeon étoilé semble vivre dans les mêmes milieux que l'esturgeon commun.

C'est l'un des esturgeons les plus commercialisés, mais les captures sont de moins en moins nombreuses. Dans les années de l'après-guerre, on a entrepris des mesures de protection des frayères et des jeunes spécimens. L'esturgeon étoilé a été également acclimaté dans les eaux tributaires de la mer d'Aral.

Longueur : jusqu'à 220 cm, en moyenne 100–150 cm.
D : 38–49 ; A : 20–30.
Poids : 15–25 kg, maximum 70 kg.
Fécondité : 20 000–360 000 oeufs.
Distribution : eaux tributaires de la mer Noire et de la Caspienne.

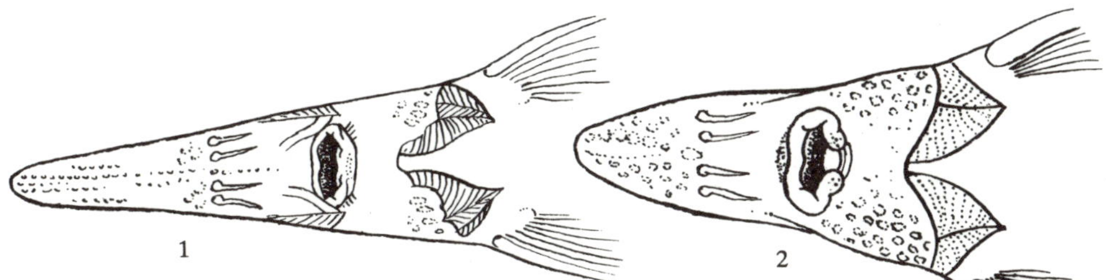

Face inférieure de la tête de *A. stellatus* avec son museau allongé (2) et de *A. sturio* dont le museau est plus large (1).

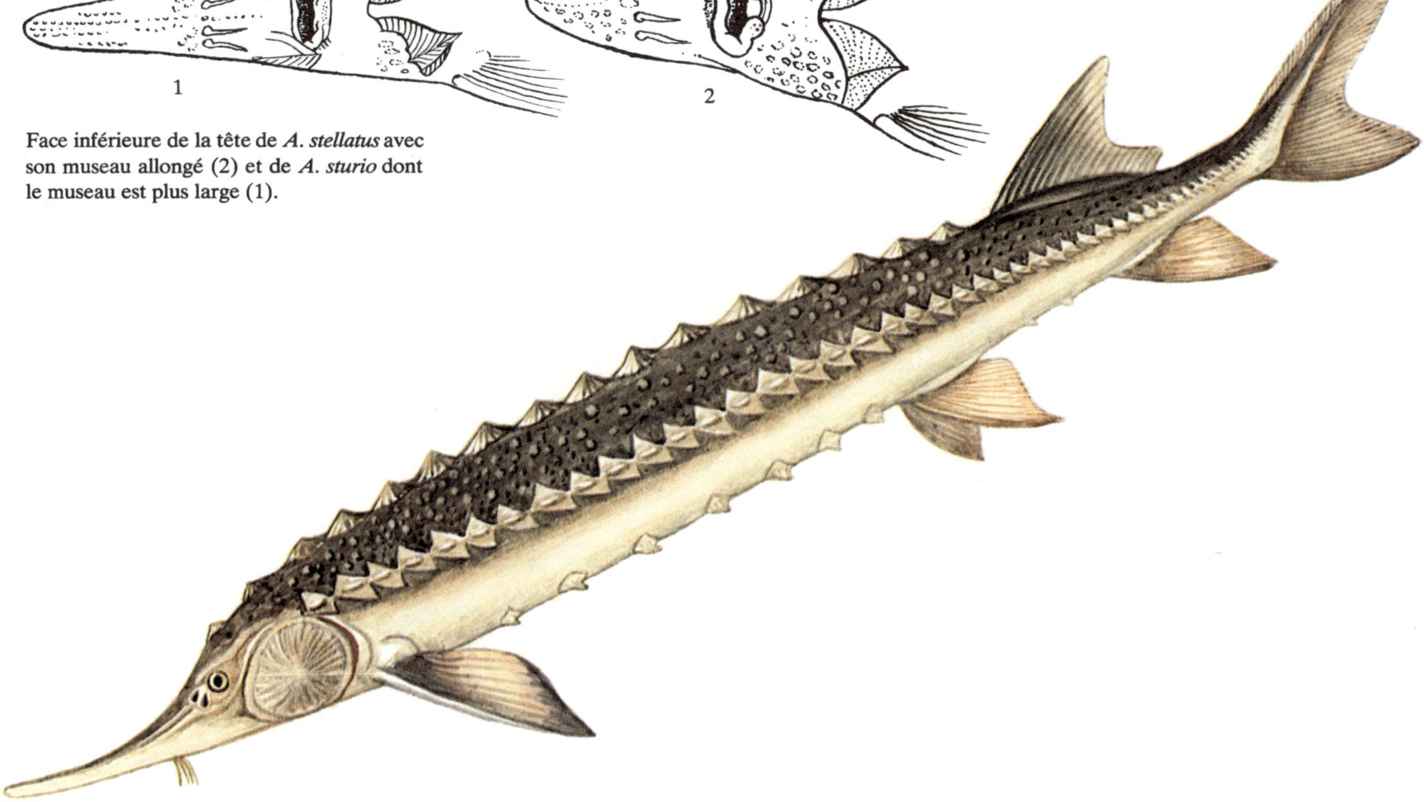

Sterlet

Acipenser ruthenus

Le sterlet est le plus petit de tous les esturgeons. Les plaquettes osseuses sont elles aussi petites, au nombre de 58 à 71 sur les flancs, 12 à 14 sur le dos, 12 à 16 sur le ventre. La lèvre inférieure est fendue comme chez les deux espèces précédentes (seul le glatdick, *Acipenser nudiventris,* a une lèvre inférieure entière).
Le dos est gris-vert sombre, parfois avec des reflets brun-rose ; le ventre clair, un peu jaunâtre. Les scutelles latérales sont claires ; chez les jeunes individus, on a l'impression que le milieu du flanc est barré par une ligne blanche. Le sterlet vit en permanence en eau douce.
Il atteint une longueur de 0,5 m vers 8 à 10 ans d'âge. Les mâles deviennent adultes à 4–5 ans, les femelles à 5–9 ans. Le sterlet fraie généralement en mai sur un fond pierreux. Les alevins vivent dans le lit de la rivière et se nourrissent de larves aquatiques ou d'insectes tombés dans l'eau. Les gros spécimens peuvent manger de petits poissons. Ils se tiennent vers le milieu des grandes rivières et s'approchent des bords pendant la nuit : on peut alors les prendre au filet. Les reproducteurs remontent les rivières pour frayer en choisissant soigneusement un lieu propice.
Le sterlet est un poisson précieux, mais ses populations diminuent depuis quelques années, pour les mêmes raisons que celles des autres esturgeons : pêche inconsidérée des jeunes sujets, pollution des rivières y compris des frayères. Comme les autres espèces d'esturgeons, le sterlet s'hybride avec ses cousins. Les hybrides de sterlets présentent l'intérêt de vivre de façon permanente en eau douce et ils peuvent servir au peuplement de lacs de barrage ou de grands étangs.

Longueur : jusqu'à 120 cm, généralement 50–60 cm.
D : 38–49 ; A : 11–18.
Poids : 2–3 kg, maximum 19 kg.
Fécondité : 11 000–140 000 oeufs.
Distribution : fleuves affluents de la Caspienne et de la mer Noire ; Dvina du Nord, Ob, et rivières se jettant dans le lac Onéga et le lac Ladoga.

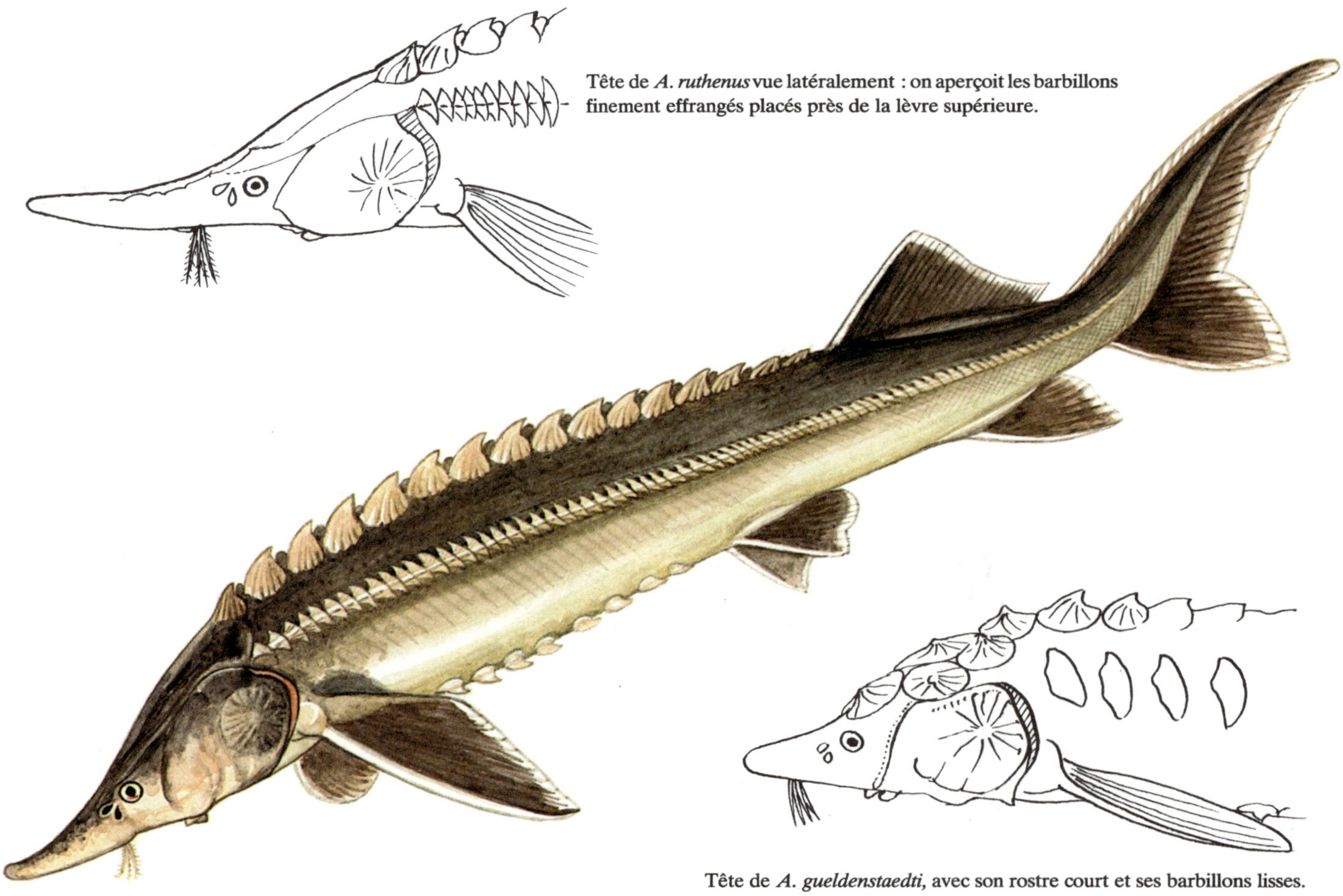

Tête de *A. ruthenus* vue latéralement : on aperçoit les barbillons finement effrangés placés près de la lèvre supérieure.

Tête de *A. gueldenstaedti,* avec son rostre court et ses barbillons lisses.

Les poissons osseux (super-ordre des TELEOSTEI) constituent le plus vaste groupe de poissons et même de chordés. La nageoire caudale est homocerque, le squelette est formé par un tissu osseux, les vertèbres sont bien développées. Les écailles sont en forme de minces plaquettes osseuses. L'ordre des CLUPEIFORMES comprend des poissons relativement primitifs, surtout pélagiques. Leur vessie gazeuse communique avec le tube digestif. L'ordre comprend une vingtaine de familles. Celle des CLUPEIDAE se compose de poissons marins et migrateurs d'une grande importance économique, reconnaissables à leur bouche terminale et à leur longue nageoire anale. Ils vivent en bancs et se nourrissent de plancton.

Hareng

Clupea harengus

Le hareng se reconnaît à son corps latéralement comprimé et à son ventre arrondi (à la différence du genre *Alosa*). La mâchoire inférieure est proéminente, la lèvre supérieure est entière. La base de la nageoire caudale ne porte pas d'écailles.

Le dos est sombre avec un reflet vert et bleuté, les flancs plus clairs, le ventre blanc argenté. Les opercules et les flancs peuvent présenter des reflets dorés.

Les harengs s'approchent des côtes pour frayer (les principales frayères se situent près des côtes de Norvège). La fraie a lieu de mars à avril. Les oeufs sont alors pondus sur un support sableux ou argileux à une profondeur de 130–250 m et une température de 4–7 °C. L'incubation dure 2 à 3 semaines. Après la fraie, les adultes retournent vers le large. Les oeufs et les alevins sont pélagiques et les courants marins les emportent loin des lieux d'éclosion. A l'automne de la première saison, les harengs, qui mesurent alors 4 à 6 cm, reviennent vers les côtes. A côté des harengs qui fraient au printemps, il existe aussi des races d'automne qui fraient loin des côtes sur les hauts-fonds. Le hareng atteint l'âge de 25 ans. C'est l'une des espèces commerciales les plus importantes. Les prises atteignaient en moyenne 1,3 à 2 millions de tonnes, mais elles ont accusé une chute vertigineuse depuis quelques années.

Longueur : jusqu'à 45 cm.
D : 16–22 ; A : 13–20 ; l.l. 60–70.
Poids : jusqu'à 0,7 kg.
Fécondité : 10 000–100 000 oeufs.
Distribution : partie septentrionale de l'Atlantique, partiellement eaux arctiques adjacentes. Côtes européennes jusqu'au golfe de Gascogne, côtes du Groenland méridional et du Labrador, à 40° de latitude Nord. Nord de l'océan Pacifique.

On connaît un grand nombre de formes locales de harengs, comme la sous-espèce *C. harengus pallasi* qui vit à l'est de la mer Blanche et au nord-est du Pacifique.

Sprat

Sprattus sprattus

Le sprat est un petit poisson pélagique, proche parent du hareng, dont il se distingue surtout par ses écailles aiguës et son ventre comprimé. Il vit près des côtes européennes depuis les îles Lofoten jusqu'à Gibraltar ainsi qu'en Méditerranée et dans la mer Noire. Il se tient la plupart du temps dans la zone côtière et se plaît dans les eaux saumâtres aux abords des embouchures. Dans la mer Noire, on le trouve aussi au large. Ce sont surtout les gros sujets qui s'éloignent des côtes.

Le dos du sprat est bleu métallique à verdâtre, les flancs et le ventre sont surtout blanc argenté par endroits avec un reflet jaune.

Le sprat est un poisson à la vie courte qui forme de vastes bancs. Les individus vivent au maximum 6 ans, le plus souvent 4 ans seulement et les bancs sont généralement formés d'animaux de taille comparable. La maturité sexuelle survient dès la deuxième année de vie. L'époque de la fraie est longue : en mer du Nord par exemple de janvier à juillet, en mer Noire avec des pointes au début de l'été et en octobre. La ponte intervient en plusieurs épisodes : les poissons pondent 8 à 10 fois en quelques jours. Le sprat se nourrit de plancton organique, les gros sujets consomment les alevins d'autres espèces.

L'intérêt commercial du sprat, qui fait l'objet d'une pêche industrielle, est considérable. Certaines années, on prend jusqu'à 800 000 tonnes de poisson, les plus gros exploitants étant le Danemark, la Norvège et l'U.R.S.S. La chair n'a rien de particulièrement intéressant à l'état frais, mais son goût s'améliore par salaison ou marinage. Mais ce sont surtout les sprats fumés qui constituent un mets fort apprécié.

Longueur : 13–16 cm, exceptionnellement jusqu'à 18 cm.
D : 15–19 ; A : 17–23 ; l.l. : 45–50.
Poids : 50 g, exceptionnellement 60–70 g.
Fécondité : 6000–40 000 oeufs.
Synonyme : *Clupea sprattus.*

Distribution de l'espèce *Sprattus sprattus,* montrant son affinité pour les eaux de faible profondeur. Le sprat vit aussi en eau saumâtre. Dans la Baltique, il existe une sous-espèce indépendante, *S. sprattus balticus.*

Grande alose

Alosa alosa

Le genre *Alosa* se distingue du reste de la famille par la présence de deux écailles allongées situées à la base de la nageoire caudale. La mâchoire supérieure est profondément échancrée en forme de bec-de-lièvre. La grande alose a un corps haut, latéralement comprimé, avec un abdomen en carène aiguë. On peut reconnaître les différentes espèces d'aloses au nombre de branchiospines. Celles-ci sont longues et fines, plus longues que les lamelles branchiales, et servent comme chez les autres clupéidés au filtrage du plancton.

Le dos de l'alose est bleu-vert foncé, les flancs argentés, parfois légèrement dorés. On remarque une grande tache sombre au bord des opercules. Les flancs portent eux aussi plusieurs taches sombre, surtout apparentes chez les poissons morts.

La grande alose est une espèce anadrome, remontant le cours des fleuves pour frayer. La fraie a lieu habituellement en mai, en eau à courant puissant, sur un fond sableux ou pierreux. Les reproducteurs retournent à la mer après la ponte, les alevins restent en eau douce jusqu'à l'automne, puis se laissent emporter par le courant jusqu'à la mer. La grande alose se nourrit de zooplancton marin ; dans l'embouchure des grands fleuves, elle chasse différents crustacés d'eau saumâtre. Les gros sujets s'attaquent probablement même à de petits poissons.

La chair de l'alose est très appréciée. On la pêchait régulièrement dans les rivières françaises et dans le Rhin, mais les prises sont tombées à un niveau très bas, avant même la Seconde Guerre mondiale, du fait de la surexploitation, de la pollution des fleuves et de la disparition de frayères adéquates.

Longueur : jusqu'à 75 cm, généralement 30–40 cm.
D : IV–V/13–17 ; A : III/17–22 ; l.l. : 70–87 ; branchiospines : 88–130.
Poids : 0,7–1,5 kg, maximum 3 kg.
Fécondité : 250 000–350 000 oeufs.
Synonyme : *Clupea alosa.*

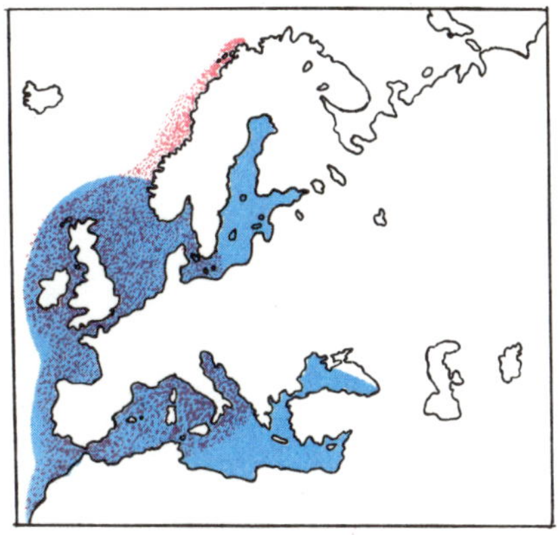

Distribution de *A. fallax* (en bleu) et de *A. alosa* (en rouge).

L'espèce voisine *A. sapidissima* vit près des côtes atlantiques et pacifiques nord-américaines. Elle atteint 70 cm de longueur, le plus souvent 30–50 cm, et un poids de 3–4 kg. Les prises sont tombées à 3–5000 tonnes par an. La chair est très agréable, les oeufs servent à la fabrication de succédané de caviar.

Alose finte

Alosa fallax

L'alose finte ressemble à la grande alose par son corps latéralement comprimé, mais s'en distingue par ses branchiospines à la fois moins nombreuses, courtes et épaisses, ainsi que par le nombre plus réduit d'écailles sur la ligne latérale. Comme chez les autres clupéidés, les écailles se détachent aisément.

La coloration de l'alose finte rappelle celle de la grande alose, mais les taches sombres sur les flancs sont ici plus lumineuses.

La croissance est relativement rapide, et le poisson mesure 40 cm au bout de 5 ans. C'est une espèce migratrice qui fraie en eau douce, un mois plus tard environ que la grande alose. Les mâles sont adultes à 2–3 ans, les femelles à 4–5 ans. L'alose finte ne remonte pas les rivières aussi loin que la grande alose qui remontait jadis le Rhin sur 500 à 700 km. Les adultes cessent de se nourrir durant le voyage et parcourent environ 5 km par jour pendant 20 à 40 jours, soit environ 100 à 120 km au total. A 19 °C, les embryons se développent en 4 à 5 jours. A l'automne, les jeunes se laissent emporter par le courant jusqu'à l'embouchure du fleuve où ils passent l'hiver, avant de se diriger vers le large où ils atteignent l'âge adulte. L'alose finte se nourrit de zooplancton, à l'âge adulte également de petits poissons.

Les populations sont trop faibles pour que le poisson ait actuellement une importance économique quelconque. En comparaison de la grande alose, la chair de la finte est très sèche et maigre. On la prend parfois à la ligne.

Longueur : jusqu'à 55 cm, moyenne 25–40 cm.
D : IV–V/14–16 ; A : III/17–23 ; l.l. : 60–70 ; branchiospines : 40–65.
Poids : jusqu'à 1,5 kg.
Fécondité : 140 000–180 000 oeufs.
Distribution : côtes européennes de l'Atlantique, de la Scandinavie du Sud jusqu'à la péninsule Ibérique ; Baltique, Méditerranée.
Synonymes : *Clupea fallax, Clupea finta.*

A. aestivalis est une espèce voisine vivant près des côtes occidentales de l'Atlantique, de la Floride jusqu'à la Nouvelle-Ecosse. Elle atteint au maximum 35 cm, en moyenne 25–30 cm. Les flancs portent plusieurs rangées de menues taches sombres.

Hareng de Kessler

Alosa kessleri

On met parfois en marge du genre *Alosa,* pour en faire un genre indépendant *Caspialosa,* 7 espèces de harengs vivant dans la mer Noire, dans la mer d'Azov et dans la Caspienne. C'est justement le cas du hareng de Kessler dont on connaît deux sous-espèces, l'une vivant en mer Noire *(A. kessleri pontica)* et l'autre dans la Caspienne *(A. kessleri kessleri).* Ces sous-espèces diffèrent par le nombre de branchiospines, par la forme et la taille des dents. Ici, les branchiospines sont fortes, légèrement plus courtes que les lamelles branchiales. Les dents des deux mâchoires sont bien développées.

Le dos, la tête, les nageoires dorsales et pectorales sont noirs, violet foncé au printemps. En arrière de l'opercule on trouve habituellement une tache sombre, les flancs sont eux aussi parsemés de taches. Le ventre est clair.

La sous-espèce de la Caspienne remonte les eaux tributaires de cette mer pour la fraie. En comparaison des autres harengs de la Caspienne, elle grossit rapidement et atteint 36 cm vers la quatrième année, 45 cm environ vers la sixième année. La fraie se poursuit de mai à août, mais la migration potamotoque commence dès mars et avril. Elle dure 10 à 20 jours à une vitesse quotidienne de 30 à 35 km. La fraie s'opère dans l'après-midi et la soirée. Le développement embryonnaire prend 2 jours environ à 20 °C. Les alevins restent dans le fleuve pendant 1 à 2 mois, puis se laissent dériver vers la mer. La maturité sexuelle se produit dans la cinquième année de vie.

Malgré une chute des prises, le hareng de Kessler conserve son importance économique. On le pêche surtout lors des migrations de la fraie dans le delta de la Volga. C'est le meilleur des harengs de la Caspienne par la qualité de sa chair.

Longueur : jusqu'à 52 cm, moyenne 20–40 cm.
D : III–IV/12–16 ; A : III/16–20 ; l.l. : 52–58 ; branchiospines : 59–92.
Poids : jusqu'à 1,8 kg.
Fécondité : 135 000–218 000 oeufs.
Distribution : mer Noire et mer Caspienne.
Synonyme : *Caspialosa kessleri.*

Les adultes se nourrissent de petits poissons *(Clupeonella* – 1*),* les jeunes chassent les particules de plancton d'une certaine taille comme les Cladocères prédateurs du genre *Leptodora* (2).

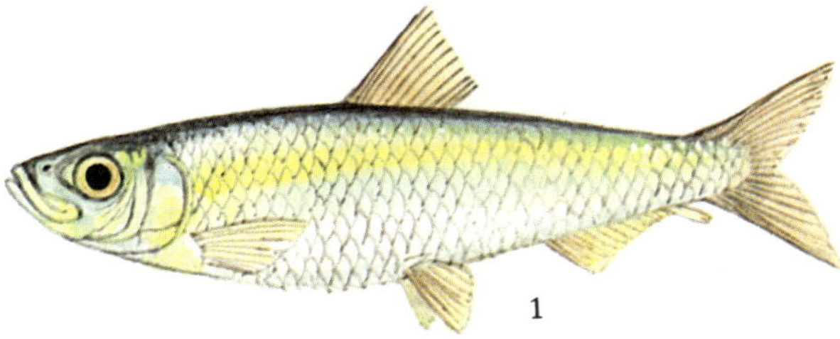

1

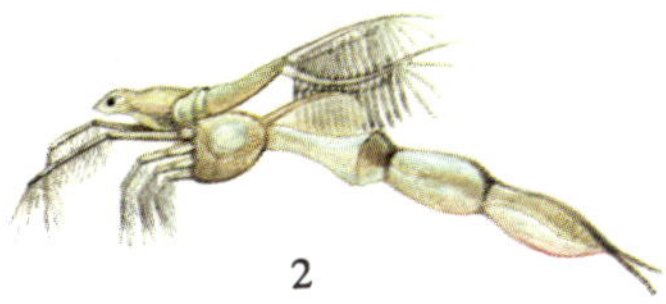

2

Hareng de la Caspienne, puzanok *Alosa caspia*

A la différence de l'espèce précédente, celle-ci possède des branchiospines minces et fines, habituellement 1,5 fois plus longues que les lamelles branchiales. Le corps est haut, comprimé, avec un court pédoncule caudal et de longues pectorales.
Le dos est foncé, avec un reflet bleu-vert. On trouve souvent une tache sombre en arrière de l'opercule, mais pas de taches sur les flancs. Le ventre est clair. On trouve ici aussi plusieurs sous-espèces.
Le hareng de la Caspienne est nettement plus petit que le hareng de Kessler. Il atteint 20 cm dans sa troisième année. C'est une espèce anadrome. La fraie commence à la fin d'avril et se prolonge jusqu'en juin. Dans le Danube, cette espèce s'avance parfois jusqu'aux Portes de Fer, mais la plupart des poissons ne dépassent pas le delta. Dans la Caspienne, la migration commence dans la seconde moitié d'avril à une température de 7−10 °C, une partie de la population reproductrice reste en arrière et ne commence sa migration qu'en mai à une température de l'eau de 10−15 °C. La fraie elle-même se déroule dans la Volga par exemple aux environs de 20 °C et se prolonge pendant 2 à 3 jours. Les alevins restent un certain temps dans les frayères, puis se laissent emporter par le courant jusqu'à la mer où ils achèvent leur développement. Les poissons parviennent à l'âge adulte dans la deuxième année de leur vie. Le hareng de la Caspienne se nourrit surtout de crustacés du plancton, mais aussi d'algues et de plantes aquatiques. Il constitue à son tour une part importante de l'alimentation des poissons prédateurs.
L'importance économique des différentes sous-espèces est assez faible. C'est encore la sous-espèce de la Caspienne qui serait la plus pêchée : avant-guerre les prises annuelles s'élevaient à 40 000 t, dans les années soixante, à 32 000 tonnes. Actuellement, on en est à 10 000−20 000 tonnes par an.

Longueur : jusqu'à 23 cm, moyenne 20 cm environ.
D : III−IV/13−15 ; A : III/16−21 ; l.l. : 48−56 ; branchiospines : 68−135.
Poids : jusqu'à 110 g.
Fécondité : 12 000−40 000 oeufs.
Distribution : mer Noire, mer d'Azov et la Caspienne.
Synonyme : *Caspialosa caspia.*

1

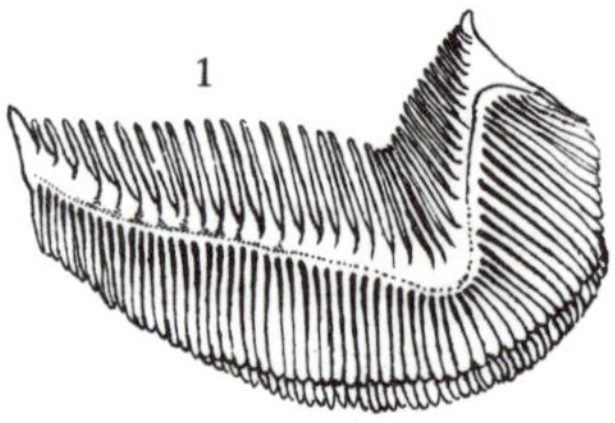

Comparons les arcs branchiaux porteurs des branchiospines qui permettent de filtrer la nourriture chez deux espèces voisines du genre *Alosa* : chez *A. fallax,* les branchiospines sont épaisses et grossières (1), tandis qu'elles sont minces et fines chez l'espèce *A. caspia* (2).

2

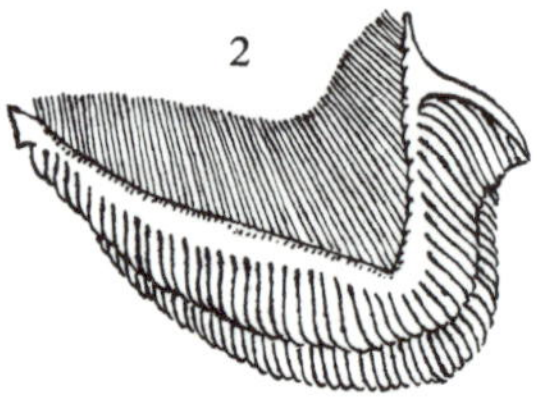

Kilka

Clupeonella delicatula

C'est un poisson au corps allongé, latéralement comprimé. Le ventre caréné porte des écailles bien développées. La tête est large et allongée, les yeux sont relativement grands.
Le dos et le dessus de la tête sont gris-vert à bleu-vert, les flancs et le ventre blanc argenté à doré. Les nageoires dorsale et caudale sont grises, les autres sont de couleur claire.
C'est un petit poisson mesurant 4 à 6 cm dans sa première année, 11 cm à quatre ans. La fraie a lieu d'avril à juin, dans une eau à 5–24 °C, avec une pointe en mai. A la fin de juillet, tous les reproducteurs ont fini de frayer. Lorsque la ponte a lieu en rivière, les alevins sont progressivement emportés par le courant jusqu'à la mer. La ponte est fractionnée, avec quelques jours d'interruption. A 10 °C le développement dure environ 5 jours, à 14 °C seulement 3 jours, à 22 °C un seul jour. Le jeunes vivent dans la mer d'Azov ou dans l'embouchure des fleuves. Les adultes se nourrissent de zooplancton, les alevins plutôt de phytoplancton.
C'est une espèce euryhaline : elle vit et se multiplie en eau douce ou salée jusqu'à 1,3 %. Elle peut rester en permanence en eau douce. C'est la plus forte consommatrice de plancton de la mer d'Azov et elle forme une grande composante de la nourriture des prédateurs.
Malgré sa petite taille, elle a une importance économique certaine : c'est l'une des principales espèces pêchées dans la mer d'Azov.

Longueur : jusqu'à 15 cm, moyenne 10 cm.
D : III–IV/11–13 ; A : III/14–18 ; branchiospines : 49–62.
Fécondité : 5000–20 000 oeufs.
Distribution : mer d'Azov, Caspienne, sud-ouest de la mer Noire aux eaux adoucies, cours inférieur des fleuves voisins.

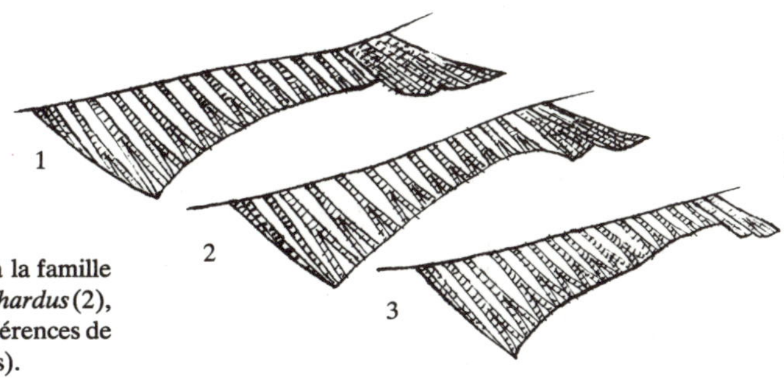

Nageoire anale chez trois espèces appartenant à la famille des Clupéidés : *Sardinella aurita* (1), *Sardina pilchardus* (2), *Clupeonella delicatula* (3). On remarque des différences de taille et de forme (les deux derniers rayons mous).

Sardine

Sardina pilchardus

Le nom de sardine recouvre dans de nombreuses langues plusieurs espèces appartenant aux genres voisins *Sardina, Sardinops* et *Sardinella,* caractérisées par leurs grosses écailles s'avançant jusqu'à la nageoire caudale, où elles forment deux ailettes latérales. La nageoire dorsale prend naissance dans une sorte de sillon formé par les écailles qui recouvrent presque entièrement son extrémité postérieure. Un autre caractère typique des sardines est l'allongement des deux rayons de la nageoire anale et la présence de paupières adipeuses à l'avant et à l'arrière de l'oeil.
Le genre *Sardina* ne comprend qu'une seule espèce. Les écailles qui recouvrent la sardine sont grandes et caduques et recouvrent d'autres petites écailles.
Le dos est bleu-vert, les flancs ont un reflet doré, la face ventrale est blanc argenté. L'opercule porte une tache noire suivie de plusieurs autres taches sur le corps.
La sardine forme de vastes bancs dans les couches supérieures des eaux côtières à une température de 10–20 °C. Elle se nourrit de zooplancton, dans sa jeunesse de phytoplancton, sans dédaigner les oeufs pélagiques d'autres poissons. Elle fraie au large, à une température de 10–18 °C, à différentes époques selon les localités. Les alevins retournent vers les côtes où ils passent le début de leur vie, puis retournent vers la pleine mer à l'entrée de l'hiver. Les bancs reviennent vers les côtes au printemps à la recherche de nourriture. Les reproducteurs deviennent adultes à 2 ans, la durée moyenne de vie est de 14 ans.
Les prises totales des dernières années se chiffrent à 700 000–1 000 000 tonnes par an environ. Les poissons pêchés sont âgés de 2,5 à 4,5 ans. On emploie de vastes filets maillants et dérivants mais aussi un type de filet circulaire particulier, la boliche. Les poissons sont attirés vers les filets avec de la rogue de morue (oeufs conservés dans de la saumure). En Italie et en Yougoslavie, ils sont attirés à la lumière de lampes à acétylène.

Longueur : 20–25 cm, maximum 30 cm.
Poids : 0,3–0,5 kg.
Fécondité : 50 000–80 000 oeufs.
D : III–IV/13–16 ; A : III/13–17 ; branchiospines : 70–98.
Distribution : de la partie méridionale de la mer du Nord jusqu'aux côtes nord-ouest de l'Afrique, Méditerranée, mer Noire.
Synonymes : *Clupea pilchardus, Clupea sardina.*

Sur les côtes occidentales de l'Amérique du Nord on trouve une espèce voisine, *Sardinops caerulea.* Avant la Seconde Guerre mondiale on en prenait 600 000–800 000 tonnes, après celle-ci, on a assisté à une baisse catastrophique des prises qui ne se montent plus qu'à 20 000 tonnes de nos jours.

Sardinelle, allache *Sardinella aurita*

Le genre *Sardinella* vit surtout dans les eaux tropicales, hormis la sardinelle qui pénètre jusqu'à la zone tempérée. Elle se distingue des autres espèces par son corps bas, de section arrondie, par le nombre plus important de rayons dans les nageoires anales et généralement aussi par la présence d'une tache sombre sur le haut de l'opercule. Elle se différencie des sardines des genres *Sardinops* et *Sardina* par l'absence des taches sombres sur le corps, en arrière de l'opercule qui ne porte pas de stries radiales.

La face dorsale est bleu métallique, les flancs dorés, le ventre blanchâtre.

La sardinelle forme habituellement des bancs populeux à des profondeurs jusqu'à 150 m, à des températures allant de 15 à 30 °C, et à une salinité au moins égale à 3,4 %. Les individus ont une vie moyenne de six ans. En Méditerranée, elle fraie dans la zone côtière de juin à septembre, dès l'âge de deux ans. Les bancs restent en profondeur pendant la journée et remontent à la surface la nuit. Leur mouvement fait un bruit qui rappelle le chuchotement de la pluie et leur plongée soudaine s'accompagne de la remontée à la surface de milliers de petites bulles d'air. Les sardinelles se nourrissent de zooplancton et de phytoplancton.

Les prises annuelles de sardinelles représentent 300 000–800 000 tonnes. Elles servent à la fabrication de farine de poisson et sont utilisées en conserverie. Voici les différentes étapes de la préparation des sardines à l'huile classiques : les poissons sont d'abord débarrassés de la tête et des entrailles, lavés, puis placés pendant environ 2 heures dans une saumure concentrée. Après un nouveau lavage, ils sont séchés, plongés pendant deux minutes dans de l'huile bouillante, avant d'être placés dans des boîtes que l'on remplit avec une huile fraîche. Les conserves fermées sont stérilisées 2 heures à 115 °C.

Longueur : 25–30 cm, rarement jusqu'à 38 cm.
Poids : jusqu'à 0,58 kg.
Fécondité : 10 000–110 000 oeufs.
D : III–IV/14–16 ; A : III/13–15 ; branchiospines 201–228.
Distribution : Pacifique occidental, du sud du Japon jusqu'à l'Indonésie ; Atlantique, côtes américaines du cap Cod jusqu'à Rio de Janeiro, et littoral occidental de l'Afrique ; Méditerranée et mer Noire ; rarement aussi golfe de Gascogne.
Synonyme : *Clupea aurita*.

Sardinops sagax est une espèce importante vivant sur le littoral pacifique du Canada et des Etats-Unis. Avant la Seconde Guerre mondiale ses prises se chiffraient à quelque 700 000 tonnes par an, actuellement, elles sont tombées à 20 000–50 000 tonnes par an.

La famille ENGRAULIDAE comprend de petits poissons aux mâchoires allongées, aux écailles de grandes dimensions. Ils vivent en bancs et il en existe environ treize genres dans les mers tropicales et subtropicales.

Anchois

Engraulis encrasicholus

L'anchois a un corps étiré en longueur, un ventre arrondi sans carène. Le dos est vert, bleu sombre à noir, les flancs brillants et argentés, le ventre blanc argenté. Les opercules présentent un léger reflet doré. La coloration des différentes sous-espèces est très variable.
L'anchois occupe une vaste aire de distribution sur laquelle il forme nombre de sous-espèces. La forme typique vit dans l'Atlantique *(E. encrasicholus encrasicholus),* d'autres sous-espèces peuplent la Méditerranée, la mer Noire, la mer d'Azov.
C'est un petit poisson qui atteint l'âge adulte dès la fin de la première année de vie, avec une longueur de 7–8 cm. A quatre ans, les individus mesurent 12–14 cm. La fraie se prolonge de mai à septembre et la ponte est fractionnée. Le développement embryonnaire dure 24 à 48 h à une température de 18 °C. Les adultes fraient deux à trois fois au cours de leur vie. Les larves et les oeufs sont pélagiques.
L'anchois se nourrit de menues particules de phyto- et zooplancton, qu'il consomme intensivement surtout pendant la saison végétative. Lors des migrations de printemps et d'automne, où il se rapproche puis s'éloigne du littoral, il consomme moins de nourriture. En hiver, l'anchois se tient à une profondeur de 80–140 m. Dès que l'eau se réchauffe (au-dessus de 7–10 °C), il remonte en surface à des profondeurs de 6–10 m. Il n'a pratiquement aucun intérêt économique dans la partie nord de son aire ; dans les zones méridionales, par contre, c'est une importante espèce commerciale.

Longueur : jusqu'à 20 cm.
Poids : jusqu'à 100 g.
Fécondité : 9000–30 000 oeufs.
D : III/14–18 ; A : III/16–20 ; l.l. : 46–50.
Distribution : côtes atlantiques de la Norvège méridionale jusqu'à l'Afrique du Nord ; Méditerranée ; mer Noire ; mer d'Azov.

Une espèce voisine, l'anchoveta du Pérou *(E. ringens)* vit dans le Pacifique près de côtes sud-américaines. L'anchoveta atteint une longueur de 10 à 18 cm, au maximum 22 cm. Il détient le record absolu de toutes les prises avec plus de 13 millions de tonnes en 1970.

L'ordre des SALMONIFORMES comprend des poissons marins, migrateurs ou dulçaquicoles, caractérisés par la présence d'une nageoire adipeuse et l'absence d'oviductes. La famille des SALMONIDAE se compose de poissons d'eau douce et de poissons migrateurs de l'hémisphère Nord, tous d'un intérêt économique certain. Le corps est toujours fusiforme, la mâchoire supérieure longue arrive au niveau du bord arrière de l'oeil. Les écailles sont toutes petites. La nageoire anale est particulièrement longue.

Saumon à bosse

Oncorhynchus gorbuscha

C'est le plus petit, mais le plus important des saumons du Pacifique, appartenant au genre *Oncorhynchus.*
Les mâles en parure de noce ont une tête et un dos sombres, tandis que les flancs sont rouge clair taché de brun-vert. La forme du corps change elle aussi au moment de la pariade. Les deux mâchoires s'allongent et se recourbent, une bosse apparaît en avant de la nageoire dorsale : bosse qui donne au poisson son nom vulgaire dans de nombreuses langues et son nom spécifique qui dérive de la dénomination russe.
Le saumon à bosse vit dans le nord de l'océan Pacifique et dans l'océan Glacial Arctique. Il a été introduit dans la mer de Barents d'où il a dû passer dans l'Atlantique : un nombre important d'individus a été pris dans les eaux norvégiennes, islandaises et britanniques.
La maturité sexuelle se situe aux environs de 2–3 ans. C'est alors que le saumon à bosse s'avance au début de l'été dans les fleuves. Les femelles creusent un nid par des battements répétés du corps, puis enterrent les oeufs après la ponte. Les frayères se situent dans les zones où le courant est le plus vigoureux et l'eau la plus riche en oxygène. Après la fraie, les reproducteurs meurent. Les larves se développent au bout de 110 à 130 jours. Elles restent dans les nids jusqu'au printemps, puis les jeunes descendent vers les mers où ils se nourrissent intensivement et croissent à toute vitesse.
Les prises de saumon à bosse atteignent annuellement 150 000 à 200 000 tonnes. La chair rosée, particulièrement savoureuse, compte parmi les aliments de choix.

Longueur : 40–50, maximum 70 cm.
Poids : 2–4 kg, rarement 5–6,5 kg.
Fécondité : environ 1500 oeufs.
D : III–IV/9–12 ; A : II–IV/12–16 ; l.l. : 145–212.
Distribution : A l'origine, Pacifique et océan Glacial Arctique ; introduit dans la mer de Barents et dans l'Atlantique Nord.

Mâle de l'espèce voisine *O. keta,* au moment de la fraie. *O. keta* occupe une aire analogue à celle de *O. gorbuscha.* Il existe deux formes indépendantes : une forme de printemps et une forme d'automne, celle-ci étant à la fois plus grande et plus féconde. Elle atteint jusqu'à 1 m de longueur. Les prises se situent autour de 100 000 tonnes par an et sont surtout le fait du Japon, des Etats-Unis, de l'U.R.S.S. et du Canada.

Saumon de l'Atlantique *Salmo salar*

Le saumon de l'Atlantique se distingue de la truite par son pédoncule caudal mince et sa nageoire caudale légèrement échancrée, sa mâchoire supérieure, plus courte que chez la truite, ne dépassant pas ici l'oeil, ses branchiospines plus nombreuses sur le premier arc branchial, le nombre de dents du palais et du vomer, la longueur des rayons de la nageoire anale, enfin la coloration. Celle-ci est cependant très variable. Au moment de la fraie, des taches rouges et orangées apparaissent sur la tête et les flancs, le ventre devient rose.

Le saumon de l'Atlantique ne se multiplie qu'en eau douce. Au moment de la maturité sexuelle (vers 4 à 5 ans) les poissons remontent le cours de leur fleuve natal pour gagner les frayères situées en amont de celles de la truite *(S. trutta)*. Ils arrivent à franchir en sautant des obstacles dépassant 2 m de haut. Arrivées dans les frayères, les femelles creusent dans le substrat, par des battements violents du corps, des nids arrondis dans lesquels elles déposent leurs oeufs. La fraie se déroule habituellement d'octobre à décembre, après quoi la plupart des poissons (les mâles surtout) meurent. Certains individus peuvent néanmoins se reproduire plusieurs fois.

Les oeufs n'éclosent qu'au printemps. Les jeunes forment de petits groupes et descendent progressivement vers la mer. Certains mettent jusqu'à 3 ans pour accomplir ce parcours. Ils se nourrissent surtout de crustacés et de poissons.

Les saumons sont pêchés avec les techniques les plus diverses dans les mers et pendant les migrations vers les frayères. Leur chair est délicate et très appréciée. Dans les dernières années, les prises mondiales ont dépassé 12 000 t par an. Mais les populations de saumons sont en constante diminution du fait de leur surexploitation, de la pollution des eaux, de la construction de digues et de barrages qui font obstacle aux migrations.

Longueur : 60–100 cm, maximum jusqu'à 150 cm.
Poids : 3–15 kg, maximum 35 kg.
Fécondité : 6000–26 000 oeufs orange, mesurant 5–6 mm de diamètre.
D : III–IV/9–11 ; A : III/7–8 ; l.l. : 120–130.
Distribution : côtes européennes de l'océan Glacial Arctique et de l'Atlantique, côtes de l'Islande, du Groenland méridional, côte est nord-américaine. On les rencontre souvent aussi en pleine mer car ils entreprennent de longues migrations alimentaires.

Femelle au moment de la fraie. Coloration gris argenté, la mâchoire inférieure n'est pas crochue. C'est aussi l'aspect du mâle en dehors de la saison reproductive.

Ecaille cycloïde de saumon, montrant les saisons de croissance, délimitées en noir.

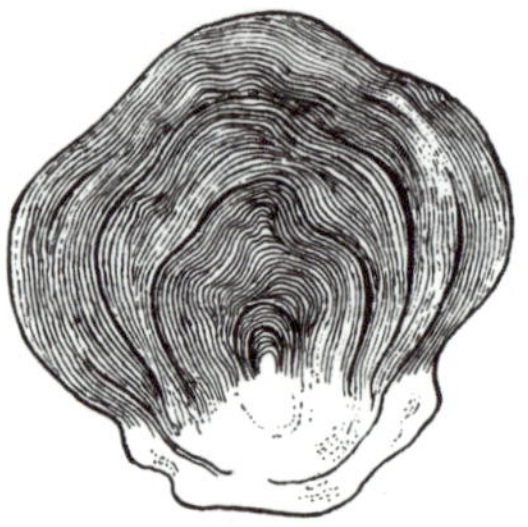

Truite commune *Salmo trutta*

Voici une truite migratrice anadrome, parvenant à la maturité sexuelle à 3–4 ans. Elle s'avance généralement dans les rivières au printemps, elle remonte le courant jusqu'au cours supérieur, où elle fraie d'octobre à janvier, en pondant dans des nids creux, préparés dans le substrat de manière analogue à celle du saumon. Les alevins se développent en eau douce et descendent progressivement les rivières jusqu'à la mer que les jeunes truitelles atteignent à la fin de la deuxième, parfois seulement au début de la quatrième année de leur vie. Les truites restent dans la zone côtière pendant un à trois ans en s'alimentant d'une manière vorace. Une fois la maturité sexuelle atteinte, elles remontent à nouveau les rivières jusqu'aux lieux de la fraie. Une partie des reproducteurs (les mâles surtout) meurt après la fraie, surtout d'épuisement car les poissons ne s'alimentent pas pendant la migration. Un nombre plus important de poissons se reproduisent pendant deux à trois saisons, parfois d'avantage.

La truite commune se reconnaît à la nageoire caudale coupée droit. La coloration est variable. Des taches rouges apparaissent sur le corps de certains individus, exceptionnellement en-dessous de la ligne latérale. La truite commune remontait jadis tous les cours d'eau de son domaine de distribution. De nos jours, la migration est souvent rendue impossible (pollution des fleuves, construction d'ouvrages infranchissables comme les barrages ou les digues) et la population ne cesse de diminuer.

La chair de la truite commune est d'excellente qualité et rappelle un peu celle du saumon. Lorsqu'on empêche ces truites de redescendre vers la mer, elles se transforment en une ou deux générations et deviennent des truites de rivière.

Longueur : 50–80 cm, maximum 110 cm.
Poids : 2–15 kg, rarement jusqu'à 25 kg.
Fécondité : 2000 à 16 000 oeufs.
D : III–IV/9–11 ; A : III/7–9 ; P : I/12–13 ; V : I/8 ; l.l. : 120–135.
Distribution : côtes nord-ouest de l'Europe, de la péninsule Ibérique jusqu'à la baie de Tchech dans la mer de Kara ; mer Noire.

1

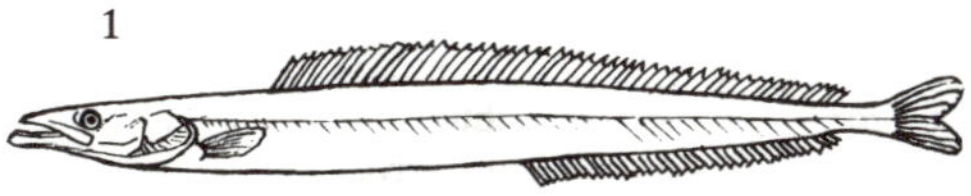

2

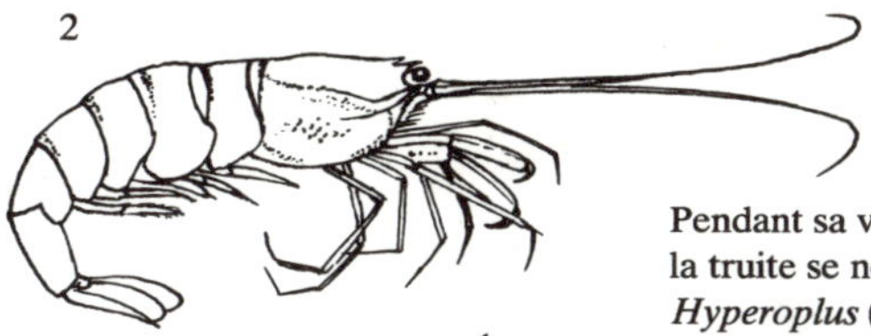

3

Pendant sa vie dans l'eau marine, la truite se nourrit surtout de *Hyperoplus* (1), *Grangon* (2) et *Clupea* (3).

La truite commune comprend une forme lacustre, *S. trutta* m. *lacustris,* qui résulte d'un séjour permanent de la forme marine ou de la forme dulçaquicole en eau non courante. La forme lacustre est plus petite que la forme marine et plus grosse que la forme de rivière. Elle s'en distingue aussi par la coloration et la forme du corps.

Truite de rivière

Salmo trutta morpha *fario*

Le corps de la truite de rivière est musculeux et adapté à la vie en eau courante. La nageoire caudale est soit coupée droit, soit légèrement échancrée. Chez les vieux mâles, la mâchoire inférieure est recourbée en crochet et la tête est plus longue que chez les femelles.

La coloration est très variable. Le dos est brun-vert à gris-vert, parfois noir jaunâtre, les flancs et le ventre sont toujours plus clairs. La tête, le dos les flancs ainsi que les nageoires dorsale et adipeuse portent des taches rouges et noires, parfois bordées de clair.

La présence de la truite de rivière est conditionnée par la température fraîche de l'eau, par sa pureté et son oxygénation. Elle se plaît surtout dans les cours d'aspect diversifié, avec une multitude d'abris, à une altitude de 1500 m. Elle est territoriale et prête à défendre son domaine, celui-ci étant dans une grande mesure délimité par la portée de sa vue. Elle se nourrit surtout de larves d'insectes aquatiques, d'insectes terrestres tombés dans l'eau, d'oeufs de poissons, de petits poissons voire de grenouilles. Elle devient sexuellement adulte à 2–4 ans, les mâles habituellement un an plus tôt que les femelles. La fraie a lieu d'octobre à janvier et les truites remontent alors vers le cours supérieur des rivières, en franchissant même des obstacles d'un mètre et demi. Les femelles creusent dans les frayères des nids arrondis dans lesquels elles déposent leurs oeufs. Le développement embryonnaire se poursuit pendant 100 à 120 jours. Actuellement, l'état des populations des rivières européennes est entretenu par des lâchers de truites d'élevage.

Parmi les poissons d'eau douce, la truite est celle qui revêt la plus grande importance économique. Sa chair exquise a de remarquables qualités diététiques. On la pêche à la ligne, à la mouche ou au lancer avec un poisson mort ou un appât artificiel.

Longueur : 40–60 cm, rarement jusqu'à 1 m.
Poids : 0,5–2 kg, parfois 10 kg et plus.
Fécondité : 2000–3000 oeufs par kg de poids de la femelle.
Distribution : cours moyen et supérieur de toutes les rivières d'Europe, du Caucase, de l'Asie Mineure, du Maroc, d'Algérie. Acclimatée en Australie, Nouvelle-Zélande, Inde, Amérique du Nord, Afrique centrale.

La forme du vomer, os situé au milieu de la partie antérieure de la mâchoire supérieure, permet de distinguer différentes espèces de salmonidés : saumon du Danube (1), saumon commun (2), truite commune (3) et truite de rivière (4).

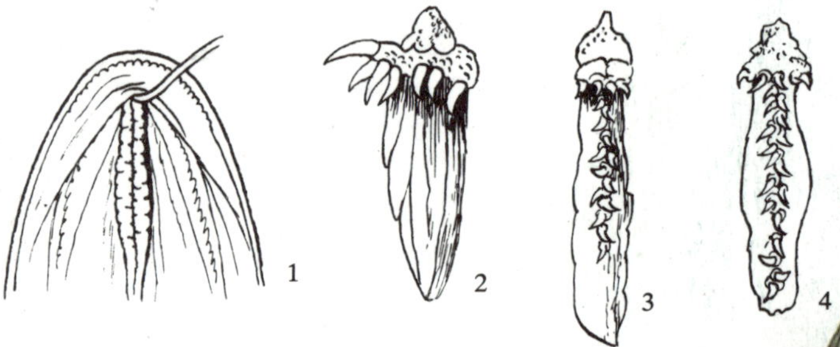

Salmo apache est une espèce voisine, endémique dans les montagnes Rocheuses, en Amérique du Nord.

Truite arc-en-ciel

Salmo gairdneri

Le corps est relativement haut, la mâchoire supérieure longue, arrivant en arrière de l'oeil. La nageoire caudale est légèrement échancrée.
La truite arc-en-ciel est originaire de la côte pacifique de l'Amérique du Nord. Elle a d'abord été répandue dans les autres régions nord-américaines, avant d'arriver en Europe en 1880 puis de s'étendre dans les autres continents. Il s'agissait à l'origine d'enrichir la faune locale. Par la suite, les bonnes aptitudes de cette espèce pour l'élevage intensif destiné à la commercialisation l'ont fait adopter un peu partout. Cependant, malgré les efforts des pêcheurs, elle ne forme que rarement des populations capables de l'autoreproduction et il faut sans cesse procéder à des opérations de repeuplement à l'aide d'alevins produits en milieu artificiel.
Une sélection intensive a fait apparaître une multitude de formes de coloration variable, mais conservant comme caractère commun la bande médiane rosée à rouge, allant de la tête jusqu'à la naissance de la queue. La tête, le dos, les flancs, les nageoires dorsale et caudale sont assez densément constellés de taches noires. Le dimorphisme sexuel apparaît dans la coloration plus soutenue des mâles qui présentent aussi, surtout lorsqu'ils sont un peu âgés, une mâchoire inférieure crochue.

La truite arc-en-ciel est aussi sensible à la pollution que la truite commune, mais elle supporte une eau plus chaude et a des exigence en oxygène moins importantes. Elle n'a pas besoin d'autant d'abris aquatiques que la truite de rivière. Elle se nourrit de larves d'insectes aquatiques, de zooplancton, de mollusques et de petits poissons. Elle arrive à la maturité sexuelle vers 2 à 3 ans, et peut vivre 5 à 6, voire jusqu'à plus de 18 ans en liberté. La fraie a lieu dans les conditions européennes de novembre à mai.
Les poissons pondent en plein courant, dans des nids de gravier creusés surtout par la femelle.
Sa chair appétissante fait que la truite arc-en-ciel est intensivement élevée dans des étangs ou des viviers artificiels. Elle fait elle aussi la joie des pêcheurs sportifs. Depuis quelques années se répand un mode particulier d'élevage en cages, immergées dans les lacs de barrage.

Longueur : 60–90 cm, maximum 120 cm.
Poids : moyenne 1–3 kg, plus rarement 6–10 kg, maximum 24 kg.
Fécondité : 2500–8500 oeufs par kg de poids de la femelle, soit en moyenne 4500 oeufs.
D : IV/10–11 ; A : III/10–11 ; P : I/12 ; V : I/8 ; l.l. : 125–160.

Distribution originelle (en rouge) et actuelle (en bleu) de la truite arc-en-ciel.

Forme dorée de truite arc-en-ciel, telle qu'on la trouve dans certains élevages.

Omble-chevalier *Salvelinus alpinus*

L'omble-chevalier et le saumon de fontaine *(S. fontinalis)* sont cousins et ne diffèrent que par quelques détails. La caudale de l'omble-chevalier est presque droite ; les jeunes et la forme sédentaire se caractérisent par une mâchoire supérieure ne dépassant pas le bord postérieur de l'oeil, la forme migratrice a une mâchoire légèrement plus longue. Plusieurs autres caractères, parmi lesquels le nombre de rayons des nageoires impaires, permettent également de distinguer les deux espèces.

La robe de l'omble-chevalier présente une coloration très variable. Chez la forme migratrice, le dos est bleu acier, chez la forme sédentaire il est brun-vert. Les couleurs sont particulièrement éclatantes au moment des pariades : l'omble-chevalier mâle est alors sans conteste le poisson le plus chatoyant d'Europe. La forme migratrice ne quitte guère les eaux glaciales : Atlantique, Pacifique, océan Glacial Arctique avec pour frontière européenne l'Islande et le fjord d'Oslo en Norvège. La forme sédentaire existe dans quelques stations européennes, asiatiques et nord-américaines. En Europe, on la rencontre dans les lacs alpins où elle représente une « relique » des glaciations.

L'omble-chevalier fraie généralement en hiver, parfois au printemps. La forme migratrice est anadrome et commence à se reproduire au plus tôt à 3–4 ans, le plus souvent vers 6–8 ans seulement. Les femelles des deux formes pondent leurs oeufs dans des nids qu'elles creusent dans le substrat sablo-graveleux, en général sous la glace. La forme migratrice passe 2 à 4 ans en eau douce en se nourrissant surtout de divers invertébrés. Dans les eaux marines, elle se nourrit surtout de petits poissons.

L'omble-chevalier ne présente pas un grand intérêt économique, sauf dans certaines régions de montagne où il constitue un poisson important. Il est le plus souvent pris par les pêcheurs sportifs qui l'apprécient pour la qualité de la lutte, sa belle coloration et sa chair appétissante.

Longueur : moyenne 40–60 cm, maximum 1 m (forme migratrice).
Poids : 1–3 kg, parfois jusqu'à 14 kg.
Fécondité : en moyenne 3500 oeufs.
D : III–IV/9–10 ; A : III/8–10 ; l.l. : 190–240.

La femelle est moins vivement colorée que le mâle.

Saumon de fontaine *Salvelinus fontinalis*

Ce beau poisson est originaire d'Amérique du Nord où on le trouve depuis le nord du Canada jusqu'à la Georgie. La région des Grands Lacs et le cours supérieur du Mississipi formaient à l'origine la limite occidentale de son aire, mais de nos jours il est répandu dans l'ouest des Etats-Unis, en Amérique du Sud, en Asie et en Nouvelle-Zélande. C'est à la fin du siècle dernier qu'il a été introduit en Europe.
Le saumon de fontaine a un corps plus haut que la truite, une bouche terminale largement fendue. La mâchoire supérieure, plus longue que chez l'omble-chevalier, dépasse nettement le bord postérieur de l'oeil. L'épithélium buccal est noir.
La robe du saumon de fontaine est l'une des plus colorées de celles des poissons européens, mais elle est très variable selon les populations et au cours de l'année.
Le poisson peuple les mêmes sites et présente les mêmes exigences alimentaires que la truite de rivière. Ce sont donc deux espèces concurrentes, mais la truite l'emporte généralement sur le saumon de fontaine, tant en Europe que dans ses sites américains d'origine. Cependant, le saumon de fontaine supporte une eau de source moins riche en oxygène, et une eau relativement acide, à condition qu'elle soit assez froide (jusqu'à 16 °C). Il l'emporte donc dans certaines stations, d'autant plus qu'il est moins difficile quant au nombre de « cachettes » aquatiques et qu'il supporte même les cours d'eau rectifiés.
Il devient sexuellement adulte vers 2 à 3 ans et se reproduit habituellement d'octobre à décembre. Comme la truite, il creuse des trous dans le substrat avant d'y déposer ses oeufs. Les parents entreprennent alors une danse tournoyante près du nid, ce qui a pour effet de recouvrir les oeufs de substrat. Le développement embryonnaire se poursuit pendant une centaine de jours. Comme les frayères sont communes avec celles de la truite, on voit apparaître des hybrides stériles présentant une coloration marbrée particulière.
La chair, d'excellente qualité, souvent de couleur orangée, fait la joie des pêcheurs sportifs.

Longueur : dans les eaux européennes 30–50 cm, dans sa patrie jusqu'à 90 cm.
Poids : en Europe 1–3 kg, aux Etats-Unis et au Canada jusqu'à 7 kg.
Fécondité : environ 2000 oeufs par kg de poids.
D : III/9–10 ; A : III/8–11 ; P : I/10–13 ; V : II/8–9 ; l.l. : 160–225.
Distribution : originaire d'Amérique du Nord, introduit dans différentes régions du globe.

L'espèce *Salvelinus namaycush* est parfois considérée comme un genre indépendant, *Cristivomer*. C'est un des plus gros saumons d'eau douce, qui peut peser jusqu'à 45 kg. Il vit dans les lacs et fleuves canadiens et compte parmi les espèces de grand prix. Dans les Grands Lacs, les populations ont souffert à cause de la pénétration de la lamproie marine, mais aussi de la pollution sans cesse croissante.

Saumon du Danube, huchon *Hucho hucho*

Le saumon du Danube a un corps torpédiforme, de section quasiment circulaire, une grosse tête et des mâchoires puissantes et dentées.
Le dos est gris-brun avec de nombreuses taches sombres en forme de X ou de croissant. Les flancs sont gris clair, avec un reflet cuivré au moment de la fraie, ponctués de rouge. Le ventre est blanchâtre.
Le saumon du Danube ne vit que dans le Danube et ses affluents. En Sibérie, du Iénisseï jusqu'au fleuve Amour, on trouve une espèce voisine, *Hucho taimen*. De nombreux essais d'acclimatation dans différentes régions se sont pour le moment avérés infructueux.
C'est le plus gros saumon d'eau douce. Sa croissance est très rapide : il atteint en moyenne 60 cm de long dans sa cinquième année de vie. Il est sexuellement adulte à 4–6 ans (selon la vitesse de croissance). Il fraie le plus souvent en avril dans une eau ne dépassant pas 6–9 °C. Avant la fraie, il effectue une courte migration à contre-courant des rivières importantes. La femelle creuse un nid circulaire dans les graviers où les mâles viennent féconder les oeufs pondus. Le développement embryonnaire dure 25–35 jours.
Actuellement, le saumon du Danube fait l'objet d'une multiplication artificielle. Les adultes reproducteurs sont pris juste avant la fraie ou élevés dans des viviers spéciaux et les produits sexuels sont prélevés artificiellement. Lorsque les alevins atteignent 4 à 10 cm de long, ils sont libérés dans les stations adéquates. Les jeunes se nourrissent comme la truite de larves d'insectes aquatiques ou d'insectes tombés dans l'eau. Les gros sujets sont carnassiers et s'attaquent aux poissons.
Du fait de sa grande taille, le saumon du Danube est obligé de vivre dans le cours moyen des rivières, entre la zone de l'ombre et celle du barbeau. Il demande une eau de bonne qualité, riche en oxygène, et des cours non rectifiés présentant un grand nombre d'abris naturels : grosses pierres, racines, arbres tombés, etc. Les populations ne peuvent donc que s'amenuiser, d'autant plus que la pollution progresse. Le saumon du Danube se pêche à la cuiller ou au poisson mort. C'est un précieux poisson-trophée et sa chair est excellente.

Longueur : jusqu'à 1,5 m, moyenne 50–80 cm.
Poids : jusqu'à 50 kg.
Fécondité : 15 000–30 000 oeufs.
D : III–IV/9–11 ; A : IV–V/7–9 ; l.l. : 180–200.
Distribution : Danube et ses affluents.
Synonyme : *Salmo hucho*.

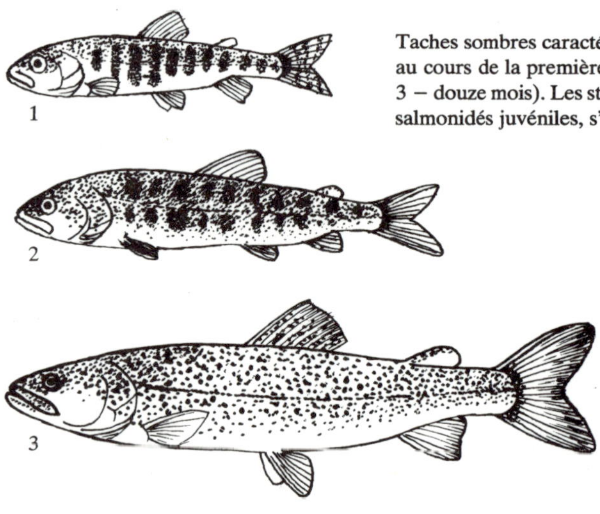

Taches sombres caractéristiques des formes juvéniles et leur évolution au cours de la première année de vie (1 – six semaines, 2 – six mois, 3 – douze mois). Les stries transversales, typiques aussi chez les autres salmonidés juvéniles, s'effacent peu à peu.

Brachymystax lenok vit en Sibérie et dans l'Amour. Il atteint 6–8 kg de poids.

Stenodus leucichthys

C'est l'unique représentant du genre *Stenodus,* qui se différencie du genre *Coregonus* par la structure crânienne et par la bouche, qui est ici grande et terminale. La coloration est argentée, sans taches sombres ni claires. On connaît deux sous-espèces. La première, *Stenodus leucichthys nelma* vit dans l'océan Glacial Arctique, de la baie de la rivière Onéga jusqu'à la mer de Beaufort. C'est un poisson côtier, vivant dans l'eau saumâtre des embouchures. La maturité sexuelle, tardive, survient vers 9 à 12 ans, au plus tôt à 7 ans (mâles). C'est un poisson anadrome qui a ses frayères dans le cours supérieur des rivières. La migration sexuelle commence en juin, la fraie se déroule d'octobre à décembre. Dans certains grands fleuves sibériens comme l'Ob, les frayères peuvent être situées à 3500 km de l'embouchure. Les femelles pondent leurs oeufs à même le substrat pierreux. C'est là que se déroule leur développement. Les alevins regagnent progressivement et passivement la mer, en même temps qu'une partie des reproducteurs. Certains poissons restent un temps assez long en eau douce. Les alevins commencent à se nourrir de plancton, puis deviennent carnassiers et ichthyophages dès la deuxième année de vie. La seconde sous-espèce, *S. leucichthys leucichthys,* vit dans la Caspienne. Elle parvient à l'âge adulte un peu plus tôt (5 à 7 ans) et ne s'attarde pas en eau douce. Les deux sous-espèces peuvent frayer au maximum trois fois au cours de leur vie, avec des interruptions de 2 à 4 ans. Pendant la migration, les poissons cessent de s'alimenter et consomment l'énergie des réserves graisseuses accumulées pendant leur séjour dans la mer.

Stenodus leucichthys a une grande importance économique en U.R.S.S. et en Alaska où on le prend soit au filet soit à la ligne. Depuis quelques années, les populations sont en baisse : la pollution et la construction d'ouvrages aquatiques rendent la reproduction naturelle de plus en plus difficile. L'importance de la reproduction artificielle et de l'élevage ne cesse donc de s'accroître.

Longueur : 1 m, rarement jusqu'à 1,4 m.
Poids : en moyenne 6–15 kg, isolément jusqu'à 35–40 kg.
Fécondité : 100 000–325 000 oeufs.
D : II–V/10–13 ; A : III–IV/12–16 ; l.l. : 88–118.
Synonyme : *Salmo leucichthys.*

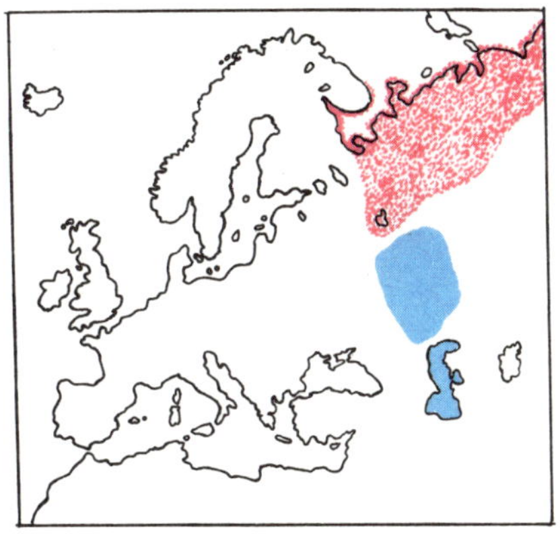

Distribution de *Stenodus leucichthys nelma* (en rouge) et de *S. leucichthys leucichthys* (en bleu).

La famille des COREGONIDAE est voisine de celle des Salmonidae. Les espèces des deux familles possèdent une nageoire adipeuse, mais les représentants des Corégonidés se caractérisent par des écailles plus grandes, des mâchoires plus courtes, une nageoire échancrée et, dans la plupart des cas, une coloration argentée. Les Corégonidés vivent dans les rivières de la partie boréale de l'hémisphère Nord, dans les eaux saumâtres ainsi que dans les rivières de montagnes et dans les lacs d'Europe du Nord, d'Asie et d'Amérique du Nord.

Vendace, petite marène *Coregonus albula*

Le genre *Coregonus* comprend des poissons couverts d'écailles relativement grandes et dotés par contre d'une petite bouche. L'unanimité n'est pas encore faite sur les autres caractères distinctifs.

La vendace est l'un des plus petits corégones : certaines populations sont sexuellement adultes en ne mesurant que 8 cm de longueur. Le corps est élancé, la mâchoire inférieure plus longue que la supérieure est légèrement située en avant, si bien que la bouche est en position supérieure. Le dos est verdâtre à reflets bleus, les flancs et le ventre sont argentés. Les nageoires pectorales, la dorsale et la caudale sont sombres, les autres pratiquement incolores.

La vendace atteint l'âge adulte à 2–3 ans. Les populations lacustres viennent frayer dans les affluents, en eau peu profonde, de novembre à décembre, à une température de l'eau de 4 à 6 °C. Le développement embryonnaire à une température aussi basse est très long et se prolonge pendant 100 à 130 jours. Un grand nombre de facteurs défavorables écologiques limitent le nombre d'oeufs parvenant à se développer : manque d'oxygène, eau trop basse qui finit par geler, etc. Les tranches d'âge sont donc très inégalement représentées, selon les bonnes ou les mauvaises années. La vendace a été acclimatée dans les élevages européens en étangs avec l'espoir qu'elle se nourrirait de particules planctoniques et qu'elle augmenterait donc la productivité naturelle des étangs. Elle a déçu ces espoirs : c'est une espèce pélagique se nourrissant surtout de zooplancton. Dans certains lacs ou étangs actuels, marqués par une eutrophisation progressive, la vendace s'intéresse également aux organismes benthiques (mollusques).

On la pêche au filet, au chalut ou à la nasse.

Longueur : 30–40 cm, moyenne 15–25 cm.
Poids : jusqu'à 1,2 kg, moyenne 0,1–0,4 kg.
Fécondité : 1700–4800 oeufs.
D : IV/8–9 ; A : IV/11–13; l. l.: 70–93.
Synonyme : *Salmo albula*.

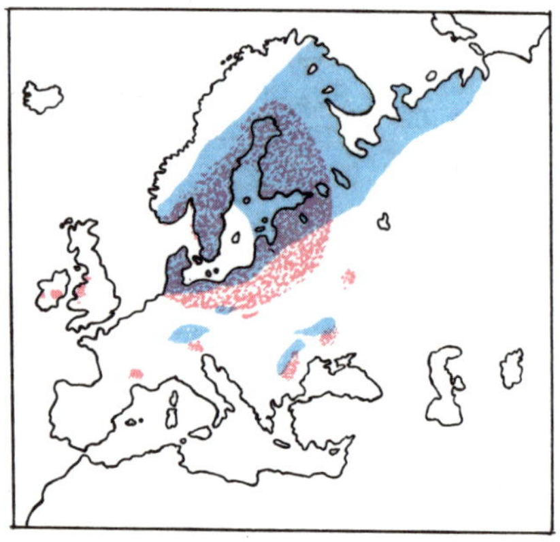

Distribution de *C. albula* (en rouge) et de *C. lavaretus* (en bleu). Les taches pointillées indiquent les principaux sites d'introduction.

Grand pollan

Coregonus nasus

Le corps est haut, avec une bosse caractéristique à l'avant, due à la chute rapide du dos vers la tête. La bouche est en position inférieure, du fait d'une mâchoire supérieure proéminente. Qui plus est, cette mâchoire est haute et courte, généralement plus large que la moitié de sa longueur. L'oeil est petit.
La robe est brun olive à brun foncé sur le dos, les flancs sont argentés, le ventre blanc argenté également. Les écailles portent des stries argent jaunâtre. Les nageoires dorsale, caudale et pectorales sont gris clair, les ventrales et anale incolores.
C'est l'un des plus gros corégones. Il atteint jusqu'à 16 kg en Sibérie, dans la Kolyma ; ailleurs, il est comparable au lavaret. La maturité sexuelle survient vers 7 ans et il atteint environ 15 ans d'âge. Il fraie en octobre et novembre aux environs de 0 °C. La fécondité est plus faible que chez les autres espèces, mais les oeufs sont relativement gros (jusqu'à 4 mm de diamètre). Le développement embryonnaire se poursuit pendant 4 à 5 mois. C'est un poisson de rivière. Lorsqu'il est lacustre, il se tient près de l'embouchure des affluents. Il s'avance souvent en eau saumâtre dans les fleuves sibériens. A l'automne, les jeunes comme les adultes quittent les petits lacs et hivernent dans le lit des rivières ; ceux des grands lacs restent généralement sur place.
Le grand pollan se pêche surtout au chalut. Avant la dernière guerre, les prises représentaient environ 800 tonnes par an, actuellement, elles sont nettement plus basses. Il est question de l'acclimater dans les fleuves tributaires de la mer Blanche.

Longueur : 120–130 cm.
Poids : jusqu'à 16 kg.
Fécondité : 10 000–140 000 oeufs.
D : III–IV/9–11 ; A : III/10–13 ; l.l. : 85–106.
Distribution : eaux du bassin de l'océan Glacial Arctique, de la Petchora jusqu'à la presqu'île des Tchouktches ; Alaska ; Canada.

Les alevins et les adultes se nourrissent surtout de zooplancton – genres *Cyclops* (1) ou *Leptodora* (2) –, à l'automne aussi d'alevins de différents poissons.

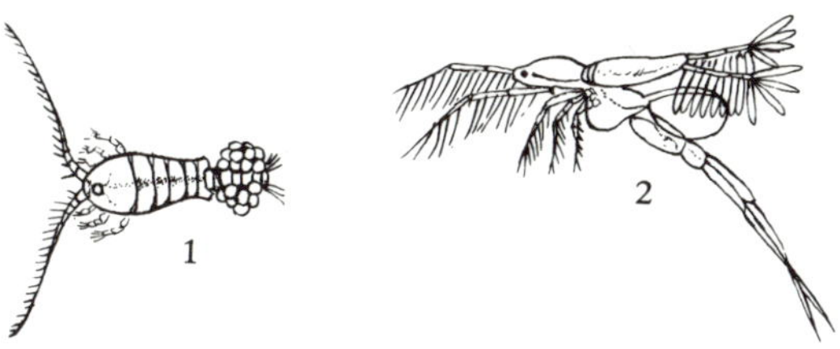

Le houting *(Coregonus oxyrhynchus)* vit dans les eaux européennes et sibériennes.

Corégone péled

Coregonus peled

Voici un corégone au corps particulièrement haut, avec une bosse à l'avant du dos. La mâchoire supérieure est proéminente. La coloration est sombre, la tête et les flancs constellés de petites taches noires. La nageoire dorsale porte également une grosse tache sombre à côté des petites.

C'est un gros corégone qui croît rapidement dans les étangs est-allemands, polonais et tchécoslovaques : il atteint 35 à 40 cm et pèse environ 600 g dès la seconde année, 1 kg environ au cours de la troisième année. Il devient sexuellement adulte dans les étangs vers deux à trois ans, dans les eaux libres vers quatre à cinq ans seulement. Il fraie surtout dans le lit des rivières sur un substrat pierreux ou sableux. Les oeufs sont plus petits que chez les autres corégones. Certaines populations fraient même dans les lacs. La migration est anadrome et se déroule d'octobre à novembre. Il existe trois formes de corégone péled : l'une est fluviatile, les deux autres (petit péled et grand péled) sont lacustres. Ils se nourrissent de crustacés planctoniques. C'est une espèce qui résiste bien à l'élévation de la température et au manque d'oxygène : elle supporte des températures allant de 0 °C à 28 °C. C'est la raison pour laquelle elle a été introduite dans un grand nombre de pays nord- et centre-européens, en rivière, mais surtout dans les étangs. Elle remplace souvent le lavaret. Son importance économique est indéniable.

Longueur : jusqu'à 60 cm (moyenne 30–40 cm).
Poids : jusqu'à 5 kg (moyenne jusqu'à 1 kg).
Fécondité : 5000–105 000 oeufs.
D : III/8–12 ; A : III/12–16 ; l.l : 76–98.
Distribution : rivières et lacs du bassin de l'océan Glacial Arctique, de la rivière Mézen à l'est jusqu'à la Kolyma. Introduit de façon répétée en Europe du Nord et en Europe centrale.

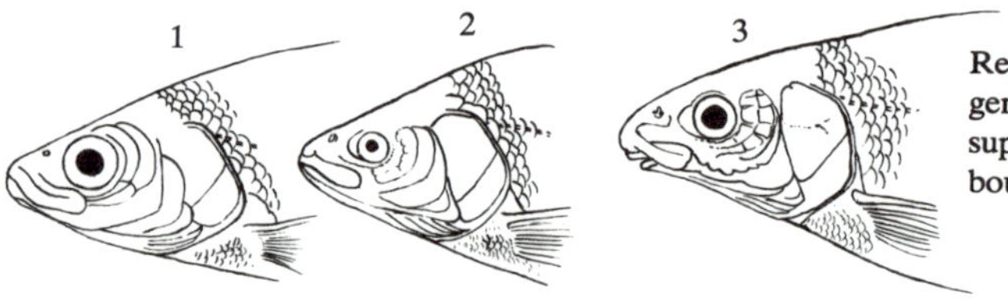

Représentation schématique de la tête de différentes espèces du genre *Coregonus :* 1 – *Coregonus albula,* bouche en position supérieure, 2 – *C. autumnalis,* bouche terminale, 3 – *C. lavaretus* bouche en position semi-inférieure.

Coregonus autumnalis

Voici un gros corégone caractérisé par une bouche terminale possédant deux mâchoires approximativement de même longueur. Le dos est brun avec parfois des reflets verdâtres, les flancs argentés, le ventre blanc sale. Au moment de la fraie, la peau des mâles se couvre d'une éruption particulière. C'est un poisson du bassin de l'océan Glacial Arctique, de la rivière Mézen à l'ouest jusqu'à la presqu'île des Tchouktches. Il existe aussi dans le nord de l'Alaska et au Canada.

La sous-espèce migratrice *(C. autumnalis migratorius)* vit dans les mers ou dans l'embouchure des fleuves mais vient frayer dans les rivières. Selon sa vitesse de croissance, elle arrive à l'âge adulte à 5–10 ans. Elle commence à remonter le Iénisseï à la mi-juillet. Elle évite l'Ob et la Iana, et pénètre dans la Léna à la fin juillet. Pendant la migration, elle cesse de s'alimenter et maigrit donc rapidement. La fraie a lieu en automne, souvent à 1000 km de l'embouchure, puis les reproducteurs retournent à la mer. Le développement embryonnaire se poursuit jusqu'au printemps. Les alevins se laissent dériver jusqu'à l'embouchure du fleuve où ils commencent à s'alimenter goulûment. *Coregonus autumnalis* hante surtout l'embouchure des grands fleuves où il se nourrit de crustacés et d'alevins d'autres espèces. C'est le corégone qui supporte la plus forte salinité, et on peut le prendre même loin des côtes.

Dans le lac Baïkal on trouve une sous-espèce indépendante, *C. a. baicalensis,* plus grande que la forme migratrice. Elle y constitue trois populations qui se distinguent par leurs lieux d'alimentation et le sens des migrations reproductrices. Leur nourriture se compose surtout de crustacés pélagiques, mais également d'organismes benthiques, d'alevins et d'oeufs d'autres poissons.

Longueur : forme migratrice jusqu'à 60 cm, forme du Baïkal, jusqu'à 1 m.
Poids : forme migratrice jusqu'à 2,5 kg, forme du Baïkal, jusqu'à 7 kg.
Fécondité : forme migratrice : 8000–40 000 oeufs, forme du Baïkal : 15 000–50 000 oeufs.
D : III–V/8–13 ; A : III–IV/10–14 ; l.l. 80–111.

Distribution de *C. autumnalis* (en rouge), et de *C. autumnalis migratorius* (en bleu).

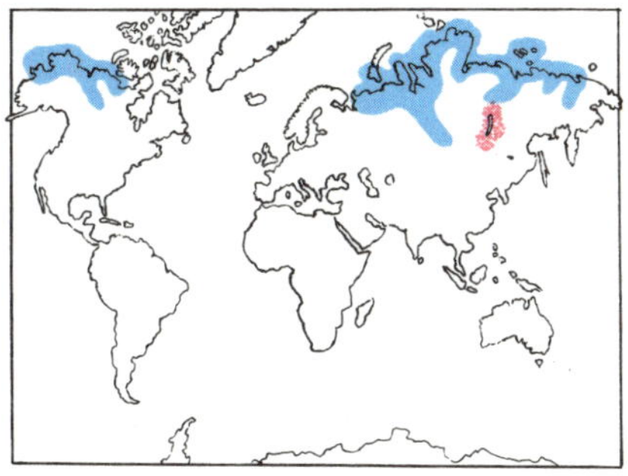

Lavaret

Coregonus lavaretus

Le lavaret se reconnaît à son museau court, oblique, avec une bouche semi-inférieure. Le dos est bleu-vert, les flancs argentés, plutôt gris dans la région antérieure. Les nageoires sont grises avec un reflet verdâtre. Le pourtour de l'anus et de la ligne latérale sont légèrement rosés.

Le lavaret est un corégone de grande taille. Sa croissance est très rapide, surtout dans les étangs où on l'introduit comme espèce complémentaire de la carpe. A la fin de la première année, il mesure déjà 20 à 25 cm avec un poids d'une centaine de grammes. Il mesure quelque 30 cm au cours de la deuxième année et vers cinq ans c'est déjà un beau poisson de 55 cm dépassant 3 kg. Les populations de rivière effectuent régulièrement des migrations reproductives anadromes, les populations lacustres fraient sur place dans les stations profondes ou remontent les cours d'eau tributaires du lac. La fraie dure d'octobre à décembre. Le développement embryonnaire se poursuit pendant 100 jours en moyenne. Dans les stations où le lavaret est une espèce introduite, on ne peut pas compter sur une reproduction spontanée et, chaque année, les effectifs doivent être complétés à l'aide d'alevins obtenus en milieu artificiel. Le lavaret se nourrit surtout de zooplancton ; les gros sujets s'attaquent aussi à la faune benthique voire aux alevins et aux petits poissons.

L'importance économique de cette espèce est considérable. Elle augmente la productivité naturelle des étangs car elle n'entre pas en concurrence alimentaire aiguë avec la carpe. Le lavaret est pêché au chalut ou au filet, mais la survie des individus capturés est malheureusement d'une durée très brève. La chair du lavaret est très savoureuse.

Longueur : jusqu'à 130 cm, en moyenne 50–70 cm.
Poids : jusqu'à 10 kg, en moyenne 2–4 kg.
Fécondité : 10 000–50 000 oeufs.
D : II–IV/9–11 ; A : III–IV/10–12 ; l.l. : 80–110.
Distribution : bassins de la Baltique, de la mer du Nord, de l'océan Glacial Arctique jusqu'à la rivière Kolyma. Il existe dans un grand nombre de lacs comme relique glaciaire (Pologne, lacs alpins).

Parmi les caractères importants qui permettent de distinguer les différents corégones l'on compte le nombre de vertèbres : il importe en effet de savoir que la première vertèbre (1) est soudée aux os crâniens et ne doit donc pas être prise en compte. Les trois dernières vertèbres sont recourbées vers le haut et la dernière porte un urostyle (2) en forme de baguette, également exclu du nombre de vertèbres.

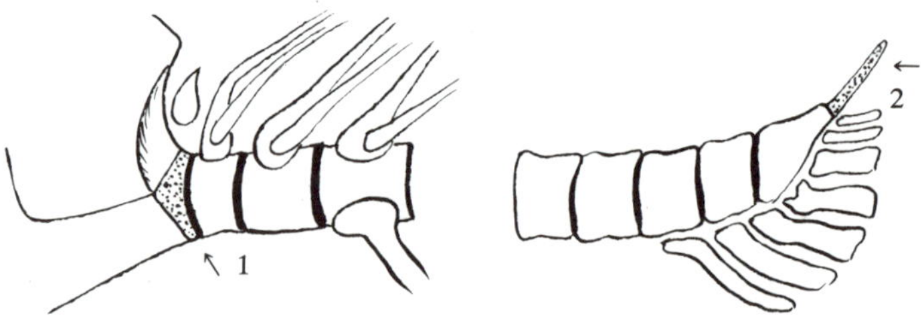

La famille des THYMALLIDAE comprend un seul genre de poissons d'eau douce vivant dans les courants montagnards et les lacs frais de notre hémisphère. Ils se reconnaissent à leur nageoire dorsale haute et à leur petite nageoire adipeuse.

Ombre de rivière

Thymallus thymallus

La forme du corps et l'allure générale de l'ombre rappellent les corégones ou certains cyprinidés. Les mâles surtout se reconnaissent à leur haute et large nageoire dorsale.

Les jeunes sont blanc argenté, avec un dos gris-vert à bleu sombre et des irisations sur les flancs. La robe des adultes est plus foncée, tachée de noir sur le corps et les nageoires impaires. Pendant la période de reproduction, les mâles prennent une teinte plus intense et plus chatoyante : le dos et la dorsale se parent alors d'irisations surtout rouge violacé.

C'est un poisson casanier, qui vit en bandes se tenant presque constamment dans les mêmes endroits. Il préfère les eaux libres et n'a pas besoin d'abris. Dans les rivières, il se tient surtout dans les endroits où existe une alternace de rapides et de courants lents, donnant son nom à la « zone de l'ombre ». Il se nourrit surtout de larves d'insectes aquatiques, de mollusques, mais aussi d'insectes terrestres tombés à la surface de l'eau. Il devient sexuellement adulte à 2–3 ans, son âge moyen est de 5 à 6 ans, exceptionnellement jusqu'à 10 ans. La fraie a lieu de mars à mai ; tous les couples fraient au même endroit, sur un substrat sablo-graveleux. Pendant la journée, les mâles montent la garde près de leur frayère, ne laissant approcher aucun autre mâle, ni même les femelles immatures. Les alevins grandissent rapidement : à la fin de la première année de vie, ils mesurent 8 à 15 cm de long. Etant donnée la détérioration des conditions naturelles de la fraie, certains pays d'Europe pratiquent un repeuplement artificiel.

L'ombre fait la joie des pêcheurs sportifs. Sa chair savoureuse, d'excellente qualité, dégage à l'état frais un parfum particulier de thym.

Longueur : 30–50 cm, exceptionnellement 50–60 cm.
Poids : 0,5–1,5 kg, maximum 4,7 kg.
Fécondité : 1000–20 000 oeufs.
D : V–VIII/14–17 ; A : III–V/8–11 ; l.l. : 75–96.
Distribution : la plupart des pays européens à partir de 45 ° de latitude Nord environ, la limite orientale est constituée par l'Oural.
Synonyme : *Salmo thymallus*.

La coloration du jeune poisson est très différente de celle de l'adulte.

Les poissons de la famille des OSMERIDAE se distinguent des autres Salmoniformes par le fait que leur estomac forme une poche aveugle. La famille comprend des poissons de mer, des poissons migrateurs et des poissons d'eau douce.

Eperlan

Osmerus eperlanus

L'éperlan est l'une des six espèces appartenant au genre *Osmerus*. C'est un petit poisson pélagique vivant dans les eaux marines littorales d'Europe, mais il en existe aussi des formes dulçaquicoles en permanence, vivant dans les rivières, les lacs naturels ou de barrage. Près des côtes asiatiques et nord-américaines on trouve la sous-espèce *O. eperlanus dentex*.

La face dorsale du corps est bleu foncé à bleu métallique, les flancs et le ventre sont gris argenté. Le corps est recouvert d'écailles relativement grandes se détachant facilement. La ligne latérale est incomplète et n'est développée clairement qu'à l'avant du corps, derrière la tête.

A la fin de l'hiver, les éperlans commencent à se rassembler dans les embouchures, avant de remonter, au printemps, pour frayer en eau douce. La fraie se déroule dans le cours inférieur des rivières, de mars à mai. Les oeufs collants sont déposés sur les pierres ou d'autres aspérités du fond. L'éperlan est adulte à 3–4 ans et vit au maximum 9 ans. Pendant la fraie, il perd sa « timidité » habituelle. La coloration des deux sexes s'intensifie et une éruption apparaît sur le dos et les flancs. Le dessus de la tête et les opercules noircissent, la coloration des mâles étant plus chatoyante que celle des femelles. Les éperlans se nourrissent surtout de zooplancton, d'invertébrés benthiques ou d'autres poissons au stade larvaire.

Comme le capelan, qui est une espèce voisine, l'éperlan revêt une importance économique certaine. Les prises annuelles se chiffrent à 8–10 000 tonnes par an. La chair est très grasse.

Longueur : 16–18 cm, maximum 25 cm.
Fécondité : 8000–55 000 oeufs.
D : III/7–8 ; A : III/10–13 ; l.l. : 60–66.
Synonyme : *Salmo eperlanus*.

Distribution de *O. eperlanus*.

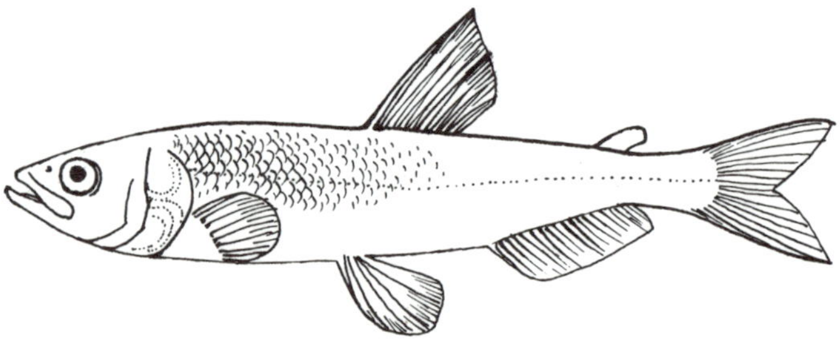

Thaleichthys pacificus est une espèce voisine vivant sur la côte pacifique nord-américaine. Sa chair est huileuse à tel point que les Indiens d'Amérique plaçaient une mèche dans le corps des poissons séchés et s'en servaient pour l'éclairage. Le nom « candle fish » leur est resté.

Capelan

Mallotus villosus

Le capelan est un petit poisson formant de vastes bancs et constitue l'unique espèce du genre *Mallotus*. Sa face dorsale est bleu foncé à bleu métallique, les flancs sont blanc argenté avec une bande bleutée médiane. La face ventrale de la tête et du corps présente un reflet jaunâtre, par endroits bleuté.

Le capelan vit dans les eaux libres à une certaine distance des côtes, parfois près de la surface, le plus souvent dans les couches profondes de l'eau. Il trouve sa nourriture près du fond : les Euphausiidés et crustacés divers. Avant la fraie, les capelans remontent à la surface et s'approchent des côtes, où ils fraieront à 30–100 m sur des bancs de sable. Les poissons sont adultes le plus souvent dans leur deuxième à troisième année, les bancs de reproducteurs comportent des individus allant de deux à six ans. Selon la situation géographique, la fraie a lieu de mars à septembre, dans une eau à 2–4 °C. Lorsque la fraie se produit par grand vent, il arrive souvent que les vagues emportent les poissons jusque sur les plages : ce qui explique que les côtes proches des frayères soient alors recouvertes sur plusieurs kilomètres d'une couche épaisse de poissons morts. Les bancs de fraie sont très vastes et attirent l'intérêt de nombreux prédateurs qui les accompagnent jusqu'aux côtes : gades, mouettes, baleinoptères. La migration de la fraie est également le moment où les capelans sont pêchés de manière intensive. Les prises moyennes annuelles se montent depuis quelques années à 2,9 millions de tonnes en moyenne, ce qui fait du capelan la deuxième espèce la plus pêchée au monde.

La chair du capelan est très savoureuse, surtout lorsqu'elle est fumée, mais la plus grande partie des prises est utilisée pour la fabrication de farine de poisson alimentaire.

Longueur 12–20 cm, maximum 23 cm.
Fécondité : 20 000–50 000 oeufs.
D : II–III/10–13 ; A : III–IV/17–21 ; l.l. : 148–165.
Distribution : partie septentrionale de l'Atlantique et du Pacifique, mais surtout océan Glacial Arctique.

La femelle se distingue du mâle par sa taille plus réduite, son corps plus bas et sa nageoire anale moins développée. A l'époque de la fraie, les écailles bordant la ligne latérale se parent chez le mâle d'excroissances filamenteuses.

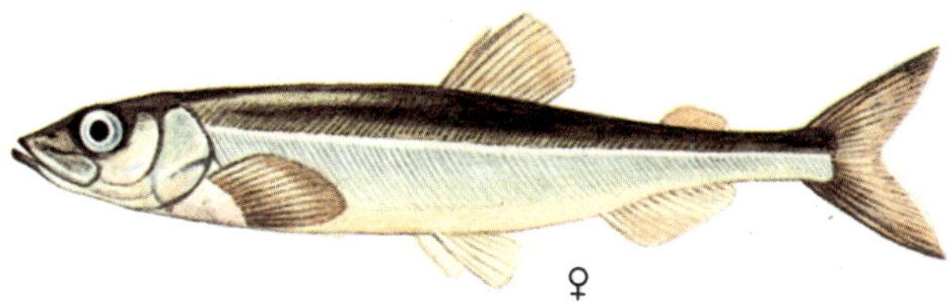

La famille des ARGENTINIDAE se compose d'une vingtaine d'espèces de petits poissons marins pélagiques, vivant parfois à de grandes profondeurs. On les reconnaît à leur petite bouche, leurs gros yeux et leurs mâchoires absolument édentées.

Argentin, colonel *Argentina sphyraena*

L'argentin est un petit poisson au corps allongé, aux yeux démesurés. La langue, le vomer et le ptérygoïde sont dentés.
Le dos est vert olive, les flancs plus clairs avec une bande argent lumineux. Le ventre est blanc argenté.
Plus petit que son cousin *A. silus,* l'argentin s'en distingue aussi par son moindre nombre d'écailles dans la ligne latérale (*A. silus* en a 64 à 69). La fraie s'opère au printemps et en été, de mars à juillet environ. Les larves sont tachetéses de façon caractéristique. D'abord pélagiques, elles se tiennent près de la surface. Plus tard, elles descendent en profondeur. L'argentin se nourrit de petits crustacés, de mollusques, parfois de poissons. Il vit généralement à 50–200 m de profondeur, parfois plus bas. *A. silus* descend, lui, à 300–400 m, au maximum à 1000 m. C'est un poisson grégaire. Parfois pêché, il sert à la fabrication de farine. Sa chair est très savoureuse : depuis quelques années, on assiste à des efforts de promotion de ce poisson.

Longueur : jusqu'à 26 cm.
Fécondité : 2000–3000 oeufs.
D : /8 ; A : /12–13 ; l.l. : 50–54.
Distribution : toutes les côtes ouest-européennes, de l'Islande à la Méditerranée.

A. silus est une espèce affine vivant dans le nord de l'Atlantique, au voisinage des côtes européennes et américaines. Elle atteint au maximum 50 cm.

Les poissons de la famille des STERNOPTYCHIDAE se distinguent par la présence d'organes lumineux et par la grande taille des yeux. Il s'agit de poissons abyssaux, descendant jusqu'à 2000 m de profondeur. A la surface, on ne trouve que des spécimens morts apportés par des courants ascendants.

Argyropelecus olfersi

Voici un poisson au corps haut, latéralement comprimé, rappelant la forme d'une hachette. Le ventre est bordé de photophores (organes lumineux), au nombre de 18. Ils émettent une lumière verte dirigée sous le poisson. La nageoire adipeuse, caractéristique des salmoniformes, est très petite.
Le dessus de la tête et le dos sont gris-bleu à noirs, les flancs et le ventre argentés.
Il vit dans l'Atlantique, parfois dans l'océan Indien et dans le Pacifique (où il peut être confondu avec une espèce voisine, *A. lynchus*). Il est absent en Méditerranée.
L'époque et le mode de la fraie ne sont pas connus. Il s'agit d'une espèce bathypélagique, vivant aux environs de 1000 m de profondeur, remontant pendant la nuit à 200–300 m. On la prend surtout sur le pourtour de la plate-forme continentale.
Elle n'a pas d'intérêt économique, mais on la trouve parfois dans les voies digestives des prédateurs, morues par exemple.

Longueur moyenne 7 cm, maximum 12 cm.
Distribution : Atlantique, Pacifique et océan Indien.
Synonyme : *Sternoptyx olfersi.*

Chauliodus sloani est une espèce abyssale vivant dans la zone tempérée à tropicale des océans, le plus souvent à 500–1000 m de profondeur. C'est un prédateur capable d'avaler des proies volumineuses.

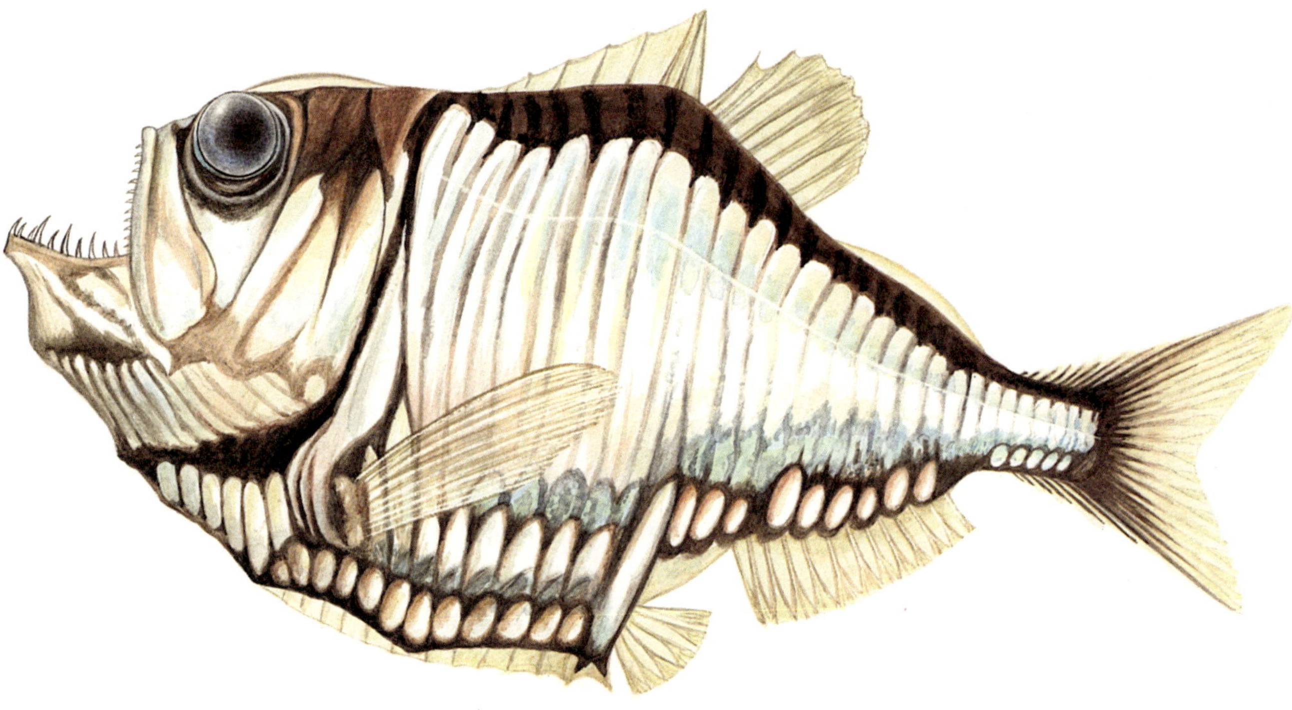

Le famille des ESOCIDAE se compose de poissons dulçaquicoles vivant dans les eaux lentes ou immobiles d'Eurasie et d'Amérique du Nord. Leur corps est allongé, musculeux, la nageoire dorsale et anale sont rejetées jusque sur le pédoncule caudal. La tête est aplatie, la gueule largement fendue est armée de dents. Les petites écailles s'implantent fermement dans la peau. La famille comprend un genre unique avec cinq espèces.

Brochet commun

Esox lucius

Le dos du brochet est gris-vert plus ou moins sombre (parfois avec un reflet rouge à brun). Les flancs sont verdâtres, avec des taches jaunes qui se fondent quelquefois en stries, le ventre est blanchâtre taché de gris.
Le brochet est un gros prédateur à croissance rapide. Il consomme 5 à 8 kg de proies pour gagner 1 kg de poids. Sa croissance dépend de la richesse alimentaire du milieu : pendant la première année il atteint 12 à 50 cm, pendant la cinquième, 50–75 cm, pendant la dixième 80 à 110 cm. La maturité sexuelle survient à 1–2 ans. C'est une espèce typiquement phytophile qui pond ses oeufs sur les végétaux aquatiques. La fraie est très précoce : elle a lieu dès la fonte des glaces, lorsque l'eau atteint 4 à 10 °C près des rives. Le développement embryonnaire dure 10 à 15 jours. Le brochet est une espèce sédentaire, fortement territoriale, prête à défendre son rayon de chasse. Il se tient surtout près des bords, dans les eaux calmes, les trous profonds, les bras morts des rivières, etc. Il est souvent implanté comme espèce secondaire dans les étangs à carpes : on l'utilise pour chasser les poissons indésirables qui ont la même alimentation que la carpe.
Le brochet est une espèce économiquement précieuse. C'est aussi l'un des adversaires préférés du pêcheur sportif. Il est cependant parfois trop facile à prendre et ses effectifs ne sont jamais très importants.

Longueur : jusqu'à 1,5 m (généralement 0,5–1 m).
Poids : jusqu'à 35 kg (généralement 2–10 kg).
Fécondité : 40 000–300 000 oeufs.
D : VI–X/12–16 ; A : IV–VIII/10–14 ; l.l. : 125–145.
Distribution : toute l'Europe à l'exception des péninsules méridionales ; Asie, cours des fleuves qui se jettent dans l'océan Glacial Arctique ; Amérique, de l'Alaska jusqu'à l'Ohio, Labrador.

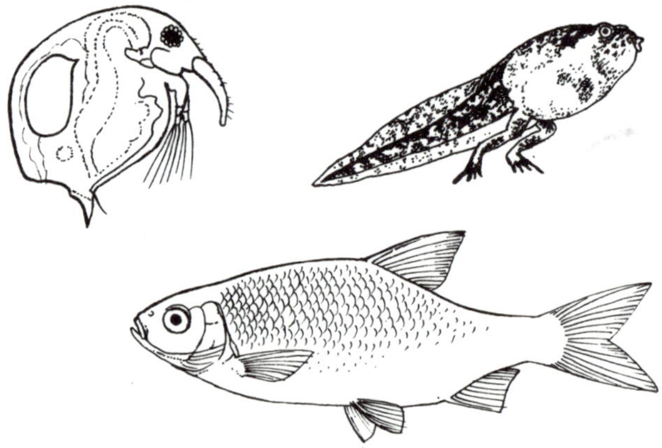

Les alevins commencent à se nourrir de zooplancton, mais s'attaquent à d'autres poissons dès qu'ils deviennent des brochetons de 3–5 cm. Ils sont exclusivement ichthyophages à partir de 20 cm de longueur. Leur nourriture se compose surtout de gardons, d'ablettes et de perches.

Dans la famille des UMBRIDAE on trouve de petits poissons vivant dans les eaux immobiles et fortement enherbées. Le corps, le dessus et les côtés de la tête sont couverts de petites écailles cycloïdes. La ligne latérale apparaît sous la forme d'une bande claire longeant les flancs, mais les écailles ne possèdent pas d'orifices. La nageoire caudale a une forme arrondie typique. La famille comprend deux espèces nord-américaines et une seule espèce européenne.

Poisson-chien

Umbra krameri

Le poisson-chien a une robe dorée à brun-rouge, avec de nombreuses taches irrégulières de couleur foncée. C'est l'un des plus beaux poissons européens d'eau douce.
Il vivait jadis dans les bras morts, les canaux de drainage et les terres inondées du Danube, de Vienne jusqu'à l'embouchure. De nos jours, sa présence est beaucoup plus rare du fait de la rectification et des entretiens des cours d'eau, du fait aussi de la pollution. Dans certains pays, la situation est devenue critique et le poisson-chien y fait l'objet d'une protection permanente.
Malgré sa petite taille, c'est un carnassier actif, mobile, ne connaissant pratiquement pas de repos saisonnier. Sa nourriture se compose surtout de petits crustacés et de larves aquatiques. Il s'approche lentement de sa proie, souvent en faisant un détour, se servant de ses pectorales comme de deux rames. Une fois près d'elle, il bondit brusquement sur sa victime. Le poisson-chien devient sexuellement adulte dès l'âge d'un an et sa durée de vie totale ne dépasse guère trois ans. Il fraie de mars à mai : la femelle pond alors ses oeufs dans des nids peu profonds qu'elle creuse dans le substrat avec ses nageoires. La préparation du nid peut prendre jusqu'à deux jours. Pendant cette période, la femelle ne supporte aucun poisson étranger à proximité et attaque sans hésiter même des envahisseurs beaucoup plus gros qu'elle. Pour la fraie elle-même, la femelle est généralement accompagnée de deux à trois mâles. Après la ponte, elle devient à nouveau agressive et protège activement le nid et son contenu pendant une dizaine de jours.
Le poisson n'a pas d'intérêt économique, mais est parfois élevé en aquarium.

Longueur : 8–10 cm, maximum 13 cm.
Fécondité : 100–200 oeufs.
D : III–IV/12–13 ; A : II/5–6 ; l.l. : 33–36.
Distribution : disséminé dans le bassin du Danube et du Dniestr ; les anciennes données sur sa présence dans le lac Balaton et le lac de Fertö ne sont pas confirmées de nos jours.

Le petit poisson-chien *(Umbra pygmaea)* est une espèce voisine vivant dans l'est des Etats-Unis. A la différence de l'espèce européenne, les flancs du petit poisson-chien portent des stries longitudinales. Il a été introduit par îlots en Europe occidentale et y atteint 10 cm de long.

L'ordre des CYPRINIFORMES comprend de nombreux poissons d'eau douce. Il se compose d'environ six mille espèces dont trois mille cinq cent environ appartiennent au sous-ordre des CYPRINOIDEI, le reste au sous-ordre des SILUROIDEI. Tous ces poissons se caractérisent par la présence de l'appareil de Weber et par la communication de la vessie gazeuse avec le tube digestif. Le corps est nu ou couvert d'écailles cycloïdes.
La famille des CYPRINIDAE comprend plus de mille cinq cent espèces de poissons qui se distinguent par leur bouche protractile et leur grosse vessie gazeuse, bi-, voire tri-loculaire. Ce sont des poissons d'eau douce que l'on trouve sur tous les continents à l'exception de l'Australie et de l'Amérique du Sud.

Gardon

Rutilus rutilus

C'est l'un des poissons les plus communs des eaux douces européennes. Son corps allongé, latéralement comprimé, moyennement arqué, est couvert d'écailles relativement grosses. La nageoire dorsale est implantée au-dessus des pelviennes. L'oeil a un iris rouge, surtout dans sa région supérieure. Le dos est sombre, avec un éclat bleuté à brun-vert, les flancs sont argentés à argent bleuté, le ventre est clair. Les nageoires sont gris rosé, les ventrales et l'anale orange à rouges.
Le gardon se plaît dans les eaux lentes ou immobiles, mais vit également dans les golfes de la Baltique, de la mer Noire, de la mer d'Aral et de la Caspienne lorsque leur salinité est atténuée par un apport d'eau douce. Il pullule dans certains lacs de barrages, 5 à 15 ans après leur mise en eau. Il devient sexuellement adulte à 2–3 ans et peut vivre jusqu'à 20 ans. Il fraie d'avril à juin en eau peu profonde ou près des rives. A l'époque de la fraie, la tête et le corps du mâle se couvrent de tubercules de fraie rappelant des grains de semoule. La fraie est collective : de vastes bancs viennent pondre sur les végétaux, les racines, les fonds pierreux ou de graviers. Comme d'autres cypriniformes choisissent les mêmes sites de fraie, on voit apparaître de nombreux hybrides.
Le gardon se nourrit surtout de zooplancton, plus rarement d'insectes, de végétaux, de particules détritiques. Il est surtout actif de jour.
C'est un maillon important dans l'alimentation de poissons et d'oiseaux prédateurs, et une prise favorite pour le pêcheur sportif. Dans certains pays (U.R.S.S., Pologne) on le prend également au filet.

Longueur : moyenne jusqu'à 25 cm, maximum 35 cm.
Poids : 0,1–0,3 kg, rarement jusqu'à 1 kg.
Fécondité : 200 000–400 000 oeufs pour 1 kg de poids.
D : III/9–11 ; A : III/9–10 ; l.l. : 41–48.
Synonyme : *Cyprinus rutilus*.

Le gardon galant *(R. pigus)* est une espèce voisine qui vit dans les rivières d'Italie du Nord. On le rencontre aussi dans le cours moyen et supérieur du Danube et de ses affluents. Il se distingue du gardon commun par le plus grand nombre d'écailles de la ligne latérale et la position semi-inférieure de sa bouche.

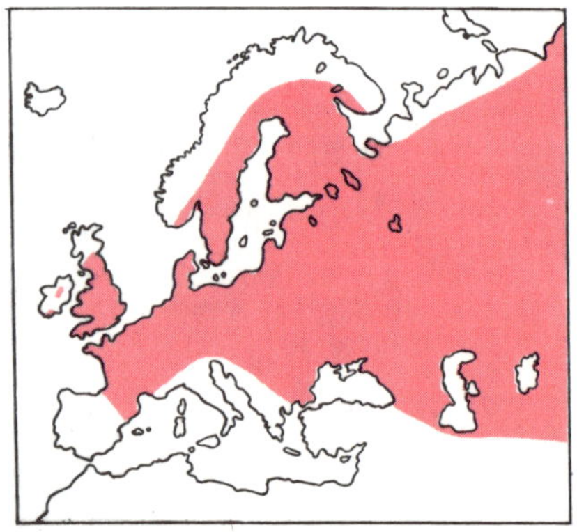

Distribution de *R. rutilus*.

Vandoise

Leuciscus leuciscus

La vandoise est un poisson voisin du chevesne, mais elle s'en distingue par sa conformation globalement plus fine. Sa tête est beaucoup plus étroite, plus petite que celle du chevesne. Elle est légèrement pointue, avec un gros oeil et une petite bouche ventrale. Le dos est gris-bleu, les flancs argentés, le ventre blanc, les nageoires paires jaunâtres. La nageoire anale est orange sale à rougeâtre, et son bord est nettement concave, ce qui est un caractère distinctif important, car celle du chevesne est convexe et nettement rouge. Les écailles se détachent facilement et ne présentent pas de bord sombre comme celles du chevesne.
La vandoise est un poisson des cours rapides aux eaux claires, se plaisant dans la zone du barbeau et de l'ombre. On la rencontre isolément dans certains lacs de barrage ou des fossés d'inondation où elle a probablement pénétré depuis les rivières en périodes de hautes eaux.
Sa croissance est lente et elle vit habituellement 7 à 10 ans. La maturité sexuelle survient vers la troisième année de vie. Au contraire du chevesne, la vandoise fraie en une seule fois de mars à mai, sur un substrat de sable ou de cailloux, parfois sur les végétaux aquatiques. Les femelles de taille moyenne pondent quelque 10 000 oeufs. Au moment de la fraie des gibbosités apparaissent sur le corps et les nageoires paires du mâle. On connaît des hybrides avec le chevesne.
La vandoise se nourrit surtout de larves d'insectes aquatiques ramassées sur le substrat du fond. Vers le soir, elle remonte à la surface et ramasse les insectes tombés dans l'eau. Pendant les chaleurs estivales, les vandoises se tiennent isolément en plein courant, sans former de bancs. En hiver, elles se replient par petits groupes vers les trous d'eau d'une certaine profondeur. Leur chair, de qualité médiocre, est truffée de fines arêtes musculaires.

Longueur : 25–30 cm, rarement 40 cm.
Poids : 0,3–0,7 kg, rarement jusqu'à 1 kg.
Fécondité : 55 000–130 000 oeufs par 1 kg de poids.
D : III/7–8 ; A : III/7–9 ; l.l. : 47–55.
Distribution : toutes les eaux européennes à l'exception des péninsules balkanique, Ibérique et italienne.

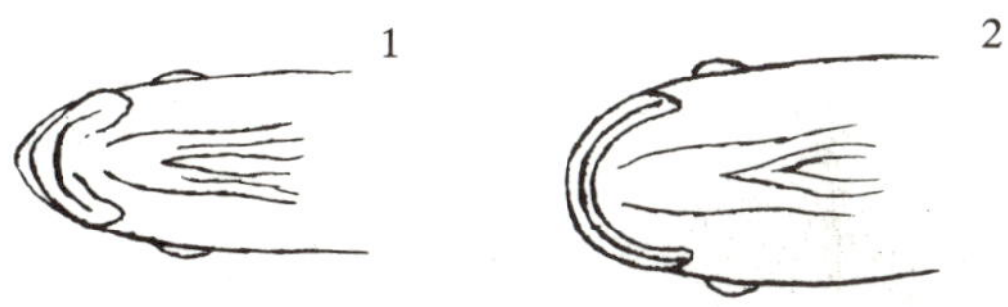

Forme de la bouche chez *L. leuciscus* (1) et *L. cephalus* (2).

Chevesne, meunier *Leuciscus cephalus*

Le corps du chevesne est cylindrique, robuste, avec une tête basse, largement arrondie, aboutissant à une grande bouche terminale, légèrement oblique vers le haut quand on la voit de profil. Le dos est gris à noir verdâtre, les flancs sont jaune d'or, le ventre jaune clair à argenté. Les nageoires dorsale et caudale sont sombres, les ventrales et l'anale orange à rouge sombre. Les écailles de grande taille sont bordées de sombre, ce qui donne au corps un aspect réticulé.
Le chevesne vit dans les rivières depuis la région inférieure de la zone de la truite jusqu'aux parties bien courantes de la zone de la brème. On le trouve aussi dans les eaux stagnantes, surtout dans les lacs de barrage.
Dans la plupart des eaux européennes, le chevesne atteint un âge moyen de 8 à 10 exceptionnellement 15 ans ou plus. La maturité sexuelle survient à 2–4 ans. Il fraie par petites bandes, plutôt en eau courante ou près des bords des grandes retenues. Les mâles restent dans les frayères, les femelles adultes s'introduisent parmi eux. Elles pondent leurs oeufs collants sur les branches immergées, les bouts de bois, le sol pierreux. La fraie est fractionnée en deux à trois pontes séparées de 10 à 20 jours d'intervalle. La peau des mâles, quelquefois aussi celle des femelles, se couvrent à l'époque de la fraie d'une éruption cutanée.
Dans les eaux courantes comme dans les eaux stagnantes, les chevesnes se tiennent de préférence dans des stations présentant un fond et des bords diversifiés. Ce sont des omnivores typiques. Leur activité se poursuit même pendant l'hiver. Tant que les températures ne sont pas très basses, ils continuent à se nourrir sans grandes interruptions. Ils comptent parmi les poissons les plus voraces, ce qui les fait apprécier par les pêcheurs, et ce malgré la qualité médiocre de leur chair. Les méthodes de pêche sont très diverses et les gros spécimens surtout sont très méfiants et difficiles à prendre.
Le chevesne résiste assez bien à la pollution et on le trouve souvent au débouché des égouts.

Longueur : 60 cm, exceptionnellement 80 cm, moyenne 20–40 cm.
Poids : 3–5 kg, rarement jusqu'à 8 kg, moyenne 0,2–0,6 kg.
Fécondité : 20 000–200 000 oeufs.
D : III/7–9 ; A : II–III/7–10 ; l.l. : 43–47.
Distribution : toutes les eaux européennes à l'exception de l'Irlande, de l'Ecosse et d'une partie de la Scandinavie septentrionale ; Asie antérieure.

La forme de la nageoire anale est un important caractère permettant de différencier *L. leuciscus* (1) et *L. cephalus* (2).

L. borysthenicus, une espèce voisine, vit en Ukraine méridionale, dans le bassin du Kouban et en Transcaucasie occidentale.

Ide mélanote, gardon rouge *Leuciscus idus*

L'ide se reconnaît à son corps relativement haut, à sa petite tête, à sa fine bouche terminale et à ses gros yeux dont l'iris est couleur laiton. Chez les individus qui vivent dans des stations riches en nourriture le dos est bombé en arrière de la tête.

La face dorsale jusqu'à la ligne latérale est gris-bleu foncé, les flancs argentés, le ventre blanchâtre. Les nageoires anale et dorsale sont bleu-gris, les nageoires paires rougeâtres. La caudale, plus foncée, est profondément échancrée.

C'est un poisson qui se plaît dans le cours inférieur des rivières à brèmes, dans les lacs de barrage, dans les retenues naturelles. Il a été implanté dans certains étangs. Il abonde surtout dans le Danube et dans les fleuves de la partie européenne de l'U.R.S.S. où il constitue une importante espèce commerciale.

L'ide mélanote devient adulte entre 3 à 5 ans. Les adultes se rassemblent en bancs migrateurs au printemps, la fraie elle même ayant lieu d'avril à juin sur un substrat sableux ou graveleux, sur les plantes aquatiques ou les fines racines d'arbres. Cette fraie est marquée par son caractère tempétueux : les poissons ne cessent de virevolter et leur livrée dorée brille de tous les feux. Des gibbosités apparaissent à cette époque sur la tête, le corps et les pectorales du mâle.

L'ide se nourrit de zooplancton, d'insectes aquatiques, de mollusques, d'alevins, d'algues, de végétaux supérieurs et d'insectes aériens tombés dans l'eau. Sa chair, assez savoureuse, en fait une bonne prise pour le pêcheur.

Longueur : 30–40, exceptionnellement 60 cm.
Poids : 0,5–2,5 kg, rarement jusqu'à 4 kg.
Fécondité : 70 000–120 000 oeufs par kg de poids de la femelle (moyenne 85 000 oeufs).
D : III/7–9 ; A : III/9–10 ; l.l. : 55–61.
Distribution : depuis le Rhin jusqu'à la Léna, en Sibérie.

Dans les parcs et les petits bassins de jardins, on élève souvent le mutant doré. L'ide doré est orangé à rouge et se tient habituellement près de la surface.

Blageon

Leuciscus souffia

Petit cyprinidé élancé, très voisin de l'ide avec qui il est souvent confondu même par un pêcheur avisé. Les caractères morphologiques particuliers ne sont pas tout de suite apparents, si bien que de nombreux spécialistes lui refusaient autrefois le statut d'espèce indépendante. Les deux espèces diffèrent par le nombre de rayons dans la nageoire dorsale et les pectorales, ainsi que par le nombre d'écailles de la ligne latérale. De plus, la dorsale du blageon est implantée plus en arrière des pelviennes que chez l'ide et il existe de légères différences dans la coloration des deux poissons.

Le dos est gris à bleu-gris, les flancs portent au-dessus de la ligne latérale de l'oeil jusqu'à l'extrémité du pédoncule caudal une large bande bleu foncé à noire, très intense surtout chez le mâle au moment de la fraie. Après les pariades cette bande s'atténue sans jamais disparaître tout à fait. A l'époque de la fraie, la racine des nageoires est jaune orangé, après, elle pâlit elle aussi. Les orifices de la ligne latérale sont eux aussi jaune orangé, le dessous des flancs est argenté, le ventre blanc.

Dans les rivières, le blageon donne la préférence aux stations abritées d'un fort courant ; dans les lacs, il se meut en profondeur. Il fraie d'avril à juin, parfois plus tard en altitude. La fraie a lieu en plein courant et les oeufs sont déposés sur un fond pierreux. Des tubercules apparaissent chez les deux sexes sur la tête et le corps. Il se nourrit surtout de menus invertébrés et d'insectes tombés dans l'eau.

Sa petite taille fait qu'il n'a pratiquement pas d'intérêt économique.

Longueur : 12–18 cm, maximum 25 cm.
Poids : 50–100 g, maximum 200 g.
Fécondité : 5000–8000 oeufs.
D : II–III/8–9 ; A : III/8–9 ; l.l. : 51–58.
Distribution : bassins du Danube, du Rhin, du Rhône. Il forme des bancs dans l'eau courante de leurs affluentes moyens et supérieurs, ainsi que dans certains lacs. Il remonte jusqu'à 2000 m d'altitude.

1

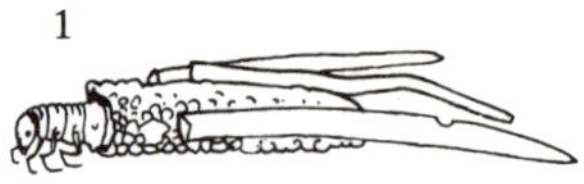

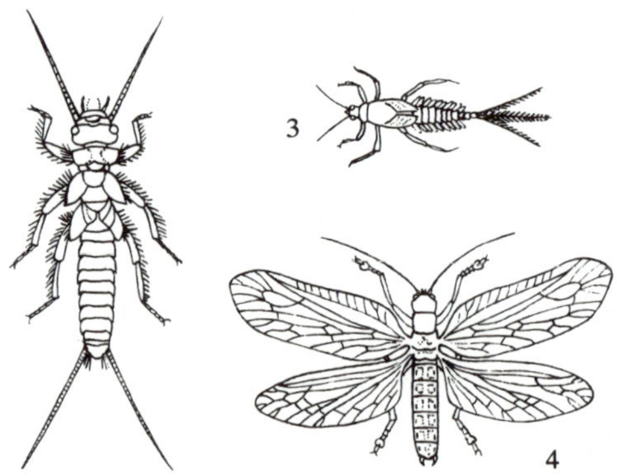

La nourriture du blageon se compose de différents petits invertébrés comme les larves de trichoptères (1), de plécoptères (2), d'éphémères (3) ou d'insectes adultes tombés dans l'eau (plécoptères – 4).

Vairon

Phoxinus phoxinus

Le vairon est un petit poisson reconnaissable à sa ligne latérale incomplète, ses nageoires fortement arrondies et ses écailles minuscules, à peine visibles à l'oeil nu. La coloration est très variable, le dos et les flancs peuvent être tachés à zébrés de macules sombres. Au moment de la fraie, les mâles se parent de couleurs exceptionnellement chatoyantes et comptent alors parmi les plus beaux poissons d'Europe. Le dos et les flancs deviennent alors sombres à noirs, ce qui contraste violemment avec la coloration rouge de la partie antérieure du ventre, du contour de la bouche et de la naissance des nageoires paires et de la nageoire anale. La tête, les pectorales et les écailles de la région antérieure du corps sont couverts de gibbosités claires.

C'est un poisson de croissance lente, vivant au maximum cinq années. Il se plaît dans les eaux claires, courantes, riches en oxygène et s'y nourrit surtout de larves d'insectes aquatiques, de crustacés et de vers. La maturité sexuelle survient au cours de la troisième année. La fraie se déroule sur des hauts-fonds graveleux, par groupes assez nombreux, d'avril à juillet. Les femelles pondent leurs oeufs sur le substrat ou parmi les plantes, généralement en deux séances.

Pendant la période végétative, le vairon se tient près des bords et de la surface. En cas de danger, il se dissimule sous les racines ou les pierres du fond, là où il se replie aussi pendant la mauvaise saison.

Vivant dans les ruisseaux à truites, le vairon représente pour cette dernière une importante ressource alimentaire. C'est somme toute son seul intérêt. Les pêcheurs sportifs s'en servent parfois comme appât, il est quelquefois élevé en aquarium et a été dans le passé utilisé comme poisson de laboratoire.

Longueur : 6–8 cm, rarement jusqu'à 12 cm.
Fécondité : 800–4500 oeufs.
D : II–III/7 ; A : III/6–7 ; l.l. : 75–90.
Distribution : ruisseaux et cours supérieur des rivières d'Asie septentrionale et d'Europe, à l'exception de l'Italie du Sud, de l'Espagne et du Portugal, de la partie méridionale de la péninsule des Balkans, de l'Ecosse du Nord et de la Scandinavie du Nord.

Le vairon des marais *(P. percnurus)* est une espèce voisine distribuée de la Pologne jusqu'à la péninsule des Tchouktches en Extrême-Orient. Il atteint 10–12 cm et vit dans les eaux immobiles stagnantes par petits bancs.

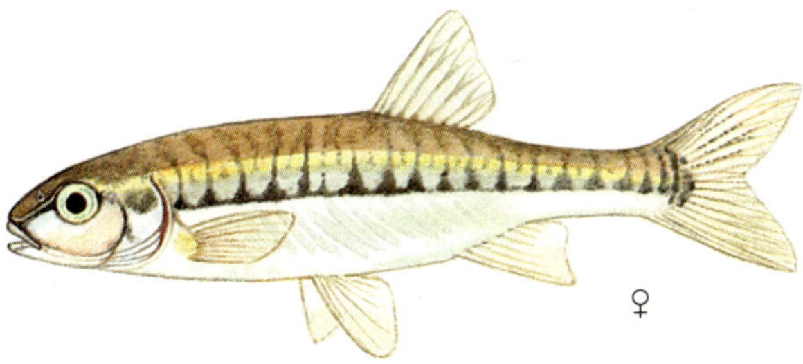

La femelle du vairon a une coloration plus terne.

Ctenopharyngodon idella

Voici un poisson au corps puissant, allongé, cylindrique, reconnaissable à ses yeux très écartés, si bien que le front paraît anormalement large (moins toutefois que celui de *Hypophthalmichthys molitrix*). La bouche est semi-ventrale. L'allure générale rappelle le chevesne.
La robe est gris-vert sur le dos, dorée sur les flancs. Le bord des écailles est souligné de noir, la dorsale et la caudale sont sombres, les autres nageoires gris clair.
C'est un poisson robuste, mais n'atteignant pas sa dimension normale dans les conditions européennes. Il dépasse quand même 0,5 m à cinq ans. Il devient adulte à 6–7 ans, mais la maturation dépend elle aussi de la vitesse de croissance. Il fraie dans le lit de la rivière, les oeufs sont pélagiques et dérivent au gré du courant pendant tout le développement embryonnaire qui dure environ 2 jours à une température de l'eau de 27–29 °C. Dans les conditions européennes, on est forcé de pratiquer une reproduction artificielle : les oeufs sont placés dans un incubateur à 25 °C. Les alevins se nourrissent de zooplancton, mais passent rapidement à une nourriture végétale, essentiellement composée de plantes supérieures. C'est là que réside l'intérêt de ce poisson que l'on introduit dans toutes les eaux envahies par une végétation aquatique dont on veut se débarrasser.
C'est un poisson préférant les vastes rivières, et surtout leur cours inférieur au débit lent. Il se plaît aussi dans les eaux immobiles, chaudes et riches en végétaux. C'est une espèce d'avenir, souvent introduite dans les carpiers pour augmenter leur productivité (en Chine, elle est élevée aux côtés de la carpe depuis plus de 2000 ans). Certains pisciculteurs la considèrent encore avec méfiance. Comme elle ne se reproduit pas spontanément en Europe, il n'y a pas de risque de pullulation excessive.

Longueur : 40–80 cm, maximum 1,2 m.
Poids : 2– 5 kg, maximum 30 kg.
Fécondité : 50 000–150 000 oeufs par kg de poids.
D : III/7 ; A : III/7–8 ; l.l. : 43–46.
Distribution : originaire du bassin de l'Amour, au sud jusqu'à Canton et Taiwan. Naturalisé en Chine et en U.R.S.S., puis après la Seconde Guerre mondiale en Europe orientale, centrale et occidentale, et enfin aux Etats-Unis.

La nourriture de *C. idella* se compose surtout de végétaux aquatiques supérieurs comme le volandeau (*Myriophyllum* – 1) ou le potamot (*Potamogeton* – 2). Les gros sujets consomment également les organismes benthiques et les insectes tombés dans l'eau. Ce sont donc de véritables omnivores.

Rotengle

Scardinius erythrophthalmus

Le rotengle se reconnaît à sa petite bouche tournée obliquement vers le haut, à son ventre comprimé en une carène aiguë écailleuse, en arrière des nageoires ventrales. Le bord antérieur de la dorsale est repoussé derrière le bord postérieur des pelviennes. L'iris de l'oeil est jaune, jamais rouge comme chez le gardon. Le dos est vert à brun-vert, les flancs jaune-vert avec un éclat doré, le ventre clair. Les nageoires pectorales et la dorsale sont rouge-jaune à gris-rouge, les autres rouge sang, surtout à l'époque de la fraie.
Le rotengle préfère les eaux immobiles ou lentes où il se déplace en bancs près de la surface ou dans les couches médianes de l'eau. Il se nourrit de zooplancton et de phytoplancton, de mollusques, d'insectes aquatiques, sans négliger les larves et les alevins de ses cousins. Les végétaux plus ou moins décomposés forment une part non négligeable de sa nourriture. Il mûrit sexuellement entre 2 à 3 ans et fraie en bancs peu importants de mai à juillet. La ponte est généralement fractionnée en deux émissions et les oeufs sont déposés sur les plantes aquatiques ou sur des pierres ou divers supports. Il s'hybride avec le gardon, la brème bordelière et l'ablette.
Le rotengle est moins présent dans ses stations que le gardon, mais il forme une part importante de l'alimentation de poissons carnassiers et on le lâchait jadis par petites quantités dans les élevages. La chair du rotengle est plus savoureuse que celle du gardon, mais contient elle aussi une profusion de petites arêtes.

Longueur : 25–30 cm, maximum 50 cm.
Poids : 0,3–1 kg, rarement jusqu'à 2 kg.
Fécondité : 90 000–230 000 oeufs.
D : II–III/8–10 ; A : III/9–12 ; l.l. : 37–43.
Distribution : Europe septentrionale et Asie. Absent dans la péninsule Ibérique et dans une partie des péninsules italienne et balkanique, en Ecosse du Nord et dans une grande partie de la Scandinavie.

Le rotengle est souvent confondu avec le gardon dont il se distingue par son corps plus robuste, plus haut, par la position de la nageoire dorsale et anale, par la position dorsale de la bouche, ainsi que par la coloration. L'hybride du gardon et du rotengle (à gauche) a l'oeil jaune du rotengle et les nageoires plus rouges que le gardon.

Aspe

Aspius aspius

L'aspe est un gros cyprinidé prédateur, au corps allongé, fortement comprimé en une carène aiguë, couverte d'écailles de la fin des pelviennes jusqu'à l'orifice anal. La mâchoire inférieure porte une excroissance qui vient se loger dans une échancrure de la mâchoire supérieure. La bouche largement fendue arrive jusque sous l'oeil.

Le dos est bleu-gris, les flancs argentés, les nageoires paires et la nageoire anale rougeâtres, les autres grises.

C'est un poisson à croissance relativement rapide. Il atteint 50 à 60 cm de long à 8–10 ans, selon les possibilités nutritives de sa station. Il devient adulte entre 3 à 4 ans. Il fraie dès le mois d'avril dans une eau à 5–10 °C. La fraie est collective et se déroule dans des endroits où coule l'eau vive. Les oeufs se collent aux galets ou au sable. Le développement dure 15 à 20 jours selon la température. Les alevins se nourrissent d'abord de zooplancton, plus tard de larves d'insectes aquatiques et d'alevins d'autres espèces. Les adultes sont ichthyophages, mais ne dédaignent pas les insectes tombés dans l'eau.

L'aspe se tient près de la surface ou dans les couches superficielles de l'eau, il s'est adapté à la vie dans les lacs de barrage où il effectue de longues migrations. Dans les rivières, il se tient en aval des digues et près des piles des ponts.

Il a une certaine importance économique locale, surtout dans les grands lacs de barrage. Il est surtout apprécié des pêcheurs sportifs car il lutte vigoureusement après le ferrage. Sa chair est de qualité moyenne. Depuis quelque temps, on fait des essais de reproduction artificielle semi-commerciale : les alevins sont élevés jusqu'à une taille de 5 à 10 cm (un an environ) puis lâchés en eau libre. Comme l'aspe est prédateur, on compte sur lui pour réguler les populations de poissons indésirables dans les lacs de barrage.

Longueur : 60–80 cm, maximum 1 m.
Poids : 2–4 kg, maximum 10 kg.
Fécondité : 80 000–100 000 oeufs.
D : III/8–9 ; A : III/12–14 ; l.l. : 64–74.
Distribution : rivières qui se jettent dans la mer du Nord, la Baltique, la mer Noire et la Caspienne. N'existe pas en France et en Angleterre.

1
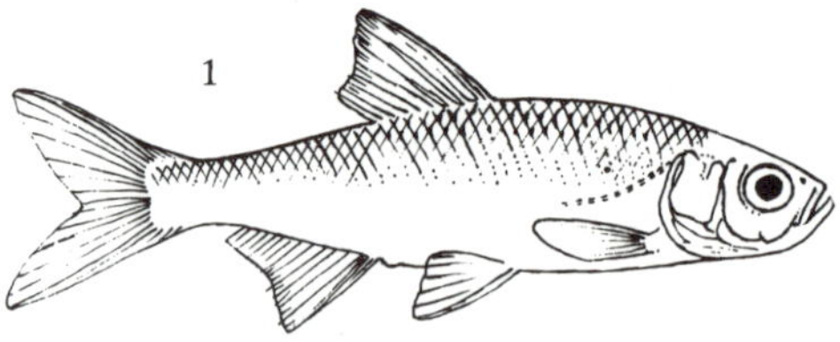

3
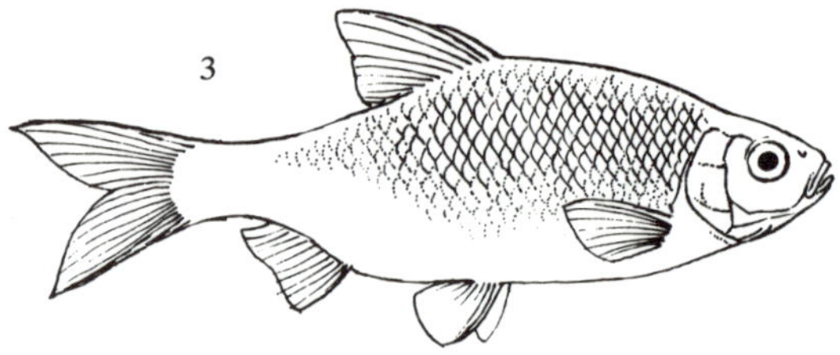

2
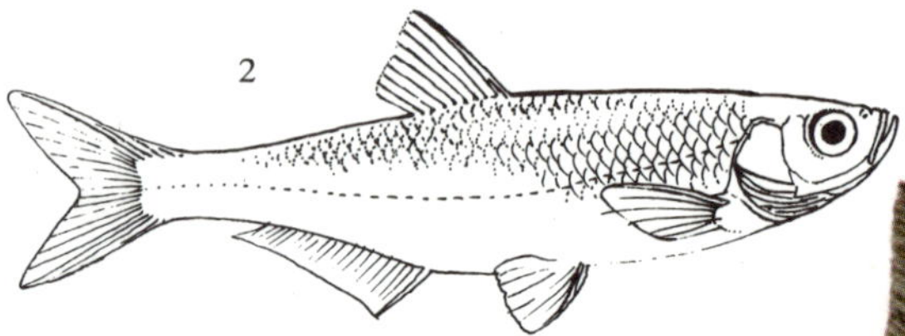

La nourriture de l'aspe se compose surtout de poissons « indésirables » : ables de Stymphale (1), ablettes (2), gardons (3).

Able de Stymphale

Leucaspius delineatus

L'able de Stymphale est un petit poisson au corps mince, allongé, couvert d'écailles cycloïdes de taille moyenne, facilement détachables. Le dos est brun-vert, les flancs argentés, parfois traversés de l'oeil à la queue par une bande grise ou bleutée, plus ou moins visible, bordée de clair du côté supérieur. L'insertion des nageoires paires est rougeâtre, les nageoires sont transparentes.

L'able de Stymphale atteint rarement plus de trois ans. Il vit dans les eaux immobiles à lentes, dans les trous d'eau laissés par les inondations, les étangs formés par le ruissellement des eaux pluviales. Il résiste assez bien au manque d'oxygène. Il est très abondant par endroits et forme des bancs actifs. Il se nourrit surtout de phyto- et de zooplancton qu'il capture près de la surface.

L'orifice uro-génital permet de reconnaître les sexes : il est enfoncé chez les mâles et doté de trois excroissances chez les femelles. La fraie a lieu d'avril à juin dans une eau dépassant 18 °C, en 3 à 5 émissions. Les oeufs sont très petits (à peine la taille d'une graine de pavot), incolores. La femelle les dépose en bande sur la face inférieure de végétaux aquatiques, de fragments de bois ou de racines près de la surface, après avoir d'abord nettoyé l'endroit. Le mâle surveille les oeufs pendant 5 à 12 jours, jusqu'à la dispersion des alevins.

L'able de Stymphale n'a pas d'intérêt économique mais sert parfois d'appât.

Longueur : 7–9 cm.
Fécondité : 100–2300 oeufs.
D : II–III/7–8 ; A : II–III/10–13.
Distribution : eaux d'Europe centrale et orientale, du bassin du Rhin jusqu'à celui de la Volga inclus : certaines régions du Danemark et de la Suède méridionale. Absent en Angleterre, en France, en Italie et dans la péninsule Ibérique.

Du fait de sa petite taille, l'able se nourrit de larves de copépodes (1), mais aussi de crustacés adultes appartenant à la famille des *Cyclopidae* (2), de puces d'eau de la famille des *Daphniidae* et d'autres composantes planctoniques.

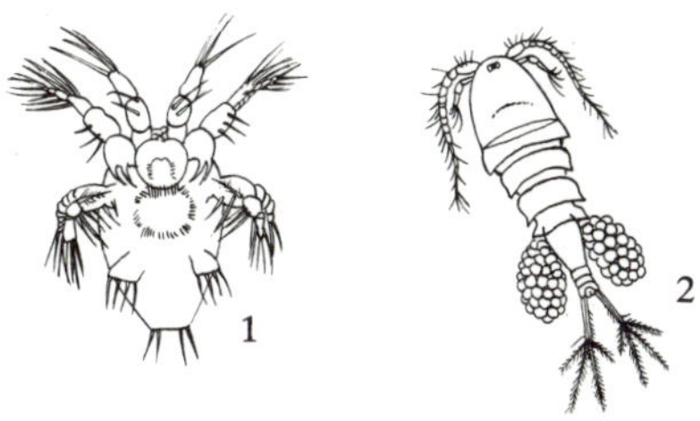

Ablette

Alburnus alburnus

L'ablette se distingue du spirlin par plusieurs caractères spécifiques : sa ligne latérale n'est pas, comme celle du spirlin, bordée d'une double bande sombre. Elle a 17 à 22 branchiospines, le spirlin moins de 15. Sa nageoire anale est un peu plus longue que celle du spirlin et comporte un plus grand nombre de rayons mous. Ses écailles sont assez grosses et se détachent facilement.

La robe est gris-vert sur le dos, parfois avec un reflet bleuté, les flancs sont argentés, le ventre blanc. La dorsale et la caudale sont grisâtres, les nageoires paires et la nageoire anale jaunâtres.

En Italie on rencontre la sous-espèce *Alburnus alburnus albidus* (ablette italienne), en Transcaucasie la sous-espèce *Alburnus alburnus charusini,* parfois considérées comme deux espèces indépendantes.

L'ablette atteint 5 à 6 ans, sa croissance est plus rapide dans les lacs de barrage où elle échappe à la concurrence des autres espèces du fait de sa vie entre deux eaux. Elle devient adulte à 3 ans et fraie de mai à juin. La femelle colle les oeufs sur les plantes, mais aussi sur le substrat graveleux propre.

C'est un des poissons les plus communs dans le cours moyen et inférieur des rivières et dans la plupart des lacs de barrage. Elle forme des bancs près de la surface et évite les stations envahies par la végétation.

Elle sert fréquemment d'aliment aux poissons prédateurs et est parfois pêchée au filet. Les pêcheurs amateurs l'apprécient pour sa chair fine et savoureuse. Ses écailles servaient jadis à la fabrication de la nacre synthétique.

Longueur : 15–20 cm.
Poids : 30–50 g.
Fécondité : 1500–12 000 oeufs.
D : II–III/7–9 ; A : III/16–20 ; l.l. : 46–55.
Distribution : presque toutes les eaux européennes à l'exception des péninsules méridionales, du nord de la Scandinavie, de l'Irlande et de l'Ecosse.

L'ablette se nourrit de zooplancton, d'insectes tombés dans l'eau ainsi que de plécoptères (1) et d'éphémères (2) volant au ras de l'eau.

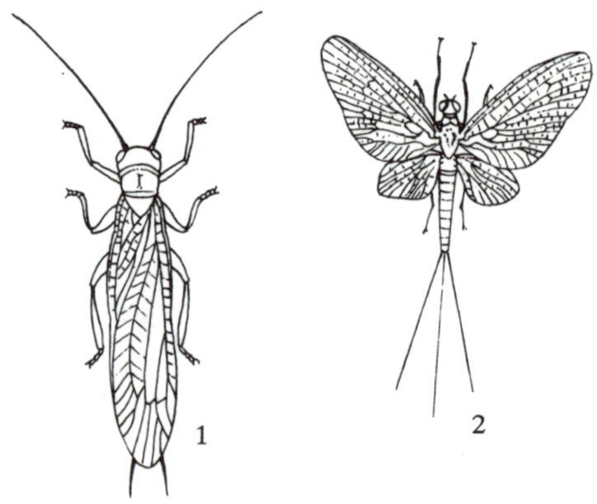

Spirlin, ablette de rivière *Alburnoides bipunctatus*

Le spirlin est un petit poisson reconnaissable à la double bande interrompue, de couleur sombre, qui borde la ligne latérale. Il se distingue de l'ablette par ses dents pharyngiennes lisses (elles sont légèrement râpeuses chez l'ablette). Sa nageoire anale est longue, mais plus courte que chez les brèmes. Le corps est généralement plus haut que chez l'ablette.

Le dos est brun sombre, les flancs argentés. La robe est plus foncée que celle de l'ablette. La base des pectorales est rosée, les autres nageoires sont grises.

Le spirlin atteint 5 à 6 ans, devient adulte dans la troisième année de vie. Il fraie en mai–juin en plein courant dans les rivières et les ruisseaux importants, sur un substrat pierreux ou graveleux. Le développement dure 4 à 10 jours selon la température de l'eau. La nourriture se compose surtout de zoobenthos, et notamment de larves de trichoptères. Il se nourrit aussi d'insectes tombés dans l'eau.

Le spirlin vit en plein courant dans des sites peu profonds du cours moyen ou supérieur des rivières, en compagnie du vairon, du goujon et d'autres espèces typiques de ces zones. On peut aussi le trouver dans des stations calmes du cours inférieur, dans les lacs aux eaux limpides et dans certains lacs de barrage.

Il n'a pas d'importance économique directe, mais sert d'aliment aux prédateurs que sont les grosses truites, les anguilles, la lote. Il sert d'appât dans la pêche au brochet ou au sandre.

Longueur : 10–15 cm.
Poids : 20–30 g.
Fécondité : 3000–8000 oeufs.
D : III/7–8 ; A : III/12–17 ; l.l. : 44–51.

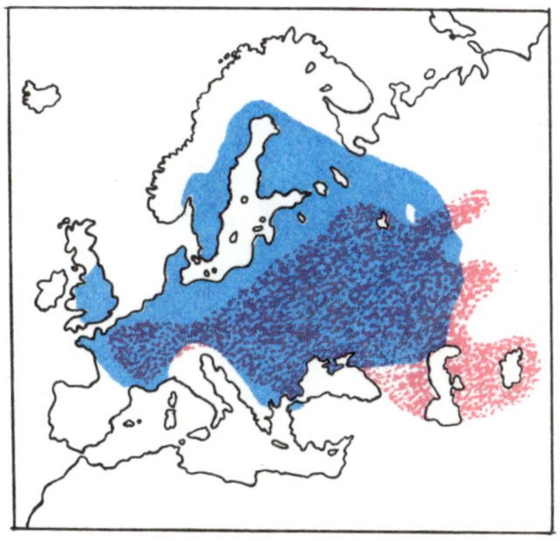

Le spirlin (rouge) ne remonte pas aussi haut au nord que l'ablette (bleu).

Brème commune

Abramis brama

Le genre *Abramis* comprend trois espèces de poissons cyprinidés caractérisés par leur tronc haut et leur longue nageoire anale, dont la brème commune est la plus importante. Elle se reconnaît à son corps haut, comprimé latéralement, et sa bouche ventrale, protractile, qui lui permet de ramasser la nourriture sur le fond.

Le dos est bleu sombre, parfois noirâtre, les flancs gris avec parfois un reflet vert-jaune, le ventre blanc sale ou jaunâtre. Les nageoires impaires sont gris-noir, les paires plus claires.

C'est un gros poisson dont la croissance dépend, comme c'est le cas chez d'autres espèces, de la taille de la population et du nombre de concurrents alimentaires d'autres espèces. Lorsque le peuplement est excessif et la nourriture insuffisante, elle forme des populations de croissance lente, avec des individus au corps mince rappelant une feuille de papier. La maturité sexuelle survient vers la quatrième ou cinquième année. La fraie a lieu d'avril à juillet en plusieurs fois. Les oeufs sont pondus sur un substrat graveleux ou sur les végétaux aquatiques, selon le caractère de la frayère. A 18–20 °C, le développement dure 3 jours. Les alevins se nourrissent surtout de zooplancton, les adultes d'organismes benthiques (mollusques, larves de chironomes, vers de vase). Lorsqu'elle vient à pulluler, elle se nourrit surtout de particules en décomposition, de fragments de végétaux, voire de vase.

La brème vit dans les eaux lentes, dans les étangs, les retenues artificielles, les gros trous d'eau. Elle supporte les eaux saumâtres. C'est une importante espèce économique et sportive. Elle forme une partie importante de la biomasse totale des eaux courantes. Dans certains lacs de barrage on prend annuellement à la ligne jusqu'à 100 kg de brèmes à l'hectare.

Longueur : 35–45 cm, maximum 80 cm.
Poids : 1–2 kg, maximum 10 kg.
Fécondité : 50 000–350 000 oeufs (soit 60 000–100 000 oeufs par kg de poids de la femelle).
D : II–III/7–10 ; A : III/23–29 ; l.l. : 48–60.
Distribution : toute l'Europe à l'exception de la Scandinavie, de l'Ecosse, des péninsules Ibérique et italienne, des parties occidentale et méridionale de la péninsule des Balkans. Naturalisée dans les retenues de Sibérie occidentale et du Transbaïkal.

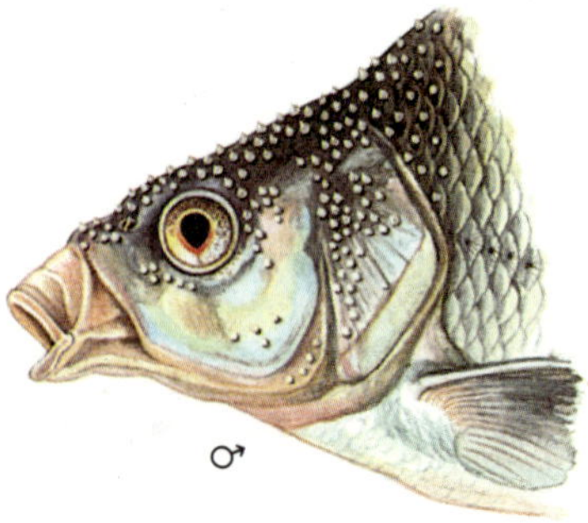

Tête du mâle à l'époque de la fraie. On voit les différentes gibbosités de fraie, ainsi que la bouche protractile qui permet à la brème d'aspirer la nourriture du fond.

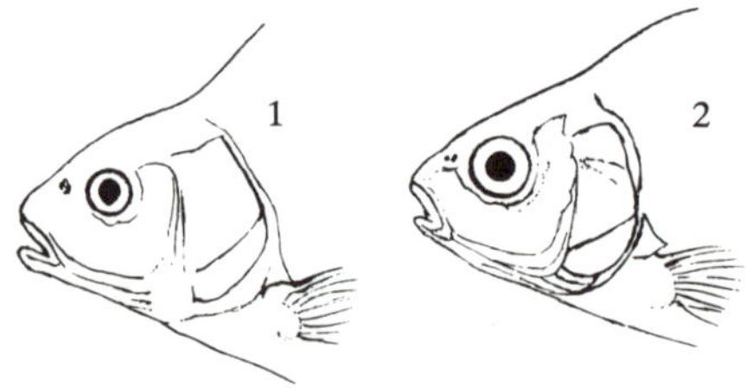

Comparaison de la tête de la brème commune (1) et de la brème bordelière (2). La différence dans la dimension des yeux est frappante.

Brème du Danube

Abramis sapa

La brème du Danube se distingue de la brème commune par sa longue nageoire anale comportant plus de 30 rayons mous et par la position ventrale de sa bouche. La tête est reconnaissable à ses gros yeux de couleur claire.
La robe a un dos bleu sombre, parfois avec un reflet verdâtre, les flancs sont gris argenté, les nageoires grises, les paires un peu plus claires que les impaires. Il existe toute une série de sous-espèces qui se différencient par la forme du tronc, le nombre de rayons de la nageoire anale et le nombre d'écailles de la ligne latérale.
C'est une espèce de petite taille. Sa croissance est relativement lente même dans de bonnes conditions alimentaires. Elle devient adulte entre 3 à 4 ans et pond environ 10 000 oeufs à la fois sur le fond graveleux des rivières. Cette fraie se situe en mai, et est précédée d'une migration anadrome depuis l'embouchure des rivières et la mer voisine jusqu'aux frayères. Une fois la fraie accomplie, la plupart des adultes reviennent vers la mer en se nourrissant voracement. Etant donné l'emplacement de la bouche, on comprendra aisément que la brème du Danube se nourrisse surtout d'organismes benthiques (mollusques, larves de chironomes), complémentés par des végétaux et des particules organiques. Elle vit dans le cours inférieur des rivières mais n'y est jamais très abondante.
Elle a une certaine importance économique dans la mer Noire et la Caspienne où elle est pêchée au chalut et au filet ordinaire. Sa chair est grasse et très savoureuse. On la consomme salée ou fumée. Comme poisson sportif la brème du Danube est sans intérêt.

Longueur : 15–20 cm, maximum 30 cm.
Poids : 0,2–0,5 kg, maximum 1 kg.
Fécondité : 10 000–40 000 oeufs.
D : II–III/7–8 ; A : III/33–45 ; l.l. : 48–54.
Distribution : bassins de la Baltique, de la mer Noire, de la Caspienne, de la mer d'Aral.

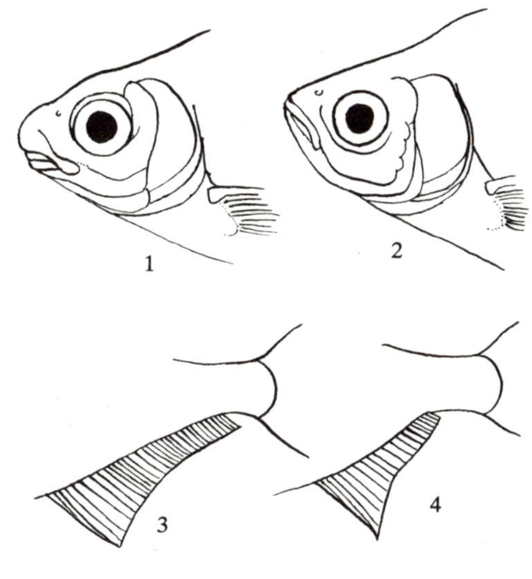

Abramis sapa (1) se distingue de *A. ballerus* (2) par la position ventrale de sa bouche. Ces deux espèces se distinguent aussi de *A. brama* et de *Blicca bjoerkna* (4) par leur longue nageoire anale comportant plus de 30 rayons (3).

Zope

Abramis ballerus

La zope a un corps mince, latéralement comprimé. Elle se distingue de la brème commune par la longueur de sa nageoire anale comportant généralement plus de 30 rayons mous, de la brème du Danube par la position supérieure de sa bouche. Les écailles sont petites, la ligne latérale en comporte plus de 60. Le lobe inférieur de la nageoire caudale est plus long que le lobe supérieur.

Le corps est gris-blanc argenté, le dos vert sombre à bleu sombre, souvent avec un éclat métallique. Les nageoires impaires sont grises, les paires jaunâtres, parfois rougeâtres bordées de noir.

C'est un cyprinidé de taille moyenne pouvant vivre jusqu'à 18 ans. La zope pousse lentement, atteint 16 cm de long dans la troisième à la quatrième année de vie, 30 cm dans la huitième à la dixième année. Elle devient adulte à trois ou quatre ans, les mâles généralement un an avant les femelles. Elle fraie de la fin avril à mai sur un fond graveleux ou sur des vétégaux immergés. A 15 °C le développement embryonnaire prend 3 à 5 jours.

La zope vit dans le bas des rivières, dans des trous d'eau d'inondation (périodiques). Elle ne pénètre qu'isolément dans les mers. Elle se multiplie depuis quelque temps surtout dans les lacs de barrage d'U.R.S.S.. Les adultes se tiennent dans les eaux libres, les alevins en eau peu profonde.

Elle a une importance locale dans la Volga et dans les retenues de barrage qui jalonnent son cours. Elle y est pêchée au chalut à l'époque de la fraie. Elle est consommée séchée et salée.

Longueur : 20–30 cm, maximum 45 cm.
Poids : 0,3–0,6 kg, maximum 1,5 kg.
Fécondité : 15 000–25 000 oeufs.
D : II–III/8–9 ; A : III/26–44 ; l.l. : 62–77.
Distribution : bassins de la mer du Nord, de la Baltique, de la mer Noire et de la Caspienne, du Rhin jusqu'à la Néva, du Danube jusqu'à l'Oural. Elle n'existe pas actuellement dans le bassin de la mer Blanche, mais on sait qu'elle était pêchée dans le bassin de la rivière Onéga il y a plusieurs milliers d'années.

Au contraire des autres brèmes, *A. ballerus* est surtout zooplanctonophage, consommant notamment des crustacés des genres *Daphnia* (1) et *Cyclops* (2).

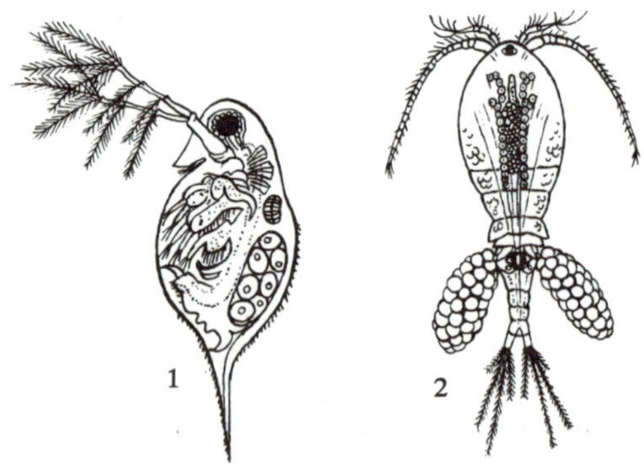

Brème bordelière

Blicca bjoerkna

Le genre *Blicca* se distingue des véritables brèmes (genre *Abramis*) par ses dents pharyngiennes disposées sur deux rangs (elles forment un seul rang chez *Abramis*). Mais d'autres différences apparaissent au premier coup d'oeil : par exemple les gros yeux de la brème bordelière, ou ses nageoires claires vivement colorées. La nageoire anale est plus courte que celle des brèmes et prend naissance en arrière de la verticale passant par le dernier rayon de la dorsale.
La robe est gris-noir sur le dos, les flancs argentés avec un éclat typique vert ou bleuté et métallique. Les nageoires impaires sont grises, la base des paires est orange ou rougeâtre.
C'est une espèce de taille moyenne, pouvant cependant dépasser 1 kg dans certains carpiers. Elle grossit moins vite que la brème commune, mesure 15 cm entre 5 à 6 ans, 25 cm entre 8 à 10 ans selon la richesse alimentaire du milieu. Une partie des populations (les mâles surtout) devient sexuellement adulte dès deux ans, le reste à trois ans. La fraie est fractionnée et s'échelonne de mai à la fin juin, souvent dans des frayères communes avec d'autres cyprinidés (gardon, rotengle, brème tout particulièrement), si bien qu'on assiste à l'apparition de nombreux hybrides. Dans certaines eaux, la brème bordelière pullule en formant des populations pléthoriques de croissance lente. Elle vit dans le cours inférieur des rivières, dans les étangs, les lacs de barrage récemment mis en eau, les trous d'eau des zones inondables au voisinage des grands fleuves.
Son importance économique est faible. Elle est parfois prise au chalut en même temps que d'autres poissons au moment des migrations printanières de reproduction. Elle est sans intérêt pour le pêcheur sportif, mais représente un sérieux concurrent alimentaire pour d'autres espèces plus intéressantes.

Longueur : 15–25 cm, maximum 35 cm.
Poids : 0,2–0,5 kg, maximum 1 kg.
Fécondité : 15 000–110 000 oeufs.
D : III/8–9 ; A : III/19–24 ; l.l. : 41–52.

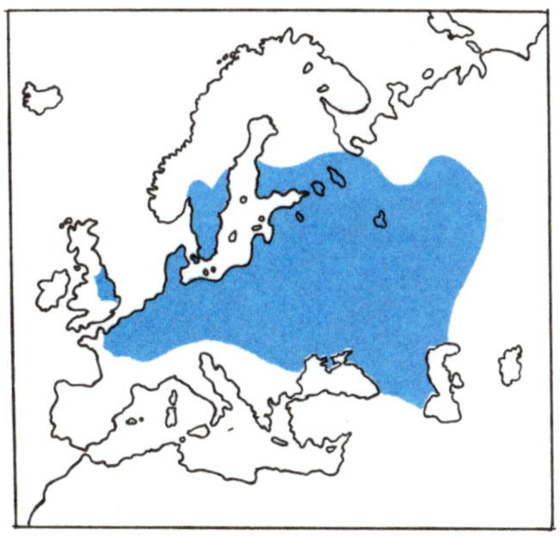

Distribution de *B. bjoerkna*.

La nourriture de la brème bordelière se compose surtout de mollusques comme *Lymnea stagnalis* (1), de larves d'insectes (par exemple du genre *Sialis* – 2) ou de chironomes (genre *Chaoborus* – 3).

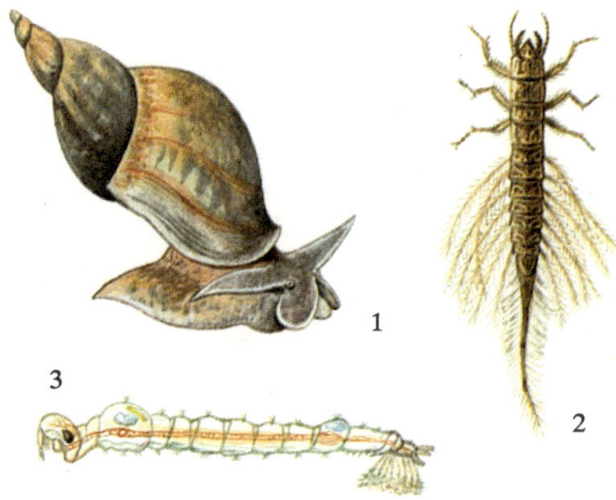

Zährte *Vimba vimba*

Cette espèce est parfois confondue avec les brèmes ou le nase. Elle se distingue des premières par son tronc plus bas et plus allongé, du second par sa nageoire anale plus longue et par la forme de la bouche. Elle se caractérise de plus par sa carène ventrale aiguë, couverte d'écailles, en arrière de la dorsale et surtout par son museau charnu qui lui a donné son nom dans de nombreuses langues. Sous le museau se trouve une bouche inférieure, dont la forme arquée ne ressemble en rien à la bouche droite du nase.
La face dorsale du corps est bleu-gris, le ventre argenté. A l'époque de la fraie, le dos et les flancs prennent une teinte très foncée, presque noire, tandis que le bas de la tête, l'avant du corps, les nageoires pectorales et ventrales sont orange vif à rouges. Après la fraie, cette « livrée nuptiale » disparaît rapidement.
C'est un poisson semi-migrateur vivant surtout dans le secteur inférieur des fleuves, au cours lent, mais pouvant remonter assez loin dans le secteur moyen. Elle parcourt souvent lors de ses migrations jusqu'à plusieurs centaines de kilomètres. Elle vit aussi dans les eaux stagnantes et dans l'eau saumâtre des embouchures, remontant les rivières pour frayer. Sa nourriture se compose surtout d'animaux du fond que sa bouche est bien adaptée pour ramasser.
La migration de fraie anadrome se fait en bancs. La fraie elle-même a lieu de fin avril à juillet dans les courants relativement lents, sur un fond pierreux. Elle est généralement fractionnée en 2 à 3 pontes.
Malgré sa rareté relative, c'est un poisson très apprécié des pêcheurs sportifs. Sa pêche nécessite un équipement très étudié. Sa chair est très savoureuse, surtout à la saison fraîche.

Longueur : 25–35 cm, rarement jusqu'à 40 cm.
Poids : 0,5–1,5 kg, isolément jusqu'à 3 kg.
Fécondité : 20 000–50 000 oeufs, chez certaines femelles-trophées jusqu'à 300 000.
D : III/8–9 ; A : III/17–22 ; l.l. : 51–64.
Distribution : bassin de la mer du Nord et de la Baltique, fleuves de l'Yser jusqu'à la Néva. Remonte jusqu'à 62° de latitude Nord, en Suède méridionale et en Finlande. Dans les affluents de la mer Noire, du Danube jusqu'au fleuve Kouban, existe la sous-espèce *V. vimba* natio *carinata* qui se distingue par son mufle charnu étiré en longueur.

A l'époque de la fraie le poisson revêt une livrée contrastée. Les couleurs des mâles sont plus intenses que celles des femelles et des tubercules de fraie apparaissent sur leur tête et leur dos.

Rasoir

Pelecus cultratus

A première vue, le rasoir fait un peu penser à certains poissons volants maritimes. Son corps allongé, fortement comprimé, se caractérise en effet par un dos presque plat, tandis que la face ventrale est fortement convexe avec une carène relativement aiguë. Les pectorales sont très longues et terminées en pointe ; la bouche tournée vers le haut, oblique, s'ouvre dans la région supérieure de la tête. Les écailles sont facilement caduques. Parmi les caractères distinctifs il faut aussi noter une ligne latérale onduleuse.
Le dos du rasoir est gris argenté à bleu-gris, les flancs et le ventre sont blanc argenté. C'est un poisson des eaux saumâtres des golfes marins, adoucies par des apports d'eau de rivière, des lagunes de la Baltique, de la Caspienne, de la mer d'Aral. Il remonte les rivières par bancs au moment de la fraie et les migrations peuvent être très importantes dans les grands fleuves. Il existe des populations dulçaquicoles en permanence. Dans la région balte, il remonte les fleuves de la côte sud-est (de l'Oder jusqu'à la Néva). Il remonte aussi le Danube jusqu'à Bratislava et même plus loin. La présence de barrages et la pollution croissante sont manifestement causes de la diminution des effectifs et du nombre toujours plus petit des stations où il est présent.
Le rasoir vit en bancs près de la surface, aussi bien en mer que dans les eaux douces. Il arrive généralement à maturité vers trois ans et fraie de mai à juin en plein courant. Les oeufs pélagiques et les larves écloses dérivent au gré du courant. Les alevins se nourrissent de plancton, mais dès la deuxième année de vie les petits d'autres espèces et les insectes tombés dans l'eau forment une part non négligeable de leur nourriture.
La chair est molle, pleine d'arêtes, peu savoureuse à l'état frais.

Longueur : 25–40 cm, maximum 60 cm.
Poids : 0,5–1 kg, rarement 2 kg.
Fécondité : moyenne 30 000 oeufs, maximum 50 000 oeufs.
D : II–III/6–8 ; A : II–III/25–29 ; l.l. : 90–115.

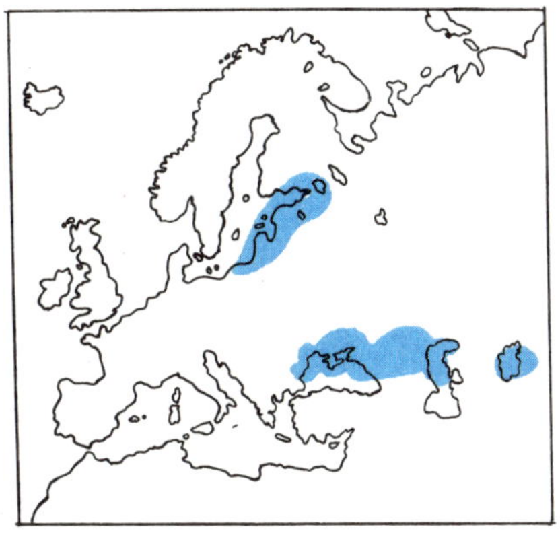

Sa distribution fait du rasoir un « élément balto-pontico-caspico-aralien », peuplant les fleuves qui se jettent dans les quatre mers et les eaux saumâtres de leurs embouchures.

Tanche commune *Tinca tinca*

La tanche a un corps relativement court, assez haut, couvert de toutes petites écailles. Celles-ci sont profondément enfoncées dans le derme et recouvertes d'un épais épiderme muqueux. On rencontre parfois des individus à peau presque nue. La coloration est à dominante verte : le dos vert sombre, les flancs brun-vert à gris-vert avec un reflet doré. La face ventrale est nettement plus claire, les nageoires foncées. On trouve dans les élevages des individus dorés ou rouges.

La tanche se tient près du fond dont les animaux forment l'essentiel de sa nourriture. Elle fraie en plusieurs fois de la fin juin à début août, sur les végétaux aquatiques (espèce phytophile).

Elle se distingue par son exceptionnelle résistance au manque d'oxygène et supporte même des eaux acides et tourbeuses. Elle passe l'hiver en profondeur, enfouie dans la vase ou l'argile ou encore en bancs serrés juste au niveau du fond. Elle tombe dans une léthargie passagère, semblable à l'hibernation, lorsque l'eau se réchauffe trop en été.

C'est l'un des poissons les plus connus et son importance économique est considérable dans certains pays. Sa chair savoureuse, grasse et blanche la fait souvent élever comme importante espèce complémentaire dans les viviers et les lacs de barrage d'un grand nombre de pays européens.

Longueur : 30–40 cm, rarement jusqu'à 60 cm.
Poids : 1–3 kg, jusqu'à 7 kg.
Fécondité : 80 000–500 000 voire 900 000 oeufs.
D : III–IV/8–9 ; A : III–IV/6–8 ; l.l. : 87–116.
Distribution : pratiquement toutes les eaux d'Europe. Au nord, elle disparaît à partir de 61° de latitude, au sud, elle manque en Dalmatie et en Crimée. Introduite dans les eaux d'autres continents. Elle vit dans le secteur moyen à inférieur des rivières, dans les étangs, les trous d'eau, les lacs de barrage et d'autres sites semblables. Elle supporte une eau légèrement salée (est de la Baltique).

Face ventrale du mâle et de la femelle. Le dimorphisme sexuel apparaît dans les nageoires pelviennes dont les premiers rayons sont fortement épaissis chez le mâle. De plus, elles dépassent toujours l'anus chez le mâle.

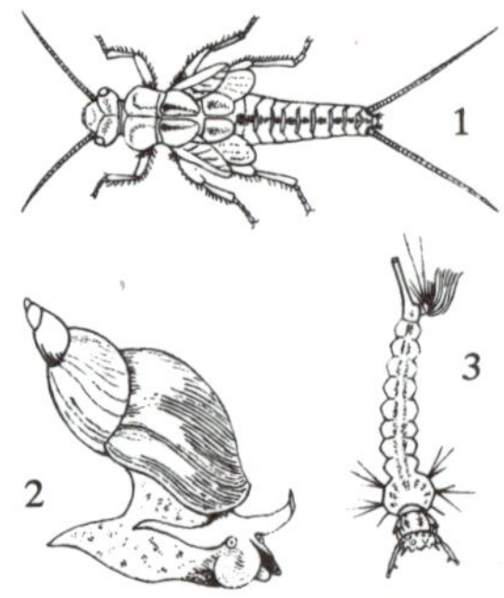

Principaux aliments de la tanche : larve de plécoptère du genre *Nemura* (1), limnée *(Lymnea stagnalis* – 2*)*, larve de moustique du genre *Culex* (3).

Nase, hotu *Chondrostoma nasus*

Le nase se reconnaît à son corps allongé, élancé, bien adapté à la vie en plein courant et à sa bouche de forme caractéristique.
Le corps est gris à blanc argenté, avec des reflets bleutés sur le dos. A l'exception de la dorsale, les nageoires sont rougeâtres à carrément rouges, l'intérieur de la cavité ventrale est noir. Le nase vit surtout dans les secteurs moyens des rivières, dans une eau bien courante, mais il peut s'adapter à la vie en eau stagnante et peuple à ce titre des lacs de barrage. Il forme des bancs populeux pouvant compter plusieurs centaines d'individus, bien visibles depuis les berges. En effet, les poissons se mettent souvent sur le flanc pour ramasser leur nourriture sur le fond et leur présence est alors trahie par les éclairs argentés que lancent leurs flancs. Sauf dans leur prime jeunesse, les nases se nourrissent presque exclusivement d'algues et de bacillariophycées et ce à longueur d'année. On reconnaît les stations où ils sont passés aux bandes claires, nettoyées de leur couverture végétale, sur les pierres. Le nase vient à maturité entre 3 à 4 ans. Il fraie dans les raidiers du secteur supérieur des rivières et des ruisseaux. Les mâles se couvrent alors de tubercules de fraie blancs. La fraie se déroule de mars à mai et les poissons entreprennent des migrations plus ou moins longues pour gagner les frayères. Les bancs reproducteurs sont importants ; la fraie elle-même, tapageuse. Les alevins ont d'abord une bouche en fer à cheval qui se redresse au fur et à mesure qu'ils grandissent.
La chair du nase n'est pas de première qualité et elle est truffée de petites arêtes. Le poisson constitue pourtant une proie appréciée des pêcheurs et compte à juste titre parmi les espèces d'intérêt économique.

Longueur : 25–40 cm, maximum 50 cm.
Poids : 0,3–1 kg, exceptionnellement jusqu'à 2 kg.
Fécondité : 2500–6500 oeufs par kg de poids de la femelle.
Age : 15–18, maximum 20 ans.
D : II–IV/8–10 ; A : II–IV/9–12 ; l.l. : 56–66.
Distribution : rivières d'Europe, de la France jusqu'à l'U.R.S.S. Manque dans les péninsules méridionales européennes, en Grande-Bretagne, au Danemark, en Scandinavie, dans le nord de la partie européenne de l'U.R.S.S. Manquait jusqu'à une époque récente dans l'Elbe, mais pénètre maintenant dans son cours inférieur par les canaux et les voies de communication.

En Italie du Nord, dans la région de Nice et dans le Rhône, on rencontre le parent du nase, *Ch. genei,* qui atteint jusqu'à 30 cm de long.

Le nase se sert de ses lèvres tranchantes, bordant une bouche particulière en forme de fente étroite, pour gratter sur les pierres les algues et les bacillariophycées qui constituent sa nourriture.

Soffie

Chondrostoma toxostoma

La forme et l'allure générale de la soffie rappellent celles du nase, mais la soffie reste plus petite et vit plus en altitude. Elle se distingue également du nase par plusieurs caractères anatomiques et morphologiques : rayons épineux moins nombreux dans la nageoire anale, moins d'écailles sur la ligne latérale et surtout une bouche en fer à cheval.

Le dos est vert olive, les flancs blanc argenté portent généralement une raie longitudinale sombre, gris doré, au-dessus de la ligne latérale. La soffie ne vit que dans les rivières du sud-ouest de la France et du nord de l'Espagne. Les populations espagnoles constituent selon certains spécialistes une sous-espèce, *Ch. toxostoma arrigonus,* qui diffère par certains caractères des populations françaises. Ces dernières peuplent certains cours en même temps que *Ch. nasus.*

La soffie se plaît surtout dans de petites rivières aux eaux propres et au cours relativement tranquille. Elle vit en bancs, surtout nombreux pendant l'hiver où ils se replient vers les eaux profondes. Avec la venue du printemps, les bancs migrent vers les frayères situées dans les sections vives de l'étage supérieur, sur un fond caillouteux. Ces frayères se trouvent toujours plus haut que celles du nase. Les deux espèces se nourrissent d'algues, de diatomées et de végétaux aquatiques poussant sur les pierres.

La soffie a son importance comme composante de la nourriture des truites, parfois comme sujet de la pêche sportive. Sa chair est moins savoureuse, plus grasse et plus chargée en arêtes que celle du nase. Parmi les autres espèces proches de la soffie, citons l'espèce *Ch. genei.*

Longueur : 20–25, maximum 30 cm.
Poids : 0,3–0,5 kg.
Fécondité : 500–8000 oeufs.
D : III/8 ; A : III/9 ; l.l. : 57–62.

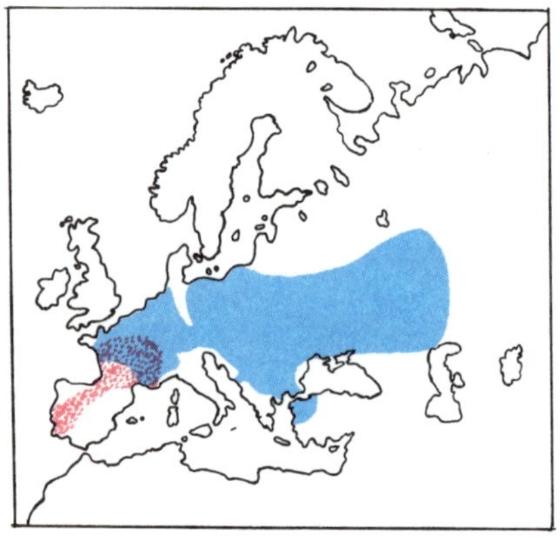

Plusieurs espèces du genre *Chondrostoma* peuplent les eaux européennes : la plus commune est *Ch. nasus* (en bleu). En Europe de l'Ouest et du Sud-Ouest, elle est relayée par *Ch. toxostoma* (en rouge).

Barbeau commun

Barbus barbus

Le corps du barbeau est presque cylindrique, avec une dorsale haute mais courte. La bouche ventrale se caractérise par des lèvres charnues et quatre barbillons également charnus. Les dents pharyngiennes sont implantées sur deux rangs.

Le dos du barbeau est vert olive à brun-vert, les flancs ont des reflets dorés, le ventre est jaunâtre à blanc sale. La nageoire anale et les nageoires paires ont la même teinte rougeâtre, la dorsale et la caudale sont foncées.

C'est un poisson de taille imposante et les femelles grossissent plus rapidement que les mâles. La maturité sexuelle survient vers 4 à 6 ans. Le barbeau fraie de mai à juillet en plein courant sur un fond de graviers. Lorsqu'on examine les ovaires, on découvre deux à trois types d'oeufs : ce qui signifie que la ponte pourrait être fractionnée. Le nombre d'oeufs se chiffre à 35 000–60 000 par kg de poids. Le développement dure 5 à 10 jours. Le barbeau se nourrit surtout d'invertébrés benthiques, mais aussi d'algues, voire de petits poissons. C'est une espèce typique des eaux vives des secteurs supérieurs des rivières (zone du barbeau), caractérisés par un fond pierreux ou graveleux. Il vit en bancs près du fond sur lequel il trouve sa nourriture, en retournant les pierres avec son museau charnu. L'activité hivernale est fortement ralentie (hibernation).

Le barbeau représente pour le pêcheur sportif une prise fort appréciée. Il mord surtout vers le soir ou dans des eaux troublées par la pluie où il recherche sa nourriture.

Longueur : 30–60 cm, maximum 90 cm.
Poids : 0,5–2 kg, maximum 6 kg.
Fécondité : 20 000–150 000 oeufs.
D : III–IV/8–9 ; A : II–III/5 ; l.l. : 55–66.
Distribution : Europe occidentale et centrale, y compris le bassin du Danube. N'existe pas en Irlande, en Scandinavie, et dans les eaux des péninsules européennes méridionales.

Chez le barbeau commun le troisième rayon épineux de la dorsale est nettement denté tandis qu'il est tout à fait lisse chez le barbeau méditerranéen.

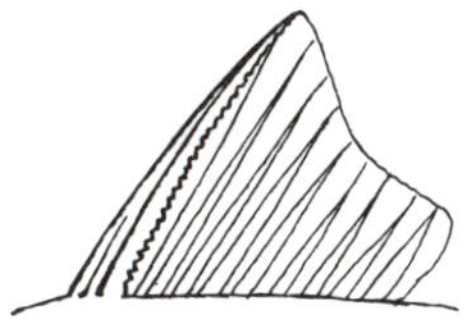

Barbeau à courte tête

Barbus brachycephalus

Ce barbeau se reconnaît à son dos sombre à reflet vert, ses flancs clairs, ses nageoires grises. C'est une espèce migratrice anadrome. Les populations de la Caspienne vivent dans les parties méridionale et occidentale de cette mer et remontent ses cours d'eau tributaires pour la fraie : Koura, Térek, Volga, Oural, etc. Les populations de la mer d'Aral peuplent la totalité de cette mer et remontent pour frayer le Syr-Daria et l'Amou-Daria. Dans le Syr-Daria, par exemple, la migration se met en place en juin et s'achève au début d'octobre. Certaines années, on assiste également à de courtes migrations printanières au mois de mars. Le poids moyen des reproducteurs se situe aux environs de 6 kg et les poissons cessent habituellement de s'alimenter pendant cette période critique. Les produits sexuels sont immatures au début de la migration et n'achèvent leur développement qu'au cours du voyage. Les alevins apparaissent dans le delta du Syr-Daria en août et les mâles restent souvent dans le fleuve jusqu'à la première fraie. La maturité sexuelle se situe aux environs de trois à quatre ans, les femelles sont toujours en retard d'un an ou deux sur les mâles. La croissance du barbeau à courte tête est rapide : au bout de cinq ans de vie il dépasse 0,5 m de long, et il atteint 80 à 90 cm dans sa dixième année. Sa nourriture se compose surtout de mollusques bivalves, notamment du genre *Adacna*.

Les barbeaux de la Caspienne, pêchés dans la Koura sont plus robustes que ceux de la mer d'Aral. Certains individus entreprennent une migration estivale d'août à septembre ; ces poissons, dont les produits sexuels ne sont pas encore mûrs, resteront dans le fleuve jusqu'à la fraie qui a lieu l'année suivante. La migration printanière, au contraire, est le fait d'individus dont les produits sexuels sont déjà presque mûrs et qui fraieront la même année. Chez les grosses femelles (1 m environ), on trouve plus d'un million d'oeufs.

Avant la Seconde Guerre mondiale, les prises se chiffraient à 1000 tonnes dans la mer d'Aral et à 300 tonnes dans la Koura. Elles sont actuellement beaucoup plus faibles.

Longueur : 0,5–1 m, maximum 1,2 m.
Poids : 2–6 kg, maximum 25 kg.
Fécondité : 150 000–1,5 millions d'oeufs.
D : III–IV/7 ; A : II–III/5–6 ; l.l. : 64–80.

Distribution de *B. brachycephalus* (en rouge) et de la sous-espèce *B. brachycephalus caspius* (en bleu).

B. cyclolepis est une espèce parente, vivant en Crimée, dans le bassin du Kouban et en Anatolie.

Barbeau méditerranéen

Barbus meridionalis

C'est une espèce plus petite que le barbeau commun, avec une dorsale moins haute, non échancrée au sommet, et dont le troisième rayon fourchu n'est pas denté. La nageoire anale est longue : repliée, elle vient toucher la base de la caudale. Les écailles sont plus grosses que chez le barbeau commun.

Le dos est ici brun-vert, les flancs jaune sale, le ventre blanchâtre, les nageoires paires jaunâtres. Le corps entier est parsemé de taches brun sombre.

Le barbeau méditerranéen fraie comme le barbeau commun dans les eaux courantes, après avoir remonté le cours des rivières. Les alevins se rassemblent en eau peu profonde et dans les anses calmes. Ils se nourrissent, comme les adultes, d'organismes benthiques.

Le barbeau méditerranéen forme des bancs peu populeux qui vivent près du fond, dans les eaux courantes, dans la zone de l'ombre, plus rarement dans celle du barbeau. Les adultes se dissimulent entre les pierres ou sous les rives creuses. Ils passent l'hiver sur place et ne descendent pas dans les eaux plus profondes de la zone des barbeaux. Ils pullulent par endroits.

C'est une bonne nourriture pour les prédateurs, surtout les salmonidés (grosses truites, saumon du Danube en Europe orientale). Il se croise avec le barbeau commun lorsque les deux espèces coexistent dans les mêmes stations.

Longueur : 25–35 cm, maximum 40 cm.
Poids : 0,2–0,4 kg, maximum 0,6 kg.
D : II–III/8–9 ; A : II–III/5 ; l.l. : 49–60.

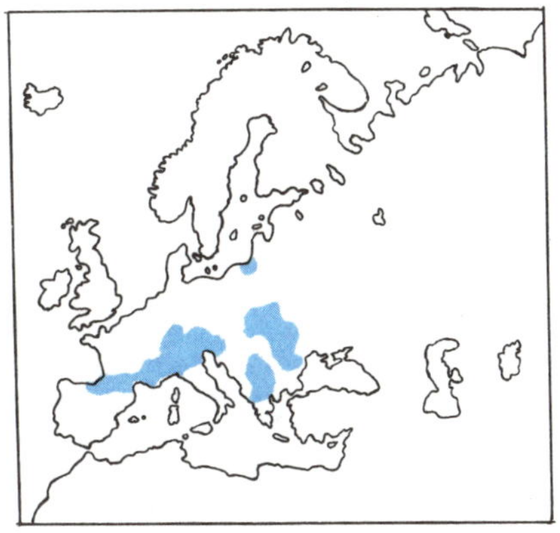

L'aire de distribution du barbeau méditerranéen forme plusieurs îlots indépendants dans le sud-ouest, le sud et le centre de l'Europe. Il s'agit probablement de restes d'une aire jadis continue.

Goujon

Gobio gobio

Le goujon commun est l'une des espèces les plus nombreuses et les plus répandues du genre *Gobio*. C'est un petit poisson au corps fuselé. La bouche ventrale porte deux barbillons.
Le dos du goujon est brun à verdâtre, les flancs gris-blanc sale, parfois tirant sur le jaune. Les nageoires dorsale, caudale et pectorales sont gris-jaune avec plusieurs rangées de taches foncées bien délimitées.
La croissance est lente : le goujon n'atteint 10 à 15 cm qu'au bout de 5 à 6 ans. La maturité sexuelle survient vers 2 à 3 ans. La fraie a lieu d'avril à juin dans une eau à 12–18 °C, courante, parfois immobile, sur un fond sableux. Les mâles se couvrent alors de gibbosités. La ponte se déroule en 3 à 4 fois séparés par des intervalles d'une semaine environ. Les oeufs sont agglutinés en petits paquets. Le développement embryonnaire dure 6 à 10 jours selon la température de l'eau. Les alevins se tiennent près du fond où ils trouvent leur nourriture (infusoires, rotifères, larves de crustacés). A mesure qu'ils grandissent, les jeunes goujons s'intéressent à des proies plus conséquentes : larves de trichoptères, de chironomes, parfois des végétaux.
Le goujon vit à tous les niveaux des rivières, dans les trous d'eau, les étangs, les lacs de barrage. Il supporte même les eaux légèrement saumâtres de la Baltique septentrionale et orientale. Il se contente même de petits creux dans les ruisseaux. Lorsqu'il est dérangé, il se dissimule sous les berges affouillées, entre les pierres, dans les racines. Il peut former des populations très nombreuses dans les étangs à carpes et faire concurrence aux carpillons.
Le goujon ne présente pas d'intérêt économique. Il sert d'appât aux pêcheurs et de proie aux poissons carnassiers.

Longueur : 10–12 cm, maximum 22 cm.
Fécondité : 1000–3000 oeufs.
D : II–III/7 ; A : II–III/6–7 ; l.l. : 40–46.

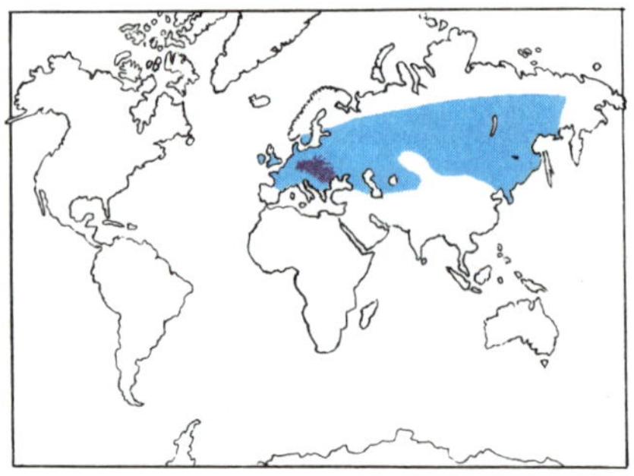

Distribution de *G. gobio* (en bleu) et de *G. uranoscopus* (en rouge).

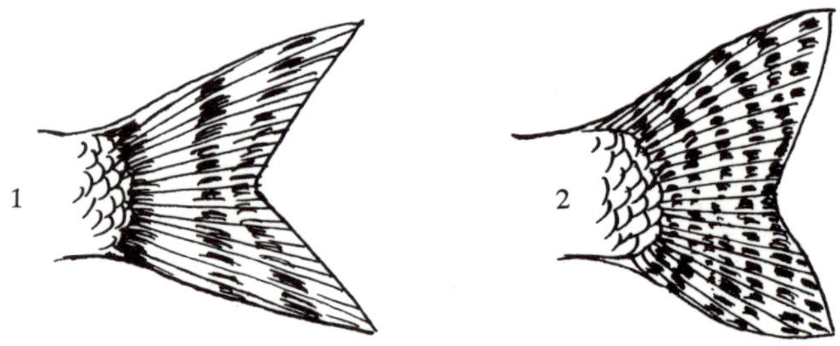

Chez le goujon à nageoires blanches *(G. albipinnatus)*, la caudale porte des taches sombres disposées en deux rangées qui suivent à peu près l'échancrure de la nageoire (1) ; chez le goujon commun, ces taches sont distribuées irrégulièrement sur toute la surface de la nageoire (2).

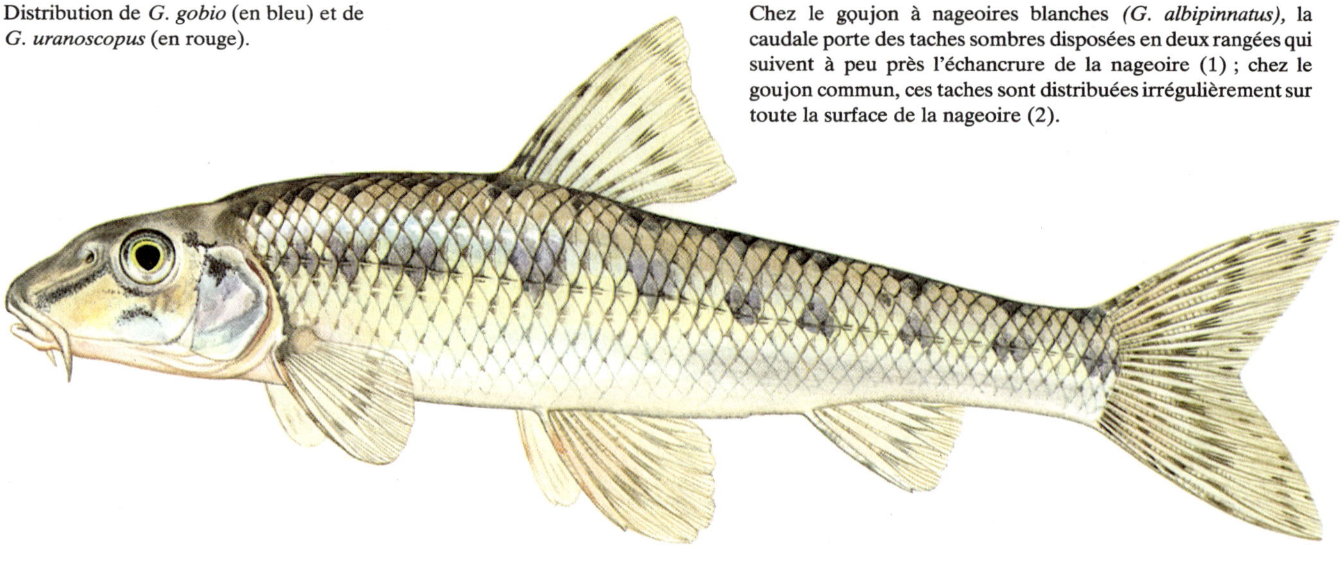

Goujon à nageoires blanches *Gobio albipinnatus*

Le corps est fuselé, les barbillons viennent jusqu'à la verticale passant par le bord postérieur de l'oeil. Comme chez l'espèce précédente, la gorge est nue et sans écailles. La ligne latérale est bordée de taches sombres, comme chez le spirlin, chez qui elles sont toutefois plus accentuées. Les flancs, la dorsale et la caudale portent également des taches sombres.

Le goujon à nageoires blanches vit dans les bassins du Dniepr, du Don, de la Volga et du Danube. Il recherche des secteurs aux eaux profondes et assez lentes, mais vit aussi dans les bras morts et les mares formées par les crues. On le trouve parfois en même temps que le goujon commun, mais on a fort peu de données sur sa croissance, sa multiplication et sa nourriture.

Il ne présente pas d'intérêt économique, mais sert de nourriture aux poissons prédateurs, parfois d'appât aux pêcheurs.

Dans les eaux du Danube, on rencontre également le goujon du Danube *(G. uranoscopus),* le seul goujon européen à avoir une gorge recouverte d'écailles. Les barbillons viennent jusqu'au bord postérieur du préopercule. C'est une espèce qui vit dans la partie supérieure des cours d'eau, dans la zone de l'ombre et du barbeau, marquée par un fort courant et des rapides. Elle se tient tout près du fond pierreux. Sa petite taille et sa vie discrète font qu'on ne sait que fort peu de choses sur elle. Il semble que ses populations soient en voie de diminution et qu'il s'agisse d'une espèce menacée. A ce titre, elle est protégée à longueur d'année dans plusieurs pays.

Dans les eaux du Danube et du Dniestr, on rencontre aussi le goujon de Kessler *(G. kessleri)* : le seul à avoir une dorsale comportant 8 rayons mous (ils sont au nombre de 7 chez les autres espèces). Ses barbillons sont moins longs que chez *G. uranoscopus* et sa gorge est nue.

Longueur : 8–10 cm, maximum 13 cm.
D : II–III : 6–7 ; A : II–III : 5–6 ; l.l. : 40–46.
Distribution : *G. albipinnatus :* bassin du Dniestr, du Don, du Danube.
G. uranoscopus : bassin du Danube.
G. kessleri : bassin du Danube et du Dniestr.

G. uranoscopus (1) et *G. kessleri* (2) sont deux espèces voisines.

Bouvière

Rhodeus sericeus

Voici un petit poisson cyprinidé caractérisé par un corps relativement haut et une bouche semi-ventrale. Le corps est couvert de grandes écailles, la ligne latérale est incomplète et ses orifices ne sont visibles que sur les 4 à 7 premières écailles en arrière de la tête.

Pendant la majeure partie de l'année, la bouvière a un dos gris-vert avec les flancs et le ventre argentés et une bande bleu-vert, opalescente, dans la zone médiane des flancs. A l'époque de la fraie, la couleur des mâles s'intensifie et deux îlots de tubercules de fraie apparaissent au-dessus de la bouche et des yeux. Les flancs sont alors rouge violacé et on remarque une tache sombre en arrière de l'opercule.

La bouvière vit surtout dans le secteur inférieur et les bras morts des rivières, ainsi que dans certains lacs où elle recherche les baies boueuses, abritant des bivalves : anodontes et unios en particulier. En effet, leur présence est indispensable pour sa reproduction qui a lieu d'avril à août. A cette époque apparaît chez la femelle, en arrière de l'anus, un ovipositeur long de 5 à 6 cm. C'est le mâle qui choisit « son » coquillage dès le printemps, en éloignant dans un premier temps même les femelles. Par la suite, lorsqu'une femelle reproductrice s'approche, le mâle l'attire vers le coquillage en se livrant à un rituel complexe. Enfin, la femelle enfile son ovipositeur dans l'orifice excréteur du coquillage et pond ses oeufs entre les lamelles branchiales. Le mâle libère au contraire sa laitance au-dessus de l'orifice inférieur du coquillage, d'où elle est aspirée avec l'eau qui l'entoure dans la cavité branchiale du mollusque. C'est là que se produit la fécondation. Les oeufs fécondés se développent à l'intérieur du coquillage pendant 3 à 4 semaines, puis les jeunes bouvières se dispersent dans la nature. Un mâle attire ainsi vers son coquillage plusieurs femelles et plusieurs couples de bouvières peuvent utiliser le même mollusque si bien qu'on peut trouver à l'intérieur plus de cent alevins à des stades de développement différents. La bouvière vit 4 à 5 ans et devient adulte vers 2 ans.

Elle se nourrit surtout de phytoplancton et de zooplancton et ses populations sont en diminution constante du fait de la disparition des coquillages.

Longueur : 6–9 cm.

Fécondité : 40–100 oeufs mesurant jusqu'à 3 mm de diamètre.

D : II–IV/8–11 ; A : II–III/8–10.

Distribution : au nord des Alpes, à l'exception de la Scandinavie et de la majeure partie de la Grande-Bretagne. Sa limite occidentale est formée par le bassin du Rhône, sa limite orientale par le bassin de la Caspienne.

A l'aide de son long ovipositeur, la femelle pond ses oeufs dans l'orifice supérieur du coquillage. L'ovipositeur n'apparaît qu'à l'époque de la fraie. Jadis, la croissance de l'ovipositeur en présence d'hormones sexuelles était utilisée comme test de grossesse.

Carassin, carpe à la lune *Carassius carassius*

Le carassin a un corps haut : la hauteur est comprise 1,8 à 2 fois dans la longueur, chez les formes naines 3 à 4 fois. La dorsale est longue, comme chez la carpe. Les dents pharyngiennes sont plantées sur un rang, étroites, au bord lisse.

Le carassin a une couleur dorée ou verdâtre avec un dos sombre. La dorsale et la caudale sont brunes, les nageoires paires brun-jaune, parfois rougeâtres. Chez les jeunes, le pédoncule caudal porte une tache sombre à la naissance de la nageoire. La bouche est sans barbillons.

Le carassin est nettement plus petit que la carpe. A la différence de cette dernière, il a tendance à former de vastes populations naines, avec des sujets ne dépassant pas 10 à 15 cm en moyenne. La croissance est lente. La maturité sexuelle survient entre 2 à 3 ans, la fraie a lieu d'avril à mai. La ponte est fractionnée en deux ou trois fois. Les oeufs sont déposés sur les plantes aquatiques ou les végétaux terrestres submergés. Le développement dure 4 à 7 jours. Le carassin se nourrit de zooplancton et d'organismes benthiques, parfois de restes végétaux. Il vit dans les eaux fermées, souvent dans des conditions extrêmes. Il peut hiberner dans une eau totalement dépourvue d'oxygène et passer de longues périodes sans manger. Les formes basses naines peuvent redonner des formes hautes normales lorsque les conditions redeviennent favorables.

En Europe orientale, le carassin a par endroits une importance économique considérable, surtout dans des eaux qu'évitent la plupart des autres espèces. Il sert de nourriture aux prédateurs, parfois d'appât. Il est pêché à la ligne par endroits.

Longueur : 20–30 cm, maximum 50 cm.
Poids : 0,2–0,5 kg, maximum 1,5 kg.
Fécondité : 30 000–300 000 oeufs.
D : III–IV/14–21 ; A : II–III/6–8 ; l.l. 31–36.
Distribution : à l'origine, eaux tributaires de la mer du Nord, de la Baltique et de la mer Noire, eaux tributaires de l'océan Glacial Arctique jusqu'à la Léna. Comme la carpe, il a été introduit dans de nombreuses autres stations.

Pour distinguer le carassin commun du carassin doré, il faut examiner la forme du troisième rayon fourchu de la dorsale. Chez *C. carassius,* les indentations sont à peu près de même taille, tandis qu'elles deviennent progressivement plus hautes vers le bout du rayon chez *C. auratus.*

Carassin doré, poisson rouge *Carassius auratus*

La forme du corps est semblable à celle de l'espèce précédente. Le dernier rayon épineux de la dorsale porte 10 à 15 indentations de taille croissante, du corps vers l'extrémité de la nageoire. Le nombre de branchiospines sur le premier arc branchial est de 39 à 50 ; il n'est que de 23 à 33 chez le carassin commun.

Le dos est gris-noir, tout comme la dorsale et la caudale. Les flancs sont argentés, les nageoires paires et la nageoire anale sont plus claires.

Il vit en Europe centrale et orientale dans les mêmes stations que le carassin commun, mais pénètre jusqu'en Extrême-Orient. Le poisson rouge ornemental qui nous vient de Chine descend d'une des sous-espèces du carassin doré, *C. auratus gibelio*. Actuellement, le carassin doré se répand en Europe entre autres grâce à la dissémination de poissons herbivores.

La fraie a lieu de mai à juillet, dès la deuxième à la quatrième année de vie. Certaines populations est-europénnes et asiatiques ne comportent que des femelles. La ponte a lieu en 2 à 4 fois. Le carassin doré se nourrit de benthos, de zooplancton, d'insectes terrestres, de restes végétaux. Il atteint 8–12 ans. Il est tributaire d'un certain espace : on le prend dans les fleuves, les grands lacs. Il grandit plus facilement que l'espèce précédente.

Etant donnée sa forte poussée vers l'Ouest, le carassin doré revêt une importance économique sans cesse croissante, soit négative (là où il n'est pas pêché et où il concurrence la carpe), soit positive (là où il augmente la productivité globale). La production annuelle de certains étangs, où il est pourtant indésirable, atteint 50 à 100 kg. Il est pêché en Extrême-Orient et dans la partie européenne de l'U.R.S.S.

Longueur : 20–25 cm ; maximum 30–45 cm.
Poids : 0,2–0,3 kg, maximum 1–2 kg.
Fécondité : 160 000–360 000 oeufs.
D : III–IV/14–19 ; A : II–III/5–7 ; l.l. : 27–34.
Distribution : une partie de l'Europe et de l'Asie.

Forme dorée de *C. auratus,* souvent élevée dans les bassins d'ornement.

Carpe commune *Cyprinus carpio*

La carpe sauvage a un corps puissant, cylindrique, avec une longue dorsale et une nageoire anale au contraire courte. La bouche est entourée de 4 barbillons charnus. Les hybrides de la carpe et du carassin n'ont habituellement que deux barbillons.
Les flancs sont jaune doré à bruns, le dos sombre, le ventre blanc-jaune. Les nageoires paires et la caudale sont rougeâtres, la dorsale est gris-bleu.
La croissance de la carpe sauvage est nettement plus lente que celle de sa forme d'élevage, mais elle est tributaire de la température de l'eau et de la durée de la période végétative. Dans les conditions centre-européennes, le poisson atteint environ 35 cm et un poids de 1 kg dans sa quatrième année, et mesure 60 cm avec un poids de 4 kg à 15 ans. Il arrive à l'âge adulte entre 4 à 5 ans. Il fraie près du bord entre fin mai et juin, à une température minimale de 15 °C, la température optimale de l'eau étant de 18 °C. A 15 °C, les oeufs éclosent au bout de 5 jours ; à 20 °C, au bout de 3 jours environ. Les larves mesurent à peu près 5 mm de long et restent d'abord suspendues aux végétaux aquatiques, le temps de digérer le sac vitellin. Les alevins se nourrissent de petits organismes du plancton, puis ne tardent pas à se mettre à rechercher leur nourriture sur le fond. Les plantes et les graines forment une part non négligeable de leur alimentation. La carpe vit en bancs et passe l'hiver dans des endroits profonds sans s'alimenter.
C'est un précieux poisson du point de vue économique, mais la forme sauvage n'est actuellement presque plus pêchée, étant donnée la faiblesse numérique des populations. Il est néanmoins important que cette forme sauvage ne disparaisse pas, pour permettre son croisement éventuel avec les formes d'élevage.

Longueur : 40–80 cm, maximum 1 m.
Poids : 2–4 kg, maximum 30 kg.
Fécondité : 50 000–1,5 millions d'oeufs.
D : III--IV/15–22 ; A : III/5–6 ; l.l. : 33–40.

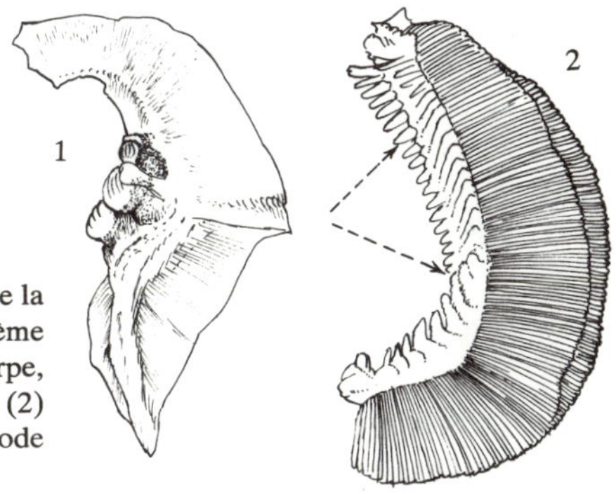

Les dents « pharyngiennes » (1) sont caractéristiques de la famille des Cyprinidés. Elles sont portées par le cinquième arc branchial et servent à broyer la nourriture. Chez la carpe, elles sont disposées sur trois rangs. Les branchiospines (2) sont courtes et rugueuses, ce qui est caractéristique du mode alimentaire préférant le benthos.

Carpe commune *Cyprinus carpio*

L'excellente qualité de la chair de la carpe fait qu'elle est élevée en Europe depuis l'ère romaine. Les connaissances des Romains se sont transmises aux moines qui ont répandu l'élevage de la carpe dans toute l'Europe. Vers la fin du moyen âge, la carpe trouve sa place même dans les étangs de la noblesse. Sa taille augmente progressivement, grâce à la température élevée de l'eau des viviers et à l'abondance de nourriture. La sélection a contribué à fixer sa taille optimale, avec un corps haut, jusqu'à nos jours. Le poisson s'est répandu dans le monde entier et constitue aujourd'hui l'une des plus importantes espèces d'eau douce. Les carpes vendues sur les marchés pèsent entre 1 et 3 kg, ce qui correspond à un âge de 2 à 4 ans. La fraie a lieu dans des étangs particuliers, peu profonds, mis en eau peu de temps auparavant : les étangs de pose. Depuis quelque temps, on fait de plus en plus appel à une fécondation *in vitro* suivie d'un développement embryonnaire en incubateurs spéciaux. Des étangs dits de premier été servent à accueillir les alevins durant la première année de leur vie. Ils y atteignent 20 à 100 g avant la fin de l'automne. A l'automne suivant, on obtient de jeunes « feuilles » pesant entre 0,4 et 0,8 kg. Celles-ci sont transférées dans des étangs d'embouche et elles deviennent des nourrains pêchés à l'automne suivant (à la fin de leur troisième année de vie) pour être commercialisés. La carpe trouve dans les étangs une alimentation naturelle complétée par des issues de meunerie, des mélasses, etc. La vitesse de croissance dépend de la quantité de nourriture mais aussi de la température de l'eau. La croissance est bonne dans une eau à 20 °C, optimale entre 25 et 29 °C. La carpe sert au peuplement de lacs de barrage où elle fait la joie des pêcheurs sportifs.

Grâce à des siècles de sélection, on a vu apparaître les carpes écailleuses (1), les carpes-miroirs (3) et les carpes-cuir (2, 4).

1

3

2

4

Hypophthalmichthys molitrix

Ce poisson possède un corps massif, relativement haut, couvert de menues écailles. Les yeux sont placés particulièrement bas.
Le dos est gris-vert, les flancs et le ventre argentés, les nageoires grisâtres, la nageoire anale et les nageoires paires présentant parfois un reflet doré.
Originaire du bassin de l'Amour et de Chine méridionale, il a été acclimaté progressivement dans un grand nombre de pays asiatiques et en Europe. La croissance est rapide : il atteint 50 cm de long dans sa quatrième à cinquième année de vie. Dans les zones méridionales, il devient adulte vers la troisième année ; dans les zones septentrionales, plus tard. Dans sa patrie d'origine, il remonte les rivières à contre-courant pour frayer au-dessus de bancs sableux situés au contact de deux courants. Il fraie en été, habituellement lorsque les eaux sont hautes. Les oeufs commencent par flotter au gré du courant, puis les alevins se replient vers des eaux calmes après la résorption du sac vitellin. Ils se nourrissent d'abord de zooplancton, mais passent rapidement à une nourriture végétale, faite surtout d'algues unicellulaires, et ce dès qu'ils mesurent 2 cm environ. C'est là que réside l'intérêt de cette espèce qui n'entre pas en compétition avec les autres poissons. En Europe, la fraie n'est pas spontanée et les populations doivent être renouvelées chaque année. C'est une bonne espèce d'accompagnement de la carpe et on compte aussi sur ses possibilités de consommation de phytoplancton excédentaire dans certains lacs de barrage. Sa présence n'est pas très intéressante dans d'autres eaux libres car il se prend très difficilement à la ligne. Sa chair est de qualité moyenne, mais les sujets tués doivent être rapidement cuits car la chair prend bientôt un goût amer.

Longueur : 40–60 cm, maximum 1 m.
Poids : 2–4 kg, maximum 10 kg.
Fécondité : 60 000–80 000 oeufs par kg de poids.
D : II–III/6–7 ; A : II–III : 11–14 ; l.l. : 110–129.
Distribution : bassin de l'Amour, Chine méridionale.

Une espèce voisine, *Aristichthys nobilis*, a également été introduite en Europe depuis la Chine. Elle consomme une nourriture animale, mais aussi du phytoplancton (algues, cyanophycées). Sa croissance est rapide et elle pourrait devenir, elle aussi, une espèce complémentaire dans les carpiers.

La famille des COBITIDAE comprend environ cent cinquante espèces d'eau douce, européennes et asiatique. Il s'agit de petits poissons présentant toute une série d'adaptations à la vie benthique.

Loche de rivière, loche épineuse *Cobitis taenia*

C'est l'un des plus beaux représentants de cette famille. La couleur de base est gris-brun ponctuée d'une infinité de petites taches sombres sur le dos, jaune pâle à orangé sur le ventre. Le dos porte aussi une rangée de 12 à 20 taches gris-noir, arrondies. Deux autres rangées de taches sombres traversent les flancs de part en part. Les taches de la rangée supérieure sont allongées, assez petites, le plus souvent fusionnées, celles de la rangée inférieure sont plus grandes et à nouveau au nombre de 12 à 20. Deux ou trois rangées de petites taches gris-brun barrent également les nageoires dorsale et caudale. Le corps est allongé et latéralement comprimé. La bouche petite, inférieure, s'orne de six barbillons. Le signe distinctif de cette espèce est une forte épine osseuse située sous l'oeil : un muscle particulier permet au poisson de la dresser. La pointe en est double et sa piqûre peut être douloureuse, surtout lorsqu'on cherche à s'emparer du poisson.
La loche de rivière n'est pas difficile quant à son milieu de vie. Elle se plaît surtout dans les stations de faible profondeur avec un fond sableux, plus rarement vaseux ou pierreux. Elle s'y enfouit volontiers de manière à ne laisser dépasser que la tête et la queue. Sa vie discrète, essentiellement nocturne, fait qu'elle constitue une proie difficile pour les poissons carnassiers. Seuls les silures, les lotes et les anguilles qui fouissent même les dépôts du fond arrivent à s'en emparer. Elle-même se nourrit surtout de petits organismes benthiques. Sa longévité est de 3 à 5 ans environ, sa croissance est lente et sa fraie se déroule d'avril à juin près du fond. La ponte est fractionnée. Les oeufs éclosent au bout de 4 à 6 jours.

Longueur : 8–10 cm, exceptionnellement jusqu'à 12 cm.
Poids : 20–60 g.
Fécondité : 1000–1500 oeufs.
D : II–III/6–7 ; A : II–III/5–6.
Distribution : toute l'Europe sauf l'Irlande, l'Ecosse, le Pays de Galles et la Scandinavie septentrionale. Existe même en Sibérie.

C. caspia est une espèce apparentée vivant dans le sud de la Caspienne, dans le cours inférieur de la Koura et d'autres rivières tributaires de la Caspienne.

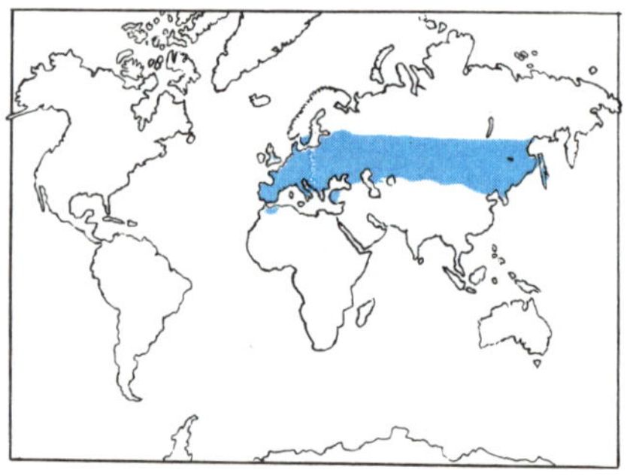

Sur le vaste territoire qu'elle habite, la loche épineuse forme toute une série de races locales.

Loche dorée

Cobitis aurata

Le corps allongé et comprimé latéralement rappelle sa voisine, la loche de rivière. La loche dorée s'en distingue par l'épine osseuse au-dessous de l'oeil, plus puissante que chez la loche de rivière, et par ses barbillons qui sont plus longs, la paire postérieure atteignant le bord postérieur de l'oeil, tandis qu'elle arrive au maximum au bord antérieur chez la loche de rivière. Les deux espèces se distinguent également par la coloration : la loche dorée porte sur le dos seulement 4 à 12 taches brun sombre de forme irrégulière, sur les flancs 8 à 15 taches brun-rouge à violet sombre, alignées. La robe est gris-blanc, jaunâtre sur les flancs et le ventre. A la base de la caudale se trouvent deux taches foncées souvent fusionnées en une bande allongée. Chez la loche de rivière, on trouve une seule tache noire vers le bord supérieur de la queue.

La loche dorée vit comme sa parente discrètement, surtout de nuit et se nourrit de petits animaux benthiques. Elle se trouve surtout dans le secteur supérieur des rivières, sur un fond caillouteux ou graveleux et se cache sous les pierres. Elle ne s'enfouit pas dans le sol et évite donc les sols mous. Elle ne quitte sa cachette que lorsqu'elle est dérangée et se précipite immédiatement vers un autre abri. La fraie a lieu en avril et mai, les femelles déposant une petite quantité d'oeufs sur le sable ou les pierres. Sa vie est encore mal connue.

Longueur : 8–11 cm.
Poids : jusqu'à 50 g.
Fécondité : 100–400 oeufs.
D : II–III/6–8 ; A : II–III/5–6.
Distribution : relativement rare dans les rivières tributaires du Danube, de la Visla et du Don, ainsi que dans certains cours d'eau de la péninsule des Balkans, de l'Asie Mineure et Antérieure.
Synonyme le plus habituel : *Sabanejewia aurata.*

C. elongata est une espèce voisine vivant dans la partie centrale de la péninsule balkanique. Elle atteint 17 cm de long et vit surtout en eau courante.

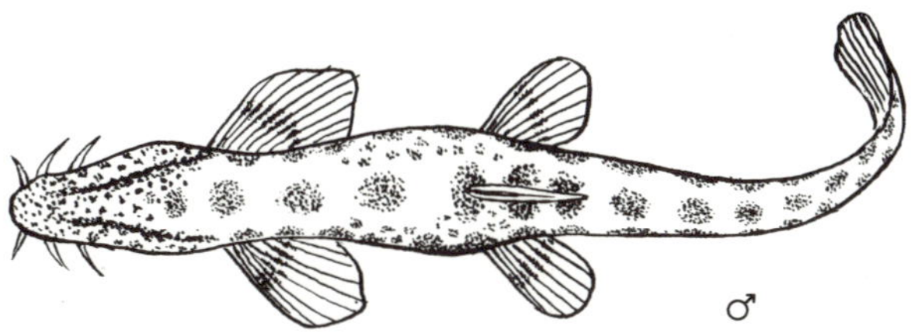

A la différence de la femelle, le mâle présente des flancs renflés sous la naissance de la dorsale.

Loche d'étang

Misgurnus fossilis

Espèce petite à moyenne présentant un corps allongé de section cylindrique, latéralement aplati à l'arrière. La tête est petite et son extrémité antérieure porte dix barbillons : deux paires de barbillons longs sur le bord supérieur de la mâchoire supérieure, une paire aux commissures, et deux autres paires, très courtes, sur la lèvre inférieure. Le corps est couvert de petites écailles. Les pectorales sont plus courtes et plus arrondies chez les femelles que chez les mâles.

La coloration diffère légèrement selon les localités. La tête est généralement brunâtre à rougeâtre, avec de petites taches. Les flancs et le ventre sont jaunes, rarement rougeâtres, avec une large bande et deux plus étroites allant de la tête jusqu'à la racine de la queue. Les nageoires sont généralement brun-jaune taché de noir.

La loche d'étang se plaît dans les étangs vaseux, les trous d'eau et les bras morts des rivières, où elle vit surtout près du fond dans lequel elle s'enfonce quelquefois. Son activité est essentiellement nocturne. Elle constitue souvent l'unique poisson capable de survivre dans certaines stations pauvres en oxygène : elle pallie ce manque en remontant à la surface avaler de l'air. Son intestin est adapté à l'absorption de l'oxygène. Lorsqu'elle avale l'air, elle émet un bruit qui trahit sa présence dans des eaux apparemment inhabitées. Elle se nourrit de mollusques et d'autres invertébrés du fond. Elle fraie d'avril à juin. Elle est sensible aux variations de la pression atmosphérique : avant un orage, elle devient très agitée. On dit qu'elle peut traverser de courtes périodes de sécheresse en s'enfouissant dans la vase.

Elle ne présente pas d'intérêt économique, mais est parfois élevée en aquarium du fait de sa biologie intéressante.

Longueur : 20–25 cm, maximum 35 cm.
Poids : 100–150 g.
Fécondité : 5000–30 000 oeufs.
D : II–IV/5–7 ; A : III–V/5–6.
Distribution : la majeure partie de l'Europe à l'exception de l'Angleterre, de la péninsule scandinave, du nord de la partie européenne de l'U.R.S.S., des péninsules sud-européennes et de la Crimée. En Asie, on la trouve dans l'Amour et dans le nord-est de la Chine.

La larve est dotée de branchies externes filiformes qui lui permettent de se maintenir même dans des eaux très pauvres en oxygène, ou la nuit dans des eaux fortement enherbées.

Loche franche, loche-pierre *Noemacheilus barbatulus*

Petit poisson allongé à la tête arrondie et au corps de section cylindrique, la loche franche est parfois confondue avec la loche d'étang dont elle se distingue cependant par la coloration, la forme de la nageoire caudale et surtout par le nombre de barbillons autour de la bouche. Les flancs sont couverts de petites écailles non imbriquées, absentes sur le dos et le ventre.

La face dorsale est brun-gris à verdâtre, les flancs sont brun-jaune avec des marbrures sombres irrégulières. Le ventre est gris-blanc à jaunâtre.

La loche franche vit près du fond dans des ruisseaux, rivières ou lacs, toujours dans une eau courante. Elle préfère un fond sableux à caillouteux où elle se dissimule pendant la journée sous les racines et les grosses pierres, souvent en groupes de 3 à 5 individus. Tant qu'elle n'est pas dérangée, elle se déplace très lentement ou reste immobile au niveau du fond. Elle est active au crépuscule et de nuit. Elle se nourrit de petits organismes qu'elle trouve sur le fond, larves de chironomes surtout, sur lesquelles elle se jette en se précipitant hors de son abri et qu'elle avale gloutonnement. Elle devient sexuellement adulte dès l'âge d'un an et peut vivre 5 à 7 ans. Des tubercules de fraie apparaissent chez les deux sexes sur le corps et les nageoires (chez les mâles même sur la face interne des pectorale et des ventrales). La ponte se déroule d'avril à juillet, en 2 à 3 fois, et les oeufs sont pondus sur les racines des plantes aquatiques ou directement sur le sol.

Bien qu'elle soit relativement résistante à la pollution organique de l'eau, elle voit ses populations décliner. C'est une importante composante de l'alimentation des truites et elle sert parfois d'appât aux pêcheurs. Là où elle était nombreuse, elle était jadis consommée frite au beurre car sa chair est savoureuse.

Longueur : 10–15 cm, maximum 18 cm.
Poids : 80–150 g, rarement jusqu'à 200 g.
Fécondité : 3000–25 000 oeufs.
D : II–IV/7–8 ; A : II–IV/5–6.
Distribution : majeure partie de l'Europe, hormis la péninsule Ibérique, l'Italie du Sud, la Grèce, l'Ecosse du Nord et la majeure partie de la Scandinavie. On la trouve sur une grande partie de la région asiatique de l'U.R.S.S. et dans l'eau adoucie de certains golfes de la Baltique.

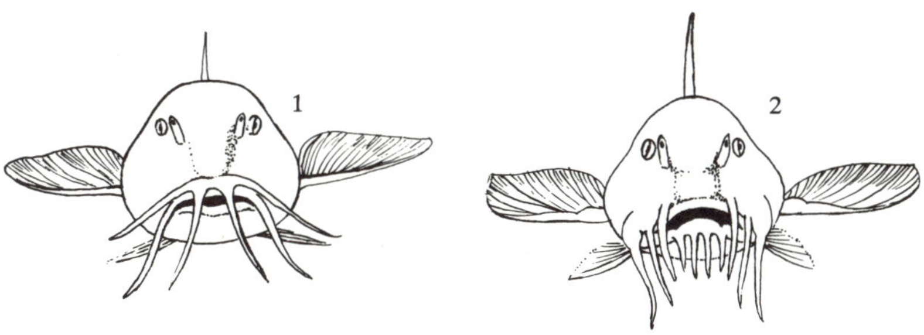

Tête de loche franche (1) et de loche d'étang (2). Les deux espèces se différencient par le nombre de barbillons buccaux : 6 chez la loche franche, 10 chez la loche d'étang.

La famille des SILURIDAE comprend de gros poissons d'eau douce, européens et asiatiques. Ils ont un corps allongé, dépourvu d'écailles, de longs barbillons et une longue nageoire anale.

Silure glane, salut *Silurus glanis*

Le silure possède un long corps puissant, avec une large tête basse terminée par une grande gueule bien dentée. Une paire de longs barbillons mobiles, renforcés par du cartilage, se trouve aux commissures des lèvres. Le menton porte deux autres paires de courts barbillons non mobiles.

Le dos et les flancs sont vert olive à bleu-gris, marbrés de clair sur les flancs. Le ventre est crème à gris-blanc. On connaît des individus blancs, dorés ou rougeâtres.

C'est un poisson des eaux lentes ou immobiles du secteur inférieur des rivières, des lacs ou des retenues de barrage. Il est parfois élevé dans de grands étangs. Il aime se tenir en eau profonde, près du fond, sous les digues, dans les trous du fond, ou caché dans les racines enchevêtrées de vieux arbres. Son activité est crépusculaire et nocturne ; pendant la journée, il reste la plupart du temps étendu sur le fond. Il passe l'hiver au fond en profondeur : il cesse alors de se nourrir et hiberne. Il devient adulte entre 3 à 5 ans. Il fraie en couple de mai à juin, le soir ou dans la nuit. La femelle pond les oeufs dans une sorte de nid primitif construit sur le fond avec des restes végétaux, des racines pelées de saules et d'aulnes. La fraie est tumultueuse et les oeufs agglutinés sont gardés par le mâle jusqu'à leur éclosion. Le silure est une importante espèce économique qui commence à faire dans de nombreux pays l'objet d'un élevage industriel. Il est également apprécié par les pêcheurs. Sa chair, de bonne qualité, a cependant le défaut d'être un peu grasse chez les sujets dépassant 5 à 10 kg. Elle est surtout excellente fumée.

Longueur : 1–2 m, rarement 3 m et plus.
Poids : 50–100 kg, isolément jusqu'à 200 kg.
Fécondité par kg de poids : 7 000–25 000 oeufs.
Atteint 30 à 40 ans et plus.
D : 3–5 ; A : 77–92 ; P : I/14–17 ; V : 11–13.
Distribution: à l'est du bassin rhénan jusqu'aux eaux tributaires de la Caspienne. Les Alpes constituent la limite méridionale de son aire. En Scandinavie, présent uniquement en Suède méridionale. On le trouve aussi dans les baies de la Baltique, de la mer Noire et de la Caspienne.

Le silure se nourrit essentiellement de cyprinidés peu intéressants pour le pêcheur (gardons, brème bordelière), mais il s'attaque aussi aux jeunes oiseaux aquatiques (canetons), à certains mammifères, aux grenouilles et aux têtards.

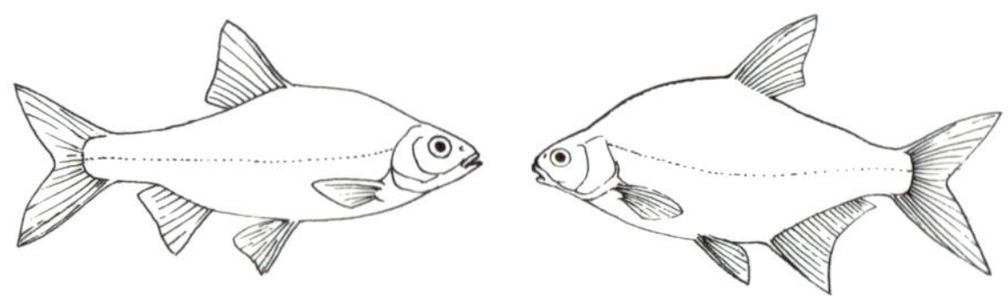

La famille nord-américaine des ICTALURIDAE comprend les poissons-chats, caractérisés par la présence d'une nageoire adipeuse placée entre la dorsale et la caudale.

Poisson-chat brun

Ictalurus nebulosus

A la différence du silure, le poisson-chat n'a que huit barbillons et sa nageoire anale est relativement courte.

La robe est brun-vert, parfois presque noire sur le dos, avec des flancs plus clairs et marbrés. Le ventre est blanchâtre, un peu jaune à orangé au moment de la fraie. Originaire du sud-est du Canada et de l'est des Etats-Unis, le poisson-chat a pénétré en Europe à la fin du siècle dernier et au début du nôtre, et se maintient dans la nature à certains endroits. Sa croissance est plus lente en Europe que dans sa patrie. Il devient adulte entre 2 à 3 ans et fraie de fin avril à mai. Il construit alors un nid grossier sur le fond sableux. Le mâle surveille les oeufs et les alevins. C'est une espèce omnivore qui s'attaque gloutonnement aux oeufs et aux alevins d'autres poissons et concurrence sérieusement un grand nombre d'espèces locales. Elle est très résistante au manque d'oxygène et de nourriture et se maintient même là où les autres poissons meurent. Les alevins se nourrissent de petits cladocères, plus tard de larves d'insectes ou de fragments végétaux. Initialement, on a pensé que le poisson-chat constituerait une bonne espèce secondaire dans les viviers, où il atteindrait 1 à 2 kg. Il a donc été introduit dans les élevages, mais n'a pas répondu aux espoirs placés en lui en Europe centrale. A l'époque actuelle on s'intéresse de nouveau à lui et on l'élève intensivement surtout dans le sud de l'U.R.S.S. Dans la nature, il préfère les eaux stagnantes et les trous d'eau laissés par les crues des grands fleuves. On le prend parfois à la ligne. Sa chair savoureuse est sans arêtes.

Longueur : 15–25 cm, maximum 35 cm.
Poids : 0,1–0,3 kg, maximum 0,6 kg.
Fécondité : 1 000–13 000 oeufs.
D : I/6 ; A : III/17–24.
Distribution : sud-est du Canada, est des Etats-Unis, naturalisé en Europe.

La nourriture du poisson-chat comprend des invertébrés (larves de chironomes (par exemple) et de petits poissons comme les carassins.

Les poissons appartenant à l'ordre des ANGUILLIFORMES ont un corps serpentiforme caractéristique, sans nageoires ventrales. La dorsale, la caudale et l'anale sont unies en une bordure continue. La vessie gazeuse est reliée à l'intestin, dans certains cas elle est atrophiée. Le sang de plusieurs espèces contient des toxines dangereuses lorsqu'elles pénètrent directement dans le sang d'un animal homéotherme. La famille des ANGUILLIDAE se compose d'une dizaine d'espèces, toutes marines, à l'exception de l'anguille commune qui passe une partie de sa vie en eau douce.

Anguille commune

Anguilla anguilla

L'anguille a un corps allongé caractéristique, couvert de petites écailles enfoncées dans la peau.
Chez les jeunes individus, le dos est brun sombre, les flancs et le ventre jaunâtres, parfois avec des reflets dorés. Plus tard, le dos devient presque noir, le ventre argenté.
Jusqu'à la maturité sexuelle, l'anguille vit dans les fleuves de toute l'Europe et d'Afrique du Nord. Si elle ne peut pas revenir dans la mer, elle grossit très rapidement en eau douce et atteint 70–90 cm de long dans sa dixième année (femelle). Les femelles deviennent sexuellement adultes entre 5 à 10 ans : lorsqu'elles arrivent à atteindre la mer, elles se dirigent, en même temps que les mâles vivant dans les embouchures, vers les lieux de fraie, probablement situés dans la mer des Sargasses, entre les Bermudes et les Bahamas. Les larves, nommées leptocéphales, ont un corps haut et ne ressemblent en rien aux adultes. Elles mettent trois ans à revenir jusqu'aux côtes européennes. C'est au cours de ce voyage qu'elles subissent leur métamorphose : leur corps prend une allure filiforme tandis qu'elles remontent le cours des rivières. Elles demeurent en eau douce jusqu'à l'âge adulte. L'anguille se nourrit surtout de poissons. Sa vie est nocturne et elle passe ses journées cachée sous les pierres ou les racines. La respiration épidermique lui permet de survivre dans la vase en l'absence totale d'oxygène dans l'eau et de passer d'une pièce d'eau à une autre. Sa chair grasse et sans arêtes en fait un poisson très apprécié. Elle fait l'objet de lâchers dans les eaux douces car ses populations sont en baisse.

Longueur : jusqu'à 2 m, le plus souvent 0,5–1,5 m.
Poids : jusqu'à 4–6 kg, le plus souvent 0,6–2 kg.
D : 245–275 ; A : 205–235.
Distribution : rivières européennes et nord-africaines.

Développement de la larve d'anguille : à l'éclosion (7 mm), stades de 25 mm et 75 mm. Par la suite, on assiste à un raccourcissement du corps (70 mm).

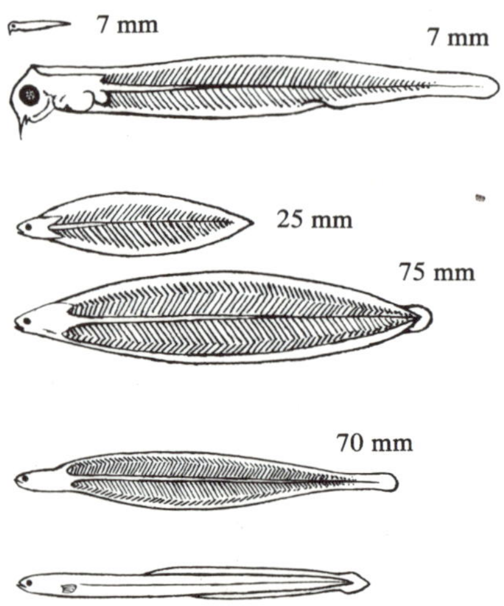

Civelle de 65 mm (anguille juvénile).

Les eaux européennes abritent deux formes d'anguilles : la forme à large tête (1) et la forme à tête étroite (2).

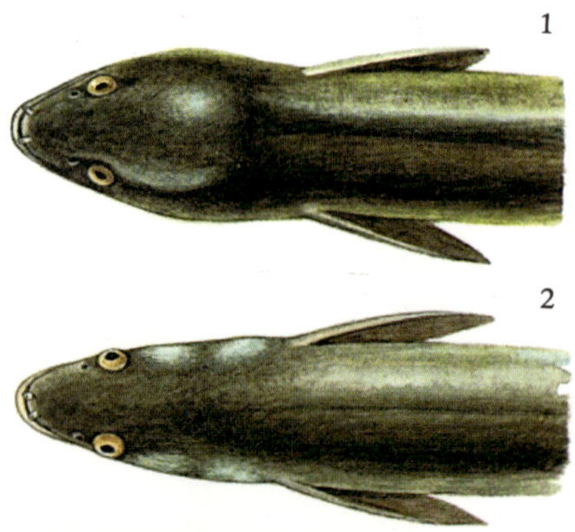

La famille des MURAENIDAE comprend une centaine d'espèces très voisines des Anguillidés et des Congridés. Le corps est anguilliforme, la queue très longue. La peau épaisse et visqueuse est dépourvue d'écailles. Les nageoires dorsale, caudale et anale sont réunies en une bande continue, les ventrales et pectorales sont absentes.

Murène

Muraena helena

Poisson au corps relativement haut, avec un mufle aigu. La bouche est grande, les dents longues et aiguës sont disposées sur un rang sur les deux mâchoires. La dorsale basse commence immédiatement derrière la tête, un petit orifice branchial existe à peu près au milieu du bord postérieur de la tête, les narines sont tubulaires et saillantes.

Le dos et les flancs sont brun sombre à brun-pourpre avec un grand nombre de taches irrégulières jaunes marbrées de sombre. La face ventrale est plus claire, tout comme la tête qui ne porte que de petites taches. La murène vit dans les eaux côtières, le plus souvent sur un fond rocheux, fortement diversifié, présentant une grande quantité de cachettes naturelles. Active surtout de nuit, elle se nourrit de poissons et de mollusques. Le sérum sanguin de la murène est toxique et Gallien signale déjà de nombreux empoisonnements à la suite de consommation de mets assaisonnés de son sang cru. La murène est un poisson agressif dont la morsure est très douloureuse voire dangereuse, notamment pour les plongeurs sous-marins. La cuisson de la chair à une température supérieure à 75 °C détruit la substance toxique et la murène est considérée comme un mets de choix dans certains pays méditerranéens. Sa chair était déjà appréciée dans la Rome antique : les murènes étaient alors élevées dans des viviers spéciaux *(piscinae)*.

Longueur : 80–120 cm, maximum 140 cm.
Distribution : Méditerranée, partie orientale de l'Atlantique, près des côtes européennes et nord-africaines.

Gymnothorax moringa est une espèce voisine vivant dans les parties tropicales et subtropicales des deux côtes atlantiques. Elle atteint 30 à 80 cm. Les pêcheurs sportifs la prennent au harpon.

La famille des CONGRIDAE comprend des espèces d'anguilles marines vivant dans tous les océans à l'exception de l'océan Glacial Arctique. La famille comporte plus de vingt genres, chez qui la nageoire dorsale prend naissance au-dessus de la naissance des pectorales. Les ventrales sont absentes, les narines sont tubulaires.

Congre

Conger conger

La coloration est grise à noire, les bords des nageoires impaires et des pectorales portent une bande sombre, la face ventrale est brun crème.
Le congre est nettement plus gros que l'anguille. Il fraie dans la partie est de l'Atlantique, aux environs de 30 à 40° de latitude Nord, à des profondeurs de 3 à 4 mille mètres. Les populations méditerranéennes se reproduisent sur place et une grande quantité de larves pénètrent également en Méditerranée par le détroit de Gibraltar. Comme pour l'anguille, on a longtemps pensé que les larves de congre constituaient une espèce indépendante. Plus grosses que celles de l'anguille, elles mesurent jusqu'à 160 mm avant la métamorphose. Le congre se nourrit de toutes sortes de poissons marins, surtout de harengs et de gadidés. Il s'attaque aussi aux gros crustacés comme les homards et les crabes.

Il vit près des côtes rocheuses, mais aussi en pleine mer. On ne sait pas encore s'il entreprend de longues migrations (alimentaires ou reproductrices).
Cette espèce n'a pas une grande importance économique. La plupart des congres se prennent sur les côtes sud-ouest de l'Europe, rarement en mer du Nord. Les pêcheurs sportifs les prennent aussi à la ligne. Les prises totales se chiffrent à 11 300 tonnes environ.

Longueur : jusqu'à 3 m ; mâles plus petits, jusqu'à 1,5 m.
Poids : jusqu'à 65 kg.
Fécondité : 3–8 millions d'oeufs.
D : 270–300 ; A : 205–230.
Distribution : partie nord de l'océan Atlantique, côtes européennes et africaines ; Méditerranée.

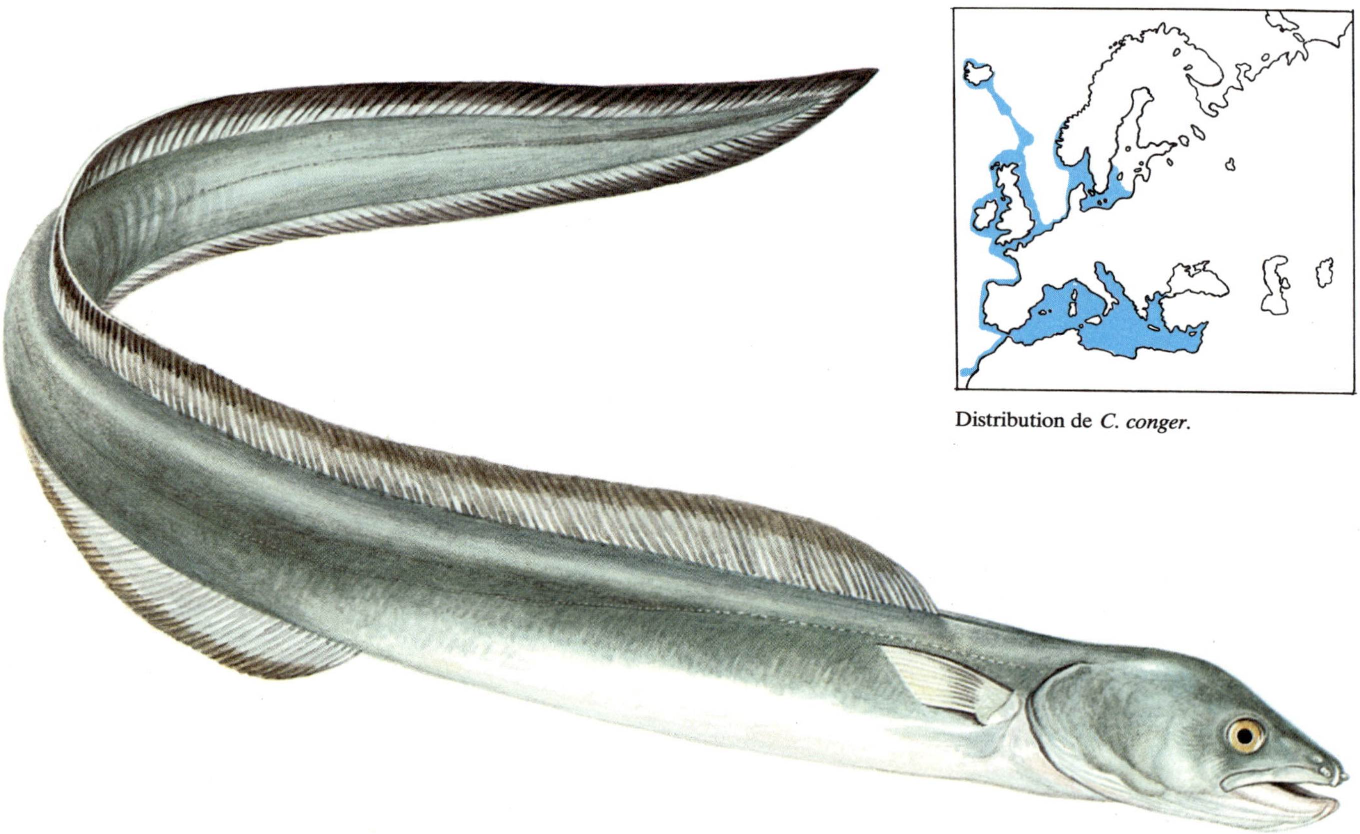

Distribution de *C. conger*.

L'ordre des CYPRINODONTIFORMES comprend environ quatre cent espèces de petits poissons vivant dans les eaux de tous les continents hormis l'Australie, essentiellement dulçaquicoles, à l'exception de quelques espèces vivant dans les eaux saumâtres voire salées. Ce sont surtout des poissons de surface, capturant leur nourriture dans les couches superficielles de l'eau. La ligne latérale est absente ou faiblement développée. La vessie gazeuse n'est pas reliée à l'intestin. La famille des CYPRINODONTIDAE se compose de petits poissons ovipares ; la nageoire anale des mâles n'est pas transformée en organe copulateur.

Fondule d'Espagne

Aphanius iberus

C'est un petit poisson au corps légèrement comprimé et à la nageoire caudale arrondie.
Le mâle est bleu-vert à nettement bleuté avec un dos olive et un ventre clair. Les flancs sont barrés d'environ 15 stries bleu clair, parfois fusionnées. La caudale est brun sombre rayée de bandes claires, le bord de la dorsale est bleu clair, les ventrales sont jaunâtres à brunâtres tachées de sombre. La femelle olivâtre est maculée de brun et ses nageoires sont incolores.
La fraie de cette espèce s'étend sur toute la belle saison. Les oeufs sont collés sur des feuilles fines de végétaux aquatiques ou sur des algues. A 24 °C, le développement dure 10 jours. Les fondules se nourrissent de petits crustacés planctoniques, d'algues unicellulaires et de fragments de végétaux supérieurs. Elles vivent dans les eaux peu profondes, souvent dans de toutes petites mares ou en eau saumâtre.
Comme de nombreuses autres espèces de cette famille, la fondule d'Espagne est un poisson apprécié des aquariophiles.

Longueur : jusqu'à 5 cm.
D : III/9–10 ; A : III/9–10 ; l.l. : 26–28.
Distribution : côtes occidentales de la péninsule Ibérique et du littoral africain qui leur fait vis-à-vis. Eaux douces et saumâtres.

L'espèce voisine *A. fasciatus* vit dans les eaux douces ou saumâtres près de toutes les côtes d'Europe méridionale et de la Turquie.

Les poissons de la famille des POECILIDAE sont vivipares ou ovovivipares. Chez le mâle, les rayons de la nageoire anale sont modifiés en un organe copulateur, le gonopode.

Gambusie

Gambusia affinis

C'est l'unique espèce de la famille à s'être naturalisée en Europe. Très tolérante pour la température, la gambusie supporte des variations de 0 à 30 °C.
C'est un petit poisson avec une bouche supérieure et des écailles cycloïdes. Le dos est gris-brun, les flancs plus clairs, le ventre presque blanc. La sous-espèce *G. a. holbrooki* se distingue par une tache sombre traversant l'oeil. Les nageoires sont incolores, parfois jaunâtres, la dorsale et la caudale portent des rangées de taches sombres. Les vieux mâles ont une couleur très foncée, parfois presque noire.
Les femelles fécondées sont reconnaissables à la tache sombre qui apparaît sur l'abdomen, dans la région de la nageoire anale. Elle est formée par les yeux des embryons, transparaissant à travers la paroi ventrale. Les poissons peuvent se reproduire dès l'âge de 3 à 4 mois, selon la température de l'eau et leur vitesse de croissance. En Europe, la première fécondation des femelles a lieu en avril et les premiers jeunes naissent un mois plus tard. Une femelle peut mettre au monde jusqu'à pontes 5 par an. Le développement des poissons dans le corps maternel dure de 20 à 40 jours, et une seule fécondation peut suffire pour trois pontes sucessives. Le nombre d'alevins dépend de la taille de la femelle et peut aller de quelques individus à quelques dizaines. Les poissons qui viennent de naître sont tout de suite actifs et capables de s'alimenter. Leur nourriture se compose de zooplancton.
Les adultes sont très efficaces dans la lutte contre les moustiques dont ils consomment les larves. C'est pour venir à bout des moustiques porteurs de malaria que la gambusie a été acclimatée dans le monde entier.

Longueur : 3,5–7,5 cm.
Fécondité : 10–30 petits.
D : III/7 ; A : II–III/10–11 ; l.l. : 30–32.

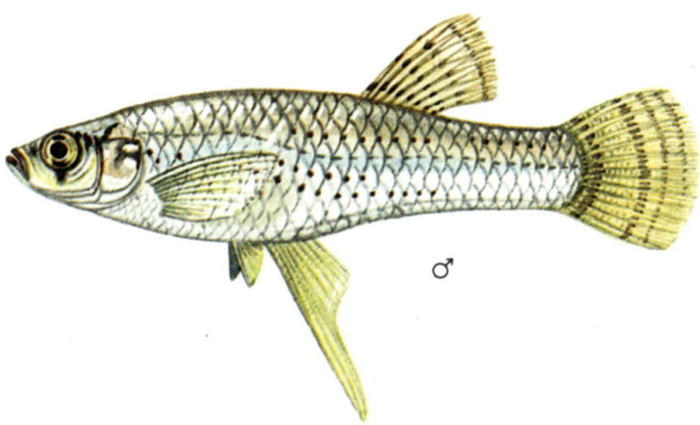

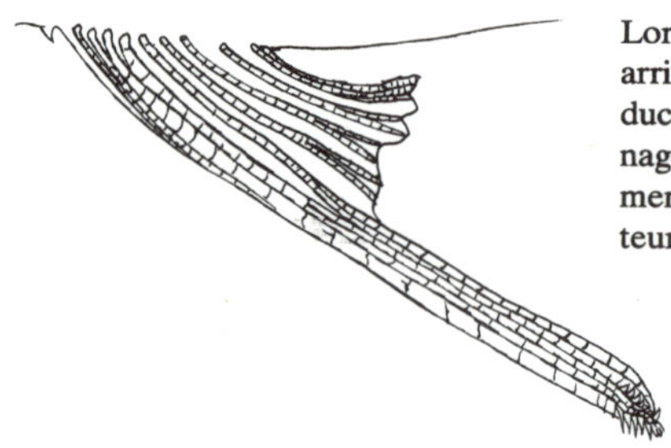

Lorsque les gambusies mâles arrivent à l'âge de la reproduction, les rayons de leur nageoire anale se transforment en un organe copulateur.

Les BELONIFORMES constituent un ordre de poissons au corps allongé couvert d'écailles cycloïdes. Les nageoires dorsale et anale sont repoussées en arrière et placées l'une au-dessus de l'autre. L'intestin est rectiligne, avec une partie antérieure élargie pour former l'estomac. Les appendices pyloriques sont absents. Les représentants de cet ordre vivent dans les zones chaudes et tempérées des mers, où ils peuplent les couches superficielles de l'eau, exceptionnellement en eau douce. Ils réagissent activement à la lumière. La famille des BELONIDAE comprend quelque vingt-cinq espèces.

Orphie, aiguillette *Belone belone*

L'orphie a une forme allongée et de longues mâchoires sur lesquelles on aperçoit de petites dents. La ligne latérale est placée très bas.

Le dos est vert sombre, les flancs plus clairs avec un reflet argenté et des taches jaunâtres. Les flancs portent une bande sombre de chaque côté.

L'orphie fraie de fin avril à octobre, avec une pointe de mai à août. La fraie est fractionnée et la plupart des femelles opèrent trois pontes par saison, à 12–18 m de profondeur. Les oeufs se fixent aux algues et aux objets flottants à l'aide de longues excroissances filamenteuses. Le développement embryonnaire dure 14 jours à 20–21 °C, et 4 à 5 semaines à 12–13 °C. Les alevins ont une vie pélagique comme les adultes. Ils se nourrissent de minuscules particules planctoniques, plus tard d'alevins et de petits poissons. La maturité sexuelle se situe de 2 à 4 ans, lorsque les poissons mesurent 35 à 45 cm. Les prises contiennent surtout des sujets de 5 à 9 ans.

L'orphie est souvent pêchée par les pêcheurs sportifs. En mer Noire, on en prend à peu près 200 tonnes par an. Sa chair est savoureuse, mais les arêtes verdissent à la cuisson ce qui la rend suspecte aux ménagères.

Longueur : 30–60 cm, maximum 90 cm.
Poids : maximum 1,3 kg.
Fécondité : 10 000–45 000 oeufs.
D : II/14–17 ; A : II/17–21.
Distribution : côtes atlantiques de l'Europe, du Portugal jusqu'à la Baltique au nord, exceptionnellement jusqu'aux côtes sud de l'Islande, côtes norvégiennes jusqu'à Trondheim ; Méditerranée ; mer Noire.

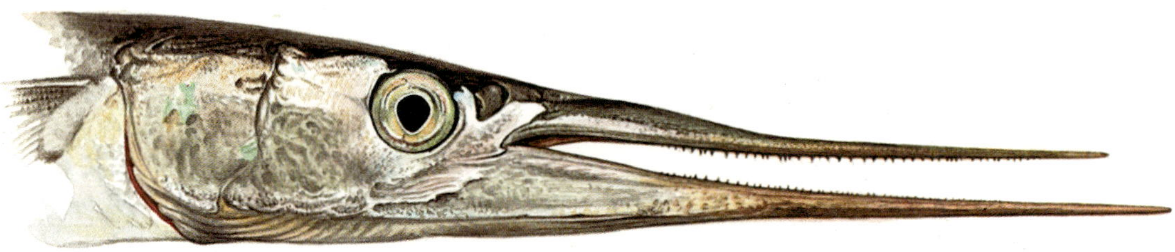

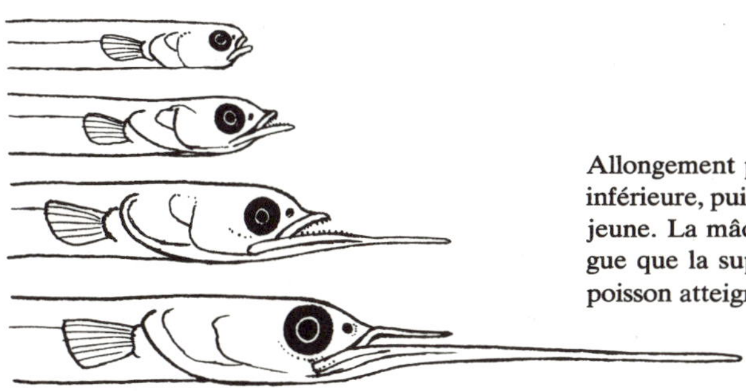

Allongement progressif d'abord de la mâchoire inférieure, puis de la mâchoire supérieure chez le jeune. La mâchoire inférieure restera plus longue que la supérieure, jusqu'à ce que le jeune poisson atteigne 10 cm de long.

Les membres de la famille des SCOMBERESOCIDAE ressemblent aux Belonidae, mais ont une mâchoire plus fine sans dents bien apparentes. Une série de pinnules suivent les nageoires dorsale et anale. La nourriture se compose surtout de plancton.

Balaou

Scomberesox saurus

Poisson pélagique, vivant en pleine mer, reconnaissable à son dos vert, ses flancs vert argenté et son ventre jaunâtre.
Il forme souvent de vastes bancs qui entreprennent des migrations alimentaires vers le nord pendant l'été. Comme signe caractéristique, notons surtout les longues mâchoires en forme de bec, visibles déjà chez les larves chez qui on constate d'abord l'allongement de la mâchoire inférieure, puis celui de la mâchoire supérieure.
Le balaou vit surtout près de la surface et dans les eaux superficielles. Sa fraie se déroule en pleine mer, à une bonne distance des côtes. La maturité sexuelle se situe vers deux ans. Les oeufs pélagiques sont dotés de courtes excroissances. La nourriture des adultes se compose surtout de crustacés pélagiques et de petits poissons, et le balaou sert à son tour de proie aux poissons pélagiques prédateurs, notamment les thons. Lorsqu'il est poursuivi, il saute souvent hors de l'eau. Il atteint trois à quatre ans d'âge.
La chair du balaou est très savoureuse. Elle est surtout commercialisée sous forme de conserves. Les poissons sont pêchés au chalut ou à la palangre, mais surtout à l'aide de sources lumineuses. On attire d'abord les poissons près du navire avec une forte lumière bleue, puis on allume un éclairage rouge sous lequel ils viennent se rassembler. Il ne reste plus qu'à les prendre au filet. Les prises annuelles atteignent 5 000 à 10 000 tonnes.

Longueur : 25–45 cm, maximum 60 cm.
Poids : 0,5–1,6 kg.
Fécondité : 20 000–30 000 oeufs.
D : II/9–10 ; A : II/10.

Cololabis saira est un poisson très proche du balaou, vivant dans le Pacifique. Il atteint 35 cm de long, mais les poissons pris mesurent le plus souvent 20 à 30 cm. Les prises annuelles de ces dernières années se montent à 150 000–320 000 tonnes environ.

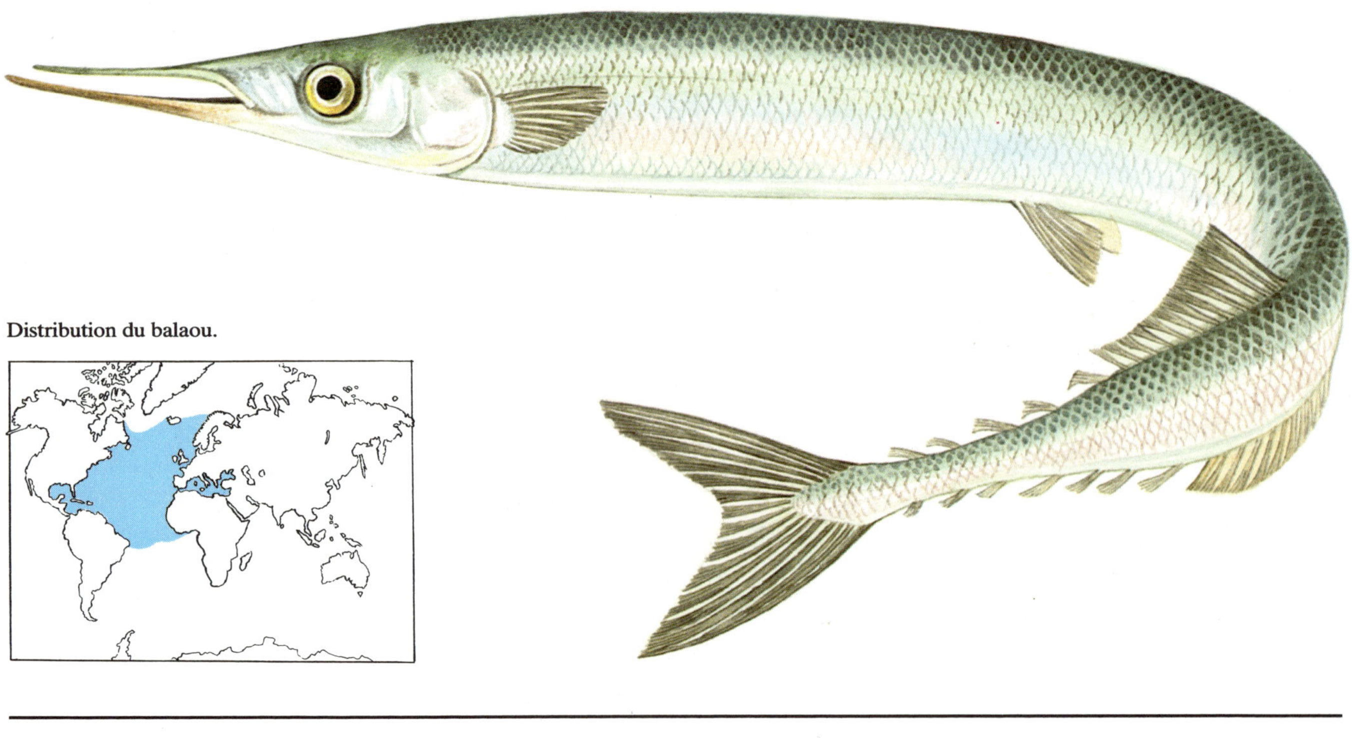

Distribution du balaou.

La famille des EXOCOETIDAE comprend des poissons qui, dans la plupart des langues européennes, sont qualifiés de « volants », soit quelque soixante espèces de petite taille, vivant en pleine mer. La plupart d'entre eux peuplent le Pacifique ouest et l'océan Indien. Seize espèces seulement vivent dans l'Atlantique et leur extension est limitée par la température qui doit atteindre au moins 20 °C. Leur corps relativement élancé est couvert de grosses écailles. On remarquera surtout la forme et la taille des différentes nageoires : dorsale et anale, relativement petites et rejetées vers la naissance de la queue, caudale dotée d'un vaste lobe inférieur, pectorales très développées.

Cypselurus heterurus

Comme chez la plupart des poissons volants, la face dorsale est bleu métallique, les flancs et le ventre argentés. Il vit dans les eaux superficielles, si près de la surface qu'il lui arrive de « voler » sur le pont des navires ou sur le rivage. Il s'arrache au milieu aquatique grâce à des battements rapides de la nageoire caudale qui lui donne une vitesse initiale nécessaire. En fait, le poisson commence par glisser pendant un certain temps à la surface de l'eau tout en agitant sa queue qui est encore immergée. Il ne quitte l'eau que pendant une durée de 1 à 3 secondes, et parcourt alors 10 à 25 m, à 1 m de la surface environ. Par temps venteux, il peut rester une dizaine de secondes dans l'air et parcourir jusqu'à 100 m à 5 m de hauteur à peu près. Les pectorales et les pelviennes, longues, se déploient quand le poisson glisse à la surface de l'eau et lors de son vol, stabilisant ainsi son déplacement à la manière des ailes d'un planeur ; le poisson n'exécute pas de battements actifs avec ses nageoires. Ce vol passif permet à ces poissons d'échapper aux thons, espadons ou dauphins. Ils se nourrissent surtout de plancton et fraient pendant le printemps. L'enveloppe des oeufs porte de nombreux filaments.

Longueur : 10–15 cm, maximum 35 cm.
Poids : 0,1–0,3 kg, maximum 1 kg.
D : 13–14 ; A : 8–10.
Distribution : Atlantique, Pacifique, Méditerranée, probablement aussi océan Indien.

Le genre *Cypselurus* comprend les poissons les plus adaptés au « vol » ; les genres *Oxyporhampus* (1) et *Fodiator* (2) au contraire sont peu adaptés à ce mode de déplacement, car leurs pectorales sont nettement moins développées.

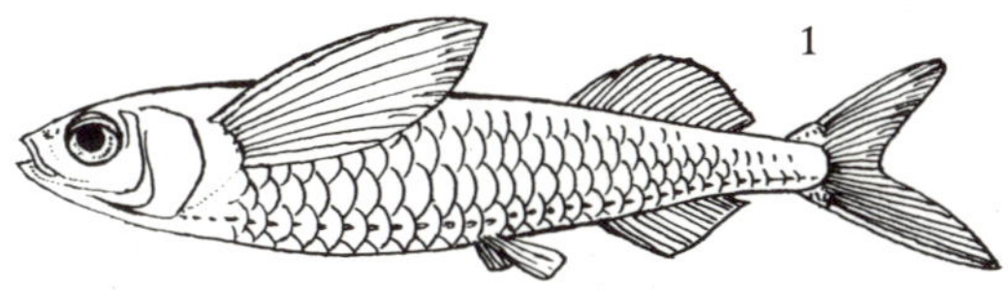
1

2

Quelque sept cent espèces de poissons marins constituent l'ordre des GADIFORMES. Seule la lote, qui est un poisson d'eau douce, constitue une exception. Les nageoires ne comportent que des rayons mous, les pelviennes sont repoussées en avant des pectorales. La famille des GADIDAE comprend cinquante-trois espèces d'importance économique, vivant pour la plupart dans l'hémisphère Nord. Leur corps s'amincit fortement vers le pédoncule caudal et porte deux à trois dorsales et une à deux anales, toutes ces nageoires étant indépendantes et séparées les unes des autres par des espaces. La nageoire caudale est profondément échancrée.

Boreogadus saida

Le dos est gris-brun à brun clair, les flancs plus clairs avec un reflet violet ou jaune. Tout le corps est parsemé de petites taches sombres. Les nageoires sont sombres, à l'exception des anales.
C'est un poisson circumpolaire (vivant autour du pôle Nord), ne s'approchant de l'Europe qu'au niveau de la Scandinavie septentrionale et de l'Islande.
C'est un gade de petite taille, parvenant à l'âge adulte à quatre ans. Il fraie près des côtes surtout de janvier à février (sous la glace). De tous les gades, c'est celui qui a les plus gros oeufs, mais aussi qui en pond le plus petit nombre. Des alevins mesurant 5 à 9 mm se laissent prendre dès le mois de mai; ils mesurent 2 à 3 cm à l'automne, 21 à 23 cm avec un poids de 55–65 g au bout de cinq ans. Ils se nourrissent de toutes sortes d'organismes appartenant au zoo- ou phytoplancton, mais aussi de crustacés benthiques et d'oeufs de différents poissons. Si l'on excepte les régions côtières, *Boreogadus saida* est le seul consommateur de plancton des mers arctiques. Il sert à son tour de nourriture à de nombreux mammifères (phoques, cétacés) ou oiseaux marins (eiders, mouettes), par endroits aussi à des poissons (morues, turbots et barbues).
C'est un poisson très abondant dans certaines stations et l'on peut penser qu'il est appelé à devenir d'ici peu une importante espèce halieutique.

Longueur : 13–27 cm, maximum 30–40 cm.
Poids : 50–150 g, maximum 0,5–1 kg.
Fécondité : 9 000–12 000 oeufs.
D_1 : 11–14 ; D_2 : 14–17 ; D_3 : 18–23 ; A_1 : 15–17 ; A_2 : 18–22.
Distribution : océan Glacial Arctique.

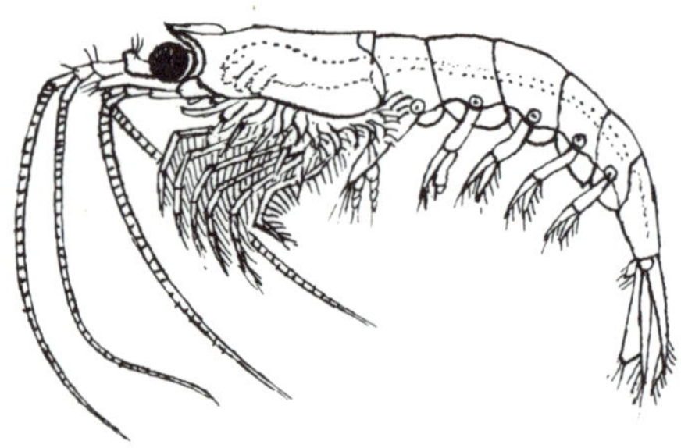

Boreogadus saida se nourrit surtout de crustacés. *Euphasia pellucida* constitue une de ses proies préférées.

Morue commune

Gadus morhua

La morue commune, reconnaissable à son court barbillon mentonnier, a un corps puissant, étiré en longueur. Le dos et les flancs olivâtres sont couverts d'une multitude de petites taches jaunes ou brunâtres. La ligne latérale est nettement visible sous la forme d'une bande claire traversant la partie médiane du corps. Le ventre est blanc sale. La mâchoire supérieure est un peu plus longue que la mâchoire inférieure.
C'est l'un des plus gros gades connus. De croissance relativement rapide, la morue atteint 40 à 50 cm à cinq ans, 90 à 100 cm dans sa dixième année. La fraie commence en février et se poursuit jusqu'à juin, avec une pointe d'avril à mai, à 30–400 m de profondeur. La zone des îles Lofoten constitue un lieu de fraie particulièrement important, où les morues se reproduisent à une température de 4 à 7 °C. Les oeufs éclosent au bout d'un mois environ et les larves ont un mode de vie pélagique. La morue ne devient sexuellement adulte que vers six à dix ans. Après la fraie, les poissons entreprennent des migrations alimentaires vers le nord. Ils se nourrissent surtout de harengs, de jeunes gades et de nombreux représentants de la famille des *Cottidae*. Une part importante de l'alimentation des petites morues est formée par le zooplancton, les mollusques, les vers polychètes, etc. A l'âge adulte, la morue se tient dans les strates inférieures de l'eau au-dessus de la plate-forme continentale, généralement à 250–300 m de profondeur, à 500 m au maximum. Elle supporte même une salinité fortement diluée et on connaît des cas de migrations de morues dans l'eau des fleuves.
Depuis le commencement de la pêche maritime, la morue a une grande importance économique pour l'homme. On en pêche actuellement environ 2,5 millions de tonnes, au chalut, à la seine ou à la ligne.

Longueur : 40–80 cm, maximum 150–180 cm.
Poids : 2–4 kg, maximum 40 kg, voire exceptionnellement 90 kg.
Fécondité : 0,5–9 millions d'oeufs.
D_1 : 14–15 ; D_2 : 18–22 ; D_3 : 17–20 ; A_1 : 19–23 ; A_2 : 16–19.
Distribution : partie septentrionale de l'océan Atlantique, au sud jusqu'au golfe de Gascogne ; mer Blanche ; mer de Barents ; Baltique ; partie septentrionale du Pacifique.

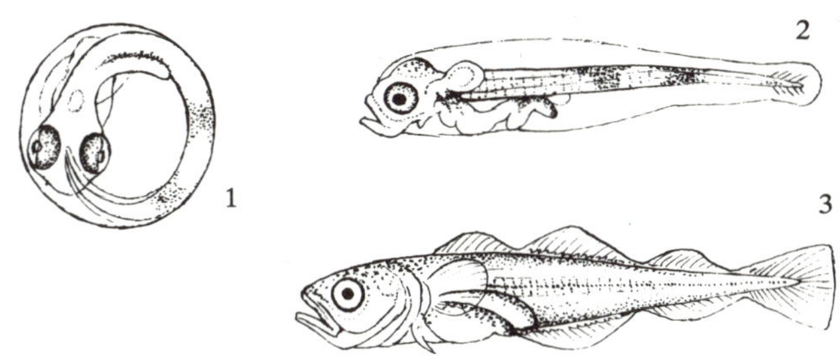

Stades de développement d'une morue : embryon dans son enveloppe (1), larve présentant une nageoire continue unique (2), forme juvénile avec nageoires différenciées (3).

Eglefin

Gadus aeglefinus

L'églefin est un gros gadidé caractérisé par une première dorsale relativement courte (sa base est moins longue que la tête), par des yeux volumineux et un barbillon mentonnier court. Le dessus du corps est gris sombre avec un reflet violet, les flancs gris argentés, le ventre laiteux. Sous la première dorsale, sur le flanc, se trouve une tache sombre typique chez cette espèce. La ligne latérale est elle aussi de couleur foncée.

L'églefin se cantonne dans des eaux présentant 32 à 33 ‰ de salinité. Il n'existe ni dans la mer Blanche, ni dans la Baltique dont les eaux sont trop douces. Sa croissance est lente : il atteint une cinquantaine de cm dans sa cinquième ou sixième année de vie, 70–80 cm dans la 14–15e année. Dans le secteur septentrional de son aire de distribution, l'églefin devient sexuellement adulte à 6 ans, dans le secteur méridional à quatre ou cinq ans. La fraie se déroule de mars à juin. Les oeufs éclosent au bout de 2 à 3 semaines. Les larves se tiennent dans les strates supérieures de l'eau et dérivent au gré des courants loins des frayères. Les alevins viennent souvent s'abriter sous les ombrelles des méduses. Au bout de deux années environ, les jeunes églefins passent progressivement à un mode de vie benthique. De toute manière, l'églefin est une espèce migratrice : en été, il se tient près des côtes à une faible profondeur ; en hiver, il se replie vers les eaux plus profondes. Il se nourrit tout d'abord de zooplancton, plus tard d'invertébrés du benthos. Son activité est surtout intense à une profondeur de 100–150 m avec une température de l'eau voisine de 1 à 5 °C.

L'églefin a une importance économique notable. La qualité de sa chair est supérieure à celle de la morue commune. Les prises annuelles se chiffrent aux environs de 500 000 tonnes. Il est pêché au chalut, à la seine et à la ligne.

Longueur : 60–70 cm, maximum 100–110 cm.
Poids : 2–4 kg, maximum 17 kg.
Fécondité : 0,5–3 millions d'oeufs.
D_1 : 14–17 ; D_2 : 19–24 ; D_3 : 19–22 ; A_1 : 21–25 ; A_2 : 19–21.
Distribution : océan Atlantique près des côtes européennes, du golfe de Gascogne jusqu'à la mer de Barents, abords de l'Islande, de Terre-Neuve.

Nourriture : jeunes poissons (par ex. gades – 1), vers polychètes – 2, amphipodes – 3, mollusques – 4.

1

2

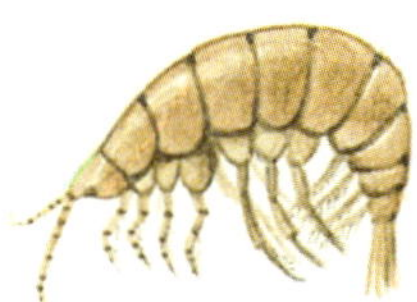
3

4

Merlan

Gadus merlangus

Le merlan se reconnaît à ses trois nageoires dorsales et à ses deux nageoires anales contiguës et à sa caudale pratiquement sans échancrure. Le barbillon mentonnier est court, absent chez les adultes.
Le dos du merlan est bleu-vert clair, les flancs vert-jaune, le ventre blanc opaque, avec un reflet argenté chez les sujets vivants. Une tache noire orne la naissance de la pectorale.
C'est près des côtes de l'Islande que le merlan pousse le plus vite, et dans la mer Noire que l'on trouve les plus petits spécimens. C'est là aussi que l'on rencontre une sous-espèce, *G. merlangus euxini,* caractérisée par l'allongement des nageoires paires. La fraie se déroule durant toute l'année, avec une pointe de janvier à juillet ; en hiver habituellement par 100–150 m de fond ; en été, par 80 m de fond environ. La ponte est fractionnée en quatre à six fois et on ne peut donc estimer qu'approximativement la fécondité totale des individus. Les larves restent près des côtes à 100 m de profondeur maximale. Après la digestion du vitellus, les alevins ont un mode de vie pélagique, à 60 m de profondeur maximale, et ce même dans dans les régions centrales des mers où les profondeurs atteignent 1000 à 2000 m. Ce mode de vie pélagique se poursuit pendant une année, après quoi les jeunes merlans viennent vivre près des côtes de façon benthique. Ils parviennent à la maturité sexuelle dans leur deuxième ou quatrième année de vie. Les adultes se nourrissent surtout de poissons (sprats, sardines), mais aussi de vers polychètes de mysis et de gammares. L'absorption de nourriture est particulièrement intense entre 10 et 14 h, et on constate une forte baisse d'intensité de l'alimentation pendant la nuit.
Le merlan est une espèce des eaux froides, donnant une préférence aux eaux côtières et aux fonds sableux ou argileux. Ses migrations sont courtes.
Son intérêt économique est considérable : les prises annuelles se montent à 200 000 tonnes environ et sont composées surtout de femelles, notamment parmi les sujets d'une certaine taille. Il est fort apprécié des pêcheurs amateurs qui le prennent à la ligne.

Longueur : 30–40 cm, maximum 70 cm, en mer Noire, maximum 20 cm.
Poids : jusqu'à 3 kg.
Fécondité : 0,1–1 million d'oeufs.
D_1 : 12–15 ; D_2 : 18–25 ; D_3 : 19–22 ; A_1 : 30–35 ; A_2 : 21–23.
Synonyme : *Merlangius merlangius.*

Distribution du merlan.

Lieu noir

Pollachius virens

Avec ses 35 à 40 branchiospines, le lieu noir se distingue de son parent, le lieu jaune *(P. pollachius)* qui n'en a que 26 à 27. Le barbillon mentonnier est petit mais bien visible, la nageoire caudale échancrée.

Le dos et le dessus de la tête sont olive sombre, parfois bruns à noirs, les flancs gris-jaune, le ventre blanc argenté.

C'est un poisson de grande taille, qui fraie sur toute l'étendue de son aire de distribution jusqu'à l'Islande et aux îles Lofoten. La fraie s'opère de janvier–février à mai–juin, à 100–200 m de profondeur, au-dessus d'un fond argileux, dans une eau présentant une température de 6–10 °C et une salinité de 35 ‰. C'est un gadidé très fertile. Le développement embryonaire dure 10–15 jours et les larves mesurent 3 à 4 mm à lors de l'éclosion. Les courants marins les emportent loin des frayères. A la fin de l'automne, les alevins mesurent déjà 15 à 20 mm. A six ans, le lieu noir atteint 60 à 70 cm, à dix ans, 70 à 80 cm. La maturité sexuelle se situe autour de cinq à six ans.

Le lieu noir est un poisson pélagique, vivant en bancs, tant près du fond qu'en pleine eau au-dessus de la plate-forme continentale. Il effectue régulièrement de longues migrations en été vers le nord et les zones de nutrition, en automne à nouveau vers le sud.

Les prises annuelles de ce poisson de qualité se chiffrent aux environs de 600 000 tonnes. Sa chair savoureuse est souvent mise en conserve et commercialisée sous l'appellation de « saumon de mer ».

Longueur : 60–90 cm, maximum 130 cm.
Poids : 2–5 kg, maximum 12–14 kg.
Fécondité : 5–8 millions d'oeufs.
D_1 : 13–15 ; D_2 : 19–24 ; D_3 : 19–24 ; A_1 : 25–30 ; A_2 : 17–24.
Distribution : partie septentrionale de l'océan Atlantique, côtes européennes du golfe de Gascogne jusqu'à la mer de Barents, côtes sud du Groenland jusqu'à 67° de latitude Nord, côtes occidentales de l'Atlantique de la baie d'Hudson jusqu'à New York.
Synonyme : *Gadus virens.*

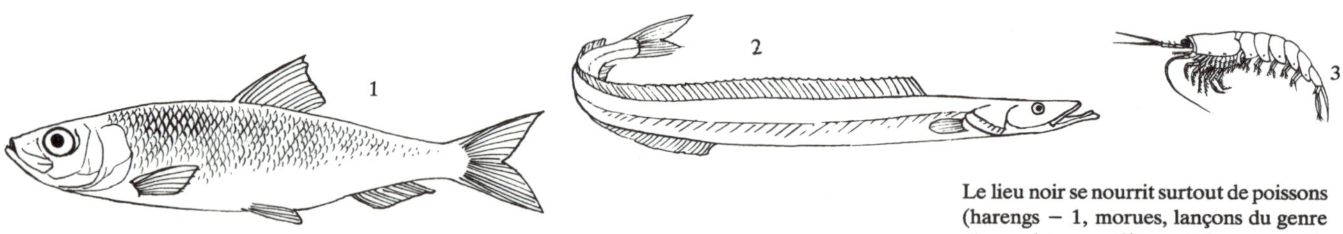

Le lieu noir se nourrit surtout de poissons (harengs – 1, morues, lançons du genre *Ammodytes* – 2), certains crustacés (genre *Euphasia* – 3, par exemple).

Lieu jaune

Pollachius pollachius

La première nageoire anale prend naissance à peu près sous le milieu de la première dorsale, la caudale n'est que légèrement échancrée. Notons surtout l'absence du barbillon mentonnier typique chez les gadidés et la courbure de la ligne latérale au niveau des pectorales. La mâchoire inférieure est plus longue que la supérieure, les nageoires ventrales sont très courtes.

La robe est cannelle foncé à olive sur le dos, les flancs vert-jaune à gris avec un réseau irrégulier de taches rouille à jaunes. Le ventre est clair, la ligne latérale sombre.

C'est une espèce formant de petits bancs pélagiques qui vivent dans la zone littorale, jusqu'à 200 m de profondeur. Les gros exemplaires se tiennent souvent près des rochers et des supports durs, les petits préfèrent les fonds sableux. La fraie se déroule de janvier à juin à 8 à 10 °C, généralement par 100 m de fond au maximum. Les oeufs sont pélagiques, les larves et les alevins se nourrissent de plancton à proximité des côtes, les adultes préfèrent les petits poissons (sardines, sprats, maquereaux, harengs). Les prises annuelles se chiffrent actuellement aux environs de 6000–12 000 tonnes et sont surtout le fait des pays scandinaves, de la Grande-Bretagne et de l'Espagne. La chair est sèche, fortement colorée, de qualité médiocre.

Longueur : 40–80 cm, maximum 130 cm.
Poids : 1–8 kg, rarement jusqu'à 11 kg.
Fécondité : jusqu'à 2 800 000 oeufs mesurant 1,1–1,2 mm de diamètre.
D_1 : 11–14 ; D_2 : 11–21 ; D_3 : 15–20 ; A_1 : 24–34 ; A_2 : 16–21 ; P : 16–20 ; V : 6.
Distribution : océan Atlantique depuis les côtes de l'Islande et de la Norvège septentrionale jusqu'aux côtes nord-africaines ; partie occidentale de la Baltique ; Méditerranée.
Synonymes les plus fréquents : *Gadus pollachius, Merlangus pollachius.*

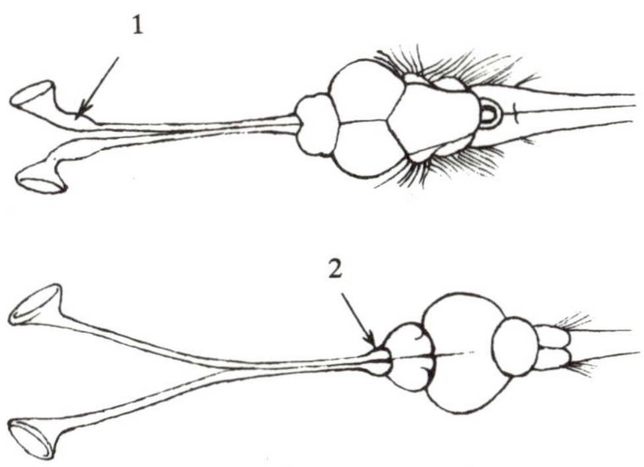

Un caractère distinctif du cerveau des *Gadiformes* est la position des bulbes olfactifs qui viennent s'appliquer étroitement contre les capsules olfactives (1). Chez les autres poissons, ces bulbes olfactifs sont situés contre le cerveau antérieur (2).

Poutassou, merlan bleu *Micromesistius poutassou*

Ce gadidé de petite taille se reconnaît à ses trois nageoires dorsales bien séparées, surtout en ce qui concerne les deux dernières. Il possède deux anales dont la première est très longue. Le barbillon mentonnier est absent, la mâchoire inférieure dépasse légèrement.

La coloration rappelle celle du hareng, avec un dos bleu-gris clair à gris, des flancs et un ventre argentés.

La croissance est moyennement rapide : le poutassou mesure 30 cm à la fin de la quatrième année et devient sexuellement adulte avec 20 à 30 cm de longueur. La fraie s'opère au début du printemps dans la partie méridionale de son aire : il faut pour cela une eau à 8–9 °C avec 35 ‰ de salinité. Les larves et les alevins vivent au-dessus des eaux profondes de quelque 1000 m. Ils se nourrissent de crustacés et de petits poissons. C'est un poisson de haute mer vivant au-delà du plateau continental, le plus souvent à 100–300 m de profondeur au-dessus de fonds atteignant 1000 m. On le prend parfois sur le littoral, mais c'est assez rare. Près des côtes de la Patagonie, on trouve une espèce voisine, de plus grande taille, *M. australis*. Elle atteint 50 cm de long et un poids de 1 kg et fraie surtout au voisinage des îles Falkland (ou Malouines).

Le poutassou ne présente pas un grand intérêt économique. Lorsqu'il est pris, il est surtout transformé en farine de poisson, plus rarement consommé en l'état. Le foie contient jusqu'à 50 % d'huile qui représente une importante source de vitamines A et D. Le poutassou représente aussi une partie importante de la nourriture d'espèces plus grandes, comme le genre *Merluccius*.

Longueur : 30–35 cm, maximum 45 cm.

D_1 : 12–14 ; D_2 : 12–15 ; D_3 : 23–26 ; A_1 : 33–39 ; A_2 : 24–27.

Distribution : côtes européennes de l'Atlantique, de la mer de Barents jusqu'à Gibraltar ; côtes de l'Islande, du Groenland et de Terre-Neuve ; partie occidentale de la Méditerranée.

Synonyme : *Gadus poutassou.*

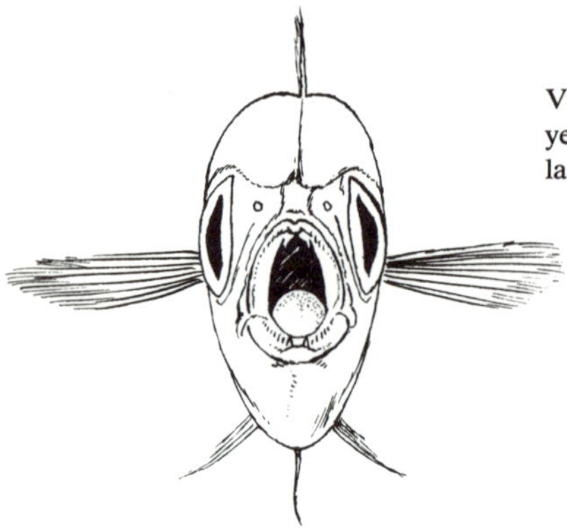

Vue schématique de face. On remarquera les yeux de grande dimension et l'importance de la bouche.

Tacaud, plouse *Trisopterus luscus*

Le tacaud est un proche parent du capelan dont il se distingue cependant par son corps plus haut et ses longues nageoires ventrales, dépassant l'anus. Le barbillon mentonnier est lui aussi plus long que chez le capelan, tandis que le diamètre de l'oeil reste égal à la longueur du museau. La première nageoire anale est repoussée vers l'avant et naît à peu près à l'aplomb du milieu de la première dorsale. Les nageoires anales comme les dorsales sont contiguës, le bord de la caudale est presque droit. Etant donnée la hauteur du corps, la ligne latérale est plus arquée que chez le capelan.

Le dos est couleur cannelle avec 4 à 5 bandes sombres transversales, les flancs sont jaunes, le ventre blanc. Une tache sombre apparaît près de la naissance des pectorales.

Le tacaud forme de vastes bancs côtiers se déplaçant à 3–300 m de profondeur et s'approchant plus près du littoral que les bancs de capelans. Il se plaît surtout dans les secteurs à fond pierreux, au milieu des récifs et des rochers. La fraie se déroule à faible profondeur en mars–avril, les oeufs sont pélagiques. Dans leur première année, les jeunes poissons sont très fréquents dans les stations peu profondes à fond sableux. Ils se nourrissent d'invertébrés, les gros sujets parfois de poissons.

Le tacaud se pêche surtout au chalut et à la seine, avec des prises annuelles de 15 000 tonnes environ. Sa chair est relativement savoureuse, mais se conserve mal, et les prises servent surtout à la fabrication de farine. Parmi les trois espèces européennes du genre *Trisopterus,* on pêche surtout le tacaud norvégien *(Trisopterus esmarki).*

Longueur : 20–30 cm, maximum 40 cm.
Poids : jusqu'à 2,5 kg.
Fécondité : jusqu'à 390 000 oeufs.
D_1 : 11–14 ; D_2 : 20–24 ; D_3 : 18–20 ; A_1 : 30–31 ; A_2 : 19–22.
Synonymes les plus fréquents : *Gadus luscus, Morhua lusca.*

Distribution de *T. luscus.*

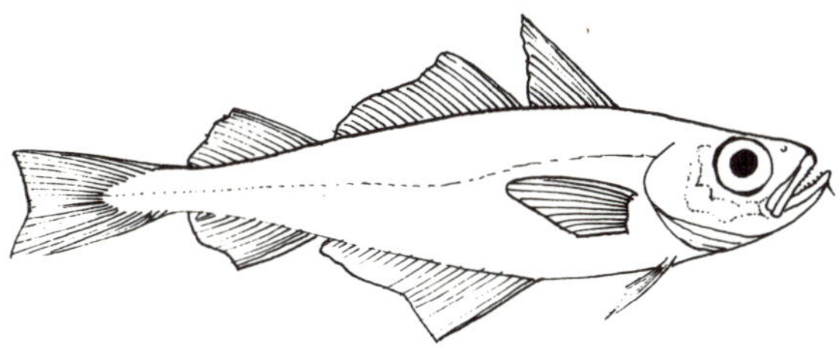

Tacaud norvégien *(T. esmarki),* dont la limite méridionale correspond aux côtes sud de l'Angleterre. Il atteint 20 à 25 cm. Les prises annuelles, en augmentation, représentent actuellement 400 000 tonnes.

Capelan, petit tacaud

Trisopterus minutus

Les dorsales sont contiguës, tandis qu'un léger espace sépare les anales. La naissance de la première anale se trouve à l'aplomb de celle de la deuxième dorsale. Comme chez les autres gadidés, les ventrales sont repoussées jusque sur la gorge. La longueur du barbillon mentonnier atteint, voire dépasse les 3/4 du diamètre de l'oeil, celui-ci étant égal à la longueur du museau. La mâchoire supérieure est plus longue que la mâchoire inférieure, le bord de la caudale est légèrement échancré. Dans la région antérieure du corps, la ligne latérale descend à l'oblique jusqu'au milieu du corps dont elle suit ensuite la zone médiane jusqu'à la queue.

La face dorsale est brun-jaune, les flancs plus clairs ont un reflet cuivré, le ventre est gris argenté.

Le capelan vit en bancs dans les eaux littorales à 30–300 m de profondeur, près du fond ou en pleine eau. Il se nourrit surtout de crustacés et de mollusques, les plus gros sujets également de petits poissons. Il sert souvent de nourriture aux gros poissons ou aux dauphins. La fraie se déroule en hiver dans la partie méridionale de son aire, au début du printemps dans la partie nordique. La fécondité est relativement élevée, les oeufs sont pélagiques.

Bien que sa chair soit assez savoureuse, sa petite taille et ses populations limitées font qu'il n'a pas une grande valeur économique. Lorsqu'il est pris, il sert à la fabrication de farine.

Longueur : 15–20 cm, exceptionnellement jusqu'à 28 cm.
Poids : 0,2–0,4 kg.
Fécondité : 50 000–350 000 oeufs.
D_1 : 13 ; D_2 : 23–26 ; D_3 : 22–24 ; A_1 : 28–29 ; A_2 : 23–25.
Synonymes habituels : *Gadus minutus, Gadus capelanus.*

Distribution de *T. minutus.*

Eleginus navaga

Eleginus navaga a une forme rappelant celle de la morue commune, mais les trois dorsales sont plus éloignées les unes des autres. Les deux nageoires anales sont à peu près de même longueur, la caudale est presque droite. Le barbillon mentonnier est court.

Le dos brun sombre a un reflet gris avec des taches foncées, les flancs sont plus clairs, le ventre blanc argenté.

C'est un gade de taille moyenne qui fraie de décembre à janvier sous la glace, à 10 m de profondeur. Les frayères sont des stations où l'eau est fortement agitée et le fond sableux ou pierreux. La fraie est fractionnée. Les oeufs flottent près du fond sans se fixer au substrat. Les reproducteurs sont âgés de deux à cinq ans. La croissance est lente, les poissons ne dépassent pas 35 cm de long dans leur quatrième année.

L'alimentation varie au cours de l'année : elle atteint des pointes en septembre, octobre et mars, où les poissons se nourrissent de poissons. En novembre et décembre, juste avant la fraie et immédiatement après celle-ci en février, *Eleginus navaga* se nourrit de vers polychètes et de crustacés.

C'est un poisson du littoral et de faible profondeur, présentant des adaptations aux basses températures hivernales, voire au gel. Il cesse de s'alimenter dès que la température dépasse 10 °C. Il apparaît souvent, surtout juste avant la fraie pour laquelle il entreprend des migrations massives, dans des eaux fortement adoucies. Il peut pénétrer dans l'embouchure des grands fleuves. Dans le nord du Pacifique vit une espèce voisine, *E. gracilis,* de taille plus robuste.

L'intérêt économique de cette espèce est purement local : elle est pêchée surtout en automne et en hiver où sa chair est particulièrement savoureuse.

Longueur : 30–35 cm, maximum 45 cm.
Poids : 0,5–1 kg.
Fécondité : 6000–90 000 oeufs.
D_1 : 12–16 ; D_2 : 14–21 ; D_3 : 20–22 ; A_1 : 19–23 ; A_2 : 19–26.
Distribution : mer Blanche et vers l'est jusqu'à l'embouchure de l'Ob.
Synonyme : *Gadus navaga.*

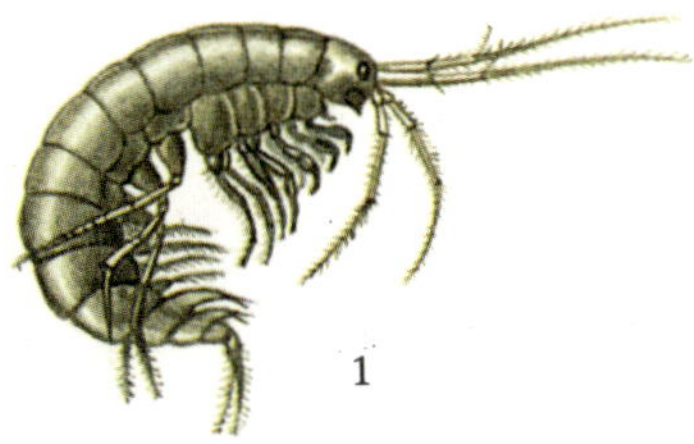
1

2

Eleginus navaga consomme une nourriture variée : crustacés – 1, polychètes – 2 et jusqu'à des petits poissons (*Osmerus, Gasterosteus* – 3, etc.).

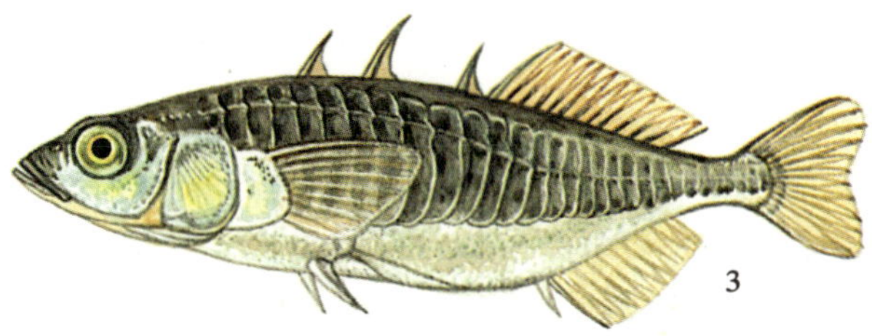
3

Brosme brosme

Voici un poisson au corps allongé, puissant, doté d'une seule longue dorsale et anale. Le barbillon mentonnier est long lui aussi. La ligne latérale oblique fortement vers le bas au niveau de la naissance de la nageoire anale.
Le dos est gris-brun, les flancs de même teinte mais plus clairs, le ventre gris-blanc. Les bord des nageoires dorsale et anale portent une bande sombre suivie d'une bande claire, les pelviennes sont plus foncées vers les bords.
Brosme brosme fraie dans toutes les eaux de son aire à 100–400 m de profondeur. Les eaux fortement salines doivent être à une température de 4 à 9 °C. La reproduction se déroule de mai à août dans la région de Mourmansk, plus au sud d'avril à juillet. Les gros oeufs sont munis d'une gouttelette lipidique rouge orangé. Leur développement se déroule près de la surface. Les alevins atteignent 8 à 10 cm dans leur première année ; les poissons mesurent 34 à 37 cm à cinq ans. Ils deviennent sexuellement adultes vers six ans et mesurent alors 40 à 50 cm. L'âge maximal est de vingt ans. *Brosme brosme* vit en petites bancs à 200–500, exceptionnellement 1000 m de profondeur et préfère les fonds pierreux.
Il est surtout pêché en Norvège, en U.R.S.S. et près des côtes d'Islande (10 000 tonnes par an au maximum). On le consomme surtout après séchage et salaison, parfois aussi frais ou surgelé.

Longueur : 40–60 cm, maximum 110 cm.
Poids : 1–2 kg, maximum 12 kg.
Fécondité : 800–3000 oeufs.
D : 85–107 ; A : 62–77.
Distribution : nord de l'Atlantique, près des côtes européennes jusqu'au Danemark septentrional, l'Angleterre, l'Irlande, à l'est des côtes méridionales du Groenland et du Labrador.

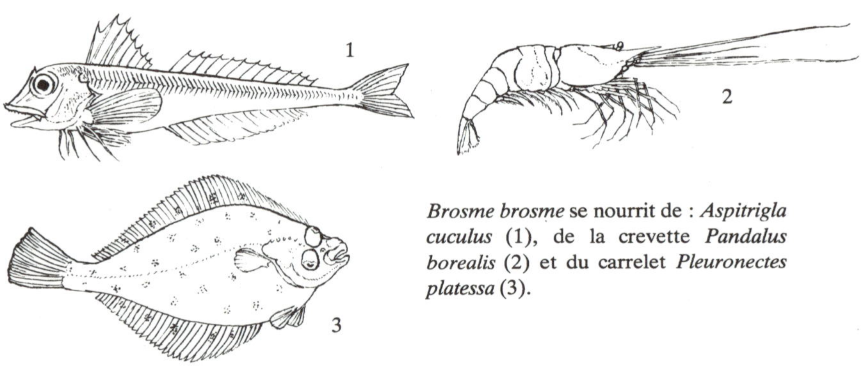

Brosme brosme se nourrit de : *Aspitrigla cuculus* (1), de la crevette *Pandalus borealis* (2) et du carrelet *Pleuronectes platessa* (3).

Lingue, julienne *Molva molva*

Par la forme de son corps et son mode de vie, la lingue se rapproche de sa voisine, la lote d'eau douce *(Lota lota),* mais à la différence de celle-ci et comme chez les autres représentants du genre *Molva,* sa tête est dépourvue des narines tubulaires, allongées en forme de barbillons, et ne porte pas non plus de pores de la ligne latérale.
La mâchoire supérieure dépasse légèrement la mâchoire inférieure, le menton porte un barbillon. La première dorsale est courte, la seconde longue. Les pelviennes sont courtes et n'atteignent jamais l'extrémité des pectorales. Les yeux sont eux aussi assez petits, leur diamètre mesurant à peu près la moitié de la longueur du museau.
Le dos est gris-vert à brun avec des taches claires, le ventre clair. Le bord postérieur des deux nageoires dorsales comme de la nageoire anale porte une tache sombre, autrement leur lisière est claire.
La lingue est un poisson peu mobile, se tenant le plus souvent par 100–500 m de fond, au-dessus d'un fond dur et pierreux. Elle fraie de mars à juin dans des eaux à 5–10 °C et se caractérise par une exceptionnelle fécondité. Les oeufs mesurent environ 1 mm de diamètre et se développent dans les couches superficielles de l'eau. Les alevins dépassant 8 cm de long vivent près du fond. La maturité sexuelle survient vers huit–dix ans ; le poisson atteint alors une longueur de 80 à 100 cm.
La lingue est surtout pêchée à la palangre et au chalut, à la ligne par les pêcheurs sportifs. Les prises annuelles représentent quelque 5–60 millions tonnes. Sa chair est savoureuse.

Longueur : 1,2–1,8 m, maximum 2 m.
Poids : 30–40 kg.
Fécondité : 5–60 millions oeufs.
D_1 : 13–16 ; D_2 : 60–70 ; A : 57–66 ; P : 18–21.
Synonyme habituel : *Gadus molva*
Distribution : côtes européennes de l'Atlantique nord, de la mer de Barents et du littoral islandais jusqu'au golfe de Gascogne ; côtes méridionales du Groenland.

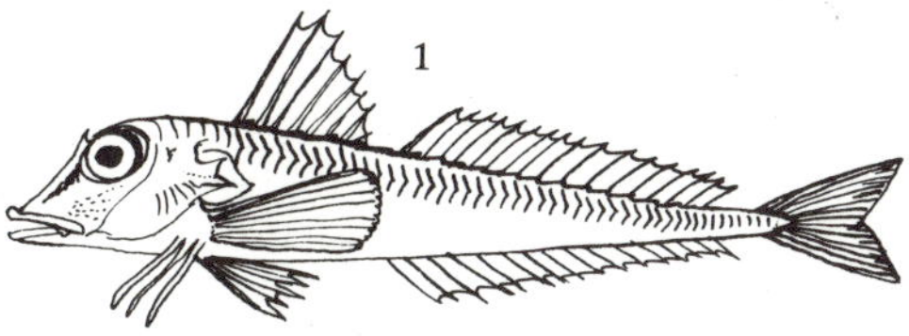
1

Composantes alimentaires des adultes : *Aspitrigla cuculus* (1), *Trisopterus esmarki* (2). Les jeunes s'attaquent aux crabes et aux échinodermes.

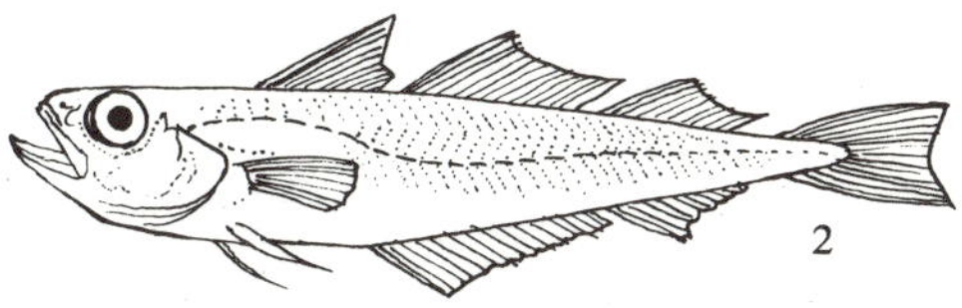
2

La lingue bleue *(Molva dipterygia),* une espèce voisine, de même distribution. Elle atteint 80 à 120 cm de long, au maximum 180 cm. Le barbillon mentonnier est court.

Lingue espagnole

Molva macrophthalma

Avec la julienne, nous avons vu le plus gros représentant du genre *Molva ;* avec la lingue espagnole, nous en rencontrons le plus petit. Son corps allongé est nettement plus bas que celui de la julienne, son barbillon mentonnier plus court. Les yeux, par contre, sont beaucoup plus importants par rapport à la longueur de la tête : leur diamètre mesure à peu près la longueur du museau. La lingue espagnole se distingue également de la julienne par le nombre moins important de rayons dans la première dorsale (10 à 12 seulement), par sa mâchoire inférieure plus allongée et surtout par ses longues nageoires ventrales, dépassant de loin l'extrémité des pectorales.

La face dorsale est brun-vert, le ventre blanc argenté, parfois avec un reflet jaune. Les nageoires dorsales, anale et caudale sont gris-brun.

C'est un poisson qui vit surtout en profondeur, sur un fond rocheux ou argileux, par 200–1200 m. Sa fraie se déroule, elle aussi, en profondeur au bord du plateau continental, les oeufs sont pélagiques. On ne possède guère de données détaillées sur la biologie de sa reproduction. C'est une espèce prédatrice qui se nourrit de petits poissons et d'invertébrés.

Sa chair, de qualité moyenne, est surtout consommée dans le bassin méditerranéen et en Espagne. C'est surtout dans ce pays, où elle est d'ailleurs la plus abondante, qu'elle a une certaine importance économique. Elle est pêchée surtout au chalut traîné près du fond.

Longueur : 50–70 cm, maximum 90 cm.
Poids jusqu'à 7 kg.
D_1 : 10–12 ; D_2 : 76–83 ; A : 75–79 ; P : 16–18 ; V : 6–7.
Synonymes fréquents : *Molva elongata, Gadus elongatus.*

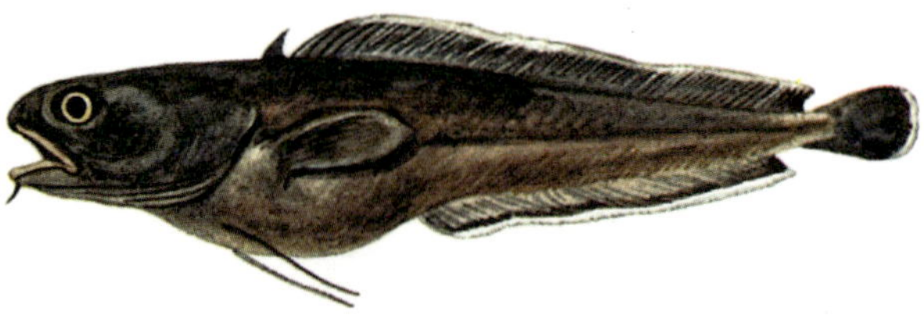

Raniceps raninus, une espèce voisine des lingues, vient au nord jusqu'aux frontières de la Norvège centrale ; au sud jusqu'au golfe de Gascogne inclus. Il atteint 35 cm de long et vit près du fond à des profondeurs allant jusqu'à 100 m.

Molva macrophthalma (en rouge) vit au sud des côtes anglaises, en Méditerranée et le long du littoral nord-africain. Elle ne vient au contact de sa voisine, *M. molva* (en bleu), que dans la région du golfe de Gascogne et près des côtes méridionales de l'Angleterre.

Motelle commune *Gaidropsarus vulgaris*

La motelle commune a deux dorsales. La première, courte, comporte un rayon unique, d'une longueur remarquable. Les autres rayons sont courts et libres, non réunis par une membrane de peau. La deuxième dorsale et la nageoire anale sont très longues. La tête porte trois barbillons, un sur le menton et deux à l'avant des narines. La nageoire pectorale comporte 20 à 22 rayons, ce qui permet de distinguer cette espèce de sa voisine *G. mediterraneus* (dont la nageoire n'en comporte que 15 à 17). Une autre espèce du même genre, *G. argentatus,* vit plus au nord que la motelle commune. Le genre *Gaidropsarus* comporte en tout 14 espèces.
Le corps est de couleur saumon, plus claire par endroits, avec des bandes transversales et des taches sombres sur le dos. Le ventre est rose clair.
La plus grande partie de son aire, dans l'Atlantique comme en Méditerranée, est commune avec *G. mediterraneus.*
C'est une espèce des eaux froides frayant en hiver de décembre à février. Les larves et les alevins sont d'abord pélagiques et présentent alors la couleur argentée caractéristique des poissons familiers de ce mode de vie. Lorsqu'ils atteignent 5 à 6 cm de long, les petits poissons tombent au fond où ils mènent une vie benthique. A l'âge adulte, la motelle commune vit dans la zone littorale (à quelque distance de la côte cependant), à 10–50 m de profondeur. Elle se nourrit de crustacés du benthos (crabes, crevettes) et de petits poissons.
Sans intérêt économique particulier, elle est parfois pêchée à la ligne.

Longueur : 35–40 cm, maximum 55 cm.
Poids : 0,5–1 kg.
P : 20–22.
Distribution : mer du Nord et Atlantique, des côtes de Norvège centrale jusqu'à Gibraltar ; ouest de la Méditerranée et Adriatique.

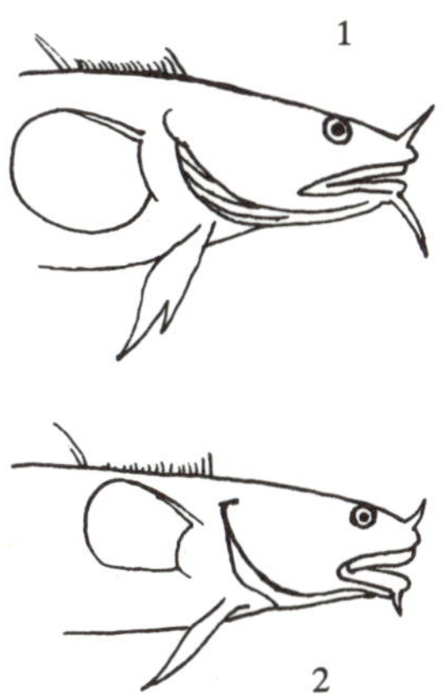

Les mâchoires de *G. vulgaris* (1) sont plus longues que celles de *G. mediterraneus* (2).

Motelle de Méditerranée

Gaidropsarus mediterraneus

Par la forme du corps, la motelle de Méditerranée rappelle la lote d'eau douce. La première dorsale est formée d'un rayon allongé, suivi d'une multitude de rayons courts et fins, placés dans un sillon longitudinal. La deuxième dorsale et la nageoire anale sont longues et formées par des rayons assez longs et réguliers. Près du bord antérieur des narines se trouve un barbillon ; un troisième barbillon impair est situé, comme chez les autres poissons de ce groupe, sur le menton. La vessie gazeuse est rudimentaire, la mâchoire inférieure plus courte que la mâchoire supérieure, la ligne latérale descend en arc avant la naissance de la nageoire anale.
La coloration est très variable. Le dos et les flancs sont plus ou moins brun sombre, le ventre plus clair. Tout le corps y compris les nageoires est parsemé de nombreuses taches sombres et claires de taille variée.
C'est un poisson qui vit près des côtes rocheuses, au-dessus d'un fond pierreux, par 30 m de fond au maximum, plus rarement sur d'autres substrats et à plus grande profondeur. Il s'éloigne légèrement des côtes pour la fraie. Celle-ci se déroule en été, parfois en automne ou au printemps. Les oeufs et les larves sont pélagiques, les jeunes vivent le plus souvent près de la surface. Ils se rapprochent du bord et descendent au fond lorsqu'ils mesurent environ 4 à 5 cm. Ils se nourrissent surtout de petits poissons, de crustacés, de vers et de crabes.
La motelle de Méditerranée n'est que rarement pêchée. Sa chair est pourtant considérée comme savoureuse. Comme elle a tendance, à certaines saisons, à se rassembler massivement près des côtes, elle joue un rôle important pour l'écologie de ces stations, comme consommateur et comme source alimentaire. Sa position systématique demeure encore mal éclaircie.

Longueur : 30–40 cm, maximum 60 cm.
Poids : 0,4–1 kg.
Fécondité : 100 000–450 000 oeufs.
D_1 : 17–19 ; D_2 : 54–60 ; A : 44–49 ; P : 15–17.
Synonymes habituels : *Onos mediterraneus, Onos maculatus, Onos tricirratus, Gaidropsarus tricirratus.*

Distribution de *G. mediterraneus.*

Loche de mer

Onos mustela

Poisson au corps allongé, symétrique, avec deux dorsales dont la première est comme chez *O. mediterraneus* formée d'un rayon antérieur très développé suivi d'un grand nombre de rayons minces et indépendants. Le corps est couvert de menues et fines écailles, la ligne latérale se recourbe au niveau de la naissance de la nageoire anale, et descend avec une assez forte chute jusqu'à la zone médiane du corps. Elle reste ensuite au même niveau jusqu'à la naissance de la queue. La tête est relativement courte, et ne représente que 1/5 de la longueur du tronc. Son extrémité antérieure porte près de la bouche 5 barbillons charnus, dont 2 près du bord antérieur des narines, 2 près de la lèvre supérieure et 1 dernier barbillon impair sur le menton.

La face dorsale de la loche de mer est brun sombre (parfois avec un reflet rougeâtre), le ventre est gris-bleu clair. L'intérieur de la bouche et de la cavité branchiale est jaune pâle.

C'est un poisson qui vit près des côtes dans la zone de mouvement des marées, souvent dans les herbiers. Elle recherche cependant surtout des fonds durs, rocheux, à 5–20 m de profondeur. La fraie a lieu près des côtes ou dans l'embouchure des rivières, de janvier à avril. Les oeufs et les larves sont pélagiques ; les alevins, argentés au dos vert, vivent dans les couches superficielles de l'eau tant qu'ils ne dépassent pas 3 à 4 cm. Une fois cette taille atteinte, ils mènent une vie benthique.

Du fait de sa petite taille, la loche de mer ne présente pas d'intérêt économique. Les alevins qui constituent au printemps des bancs populeux près de la surface forment une part importante de l'alimentation de certaines espèces d'oiseaux de mer.

Longueur : 20–25 cm, exceptionnellement jusqu'à 30 cm.
Poids : jusqu'à 0,35 kg.
Fécondité : 100 000–400 000 oeufs.
D_1 : 15–17 ; D_2 : 45–56 ; A : 40–46 ; P : 14–17 ; V : 6–8.
Distribution : côtes atlantiques européennes, du nord de la Norvège jusqu'au sud du Portugal.
Synonymes habituels : *Ciliata mustela, Gadus mustela.*

O. cimbrius, une espèce apparentée, vit dans le nord-est de l'Atlantique depuis l'Islande jusqu'aux côtes de la Norvège et de l'Angleterre, ainsi que près des côtes orientales du Canada et des Etats-Unis. Elle atteint 30 à 50 cm et sa mâchoire supérieure ne porte que trois barbillons. Le premier rayon de la dorsale antérieure est particulièrement long.

Lote, lotte *Lota lota*

La lote est l'unique gadidé d'eau douce. C'est un poisson au corps allongé, cylindrique, portant deux nageoires dorsales dont la seconde est très longue, comme l'est également la nageoire anale. Les pelviennes sont situées en avant des pectorales et leur deuxième rayon est étiré en une excroissance filamenteuse. Un barbillon impair est situé au milieu du menton. Tout le corps et les nageoires sont gris-brun à verdâtres, avec des marbrures claires caractéristiques.

La lote est un poisson au mode de vie discret. On la rencontre dans le cours moyen et supérieur des rivières, dans certains étangs, dans les lacs de barrage situés en altitude, parfois aussi dans le secteur inférieur des rivières. Elle est assez commune dans le Danube et certains de ses affluents. C'est là que des plongeurs ont pu observer que, contrairement à ce qu'on pensait autrefois, les lotes ne se cachaient pas isolément sous les pierres mais par groupes de cinq individus et davantage dans les racines des arbres ou le bois flottant.

La fraie se déroule de nuit ou au crépuscule, le plus souvent sous la glace, sur un fond sableux, et ce de décembre à mars, dans une eau à 2,8–6 °C. Les oeufs fécondés dérivent au gré du courant puis tombent au fond dans des stations calmes. Selon la température de l'eau, le développement embryonnaire se poursuit durant 1 à 2 mois.

Au contraire de la majorité des autres poissons, la lote se nourrit surtout pendant les mois d'automne et d'hiver quand l'eau est froide. En été, il lui arrive de tomber dans un « sommeil estival » léthargique. Elle est surtout active de nuit. Très vorace, elle arrive à prendre et à avaler des proies à peine plus petites qu'elle.

La chair et le foie sont très savoureux. Malgré ce fait et sa possibilité d'atteindre des tailles considérables, elle n'a pas de grande importance économique, surtout parce qu'elle n'est pas facile à prendre du fait de son mode de vie nocturne. Dans le passé, son foie volumineux, riche en vitamine A, était employé dans les traitements des affections oculaires.

Longueur : 60–70 cm, maximum 120 cm.
Poids : 2–5 kg, maximum 24 kg.
Fécondité : 30 000–3 000 000 oeufs.
D_1 : 9–16 ; D_2 : 67–90 ; A : 65–79.

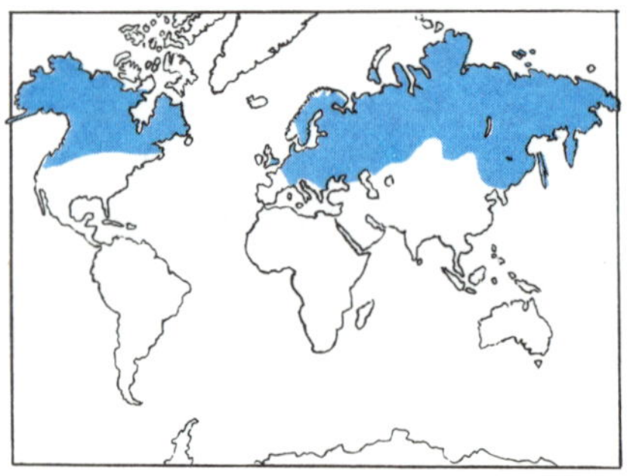

Distribution de *L. lota.*

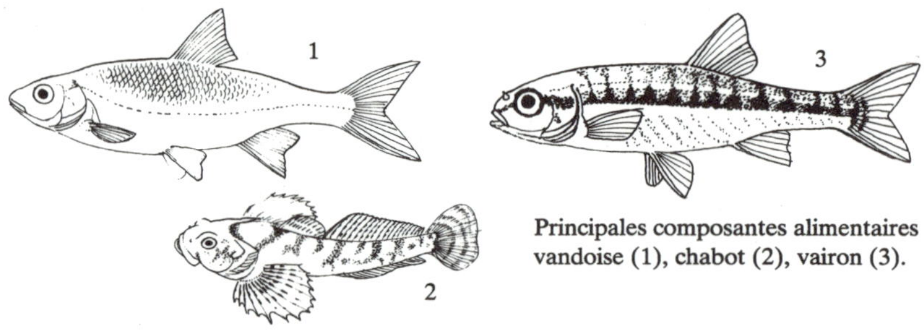

Principales composantes alimentaires : vandoise (1), chabot (2), vairon (3).

La famille de MERLUCCIIDAE comprend quelque quatre genres et dix espèces vivant dans les eaux tempérées et subtropicales de l'Atlantique et du Pacifique. Ses représentants se distinguent des gades par l'absence de barbillon mentonnier et la présence de deux nageoires dorsales seulement. Certains systématiciens en font une sous-famille de la famille des GADIDAE.

Merlu

Merlucius merluccius

C'est le seul membre de cette famille à vivre dans les eaux européennes. Il se caractérise par un corps mince, une grosse tête et une gueule largement fendue munie de dents puissantes et crochues. La forme du corps rappelle celle du brochet et c'est la raison pour laquelle il a reçu, dès le moyen âge, le nom de *maris lucius* (brochet de mer), nom qui est à la base de l'appellation scientifique actuelle *(Merluccius)* ainsi que de nombreux noms populaires européens. La première dorsale est courte et triangulaire ; la seconde, longue, et l'anale ont une forme légèrement renflée.

Le dos est gris-bleu, les flancs et le ventre sont argentés. C'est un poisson qui vit la plupart du temps sur le bord de la plate-forme continentale à 150-550 m de profondeur, en été même en eau moins profonde. C'est un excellent nageur qui se tient près du fond durant la journée et remonte vers la surface en quête de nourriture durant la nuit. Il entreprend aussi de longues migrations au cours de l'année. Il fraie au printemps ; dans la partie septentrionale de son aire également en été, à 100–800 m de profondeur, près des côtes. Les mâles deviennent sexuellement adultes lorsqu'ils atteignent une longueur de 40 cm environ ; les femelles, lorsqu'elles mesurent à peu près 70 cm.

La chair du merlu est très savoureuse et peu grasse. Elle parvient sur les marchés surtout sous forme de filets surgelés. Le merlu est surtout pêché au chalut et les prises annuelles représentent environ 120 000 tonnes ce qui est moins que par le passé. En effet, une « sur-pêche » industrielle au cours du dernier quart de siècle a eu pour effet de réduire les populations de façon notable.

Longueur : 1–1,2 m, isolément jusqu'à 1,5 m.
Poids : 5–8 kg, maximum 11 kg.
D_1 : 9–11 ; D_2 : 36–40 ; A : 36–40 ; P : 12–14 ; V : 7.
Distribution : Atlantique – des côtes nord-ouest de l'Afrique jusqu'à l'Islande et aux îles Lofoten.
Synonymes les plus habituels : *Gadus merluccius, Gadus merlus.*

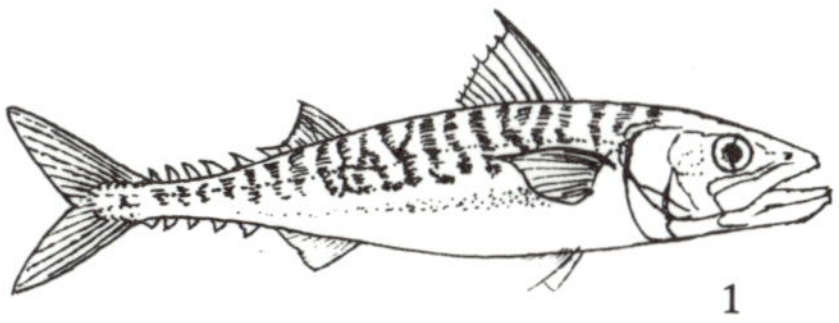
1

Le merlu se nourrit surtout de poissons pélagiques : jeunes maquereaux (1), anchois (2), harengs (3), jeunes chinchards méditerranéens (4).

4

2

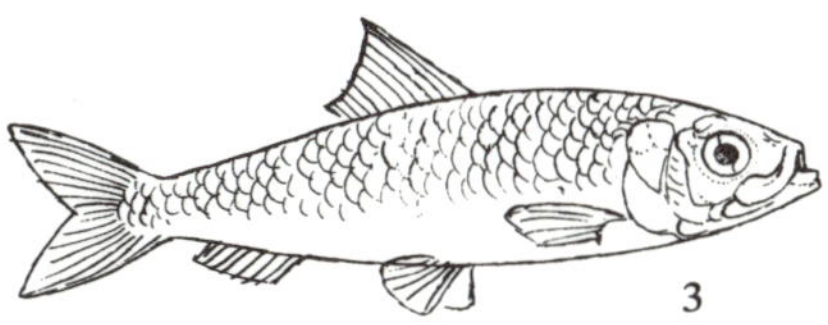
3

L'ordre des GASTEROSTEIFORMES compte environ deux cents espèces de poissons de petite taille dont les pelviennes se trouvent sur le thorax ou juste au début de l'abdomen. Nombre d'entre eux portent sur le corps des plaquettes osseuses. La famille des GASTEROSTEIDAE comprend des poissons d'eau douce ou marine de notre hémisphère. Les populations d'eau de mer ou saumâtre présentent sur les flancs des plaques osseuses bien développées ; les espèces d'eau douce en sont plus ou moins dépourvues. Après la fraie, les mâles veillent sur les oeufs et les alevins.

Epinoche à trois épines

Gasterosteus aculeatus

L'épinoche à trois épines est un petit poisson aisément reconnaissable aux trois épines libres qui se trouvent sur le dos en avant de la dorsale.

Le dos est gris-bleu, vert olive à gris, les flancs et le ventre sont argentés. Cependant, à l'époque de la fraie, le mâle prend à l'avant de la face ventrale une coloration rouge à rouge orangé, son dos devient bleu métallique, ses ouïes dorées.

L'épinoche à trois épines vit dans la zone côtière des mers et dans les lacs communiquant avec la mer où l'eau est fortement adoucie, mais aussi en eau douce. C'est un poisson typiquement euryhalin. En eau douce, on le rencontre généralement dans les trous ou les bras morts des rivières à une profondeur de 1 m. Il peut pulluler dans certaines étendues intérieures de petit volume.

L'épinoche est surtout connue pour les soins qu'elle apporte à sa descendance. A l'époque de la fraie, d'avril à juin, le mâle construit un nid avec des restes de végétaux, puis il y attire les femelles, une par une, grâce à une danse typique. Après la fécondation, le mâle monte la garde auprès du nid et le défend contre des envahisseurs de toute taille. Il élimine également les oeufs non fécondés. La croissance des alevins dépend de la quantité de nourriture disponible. Elle est généralement plus rapide en milieu marin. Les oeufs mûrissent progressivement, généralement en 2 à 4 séries. Après la fraie, une grande partie de la génération des reproducteurs meurt. L'épinoche acquiert sa maturité sexuelle dès la fin de la première année de vie et vit en moyenne trois ans. Elle se nourrit de petits crustacés et d'oeufs de différents poissons.

Longueur : 6,5–7,5 cm, maximum 10–11 cm.
Fécondité : 60–600 oeufs.
D : III/8–14 ; A : I/6–11.
Distribution : côtes européennes, régions orientales et occidentales de l'Amérique du Nord, Asie orientale. Pénètre à l'intérieur des terres en suivant les fleuves.

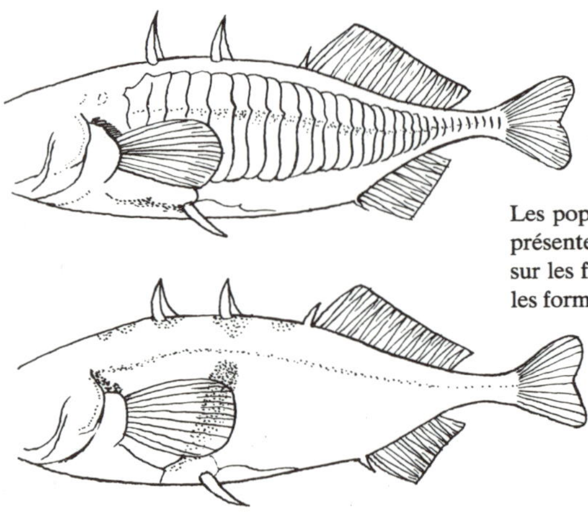

Les populations vivant en eau saumâtre présentent une série de plaques osseuses sur les flancs, plaques disparaissant chez les formes purement dulçaquicoles.

La coloration de la femelle est terne en comparaison de celle du mâle. C'est pendant la fraie que la différence est surtout accusée.

Epinochette

Pungitius pungitius

L'épinochette porte sur le dos, en avant de la dorsale, jusqu'à 11, mais le plus souvent 9 courtes épines indépendantes qui lui donnent son nom dans de nombreuses langues du monde entier. Lorsqu'on indique les formules des nageoires, on inclut ces épines dans la dorsale. La seconde partie de cette dorsale se compose de rayons fourchus mous et elle mesure à peu près la même longueur que la nageoire anale. Le corps est nu, sans écailles. Le pédoncule caudal, relativement court et mince près de la racine de la queue porte de chaque côté une carène couverte de petites plaquettes osseuses.

La face dorsale et les flancs sont vert olivâtre avec des reflets gris-brun, le ventre est plus clair. Au moment de la fraie, les deux sexes prennent une colorations plus intense. La gorge et une partie du ventre acquièrent une couleur noir intense chez le mâle et les pelviennes, formées d'une épine et d'un rayon mou, deviennent blanches à bleu clair.

L'épinochette vit en eau douce ou saumâtre près de l'embouchure des rivières, dans les golfes marins et dans les lagunes. Les stations typiques de cette espèce sont surtout les rivières, les trous d'eau et les étangs densément enherbés pendant la période estivale. C'est au milieu de cette végétation dense que le mâle construit son nid où il fraie de mai à août avec plusieurs femelles successives. Après la fraie, il protège les oeufs et pendant une certaine période aussi les alevins. Ceux-ci atteignent 3,5 cm dans leur première année. L'épinochette s'alimente de la même manière que l'épinoche à trois épines mais consomme moins d'oeufs et de larves de poissons que celle-ci. Elle sert elle-même de nourriture à des poissons tels que l'omble. Son âge maximal ne dépasse pas trois ans.

L'épinochette ne présente pas d'intérêt économique. Lorsqu'elle pullule dans les régions nordiques, elle est parfois utilisée comme aliment pour les chiens ou la volaille.

Longueur : 5–7 cm, maximum 9 cm.
Fécondité : 350 –1000 oeufs.
D : IX–XI/9–12 ; A : I/8–13 ; P : 9–11 ; V : I/1.

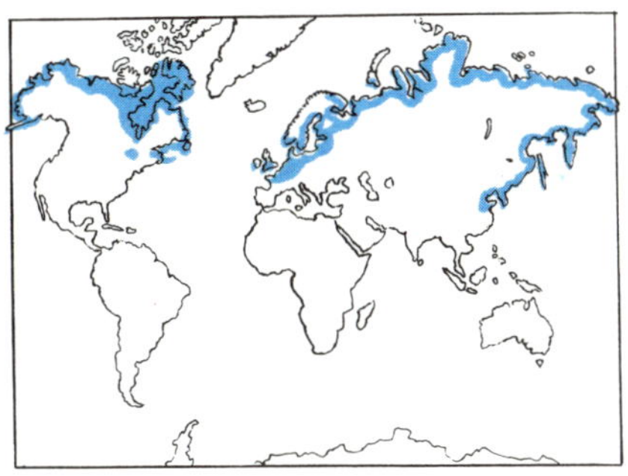

Distribution de *P. pungitius*.

La femelle est vert olivâtre. C'est aussi la coloration du mâle en dehors de la période de fraie.

Pungitius platygaster

Comme l'espèce précédente, celle-ci se reconnaît à ses 8 à 11, le plus souvent 9, courtes épines indépendantes en avant de la dorsale. Les nageoires anale et dorsale sont à peu près de la même longueur. A la différence de *P. pungitius,* les flancs sont ici couverts de plaquettes osseuses peu apparentes et il n'y a pas de carènes sur le pédoncule caudal. On compte 29 à 32 plaques osseuses, mais celles-ci ne sont parfois développées qu'à l'avant du corps et leur nombre n'est alors que de 6 à 15.
La robe a une tonalité gris-vert à gris-brun avec des taches irrégulières plus sombres. Les nageoires impaires sont elles aussi parsemées de petites taches sombres. La coloration est cependant très variable et devient plus intense, surtout chez les mâles, au moment de la fraie. *P. platygaster* se distingue également de l'épinochette par son aire d'extension. On le rencontre en effet dans les zones côtières à salinité modérée de la mer Noire, de la Caspienne et de la mer d'Azov ainsi que dans le cours inférieur des fleuves qui s'y jettent. Dans le Danube, il remonte par exemple jusqu'à Belgrade. Pour plus de détails, on consultera la carte schématique.
La reproduction se déroule de la mi-mai à la mi-août. Le mâle construit alors au-dessus du fond un nid fait de fragments végétaux et y attire les unes après les autres plusieurs femelles. La ponte est fractionnée et le mâle monte ensuite la garde près des oeufs et des alevins. Les poissons restent relativement petits et leur maturité sexuelle se situe vers un an. Les reproducteurs peuvent frayer deux à trois fois au cours de leur vie. *P. platygaster* se nourrit de petits crustacés, de larves d'insectes, d'oeufs, de larves et d'alevins de différentes espèces de poissons. Il sert lui-même de proie à des poissons dulçaquicoles ou marins de plus grande taille. Il n'a pas d'importance économique.

Longueur : 4–6 cm, maximum 7 cm.
Fécondité : 300–900 oeufs.
D : VIII–XI/7–10 ; A : I/6–9 ; P : 10–11; V : I/0–1.

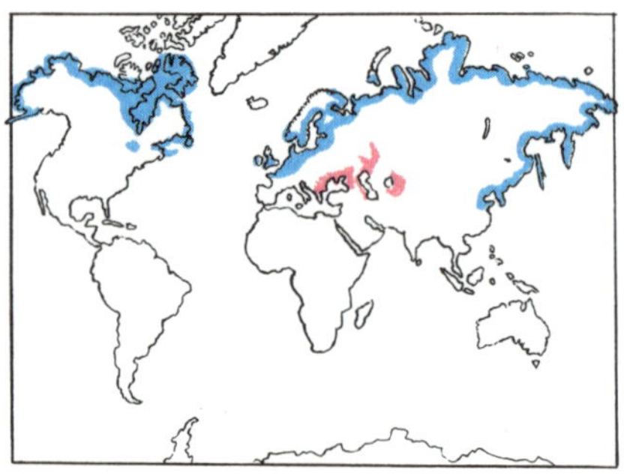

Distribution de *P. pungitius* (en bleu) et de *P. platygaster* (en rouge).

Epinoche de mer

Spinachia spinachia

Au contraire des épinoches appartenant aux genres *Pungitius* et *Gasterosteus,* l'épinoche de mer est une espèce exclusivement marine ne pénétrant jamais en eau douce.

Le corps est très allongé, de section pentagonale, avec une arête au milieu du dos et deux de chaque côté du corps sur les flancs et le ventre. Une bande de plaques osseuses protège le corps latéralement et il existe aussi une rangée de plaquettes sur le dessus et le dessous du long et mince pédoncule caudal sur lequel ces plaquettes forment une sorte de cuirasse. En avant de la dorsale on compte 14 à 17 (le plus souvent 15) courtes épines indépendantes. La tête est allongée, avec un long museau pointu.

Le dos et le pédoncule caudal sont bruns à brun-vert, le ventre est jaunâtre. Dans la zone antérieure des nageoires dorsale et anale, de forme triangulaire, on remarque des taches brun cannelle.

C'est un poisson des eaux littorales de faible profondeur, ne descendant pas au-dessous de 10 m de fond. Il se plaît surtout dans les herbiers et parmi les touffes d'algues. C'est là, à 1 m du fond environ, que le mâle construit à l'époque de la fraie un nid gros à peu près comme un poing. Ce nid est fait d'algues, de particules végétales et de petits cailloux assemblés par une sécrétion blanche fabriquée selon certaines données par les reins, selon d'autres par des glandes voisines de l'orifice uro-génital. Une fois ce nid achevé, le mâle y fait pénétrer les femelles. La fraie a lieu selon la température de l'eau d'avril à juillet et le mâle veille sur la ponte.

L'épinoche de mer se nourrit surtout de divers invertébrés, dans une moindre mesure de petits poissons. Avant le début de l'hiver les poissons se replient vers des eaux un peu plus profondes.

Longueur : généralement 10–15 cm, maximum 18–20 cm.
Fécondité : 100–300 oeufs.
D : XIV–XVII/5–8 ; A : I/5–8.

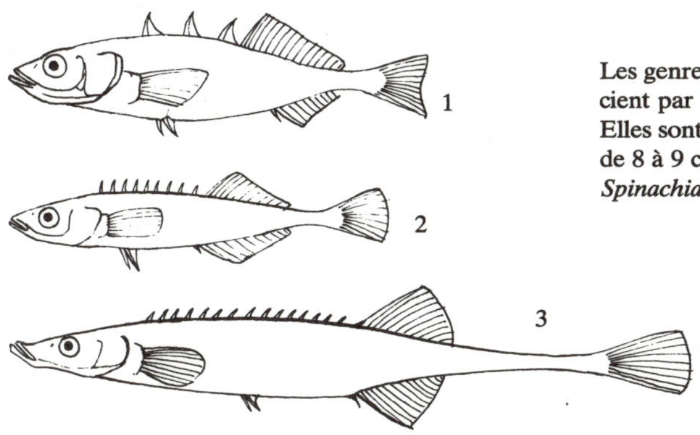

Les genres *Gasterosteus, Pungitius* et *Spinachia* se différencient par le nombre d'épines libres en avant de la dorsale. Elles sont au nombre de trois chez *Gasterosteus* (1), de 8 à 9 chez *Pungitius* (2) et d'une quinzaine chez *Spinachia* (3).

L'ordre des SYNGNATHIFORMES comprend un nombre limité d'espèces surtout marines, reconnaissables à leurs mâchoires étirées en tube. La famille des MACRORHAMPHOSIDAE se compose d'une dizaine d'espèces de poissons vivant pour la plupart dans les mers tropicales et subtropicales. Ils se caractérisent par leur museau long et mince, leur corps latéralement comprimé portant de petites nageoires et leur dorsale munie d'une longue épine aiguë.

Bécasse de mer

Macrorhamphosus scolopax

C'est un poisson relativement menu, au corps haut, terminé par un long museau avec une petite bouche terminale. L'épine de la nageoire dorsale, aiguë, dentée sur sa face postérieure, arrive jusqu'à la naissance de la caudale, quelquefois même plus loin. Le corps est couvert d'écailles en losange, la nageoire anale est nettement plus longue que les autres.
La bécasse de mer est la seule espèce de sa famille à apparaître de-ci de-là près des côtes nord-ouest de l'Europe. On la trouve isolément jusqu'aux côtes méridionales de la Suède et de la Norvège, elle est un peu plus fréquente dans la partie occidentale de la Méditerranée.
Le dos et les flancs ont une coloration rouge rosée, le ventre est plus clair. La coloration ternit rapidement chez les poissons morts. L'intérieur de la cavité générale est argenté.
Elle vit le plus souvent à 100–250 m de profondeur, plus rarement à 25–30 m ou au contraire aux environs de 600 m. Elle y forme des bancs assez peu importants, se déplaçant entre deux eaux et se nourrissant de petites particules de zooplancton, surtout de crustacés. Elle est surtout présente au niveau du plateau continental. Nous n'avons encore que fort peu de données concrètes sur sa biologie, sa reproduction et son mode de vie.
Elle ne présente pas d'intérêt économique.

Longueur : 8–12 cm, maximum 15 cm.

Distribution de *M. scolopax*.

Les aiguilles de mer de la famille des SYNGNATHIDAE sont des poissons au corps caractéristique, serpentiforme, avec un museau étiré et tubulaire. Le corps est dépourvu d'écailles mais porte des plaquettes dermiques osseuses formant des anneaux. Les anneaux du tronc se composent de sept plaquettes, ceux de la queue de quatre. Le museau tubulaire se termine par un petit orifice buccal dépourvu de dents. Les nageoires ventrales sont absentes, la nageoire anale est soit atrophiée, soit également absente. On en connaît quelque cinquante espèces vivant dans toutes les mers.

Syngnathe, aiguille de mer *Syngnathus acus*

Le syngnathe a un corps mince de section hexagonale portant une petite nageoire caudale et une nageoire anale atrophiée. Les anneaux du tronc sont au nombre de 19 à 21, ceux de la queue au nombre de 43 à 46. La coloration est très variable, allant du gris au brun clair et au rouge en passant par le vert. On trouve même des individus noirs à bandes brunes.

C'est un poisson vivant dans les eaux côtières de faible profondeur, le plus souvent parmi les touffes d'algues et de végétaux aquatiques. On le trouve aussi en haute mer, mais il évite les eaux saumâtres de salinité réduite.

La multiplication du syngnathe, qui a lieu de mai à août, présente un caractère intéressant. Les femelles pondent leurs oeufs dans une poche située à l'extrémité de l'abdomen du mâle et protégée par des replis de peau et des plaquettes osseuses. Les oeufs se développent dans cette poche et sont approvisionnés en oxygène par le sang circulant dans des vaisseaux situés sur les parois muqueuses de la poche. Les larves sont pélagiques et, une fois libérées, ne reviennent pas dans la poche du mâle.

Le syngnathe se nourrit de petits crustacés et d'alevins de différentes espèces de poissons. Il aspire ses proies par sa bouche tubulaire comme avec une pipette. Il n'a pas d'intérêt économique, mais on le trouve dans des aquariums marins.

Longueur : 30–40 cm, maximum 45 cm.
Fécondité : 100–250 oeufs.
D : 35–42 ; P : 11–14.
Distribution : côtes européennes de la Norvège centrale jusqu'au nord de l'Espagne.
Synonyme habituel : *Syngnathus tenuirostris.*

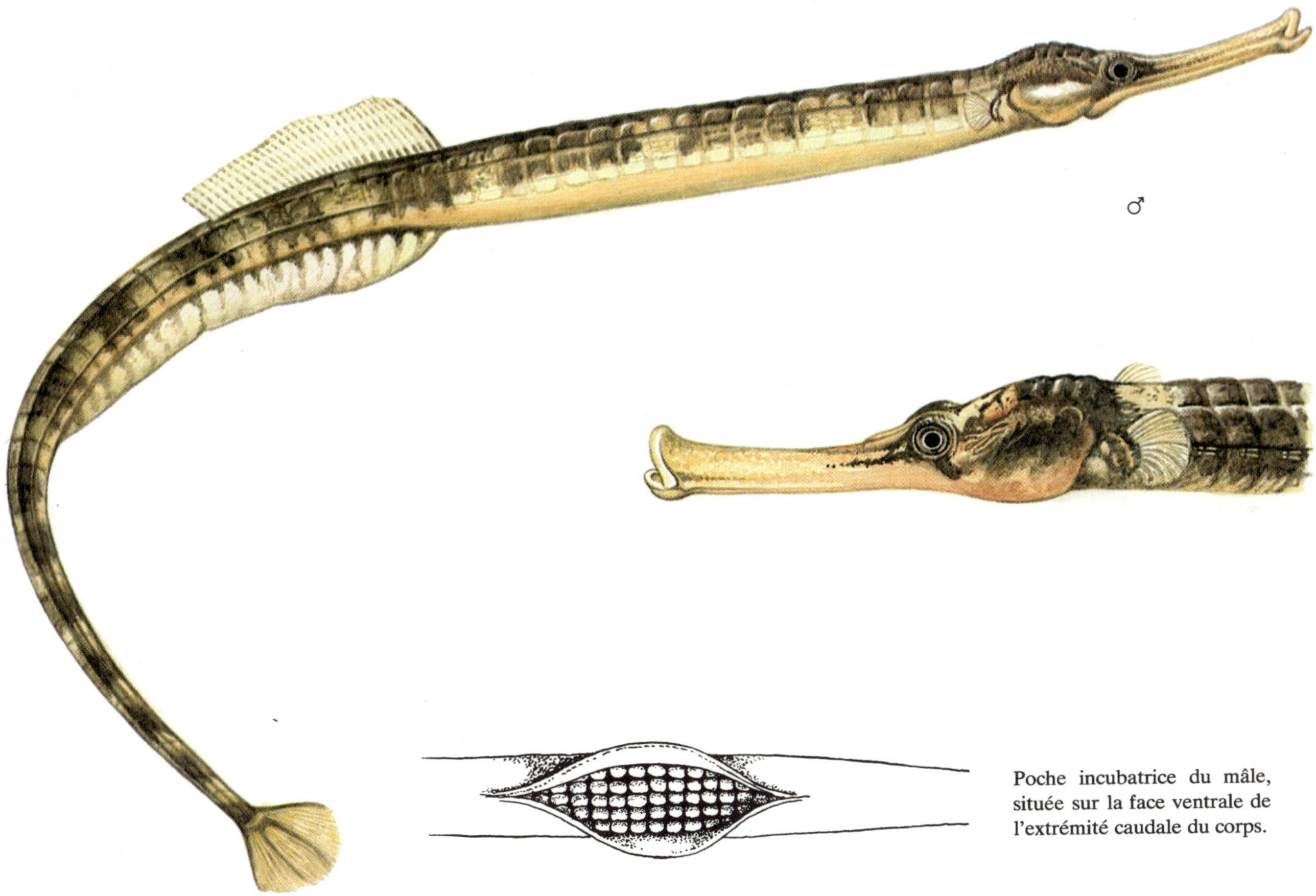

Poche incubatrice du mâle, située sur la face ventrale de l'extrémité caudale du corps.

Syphonostome, anguille vésarde *Syngnathus typhle*

La forme du corps rappelle l'espèce précédente. Ici aussi, l'ensemble du corps est recouvert de plaques osseuses formant des anneaux, mais, le poisson étant plus court, ces anneaux sont moins nombreux : 16 à 18 sur le corps, 33 à 39 sur la queue. La forme de la tête est elle aussi différente : le museau est ici aussi élevé que la tête en arrière des yeux. Chez les deux espèces par contre, la longueur du museau équivaut à deux fois la longueur du reste de la tête. La coloration, très variable comme chez l'aiguille de mer, reste le plus souvent dans des tons gris-vert avec des taches plus sombres.

Le syphonostome occupe une aire plus étendue que celle du syngnathe. Il n'évite pas les eaux saumâtres et affectionne les herbiers côtiers où il se tient le plus souvent en position verticale.

Le mode de vie, l'alimentation et la reproduction sont eux aussi voisins de ceux du syngnathe. La maturité sexuelle des mâles se situe aux environs d'un an, soit lorsqu'ils atteignent quelque 13 cm de longueur. La poche incubatrice se forme sur la face ventrale de l'abdomen. La fraie se déroule de mai à août : les individus des deux sexes s'appliquent alors l'un contre l'autre par leur face ventrale et la femelle dépose dans la poche du mâle 100 à 200 oeufs de taille relativement grande. La durée de l'incubation, 3 à 4 semaines, dépend surtout de la température de l'eau. Pendant tout ce temps, la poche reste hermétiquement fermée, empêchant toute pénétration d'eau marine nocive pour les oeufs.

Le syphonostome ne présente aucun intérêt économique, mais est parfois élevé en aquarium. Son âge ne dépasse pas 2 à 3 ans.

Longueur : 20–25 cm, exceptionnellement 30 cm.
Fécondité : 100–200 oeufs.
D : 28–41 ; P : 12–16.
Distribution : eaux côtières de l'Atlantique européen, depuis le sud de la Norvège ; Baltique ; Méditerranée ; mer Noire.

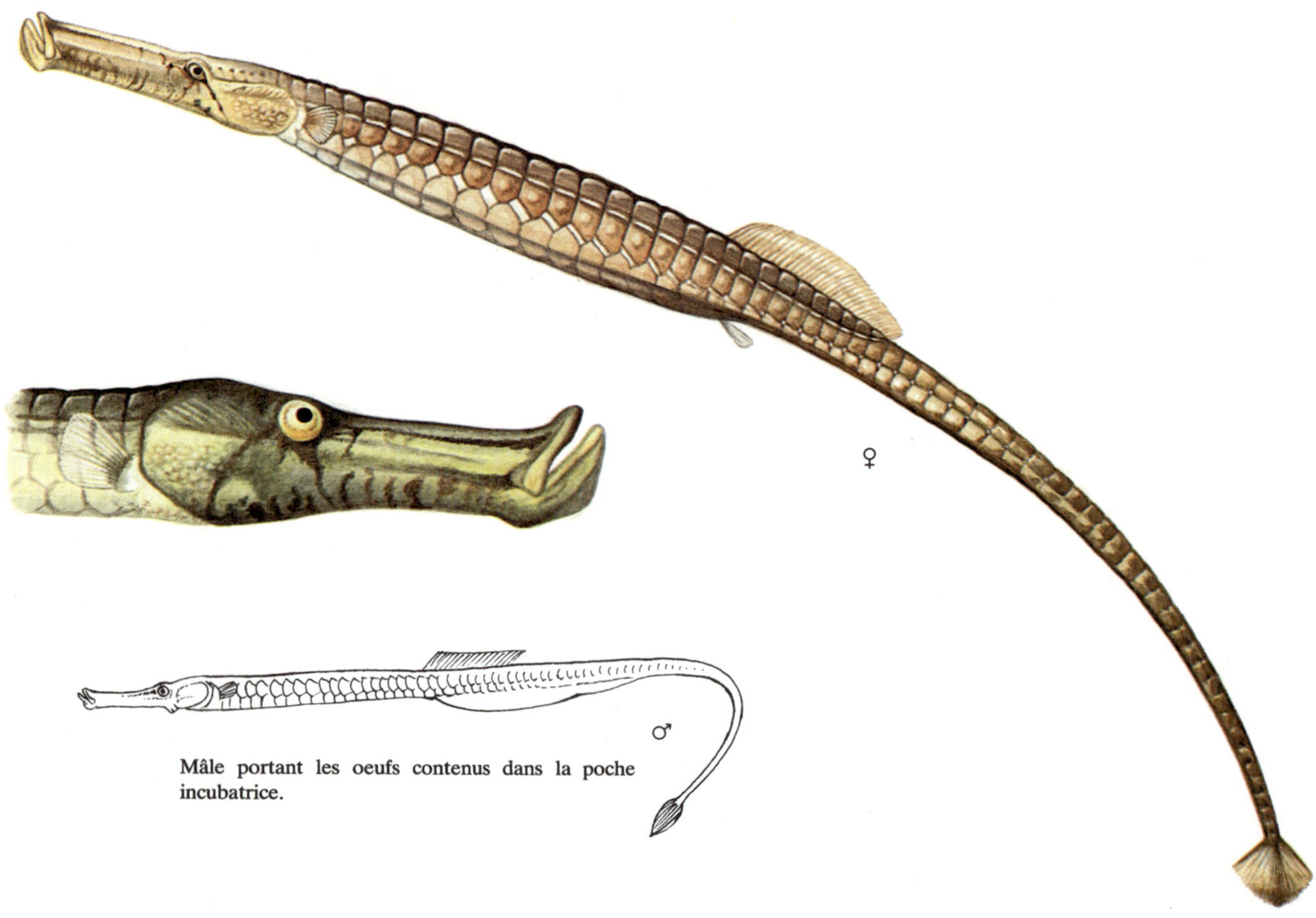

Mâle portant les oeufs contenus dans la poche incubatrice.

Nérophis, vipère de mer *Nerophis ophidion*

Le nérophis est un poisson au corps allongé, serpentiforme, terminé, à la différence des aiguilles de mer du genre *Syngnathus,* par une queue pointue dépourvue de nageoire caudale. Cette queue est volubile et sert à maintenir le poisson fixé à la végétation aquatique. Les pectorales sont elles aussi tout à fait absentes. Un autre signe caractéristique est la présence d'une mince crête située sur le dessus du museau en avant des yeux. Les anneaux sont au nombre de 28 à 32 sur le tronc et 68 à 77 sur la queue. La coloration est brun-vert avec des stries sombres. Chez les femelles, l'avant du corps prend une couleur bleue au moment de la fraie.
Le nérophis vit dans les eaux marines ou saumâtres par un à plusieurs dizaines de mètres de fond, généralement dans des eaux assez peu profondes présentant une végétation dense.
Il fraie à la fin du printemps et au début de l'été, assez loin des côtes. La femelle colle alors les oeufs sur le devant de la face ventrale du mâle qui les transporte avec lui jusqu'à l'éclosion. Il n'y a donc pas ici de poche incubatrice, caractéristique des syngnathes. Le nérophis se nourrit surtout de zooplancton et vit environ 3 ans.
Sans intérêt économique, il sert de nourriture à certains autres poissons. Plusieurs autres espèces de nérophis vivent dans les eaux européennes et certaines, joliment colorées *(N. maculatus),* sont parfois élevées en aquarium. Les femelles sont généralement plus grandes que les mâles.

Longueur : ♂ 20–25 cm, ♀ jusqu'à 30 cm.
Fécondité : 50–300 oeufs.
D : 34–42.

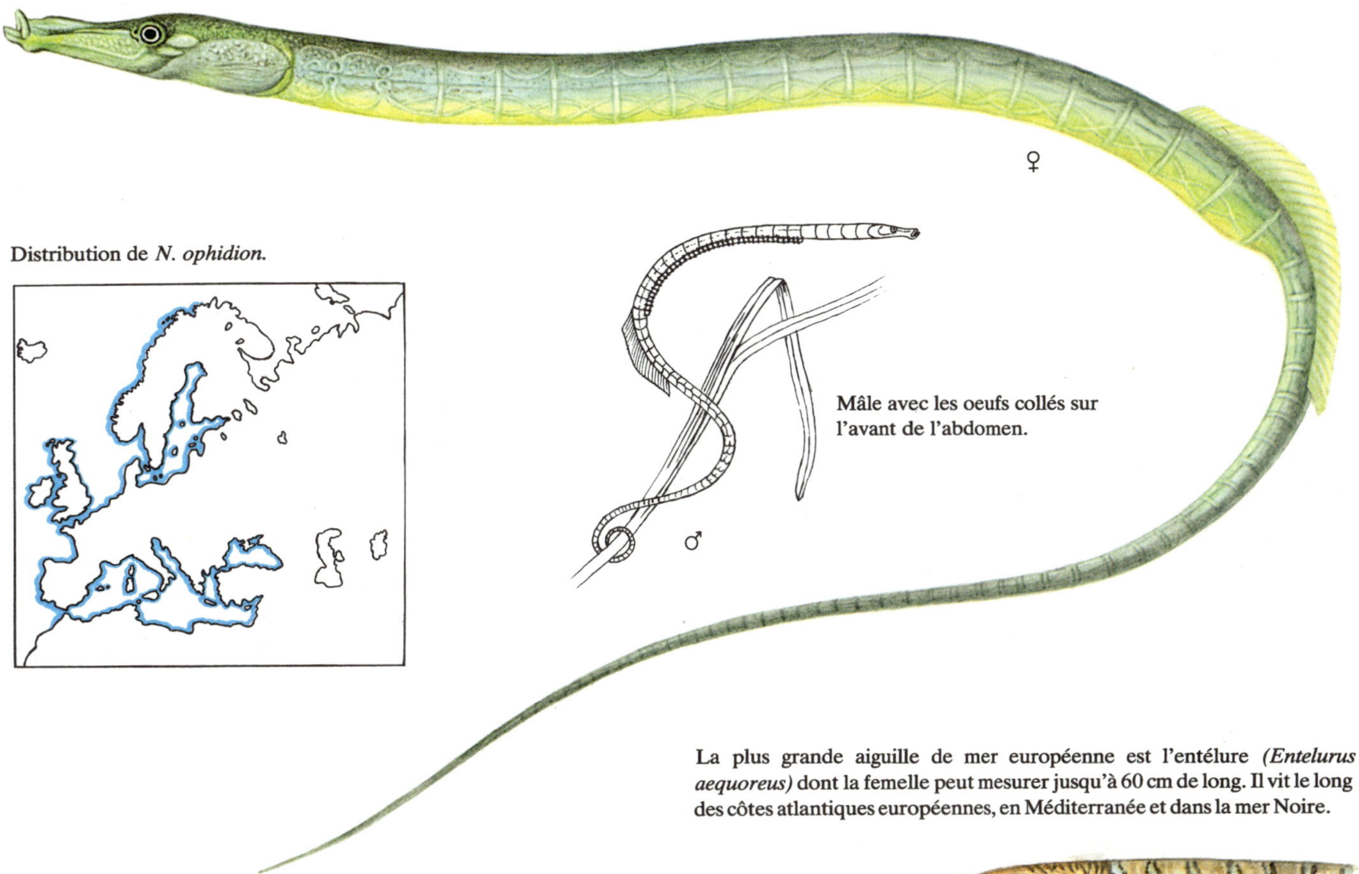

Mâle avec les oeufs collés sur l'avant de l'abdomen.

Distribution de *N. ophidion.*

La plus grande aiguille de mer européenne est l'entélure *(Entelurus aequoreus)* dont la femelle peut mesurer jusqu'à 60 cm de long. Il vit le long des côtes atlantiques européennes, en Méditerranée et dans la mer Noire.

Hippocampe

Hippocampus guttulatus

Les hippocampes constituent un intéressant genre de poissons marins dépourvus de nageoire caudale et présentant une face dorsale enroulée vers la face ventrale. La tête est perpendiculaire à l'axe du corps si bien que le poisson fait penser à un cheval de jeu d'échecs. Le corps et la queue sont cuirassés d'anneaux osseux. On connaît en tout 25 espèces d'*Hippocampus* vivant dans les mers tropicales et subtropicales. Trois espèces seulement vivent dans les eaux européennes. Celle qui nous intéresse ici se distingue de son voisin l'hippocampe commun *(Hippocampus hippocampus)*, par un nombre supérieur de rayons dans les nageoires dorsale et pectorales, par les mâchoires plus longues et tubulaires, et par la présence de filaments cutanés sur la tête et la face dorsale du corps.

Le corps lui-même est brun sombre avec un reflet rouge, parfois gris ou gris-brun. La face ventrale est plus claire, les flancs portent de nombreuses petites taches claires qui peuvent fusionner en bandes irrégulières. La nageoire dorsale porte deux bandes, la première, sombre, bordée d'une bande plus claire.

L'hippocampe se reproduit du printemps jusqu'aux mois d'été, à une faible profondeur, parmi les herbiers. La fraie s'accompagne de pariades au cours desquelles la femelle dépose ses oeufs dans la chambre incubatrice du mâle, chambre située au niveau des 7 à 8 premiers anneaux osseux sur la face ventrale du corps. C'est ici que se développent les oeufs et les larves après la fécondation. Le mâle peut accueillir quelque 100 à 200 oeufs. Les hippocampes se nourrissent de plancton. Ils se tiennent généralement dans la zone côtière, dans les herbiers et parmi les algues auxquelles ils se fixent grâce à leur queue préhensile. On ne les prend que rarement en haute mer. On les trouve quelquefois dans les aquariums où ils sont élevés à la fois à cause de leur forme intéressante et aussi parce qu'ils émettent un son très grave faisant penser à un claquement de doigts, à une fréquence de 500 à 4000 Hz. Ces sons sont émis surtout à l'époque de la fraie.

Longueur : jusqu'à 15 cm, généralement 10–12 cm.
Fécondité : 100–300 oeufs.
D : 18–21 ; A : 16–18.
Distribution : côtes atlantiques de l'Europe depuis l'Angleterre jusqu'à Gibraltar ; Méditerranée ; mer Noire.
Synonyme : *Hippocampus punctulatus, Syngnathus hippocampus.*

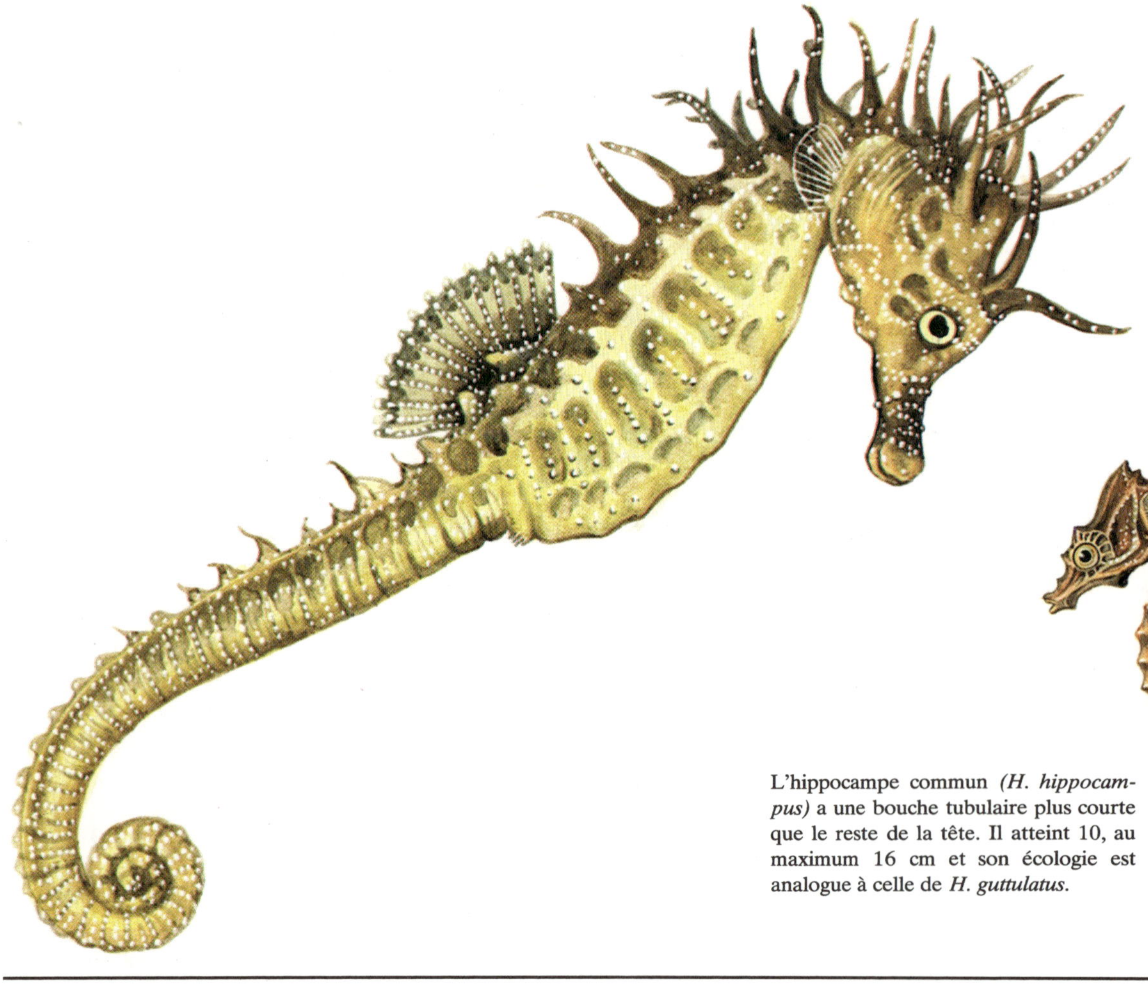

L'hippocampe commun *(H. hippocampus)* a une bouche tubulaire plus courte que le reste de la tête. Il atteint 10, au maximum 16 cm et son écologie est analogue à celle de *H. guttulatus*.

L'ordre des MUGILIFORMES renferme des espèces marines pélagiques caractérisées par la présence de deux dorsales distantes l'une de l'autre. Nombre d'entre elles ont une importance économique. La famille des SPHYRAENIDAE se compose de poissons prédateurs de taille moyenne à grande, présentant un corps allongé couvert de petites écailles cycloïdes. Les mâchoires, grandes, portent des dents nombreuses. La famille compte une vingtaine d'espèces des eaux tropicales et subtropicales.

Brochet de mer

Sphyraena sphyraena

Les sphyrènes sont à juste titre considérées comme de redoutables agresseurs qui ont sur la conscience des vies humaines. A la différence des blessures occasionnées par les requins, leur morsure ne présente pas un bord déchiqueté. Ils se distinguent également des requins par le fait qu'ils n'attaquent leur proie qu'une seule fois.
Le brochet de mer a comme les autres sphyrènes la forme d'un brochet d'eau douce, d'où son nom dans plusieurs langues européennes. Il attaque repidement et occasionne des blessures douloureuses grâce à ses fortes dents acérées. Il se différencie des autres membres de sa famille par sa taille relativement petite ce qui le fait moins craindre des plongeurs. Il ne les attaque d'ailleurs que rarement et lorsqu'il le fait c'est généralement lorsqu'il portent des poissons pris au harpon. Il se plaît par contre à suivre leurs agissements de très près pendant tout le temps qu'ils passent sous l'eau. Le brochet de mer fraie d'avril à septembre, les femelles pondant alors en plusieurs fois des oeufs pélagiques. Il se nourrit de poissons depuis son plus jeune âge.
La chair du brochet de mer est très savoureuse. Dans les eaux européennes, les prises annuelles, jointes à celles de l'espèce *S. barracuda,* se montent à 2000 à 3000 tonnes. Il est estimé comme trophée sportif.

Longueur : 30–60 cm, maximum 1 m.
Poids : jusqu'à 10–15 kg.
Fécondité : 50 000–300 000 oeufs.
D_1 : V ; D_2 : I/8–9 ; A : I–II/8 ; P : 12–13.
Distribution : Méditerranée, mer Noire, côtes atlantiques de l'Espagne, du Portugal et de la France méridionale.
Synonymes courants : *Sphyraena vulgaris, Esox sphyraena.*

S. gauchancho est une espèce apparentée qui atteint 1 m de long et 5 kg au maximum. Son aire de distribution est la même que celle de *S. sphyraena,* mais elle se tient plutôt près des côtes. Elle se nourrit de petits poissons, de crabes et de crevettes.

La famille des MUGILIDAE se compose d'une centaine d'espèces présentant toutes un corps torpédiforme typique et une biologie semblable. Elles se distinguent les unes des autres surtout par leur coloration et par certains caractères anatomiques souvent difficilement observables à première vue.

Mulet doré, daurin

Mugil auratus

A la limite de la tête et du tronc, le corps a une section ovoïdale. La lèvre supérieure est mince, moins haute que le diamètre de l'oeil. Le premier arc branchial porte environ 140 branchiospines. Les écailles recouvrent même la mâchoire inférieure. Lorsqu'on tourne les pectorales vers l'avant, elles touchent le bord postérieur de l'oeil qui comporte une mince paupière adipeuse.

La coloration se caractérise par la présence de plusieurs bandes gris-brun longeant les flancs et surtout par celle d'une grande tache dorée sur l'opercule ainsi que par des reflets dorés sur le dessous de la tête et les flancs.

Comme les autres mulets, celui-ci vit surtout dans les eaux côtières, les golfes, les ports, les embouchures des rivières. Il se nourrit surtout de déchets organiques qu'il ramasse sur le fond d'une manière décrite plus précisément pour l'espèce *M. labrosus.* Il « traite » ces particules dans un appareil digestif de structure particulière, avec un intestin dont la longueur atteint 450 % de la longueur du corps. La reproduction se déroule à différentes époques de l'année selon les localités ; les oeufs sont pélagiques.

La chair du mulet est savoureuse et relativement appréciée des consommateurs, surtout à l'état frais. Le mulet doré représente jusqu'à 80 % des prises totales de mulets dans la mer Noire, mais il est relativement rare dans les eaux de l'Europe septentrionale et aux abords des îles Britanniques.

Longueur : 30–40 cm, maximum 52 cm.
Poids : 1–2 kg, isolément jusqu'à 2,3 kg.
Fécondité : 150 000–2 000 000 oeufs.
D_1 : IV ; D_2 : I/8–9 ; A : III/9 ; P : 17–18 ; V : I/5.
Distribution : mer Noire, Méditerranée, côtes atlantiques d'Europe et d'Afrique.
Synonymes habituels : *Liza aurata, Mugil breviceps.*

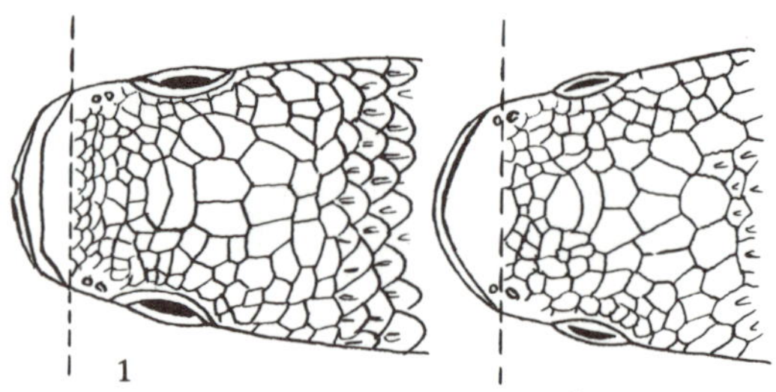
1 2

Vue de la face supérieure de la tête chez *M. labrosus* (1) et *M. auratus* (2). Chez le premier, les écailles viennent jusqu'en avant des narines ; elles sont menues et disposées en de nombreuses rangées. Chez le second, les écailles arrivent jusqu'aux narines postérieures, parfois jusqu'aux narines antérieures; elles sont plus grandes et le nombre de rangées est plus faible.

Mulet ramada, mulet à lèvres minces *Mugil ramada*

La section du corps, ovale en arrière de la tête, est moins régulière que chez le mulet doré. La paupière adipeuse n'est que très faiblement développée au bord de l'oeil, la lèvre supérieure est mince et dépourvue de papilles verruqueuses. Les écailles recouvrent les côtés de la mâchoire inférieure et arrivent sur la face supérieure de la tête jusqu'aux narines antérieures. Sur les côtés, elles dépassent même ces narines et sont très petites. Les pectorales sont courtes : lorsqu'on les retourne, elles n'atteignent pas le bord postérieur de l'oeil.

Le dos est gris-vert à brun-vert, les flancs portent des bandes longitudinales gris-brun sur fond gris-bleu, avec des irisations métalliques argentées. Le ventre est clair, l'opercule ne porte pas de tache dorée.

C'est un poisson marin qui se plaît à remonter les fleuves même jusqu'assez haut en amont. Il remonte, par exemple, le Nil jusqu'au Caire. Dans les eaux douces européennes c'est également le mulet le plus abondant. Il entreprend au cours de l'année des migrations alimentaires et reproductives. Il fraie même assez haut dans le nord, en comparaison avec d'autres mulets (par exemple près des côtes britanniques). La fraie se déroule en haute mer, généralement durant la nuit. Comme chez les autres mulets, les mâles prédominent dans les bancs de reproducteurs. Leur taille plus réduite résulte du fait qu'ils deviennent sexuellement adultes généralement un an avant les femelles. La proportion des sexes dans les bancs de fraie est de 1 : 3 à 1 : 5. L'époque de la fraie est très variable selon la latitude des localités concernées. Dans les eaux européennes, elle se situe généralement de juin à août. Les oeufs, très abondants, sont pélagiques. En France et dans d'autres pays du sud de l'Europe, ces oeufs sont mis en saumure avec les oeufs d'autres mulets et consommés comme succédané bon marché du caviar. Dans certains pays, on consomme même le contenu intestinal, considéré comme un mets de choix. La chair du mulet ramada est savoureuse et il fait l'objet d'une pêche industrielle.

Longueur : 30–50 cm, maximum 70 cm.
Poids : 1–2 kg, maximum 3 kg.
D_1 : IV ; D_2 : I/7–9 ; A : III/8–9 ; P : 17.
Distribution : Atlantique, côtes européennes et africaines, du sud de la Norvège (exceptionnel) jusqu'au cap de Bonne-Espérance. Courant en Méditerranée, plus rare en mer Noire.
Synonymes habituels : *Mugil capito, Liza ramada.*

Vue de la tête de profil et de dessus, montrant la forme et la disposition caractéristiques des écailles.

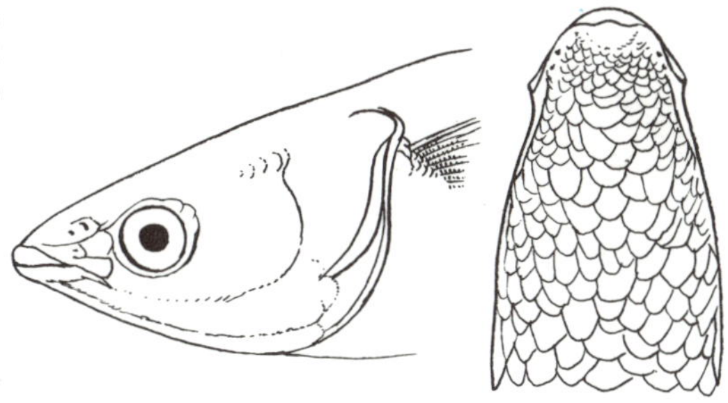

Mulet sauteur

Mugil saliens

La forme du corps est semblable à celle des autres muges, mais, vue de dessus, la tête est plus pointue. Les écailles qui la couvrent arrivent jusqu'au bord antérieur des narines, parfois même plus loin vers la pointe du museau. Les 8 à 10 dernières rangées de ces écailles sont très fines. La lèvre supérieure est mince et les écailles recouvrent aussi les maxillaires inférieurs. Le premier arc branchial porte 65 à 70 branchiospines, la paupière adipeuse est réduite au minimum.
La robe est gris-brun sur le dos et les flancs, barrée de stries longitudinales sur fond doré. Plusieurs taches dorées parsèment également l'opercule.
Le mulet sauteur fraie habituellement de juin à septembre, de manière analogue à celle des autres muges. Sa nourriture et son mode d'alimentation sont eux aussi comparables. Il se déplace généralement en vastes bancs et entreprend des migrations alimentaires au cours de l'année. C'est au cours de ces migrations que les pêcheurs le guettent en lui tendant toutes sortes de pièges. Les techniques de pêche les plus courantes restent toutefois le chalutage et la pêche à la seine, mais les meilleurs résultats sont obtenus à l'aide de filets qui constituent dans la mer une sorte de long barrage. On sait que les mulets cherchent à sauter par-dessus l'obstacle rencontré plutôt que de le contourner. Lorsque le poisson arrive au barrage, il saute par-dessus et ne fait que retomber dans un second filet qui flotte, lui, en surface. Les pêcheurs amateurs s'intéressent eux aussi aux mulets dont la pêche à la ligne est pourtant malaisée. Comme d'autres espèces de muges, le mulet sauteur commence à faire l'objet d'un élevage semi-contrôlé dans certaines baies et lagunes marines.

Longueur : 20–30 cm, maximum 40 cm.
Poids : jusqu'à 1–1,5 kg.
D_1 : IV ; D_2 I/8–9 ; A : III/8–9.
Distribution : Atlantique, sur toute la côte occidentale de l'Afrique, près des côtes européennes jusqu'au golfe de Gascogne ; Méditerranée ; mer Noire ; mer d'Azov ; pénètre dans les eaux douces. Implanté dans la Caspienne en même temps que *M. auratus* et *M. cephalus*. S'y est bien naturalisé tout comme *M. auratus* et y grossit plus rapidement que dans les stations d'origine.

Le mulet labeon *(M. labeo)* se caractérise par une lèvre supérieure épaisse et lisse et des yeux dépourvus de paupière adipeuse. Il vit dans les zones côtières, de l'Angleterre jusqu'à la Grèce.

Mulet à grosses lèvres *Mugil labrosus*

Ce mulet doit son nom à sa lèvre supérieure épaisse et très haute, plus haute que le rayon de l'oeil. La face inférieure de cette lèvre est bordée de papilles verruqueuses. Les paupières adipeuses sont faiblement développées et seulement sur le bord de l'oeil. La bouche est petite et son ouverture est loin d'atteindre le bord antérieur de l'oeil. Vue de dessus, la tête est plus pointue que chez le cabot. La mâchoire inférieure n'est pas couverte d'écailles.

Le dos est vert sombre à bleuté, les flancs plus clairs, bleus à argentés avec 7 à 8 stries longitudinales gris sombre.

Au printemps, le mulet à grosses lèvres se déplace vers le nord en quête de nourriture ; à l'automne, il revient vers le sud. Comme les autres muges, il se nourrit de particules organiques contenues dans la vase et provenant de restes végétaux, animaux, de microbenthos, de menus animaux et végétaux fixés au fond (périphytes). Il racle cette nourriture sur le fond et l'aspire par la bouche en même temps qu'une certaine quantité d'eau. Ses denses branchiospines agissent comme un filtre efficace. Le mulet se sert ensuite de ses dents pharyngiennes pour exprimer les dernières gouttes d'eau de la masse ainsi obtenue. La digestion se poursuit dans un estomac musculeux aux parois épaisses et dans un intestin d'une longueur impressionnante. Chez les poissons adultes, l'alimentation se poursuit intensivement de jour comme de nuit. Les poissons glissent sur le fond, la tête en bas, en formant un angle do 45° environ avec le sol. Les alevins se nourrissent surtout de zooplancton et s'alimentent de jour car ils s'orientent grâce à la vue.

Le mulet à grosses lèvres fait l'objet d'une importante pêche industrielle en Méditerranée et dans les mers nord-européennes.

Longueur : 50–75 cm, maximum 90 cm.
Poids : 2–4 kg, maximum 8 kg.
D_1 : IV ; D_2 : I/8–9 ; A : III/9–10.
Distribution : Méditerranée et Atlantique au voisinage des côtes européennes et africaines, de Trondheim en Norvège jusqu'à Dakar. Egalement présent aux abords de l'Islande, de Madère, des Açores et des Canaries. On manque d'informations précises sur leur vie dans la mer Noire et en eau douce.

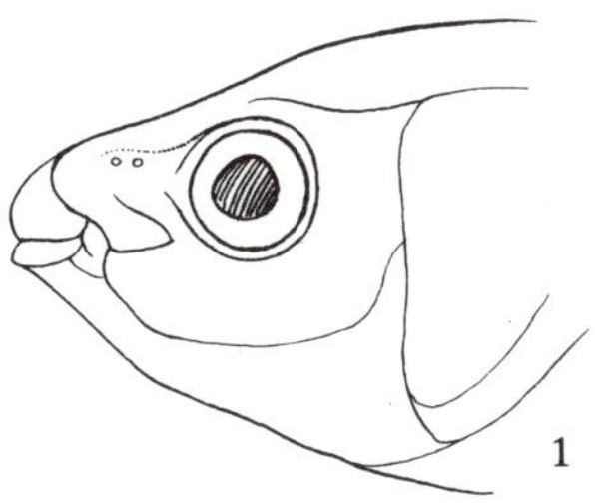
1

Vue latérale de la tête de *M. labrosus* (1) et de *M. auratus* (2). On voit nettement la différence dans la forme des mâchoires.

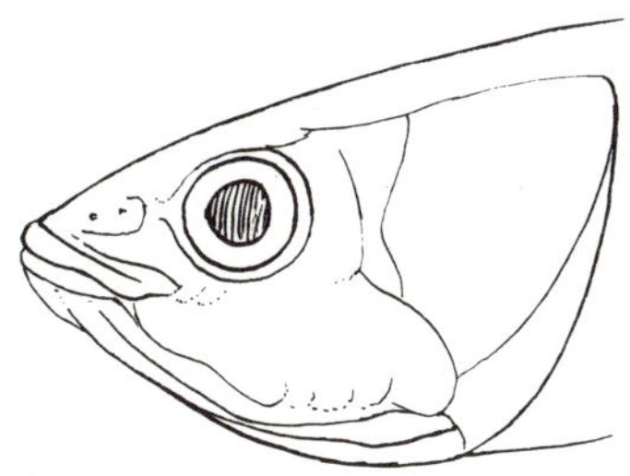
2

Cabot

Mugil cephalus

C'est l'espèce la plus pêchée de tous les muges. Le corps est parfaitement torpédiforme, la bouche est grande et son bord postérieur arrive ou presque jusqu'au bord antérieur de l'orbite. La lèvre supérieure est mince, les branches du maxillaire inférieur sont couvertes de fines écailles. L'oeil est couvert d'une épaisse nageoire adipeuse allant jusqu'à la pupille.

Le dos est gris cendré, les flancs sont généralement barrés de 7 à 9 bandes longitudinales brun-vert qui laissent voir par transparence des reflets dorés à bleu clair. L'opercule est argenté ou doré. Près des côtes atlantiques européennes, le mulet cabot existe au sud depuis le golfe de Gascogne ; il est également présent en Méditerranée, en mer Noire et mer d'Azov. Il peut aussi vivre dans une eau parfaitement douce, dans le secteur inférieur de certains fleuves : comme d'autres muges, il supporte de fortes amplitudes de salinité (jusqu'à 50 ‰, voire exceptionnellement 75 à 83 ‰ dans certaines baies). Espèce des eaux chaudes, il supporte cependant de forts écarts de température : il a été observé en mer Noire à 3,5 °C et il peut être pêché sous la glace dans certaines baies gelées. Les mâles deviennent adultes autour de 6 à 7 ans, les femelles habituellement un an plus tard. Le mode de reproduction l'alimentation et la nature de la nourriture sont approximativement identiques à ceux des autres mulets. A la différence de certaines espèces voisines, le cabot entreprend de longues migrations reproductives et alimentaires.

Son importance économique est considérable : on le trouve dans le monde entier et il représente une part importante des prises globales de la famille des mugilidés qui se montent actuellement à environ 120 000 tonnes par an. Sa chair, moins grasse que celle des autres muges, est souvent considérée comme la plus fine des poissons de cette famille.

Longueur : 40–60 cm, maximum 75 cm.
Poids : jusqu'à 6 kg, maximum 8 kg.
Fécondité : 3 000 000–7 000 000 oeufs.
D_1 : IV/1 ; D_2 : I/8–9 ; A : III/8 ; P : 16–17.
Distribution : mers et océans chauds et tropicaux du monde entier.

La tête obtuse est couverte d'écailles jusqu'au bord antérieur du museau. Les écailles sont de plus en plus petites, du corps vers l'extrémité de la tête, en même temps que le nombre de leurs rangées augmente.

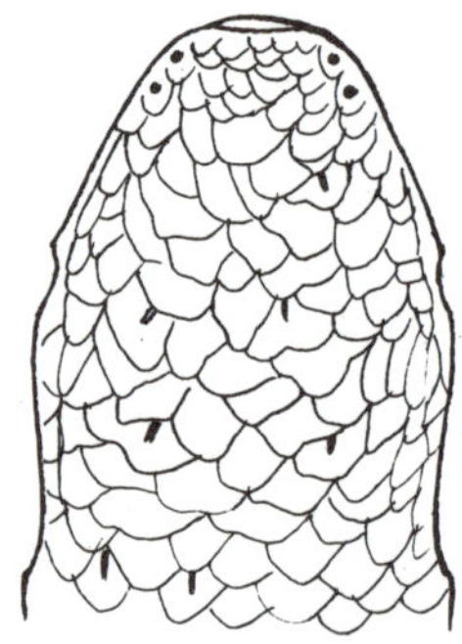

Les poissons appartenant à l'ordre des ATHERINIFORMES possèdent deux dorsales largement écartées. Les enveloppes de leurs gros oeufs portent un grand nombre d'excroissances filamenteuses qui leur permettent de se fixer aux plantes aquatiques. L'ordre se subdivise en deux sous-ordres. Celui des ATHERINOIDEI comprend environ cent cinquante espèces de poissons. Dans la famille des ATHERINIDAE on trouve quelque cent quarante espèces d'eau marine, saumâtre ou douce. Elles se reconnaissent à une bande médiane argentée, tout à fait caractéristique.

Prêtre

Atherina presbyter

C'est le représentant le plus commun de cette famille, dans les eaux nord-européennes. Son corps est allongé, mince, avec deux dorsales. Il est couvert d'écailles cycloïdes bordées de noir. Le dos est vert, les flancs portent une bande argentée et la face ventrale est elle aussi blanc argenté.

Le prêtre fraie de la fin du printemps jusqu'à fin juillet. Les oeufs s'accrochent aux plantes à l'aide de filaments particuliers (comme chez le genre *Belone* par exemple). Le prêtre se nourrit de petits crustacés, parfois d'alevins. Grégaire, il apparaît massivement près des côtes sur des fonds sableux ou argileux jusqu'aux environs de 20 m de profondeur et se laisse facilement prendre au filet. Sa petite taille fait qu'il n'a pas grand intérêt économique, à part celui de servir de nourriture aux animaux domestiques. Il est souvent la proie de poissons plus gros auxquels il permet ainsi de tirer profit de petits organismes du plancton.

Longueur : 12–15 cm, maximum 22 cm.
Poids : 50–70 g, maximum 110 g.
D_1 : VII–VIII ; D_2 : 13–15 ; A : I/14–16 ; 1.1. : 54–62.

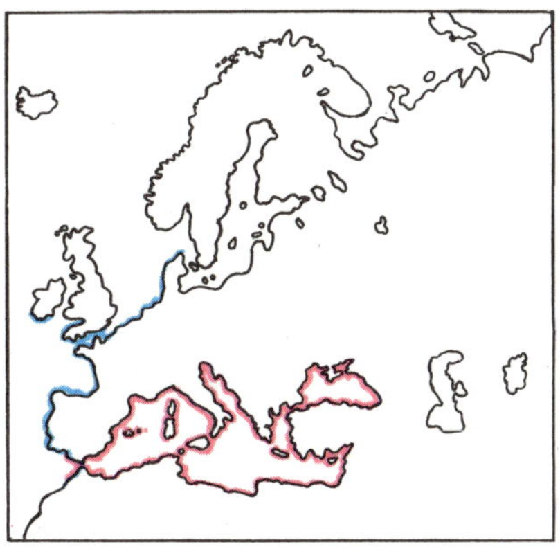

Distribution de *A. mochon* (en rouge) et de *A. presbyter* (en bleu).

Mochon

Atherina mochon

Par la forme du corps, le mochon ressemble au prêtre, sauf que ses yeux sont plus gros et que le nombre d'écailles de la ligne latérale est plus faible. Le dos est bleu-vert à gris, le ventre argenté. La bande argentée médiane a la largeur d'une rangée d'écailles.
Le mochon a une croissance lente. Il atteint à peu près 5 cm dans sa première année, 8 cm dans la deuxième, 11 dans la troisième et 13 à 15 cm dans la quatrième. Les mâles et les femelles deviennent aptes à se reproduire dans leur deuxième année. La fraie s'étend sur une longue durée : elle commence fin mars pour se terminer seulement en septembre. Les ovaires contiennent des oeufs de différentes tailles : on peut donc penser que la ponte est fractionnée. La fraie elle-même se déroule dans la zone côtière, dans des stations richement pourvues en algues sur lesquelles les oeufs s'accrochent par leurs filaments. Au début des pariades, ce sont d'abord les plus grosses femelles qui se rassemblent dans les frayères, les poissons de plus petites taille arrivant par la suite. Les alevins se tiennent groupés près du bord d'où ils s'éloignent régulièrement à la nuit pour revenir au petit matin. Les adultes se tiennent également dans la zone côtière mais dans des eaux un peu plus profondes.
Les alevins se nourrissent des plus fines particules de zooplancton, les adultes consomment des organismes plus gros en même temps que des vers polychètes, des larves de cirripèdes et des alevins.
C'est une espèce sans importance économique qui est cependant parfois pêchée, du fait de son abondance, comme aliment pour les animaux domestiques. C'est un important maillon de la chaîne alimentaire, faisant le lien entre le zooplancton et les poissons prédateurs.

Longueur : 10–15 cm, maximum 16 cm.
Fécondité : 50–2 000 oeufs.
D_1 : VII–IX ; D_2 : 10–12 ; A : II/13–15 ; l.l. : 44–52.
Distribution : Méditerranée, mer Noire, mer d'Azov, eaux littorales saumâtres ou douces.

A. hepsetus est une espèce apparentée vivant dans la Méditerranée et la mer Noire. Elle a de petites écailles ; la bande argentée des flancs est plus large qu'un rang d'écailles.

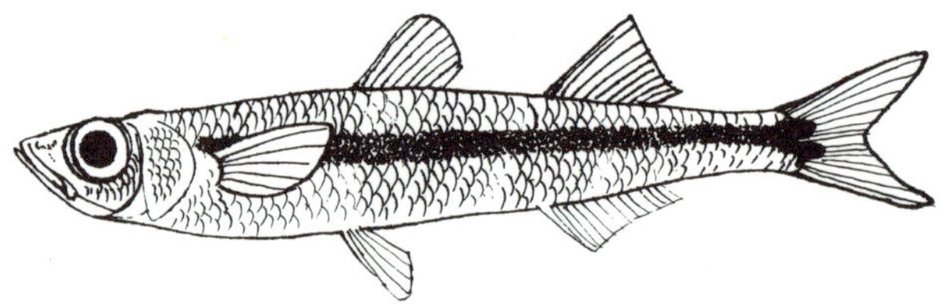

Les ZEIFORMES constituent un tout petit ordre, ne contenant qu'une cinquantaine d'espèces. Ce sont généralement des poissons au corps fortement aplati portant de longues nageoires pelviennes. Ils vivent dans les eaux marines à la limite du plateau continental. La famille des CAPROIDAE se compose de quatre genres environ, formée de quelques espèces de petits poissons marins au corps haut couvert de petites écailles arrondies. Au premier abord, ils rappellent une autre famille du même ordre, celle des GRAMMICOLEPIDAE, dont ils se distinguent cependant par un nombre relativement faible de vertèbres (21–23 contre 45–46 vertèbres chez les Grammicolepidae).

Sanglier

Capros aper

C. aper a un corps haut et une tête relativement petite. Les mâchoires, surtout l'inférieure, sont décalées vers l'avant et forment une sorte de tube aspirant. La première dorsale est munie de rayons durs et solides, la seconde ne comporte que des rayons mous. L'oeil est bizarrement gros. Les écailles, petites, arrondies, ont le bord postérieur relevé et muni de spinnules acérées. D'autres épines, un peu plus grosses, se trouvent dans la zone centrale de l'écaille. Au toucher, on croit avoir sous la main du papier émeri. Les mâles sont brun-jaune avec des bandes sombres transversales.

Le sanglier fraie de juin à août. Les oeufs pélagiques sont munis d'une gouttelette lipidique jaune. Les larves ne mesurent que 2 à 2,5 mm de long et se nourrissent de fines particules de zooplancton.

Le sanglier est un poisson relativement abondant au bord de la plate-forme continentale, à des profondeurs de 100–400 m. Il est possible qu'il se tienne volontiers parmi les récifs de corail. Il est assez souvent pris au chalut et on en a trouvé des exemplaires dans l'estomac des thons.

Longueur : 10–12 cm, maximum 16 cm.
D_1 : IX ; D_2 : 23 ; A : III/23.
Synonyme : *Zeus aper.*

Distribution de *C. aper.*

La famille des ZEIDAE se compose de poissons au corps relativement court et haut, comprimé latéralement. En avant de la nageoire dorsale et anale se trouvent trois à cinq rayons épineux, parfois séparés de la nageoire elle-même. La famille regroupe dix genres de poissons tropicaux et subtropicaux, dont le plus connu est le genre Zeus vivant dans l'Atlantique oriental.

Saint-pierre, doré *Zeus faber*

Le saint-pierre est un poisson marin de taille moyenne, possédant un corps haut, latéralement aplati et de hautes mâchoires proéminentes. Il possède deux nageoires dorsales, dont la première forme 9 à 10 épines puissantes, et deux nageoires anales. La première est constituée par 3 à 4 fortes épines réunies par une membrane, la seconde ne comporte que des rayons mous. Entre les ventrales et les anales, ainsi que le long de la naissance de la seconde dorsale et des deux anales, on trouve de chaque côté une rangée de grosses scutelles épineuses. D'autres épines existent de chaque côté de l'oeil et sur l'opercule.

La tête et la partie dorsale du corps sont brun sombre à ocre-brun avec des bandes jaunes plus claires sur les flancs. Le ventre est gris argenté. Une grande tache brun-rouge bordée de jaune orne chaque flanc.

Le saint-pierre vit entre deux eaux dans la zone côtière, à des profondeurs allant de 10 à 50 m, mais il peut descendre jusqu'à 200 m ou remonter au contraire tout près de la surface. Il vit en petits groupes ou de manière solitaire, se déplaçant lentement. Il se couche souvent sur le flanc, soit qu'il se repose près du fond, soit même en nageant. Il se nourrit surtout de petits poissons grégaires. Il fraie de mars à juin, ses oeufs sont pélagiques et sa ponte est fractionnée.

La chair du saint-pierre, d'excellente qualité, a un goût rappelant celle du crabe ou du homard. Les prises annuelles se situent aux environs de 1000 à 5000 tonnes et il est surtout pêché au filet. Sa peau épaisse est parfois utilisée en maroquinerie.

Longueur : 30–50 cm, femelles jusqu'à 65 cm.
Poids : 1–2 kg, maximum 8 kg.
D_1 : IX–X ; D_2 : 22–24 ; A_1 : III–IV ; A_2 : 20–23 ; P : 12–14 ; V : I/5–7.
Distribution : Atlantique, près des côtes européennes et africaines, du sud de la Norvège jusqu'au cap de Bonne-Espérance. Existe en Méditerranée et çà et là en mer Noire.

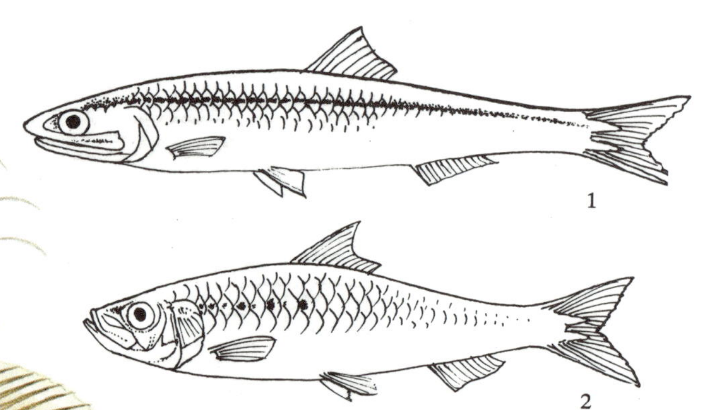

1

2

Poissons les plus souvent consommés par le saint-pierre : sardine (2) et anchois (1).

L'ordre des LAMPRIDIFORMES se compose de poissons marins vivant généralement à une assez grande profondeur. Ce groupe n'est qu'un ensemble artificiel et ses relations avec les autres ordres demeurent encore obscures. Les caractères spécifiques de la famille des LAMPRIDAE sont ceux de l'espèce Lampris guttatus.

Opah

Lampris guttatus

L'opah est l'unique représentant connu de la famille des lampridés, un poisson unique tant par sa forme que, surtout, par sa coloration.
Le corps haut et solide porte une dorsale au bord antérieur élevé, la nageoire anale est basse, les pectorales et les pelviennes sont longues et arquées. Toutes les nageoires sont dépourvues de rayons épineux durs. La ligne latérale remonte en arc au-dessus de la naissance des pectorales puis redescend à l'oblique et se prolonge dans la zone médiane du corps. Les mâchoires ne portent pas de dents.
La coloration de l'opah ne permet pas de le confondre avec aucune autre espèce. La partie dorsale du tronc est bleu sombre à violet métallique, passant sur les flancs à un bleu-vert raffiné à reflet doré ou argenté. Le ventre est roux à pourpre argenté, toutes les nageoires sont rouge sang. De nombreuses taches d'un blanc laiteux parsèment irrégulièrement le corps.
L'opah vit surtout dans les eaux marines libres, à 100–400 m de profondeur. On le prend le plus souvent aux abords de Madère, des Canaries ou des Açores, mais sa présence dans les filets des pêcheurs semble être surtout le fait du hasard. Sa biologie est assez mal connue. Il se multiplie pendant les mois d'hiver. Il se nourrit de mollusques, de céphalopodes et surtout de poissons.
La chair de l'opah est très savoureuse, grasse, fort estimée, à peu près autant que celle des salmonidés. Il est parfois pris à la ligne par des pêcheurs amateurs. Lorsqu'il s'agit alors d'un spécimen d'une certaine taille, il représente un trophée incomparable et apporte à celui qui en triomphe une grande réputation. Après les tempêtes, on trouve parfois des spécimens d'opah rejetés sur la plage.

Longueur : 80–100 cm, maximum 150–180 cm.
Poids : jusqu'à 100 kg, exceptionnellement jusqu'à 270 kg.
D : 52–54, A : 39–41.
Synonymes habituels : *Lampris regius, Lampris luna.*

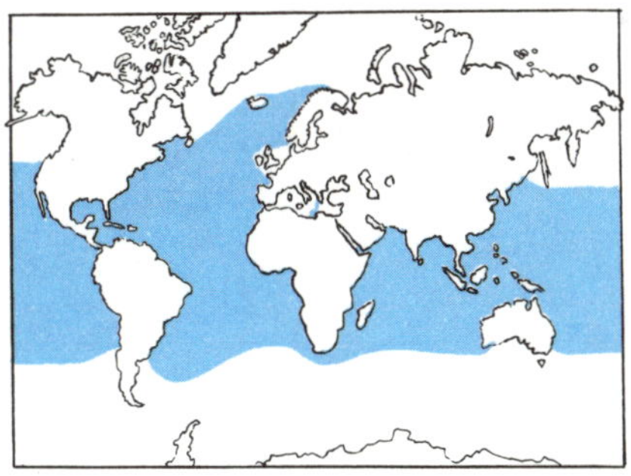

Distribution de *L. guttatus.*

Deux seuls genres de poissons marins constituent la famille des REGALECIDAE. Ils se reconnaissent à leur corps étroit et très allongé, et à leur nage généralement en position presque verticale. Ils se tiennent souvent au milieu des bancs de harengs.

Régalec, roi des harengs *Regalecus glesne*

C'est l'un des plus grands poissons des profondeurs marines. Son corps est long, rubanné, avec une forte compression latérale qui lui mérite, dans de nombreuses langues européennes, le qualificatif de poisson-lanière. Sa longue nageoire dorsale ne comporte pas moins de 250 à 300 rayons, jusqu'à 400 même selon certaines sources, et dont les 10 à 15 premiers sont fortement allongés. L'extrémité de ces rayons porte une membrane plane et ils forment sur la tête une sorte d'aigrette ou de couronne, d'où le sobriquet de « roi des harengs » que l'on donne à ce poisson dans certaines autres langues. Les pectorales sont petites, les pelviennes sont situées juste en-dessous, et formées d'un unique rayon filamenteux terminé par un épaississement charnu. La caudale et l'anale sont absentes, l'anus se trouve à peu près sous le 80e rayon de la dorsale. Les dents sont également absentes des mâchoires. Les flancs portent 4 à 6 stries longitudinales sombres couvertes de nombreuses verrucosités. Par ailleurs, le corps est argenté et couvert de courtes stries transversales et de taches irrégulières. Les nageoires sont rouge sombre. On pense que le régalec vit surtout à 300–600 m de profondeur, mais les courants l'emportent vers la surface et c'est au niveau de celle-ci que l'on prend le plus grand nombre de spécimens. Une part importante de régalecs capturés provient également des poissons rejetés sur la terre ferme par les tempêtes. On ne sait pas grand-chose sur leur multiplication et leur mode de vie, à part le fait que les oeufs sont pélagiques.

On trouve parfois de petits spécimens dans le tractus digestif des thons.

Longueur : 2–4,5 m, maximum 7 m.
Synonymes habituels : *Regalecus gladius, Gymnetrus longiradiatus.*

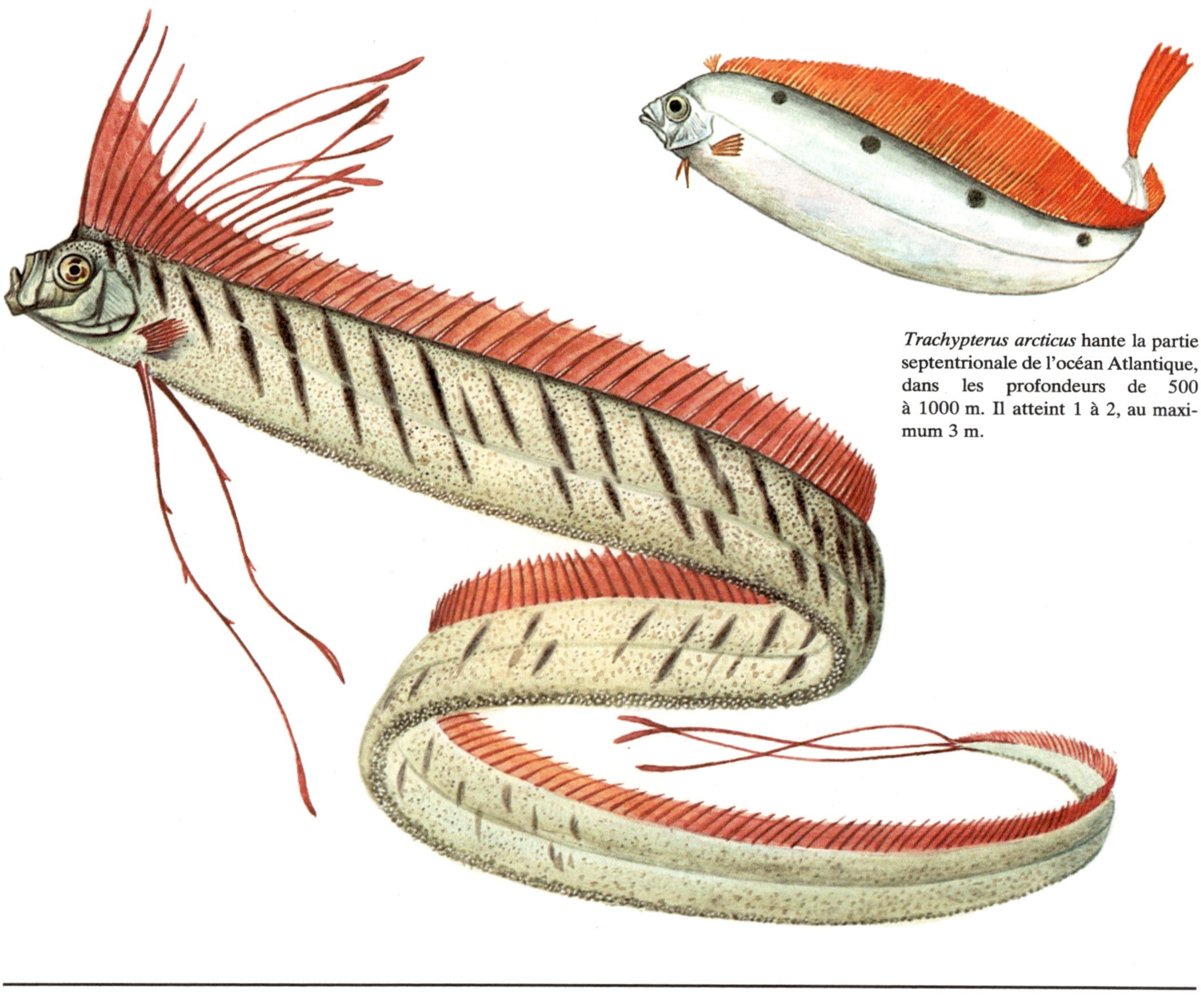

Trachypterus arcticus hante la partie septentrionale de l'océan Atlantique, dans les profondeurs de 500 à 1000 m. Il atteint 1 à 2, au maximum 3 m.

Le plus vaste ordre de poissons osseux est celui des PERCIFORMES, avec plus de six mille espèces. On le subdivise souvent en plusieurs sous-ordres dont le nombre peut aller jusqu'à vingt. Il s'agit de poissons aux formes très diverses couverts d'écailles cycloïdes ou cténoïdes. La famille des SERRANIDAE comprend environ soixante-quinze genres et quatre cents espèces de poissons vivant le plus souvent dans les mers de la zone tropicale à subtropicale.

Serran écriture

Serranus scriba

Le corps est relativement haut, latéralement comprimé, la tête volumineuse, la gueule large. Le préopercule présente un bord postérieur denté, tandis que l'opercule lui-même porte trois belles épines, la centrale étant la plus développée. Les nageoires dorsales sont soudées en une nageoire unique, la caudale a un bord droit à légèrement arrondi.

La coloration varie selon le milieu. Généralement, le dos et les flancs sont roux à brun-jaune avec 5 à 6, rarement jusqu'à 8, bandes transversales sombres existant même sur la nageoire dorsale. Les côtés de la tête portent des bandes irrégulières bleutées à verdâtres, bordées d'une ornementation sombre, le plus souvent brun-rouge. La coloration bleutée se retrouve jusque sur les flancs.

Le serran écriture vit généralement parmi les pierres et les rochers sur un fond dur, parfois couvert d'algues, à une profondeur de 20–30, exceptionnellement jusqu'à 100 m. Il se cache volontiers entre les rochers d'où il jaillit pour se jeter sur une proie, généralement constituée par un poisson de taille relativement grande par rapport à celle de son agresseur. C'est un poisson hermaphrodite : des glandes sexuelles mâles et femelles se développent dans le corps du même individu. Il arrive que les produits sexuels mâles et femelles parviennent à maturité simultanément, d'autres fois il existe un certain décalage de maturation. On peut donc assister, dans certains cas à une autofécondation. Près des côtes européennes, le serran écriture se multiplie de mai à août.

La chair des serrans est somme toute savoureuse, mais ils n'apparaissent que rarement dans les produits de pêche.

Longueur : 20–30 cm.
Poids : jusqu'à 0,5 kg.
Fécondité : 17 500–100 000 oeufs.
D : X/14–15 ; A : III/7–8.
Distribution : Atlantique près des côtes européennes et africaines, de la Bretagne au Sénégal ; mer Noire ; Méditerranée ; aux abords des Canaries et de Madère.
Synonymes habituels : *Perca scriba, Paracentropristis scriba.*

Serranus aeneus est une espèce apparentée vivant en Méditerranée et sur le littoral atlantique du Portugal jusqu'à la pointe sud de l'Afrique. Il atteint 90 cm de long et peut peser 10 kg.

Serran petite chèvre *Serranus cabrilla*

Apparenté au serran écriture, le serran petite chèvre s'en distingue surtout par la coloration et par la forme de la nageoire caudale. Celle-ci est droite ou légèrement convexe chez le serran écriture, tandis qu'elle est faiblement échancrée chez le serran petite chèvre.

Le corps porte des stries transversales à peu près régulières. Elles sont au nombre de 7 à 9, à peu près de même largeur, et de coloration brun rouge. Les flancs sont parcourus de la tête jusqu'à la queue de trois (parfois seulement de deux) bandes jaune-rouge. Trois ou quatre autres stries de la même couleur mais disposées à l'oblique se trouvent de chaque côté de la tête. Ces rayures sont plus soutenues et la coloration générale plus éclatante chez les mâles. Mâles et femelles ont une couleur de base brun clair à grise.

Le serran petite chèvre se plaît au-dessus des écueils, près des épaves et dans les ruines de constructions anciennes recouvertes par la mer. Il vit le plus souvent par 20 à 60 m de fond mais peut descendre jusqu'à 100 m. Il se nourrit surtout de petits poissons. En Méditerranée, son époque de fraie se situe de mai à août avec une baisse d'activité en juin, plus au nord, la reproduction se prolonge jusqu'en septembre. C'est comme le serran écriture une espèce hermaphrodite. L'ovaire occupe la plus grande partie des gonades, tandis que les testicules se trouvent plutôt à la base de la région postérieure de la glande. Etant donné les variations de taille des oeufs dans les ovaires, on pense que la ponte est fractionnée. Dans certains cas il peut même y avoir autofécondation.

La chair du serran petite chèvre est savoureuse et assez appréciée, surtout dans les pays méditerranéens. Il est surtout pêché à la ligne par les pêcheurs amateurs et il est assez rare qu'on le rencontre dans les filets.

Longueur : 25–35 cm, maximum 45 cm.
Poids : jusqu'à 0,7 kg.
Fécondité : 20 000–100 000 oeufs.
D : X/13–15 ; A : III/7–8 ; P : 14–15 ; V : I/5.
Synonymes courants : *Perca cabrilla, Paracentropristis cabrilla, Pseudoserranus cabrilla.*

Epinephelus alexandrinus vit en Méditerranée et dans la zone adjacente de l'Atlantique. Il atteint 1 m de long et peut peser 10 kg.

Mérou

Epinephelus guaza

Le mérou est un proche parent des serrans et jusqu'à une date récente certains zoologistes le classaient même parmi eux. Comme les serrans, il ne possède qu'une nageoire dorsale. Sa partie antérieure est formée de rayons épineux non fourchus. La forme du corps rappelle elle aussi les serrans, tout comme l'arrière denté du préopercule et les trois épines caractéristiques terminant l'opercule. Il se distingue des serrans par certains caractères systématiques, par sa mâchoire inférieure écailleuse, par sa grande taille et par sa coloration.

Le corps ne porte aucune bande, ni longitudinale, ni transversale. Le couleur de base des flancs et du dos est cannelle sombre, tandis que le ventre et la mâchoire inférieure sont jaunâtres. L'ensemble du corps porte des taches irrégulières claires, de taille variable, et toutes les nageoires ont également un bord clair.

Le mérou vit habituellement à 8–150 m, au maximum 200 m de profondeur, surtout sur un fond pierreux riche en formations rocheuses, en abris et en grottes dans lesquels il aime à pénétrer. Il mène le plus souvent une vie solitaire et il est plutôt rare de voir des bandes de plusieurs individus. Il se nourrit surtout de poissons, plus rarement de gros crustacés et de mollusques.

La chair du mérou est savoureuse, quoique sèche et fibreuse chez les sujets d'un certain âge. Il est surtout pêché à la seine et à la palangre, et les prises annuelles se chiffrent actuellement à 1000 à 2000 tonnes. Les pêcheurs sportifs le prennent aussi à la ligne ; en Méditerranée, il est particulièrement apprécié par les pêcheurs sous-marins qui le chassent au harpon.

Longueur : 80–120 cm, maximum 150 cm.
Poids : 3–10 kg, rarement jusqu'à 40 kg.
D : XI/15–16 ; A : III/8–9.
Distribution : Atlantique près des côtes européennes et nord-africaines, Méditerranée, abords des Canaries. La limite septentrionale de son aire se situe à peu près au niveau des côtes sud de l'Irlande et de la Grande-Bretagne, mais il est très rare dans ces eaux.
Synonymes habituels : *Serranus guaza, Epinephelus gigas.*

Promicrops lanceolatus est le plus gros représentant de cette famille : il atteint jusqu'à 3,6 m de long et peut peser 350 kg. On le rencontre dans l'océan Indien et dans le Pacifique.

Bar, loup *Dicentrarchus labrax*

Dans certaines langues européennes, ce poisson reçoit le nom de perche de mer ce qui indique à la fois ses relations systématiques et sa ressemblance avec l'un des poissons européens d'eau douce les plus connus. Le bar se distingue des espèces voisines appartenant au genre *Serranus* par la présence de deux nageoires dorsales, de dents sur la langue, et par le fait que les nageoires ventrales sont implantées en arrière des pectorales.

Le corps est latéralement comprimé, les nageoires dorsales séparées par un court intervalle, la tête couverte sur le dessus et les côtés d'écailles cycloïdes. L'opercule porte deux à plusieurs excroissances épineuses situées surtout sur son côté inférieur.

La robe est en grande partie argentée, le dos peut être gris sombre à olivâtre, avec parfois des taches noires chez les jeunes spécimens. Une tache sombre existe aussi à l'arrière de l'opercule.

Le bar vit dans les eaux de la plate-forme continentale, en pleine eau, parfois près du fond. Il forme le plus souvent des bandes peu nombreuses et c'est aussi en bancs qu'il chasse sa nourriture. Il se nourrit surtout de sardines dont il suit les bancs lors de migrations estivales. Il peut vivre plus de vingt ans. Il fraie de mai à août, en Méditerranée et près des côtes africaines même dès la fin février. La fraie s'opère souvent en eau saumâtre près des embouchures des fleuves. Dans une eau fortement dessalée, les oeufs tombent au fond, tandis qu'ils flottent dans les eaux supérieures en eau saline. L'éclosion a lieu au bout de 4 à 7 jours et les larves, très voraces, grossissent rapidement.

La chair du bar, très savoureuse, est fort estimée dans de nombreux pays. Le bar est surtout pêché par les amateurs, soit à la ligne, soit au harpon en plongée sous-marine. On ne le trouve que rarement dans les filets.

Longueur : 0,8 –1 m.
Poids : 10–12 kg.
Fécondité : 500 000–2 000 000 oeufs.
D_1 : VIII–X ; D_2 : I/12–14 ; A : III/10–12 ; P : 15–16.
Distribution : Atlantique, côtes européennes et nord-africaines ; Méditerranée ; mer Noire. Au nord, il remonte jusqu'au niveau de Tromsoe en Norvège ; sur les côtes africaines, on le rencontre au niveau de Dakar.
Synonymes habituels : *Morone labrax, Perca labrax, Labrax lupus, Dicentrarchus lupus.*

Polyprion americanum est une espèce apparentée vivant dans la zone tempérée à tropicale près des côtes orientale et occidentale de l'Atlantique. Il atteint 60 à 100 cm, au maximum 2 m de long et peut peser jusqu'à 40 kg.

La famille des PERCIDAE comprend une centaine d'espèces d'eau douce ou saumâtre. Ce sont des poissons aux écailles cténoïdes, avec deux nageoires dorsales (à l'exception des grémilles), et à une nageoire anale dotée de un à trois rayons épineux.

Sandre

Stizostedion lucioperca

Le sandre est le plus gros représentant européen d'eau douce de cette famille. Son corps a une forme idéale pour lui permettre de filer rapidement entre deux eaux. Sa bouche terminale, fortement dentée, comporte à l'extrémité de la mâchoire inférieure deux grandes « canines ». Le dos est gris-vert, les flancs portent 8 à 12 bandes brun-noir, se transformant en taches qui apparaissent aussi sur la caudale et les deux dorsales. Le ventre est blanc, mais fonce, surtout chez les mâles, à la période reproductive.

Le sandre passe le plus clair de la journée caché au-dessus d'un fond dur, non recouvert de vase ou de végétation ; il monte à la surface le matin et vers le soir qui sont ses moments de chasse. Il se multiplie le plus souvent en avril à mai. A cette époque, le mâle creuse dans le fond un nid en forme de soucoupe mesurant environ 0,5 m de diamètre et 5 cm de profondeur. C'est là que, sur les racines nettoyées des végétaux, la femelle vient déposer ses oeufs que le mâle surveille attentivement jusqu'à l'éclosion. Par des mouvements répétés des nageoires, il chasse la vase qui pourrait se déposer sur les oeufs ainsi que les poissons qui s'approchent. Les alevins commencent par se nourrir de zooplancton. Dès qu'ils atteignent 3 à 5 cm, ils se mettent à chasser les alevins d'autres espèces. A l'âge adulte, le sandre se nourrit exclusivement de poissons de peu de valeur. Il vit en bancs de quelques individus et se tient assez loin des berges.

Le sandre atteint 10 à 15, exceptionnellement jusqu'à 20 ans. C'est l'un des poissons européens d'eau douce qui a le plus de valeur. Sa chair est savoureuse, d'excellente qualité. Comme il est très exigeant en ce qui concerne l'oxygénation et la pureté de l'eau, il tend à disparaître ou à ne pas se reproduire spontanément dans de nombreuses localités, et les populations doivent être renouvelées par des apports de sujets provenant d'élevage ou de semi-élevage.

Longueur : 80–100 cm, maximum 130 cm.
Poids : 12–15 kg, maximum 18 kg.
Fécondité : 200 000–1 000 000 oeufs (110–220 000 pour un kg de poids vif).
D_1 : XIII–XV ; D_2 : I–III/19–23 ; A : II/10–13 ; l.l. : 80–95.
Distribution : à l'origine, depuis la mer d'Aral jusqu'au bassin de l'Elbe, y compris en Scandinavie méridionale et dans une partie de la péninsule des Balkans. Introduit dans une grande partie de l'Europe occidentale et aux Etats-Unis. Vit en eau profonde, courante ou stagnante et dans les baies de la mer Noire, de la mer d'Azov, de la mer d'Aral, de la Caspienne.
Synonyme habituel : *Lucioperca lucioperca.*

Le sandre consomme d'abord les plus gros organismes du zooplancton comme *Leptodora* (1), puis des alevins et enfin des poissons : gardons (2), perches (3), ablettes.

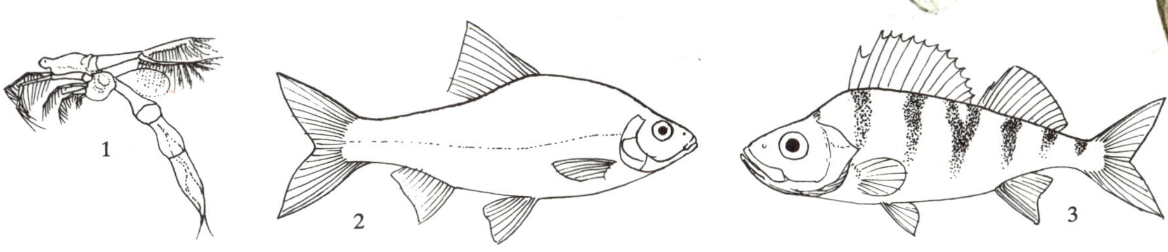

Sandre de la Volga

Stizostedion volgense

La forme du corps rappelle celle de son cousin, le sandre commun, mais le sandre de la Volga atteint des dimensions moins conséquentes : son corps est plus court, mais aussi plus haut. La mâchoire supérieure ne dépasse généralement pas l'aplomb du milieu de l'oeil. Les écailles de ce sandre sont un peu plus grosses si bien qu'on n'en compte que 70 à 83 dans la ligne latérale, contre 80 à 95 chez le sandre commun. Les deux espèces se différencient également par le nombre de rayons de la nageoire anale.

La coloration est très voisine, à la différence près que le sandre de la Volga n'a que 5 à 7 bandes sombres sur les flancs et que ces bandes ne se divisent pas en taches. Leur coloration est également plus soutenue.

Le sandre de la Volga vit en eau peu profonde sur un fond sableux ou caillouteux, dans des stations au courant lent. Il est actif vers le soir et dans le courant de la nuit, et passe la journée tapi dans des abris au fond de l'eau. C'est un prédateur qui s'attaque aux petits poissons, surtout les gardons, les ablettes et les perches. Comme le sandre commun, il a un larynx étroit qui l'empêche d'avaler de grosses proies. Les alevins se nourrissent de zooplancton et de larves d'insectes aquatiques. La maturité sexuelle se situe vers 3 à 4 ans, un an plus tard d'ordinaire chez les femelles que chez les mâles. La fraie a lieu en avril et mai en eau peu profonde, dans les anses calmes et les bras de rivière envahis de végétation. La biologie de la reproduction n'a pas été étudiée en détail mais elle ne diffère manifestement pas beaucoup de celle du sandre commun. Le sandre de la Volga n'est pas un poisson très commun et les pêcheurs amateurs le confondent souvent avec le sandre commun, beaucoup plus banal. Malgré sa chair savoureuse et de bonne qualité, il n'a pas une grande importance.

Longueur : 35–40 cm, isolément jusqu'à 50 cm.
Poids : 0,5–1,5 kg, maximum 2 kg.
D_1 : XII–XIV ; D_2 : I–II/20–22 ; A : II/9–10 ; l.l. : 70–83.
Distribution : rivières tributaires septentrionales de la Caspienne et de la mer Noire, de l'Oural jusqu'au Danube. Il vit surtout en eau douce et ne s'avance quelque peu dans la Caspienne que depuis l'embouchure de la Volga.
Synonyme : *Lucioperca volgense.*

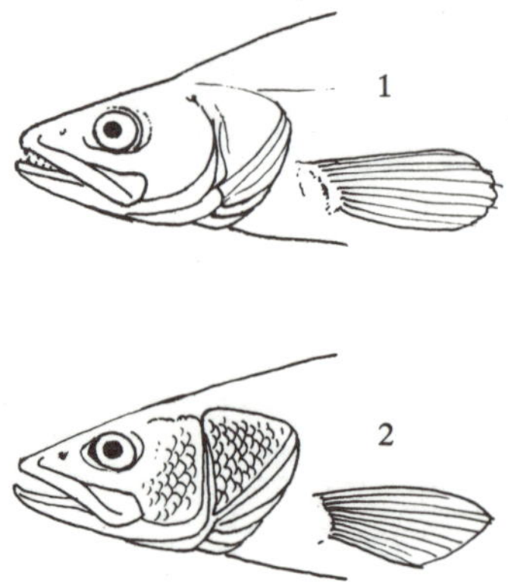

Comparaison des deux espèces de sandres : le sandre commun (1) a un os préoperculaire nu et des « canines » ; le sandre de la Volga (2) a un préopercule écailleux et des dents toutes à peu près d'égale dimension.

Perche commune *Perca fluviatilis*

La perche est un poisson exceptionnellement commun dans presque toutes les eaux européennes. Son corps est relativement haut, mais la courbure du dos varie notablement selon les conditions de vie de ses différents biotopes. La tête en forme de coin se termine par une bouche bien dentée et porte deux gros yeux. Les deux nageoires dorsales sont bien séparées l'une de l'autre. La première n'est formée que de rayons épineux non ramifiés et porte à l'arrière une tache noire caractéristique.

Le corps est gris-vert à vert-jaune avec un dos plus sombre et porte 5 à 9 raies noires sur les flancs. Le ventre est plus clair, les pectorales, les pelviennes, la nageoire anale et caudale sont jaune orangé à rouges.

La perche vit dans des localités très variées, en eau courante ou stagnante, depuis les trous d'eau tranquilles du secteur supérieur des ruisseaux et des rivières jusqu'aux étangs ou aux lacs de barrage. Elle se plaît dans les stations envahies de végétation, comportant des arbres ou des racines immergés car sa coloration rayée la prédispose à se dissimuler parmi les ombres. Elle fraie au printemps, en bancs populeux, le plus souvent en avril à mai. Les alevins forment de vastes bancs se nourrissant de plancton et se dispersant à la nuit tombée. Les perches passent toute la nuit près du fond dans l'inactivité la plus totale et se regroupent à nouveau en bancs à l'aube. Seuls les gros individus d'un certain âge ont un mode de vie solitaire. Dès que les jeunes atteignent quelque 20 cm de long, ils commencent à se nourrir surtout de petits poissons, y compris de leur propre descendance. Dans de nombreuses stations les populations de perches arrivent à pulluler et ne croissent que lentement du fait d'une insuffisance de nourriture. La perche reste l'une des prises préférées du pêcheur amateur car sa chair savoureuse est blanche et ferme.

Longueur : 30 cm, rarement 40, maximum 50 cm.
Poids : le plus souvent 0,3–0,5 kg, rarement 1–2 kg, isolément 4–5 kg.
Fécondité : 80 000–250 000 oeufs par kg de poids vif.
D_1 : XIII–XVII ; D_2 : I–III/13–16 ; A : II/8–9 ; l.l. : 54–77.
Distribution : Europe, manque en Ecosse, en Norvège et dans les péninsules du Sud, existe en Sibérie jusqu'à la rivière Kolyma. Vit aussi dans les eaux saumâtres de la Baltique.

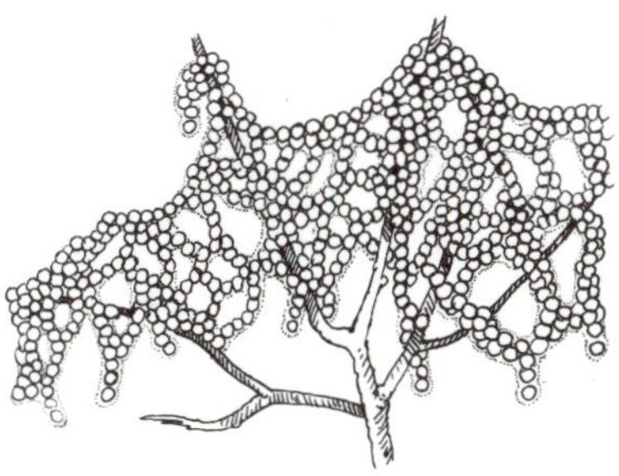

Les oeufs sont pondus sur des végétaux morts ou vivants ou sur des pierres, en bandes réunies par une substance mucilagineuse ce qui les protège des ennemis.

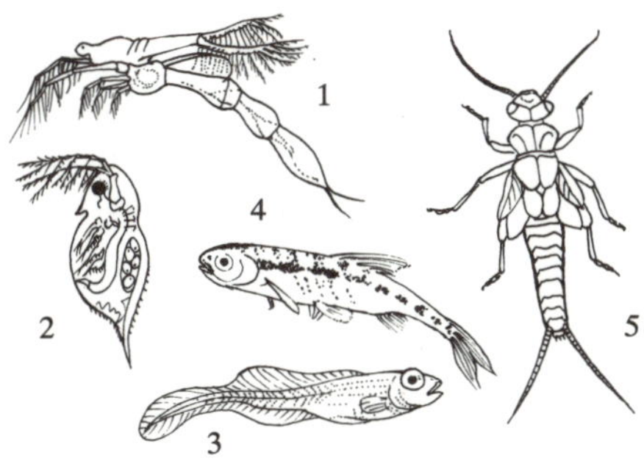

La nourriture comporte souvent des crustacés (*Leptodora* – 1, *Daphnia* – 2), des alevins (3), petits poissons (4) et des nymphes d'insectes aquatiques (5).

Perche goujonnière, grémille *Gymnocephalus cernua*

Le corps de la grémille est latéralement aplati, le dos légèrement arqué. Il comprend une seule nageoire dorsale.

Le dos est gris-vert taché de sombre, les flancs brunâtres. Les nageoires impaires portent de nombreuses petites taches sombres, le ventre est blanc-jaune, les ouïes bleutées avec un éclat métallique.

La grémille pousse très lentement, n'atteignant 100 mm qu'au cours de la cinquième à sixième année de vie. Les mâles sont sexuellement adultes dès la fin de leur première année de vie, les femelles dans leur deuxième année. La fraie a lieu d'avril à mai, la femelle dépose ses oeufs sur un fond de sable ou de cailloux. La reproduction se déroule en bancs allant de quarante à plusieurs centaines d'individus à une profondeur ne dépassant pas 2 m. Les oeufs mesurent environ 1 mm de diamètre et les parents ne s'en occupent pas après la ponte. Les larves éclosent au bout de une à deux semaines selon la température de l'eau. Après la digestion du sac vitellin, elles s'alimentent en consommant les plus fines particules du zooplancton. Parvenue à maturité, la grémille se nourrit de larves d'insectes, de vers, d'alevins et d'oeufs d'autres poissons.

Elle se tient surtout près du fond dans le secteur inférieur des rivières mais aussi dans les étangs et les lacs de barrage. Elle peut former des populations surabondantes dans certains carpiers et constituer un concurrent alimentaire gênant pour les carpes et pour d'autres espèces de poissons. Elle se contente même d'une eau de faible transparence car elle ne compte pas autant sur sa vision pour chasser ses proies que par exemple la perche. Elle fuit la lumière directe et recherche les eaux profondes en été. Lorsque la température de l'eau dépasse 20–25 °C la grémille se replie en profondeur. Elle passe l'hiver dans les embouchures des fleuves, dans les trous de fond des lacs ou des étangs.

Sa chair est de très bonne qualité.

Longueur : 15–18 cm, maximum 25 cm.
Poids : 100–150 g, maximum 200 g.
Fécondité : 1000–6000 oeufs.
D : XI–XVI/11–15 ; A : II/5–6 ; l.l. : 35–40.
Synonyme : *Acerina cernua*.

Distribution de deux espèces voisines : *G. cernua* (en bleu) et *G. schraetzer* (en rouge).

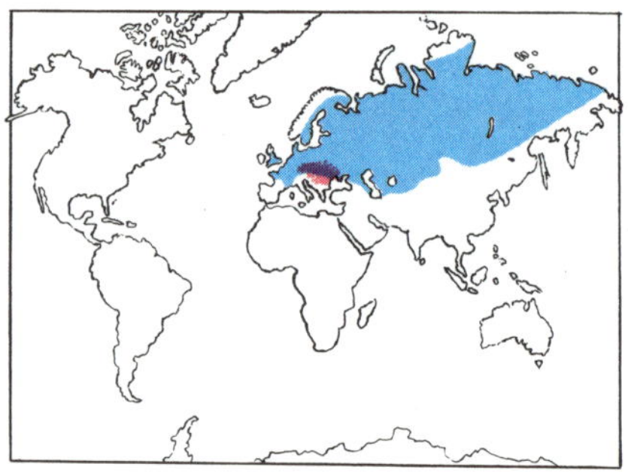

Grémille du Danube *Gymnocephalus schraetser*

La grémille du Danube se reconnaît à son museau très allongé et à son corps latéralement aplati et relativement plus bas que celui de l'espèce précédente. Les écailles sont également plus petites et la ligne latérale en compte donc un nombre supérieur de moitié à celui de la grémille commune (55 à 60). La partie antérieure de la dorsale est, elle aussi, plus longue et comporte plus de rayons épineux que chez la perche goujonnière.

La face dorsale du corps est olivacée, les flancs sont jaunes avec 3 à 4 lignes longitudinales noires, parfois interrompues. A l'avant de la nageoire dorsale, on trouve des taches sombres ovales disposées en rangées régulières.

La grémille du Danube vit dans les eaux relativement profondes et bien courantes, sur un fond pierreux ou sableux. Elle constitue des bancs de faible importance et peut coexister avec la perche goujonnière. Elle se nourrit de larves d'insectes, d'alevins de divers poissons ainsi que de leurs oeufs. Ses populations ne sont jamais assez nombreuses pour présenter un réel danger de concurrence alimentaire pour les autres poissons. Elle ne vit pas dans les étangs d'élevage. On ne sait pas pour le moment rien de précis sur sa multiplication, mais on peut penser que sa fraie présente des caractères analogues à ceux de la grémille commune, sauf qu'elle recherche des eaux vives.

La grémille du Danube est sans intérêt économique et n'est prise que rarement à la ligne. Dans les fleuves tributaires de la mer Noire on trouve une autre espèce de grémille, *Gymnocephalus acerina,* dont le corps a la même forme que celui de la grémille du Danube, mais ne porte pas de bandes longitudinales. Cette espèce préfère, elle aussi, les eaux vives, fraie au début du printemps en pondant des oeufs qui viennent se coller au fond de l'eau. A 14 °C leur développement se poursuit pendant 7 à 8 jours et il faut encore 9 à 10 jours ensuite pour que les larves digèrent leur sac vitellin. Ce poisson est très apprécié en cuisine où il sert à la préparation d'une soupe.

Longueur : 10–20 cm, maximum 24 cm.
Poids : jusqu'à 150 g.
Fécondité : 2 000–10 000 oeufs.
D : XVII–XIX/12–13 ; A : II/6–7 ; l.l. : 55–62.
Distribution : bassin du Danube, de la Bavière jusqu'au delta.

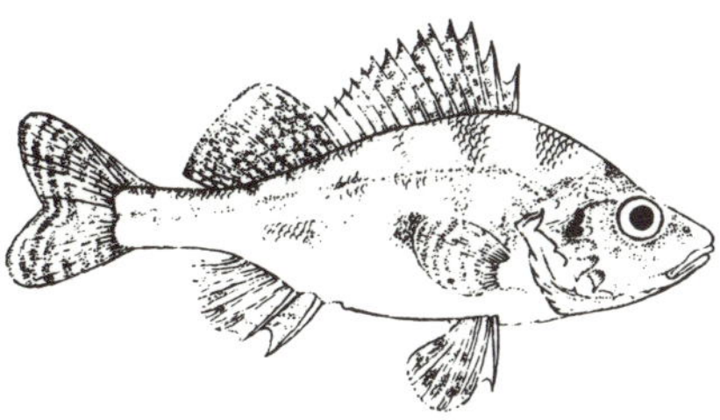

G. baloni est une espèce apparentée vivant dans le cours principal du Danube.

Composantes alimentaires fondamentales : larve d'éphémère (1), larve de chironome (2), daphnie (3).

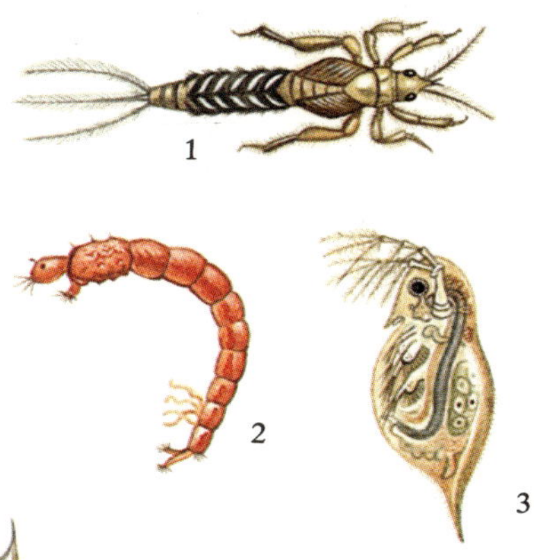

Streber

Zingel streber

La forme fuselée du corps rappelle fortement son voisin, le zingle, mais le corps est ici nettement plus bas, plus allongé, et le pédoncule caudal est lui aussi plus long et plus mince, quasiment cylindrique. A la différence du zingle, le streber présente un ventre dénudé à l'avant.
La coloration de base est brun-jaune ou gris-brun avec 4 à 5 bandes obliques, sombres, bien apparentes. Le corps ne porte pas de petites taches noires.
A côté de la coloration et de la forme du corps, le streber se distingue également du zingle par un plus faible nombre de rayons dans les nageoires anale et dorsales et d'écailles dans la ligne latérale.
Sa biologie est assez peu connue, son mode de vie et son alimentation sont analogues à ceux du zingle. A la différence de celui-ci, le streber vit souvent dans les secteurs assez profonds et tumultueux de petites rivières de basse montagne, ce qui laisse à penser qu'il est plus sensible à la pollution de l'eau et qu'il a de plus fortes exigences en ce qui concerne son oxygénation. Sa croissance n'est pas très rapide et il ne dépasse sans doute pas cinq ans de vie. Il fraie en mars et avril. A cette époque apparaissent sur la tête, le corps et les nageoires pectorales des deux sexes des tubercules de fraie, plus nombreux cependant chez les mâles que chez les femelles.
Le streber ne se prête pas à la pêche à la ligne. De plus, ses populations ne cessent de diminuer. Il mérite pourtant la protection la plus attentive, car c'est une espèce endémique rare et un cas unique d'adaptation des percidés européens à une vie en eau rapide.

Longueur : 12–17,5 cm.
Poids : jusqu'à 170 g.
Fécondité : 600–4200 oeufs.
D_1 : VII–IX ; D_2 : I–II/10–13 ; A : I/10–11 ; l.l. : 70–82.
Distribution : endémique du Danube. Hormis ce fleuve et ses affluents, également dans le Dniestr, le Prout et le Vadar.
Synonyme : *Aspro streber.*

Dans le Rhône vit une espèce apparentée, l'apron *(Z. asper)*, qui se reconnaît à un pédoncule caudal plus court que *Z. streber*. Il atteint jusqu'à 25 cm de long.

Zingle

Zingel zingel

Le zingle a un corps allongé, fuselé, de section presque circulaire, avec une tête relativement grosse, aplatie, portant une bouche inférieure et terminée par un museau proéminent. Tout le corps, y compris une partie de la tête et l'avant du corps, est couvert d'écailles cténoïdes rudes au toucher. Les dorsales sont au nombre de deux, relativement écartées. La première ne comporte que des rayons épineux.

Le zingle a une coloration gris-jaune avec un dos tirant sur le brun, l'ensemble étant irrégulièrement parsemé de petites taches sombres. On trouve aussi 4 bandes transversales sombres, relativement discrètes ici.

Le zingle vit exclusivement dans le lit principal de rivières à fort courant avec un fond graveleux à sableux et ne s'approche qu'exceptionnellement des berges. Il se déplace près du fond par de courts rebonds. Pendant la journée, il se cache dans les trous du fond ou sous les pierres pour ne partir en chasse qu'à la nuit tombante. Il s'alimente surtout de nuit : fait confirmé par les pêcheurs amateurs qui le prennent surtout durant ces heures nocturnes. Il se nourrit surtout d'invertébrés du fond et de menus poissons. Au moment de la fraie, qui se déroule d'avril à mai, les femelles pondent sur le substrat graveleux de gros oeufs visqueux. Selon certaines sources, elles enterreraient les oeufs dans le substrat à la manière des salmonidés.

Les populations de zingles ne cessent de s'amenuiser depuis quelques années, manifestement du fait de la pollution, et il est classé parmi les espèces menacées d'extinction. Sa rareté fait qu'il n'est qu'exceptionnellement pris par les pêcheurs amateurs. Sa chair est considérée comme savoureuse.

Longueur : 30–40 cm, exceptionnellement 45 cm.
Poids : jusqu'à 1 kg.
Fécondité : 500–5000 oeufs.
D_1 : XIII–XV ; D_2 : I/18–20 ; A : I/11–14 ; l.l. : 82–95.
Distribution : assez peu fréquent dans le bassin du Dniestr et du Danube.
Synonyme : *Aspro zingel.*

Romaichthys valsanicola ne vit que dans les affluents du Danube, en Roumanie. On le trouve dans les mêmes stations que le chabot, sous les pierres, dans les eaux courantes.

La famille des CENTRARCHIDAE comprend des espèces d'eau douce possédant une dorsale unique et reconnaissables au fait que leur partie antérieure est plus basse que leur partie postérieure. Le corps est haut, aplati. Ce sont des poissons originaires d'Amérique du Nord, mais un grand nombre d'espèces ont été progressivement naturalisées en Europe et ailleurs. La famille comprend au total trente-deux espèces prédatrices, se nourrissant de poissons ou d'invertébrés.

Perche truitée, black-bass *Micropterus salmoides*

Voici une espèce introduite en Europe depuis l'Amérique du Nord à la fin du siècle dernier.
Son corps rappelle celui d'une perche robuste qui n'aurait qu'une seule dorsale dont la partie antérieure, épineuse, est nettement plus basse et séparée par une profonde échancrure de la partie postérieure formée de rayons fourchus. La bouche est grande, les mâchoires portent de bonnes dents. Les écailles rugueuses forment dix rangées même sur l'opercule.
Le corps a une teinte d'ensemble verdâtre, les flancs habituellement jaune d'or à vert argenté, le ventre est blanc-jaune. Chez les adultes, une bande sombre s'étend de l'oeil jusqu'à la racine de la queue. Le corps entier porte des taches sombres et il y a toujours une grande tache noire à l'extrémité de l'opercule. Notons que la coloration est très variable et s'adapte aux conditions du milieu.
Le but originel de l'introduction de la perche truitée en Europe fut la tentative de multiplier dans nos pays le nombre d'espèces intéressantes au point de vue sportif et économique. On ne peut pas dire qu'il ait été vraiment atteint avec la perche truitée, car elle ne grossit pas chez nous comme dans sa patrie et concurrence les espèces prédatrices européennes. Sa maturité sexuelle se situe dans nos climats vers la troisième ou quatrième année de vie et elle fraie le plus souvent de mai à juillet. Le mâle creuse dans le fond un nid en forme de soucoupe de 30 à 90 cm de diamètre avant d'y attirer progressivement plusieurs femelles. Il veille ensuite sur la ponte jusqu'à la dispersion des larves. Dans la nourriture de la perche truitée, on trouve en plus des insectes aquatiques et des poissons aussi une forte proportion de grenouilles et de têtards, ce qui est rare chez les autres espèces de poissons.

Longueur : 30–35 cm, rarement 50 cm (en Amérique du Nord jusqu'à 80 cm).
Poids : 1–2,5 kg (en Europe) ; 8–10 kg (dans sa patrie d'origine).
Fécondité : 30 000–60 000 oeufs par kg de poids vif.
D : X–XI/12–13 ; A : III/10–11 ; l.l. : 57–68.
Distribution : bassin du Danube et majeure partie des pays européens. Introduit en Grande-Bretagne en 1934. Introduit aussi dans d'autres parties d'Amérique du Nord ainsi qu'en Afrique du Sud.

Micropterus dolomieui est une espèce voisine dont l'introduction en Europe vers la fin du siècle dernier s'est soldée par un échec. Vit à l'origine dans l'est de l'Amérique du Nord où il atteint 20 à 38 cm.

Perche-soleil, perche arc-en-ciel *Lepomis gibbosus*

C'est le poisson européen d'eau douce le plus chatoyant, et qui garde sa belle coloration pendant toute l'année.
La perche-soleil a un corps haut, arrondi, avec une longue dorsale. Fortement aplati, il est couvert de grosses écailles. La face dorsale est généralement olivâtre, les flancs sont bleutés avec des taches arrondies orange à brun-rouge. L'opercule porte des stries bleu à bleu-vert éclatant, ondulantes et longitudinales. Il est, de plus, étiré en un bec dirigé vers l'arrière et portant une tache rouge à bord foncé. Le ventre est rosé à orangé.
La perche-soleil vit surtout dans les eaux peu profondes, enherbées, dans les rivières ou les lacs à l'eau pure, stagnante ou animée d'un courant léger. Elle se nourrit de plancton, d'invertébrés et d'alevins. Elle arrive à l'âge adulte à 3–4 ans et fraie en mai à juin. Les mâles nettoient la surface du fond avant d'y creuser un nid peu profond mesurant 20 à 40 cm de diamètre. Ces nids forment souvent de véritables petites colonies rapprochées les unes des autres. Au moment de leur édification et pendant un certain temps après leur achèvement, le mâle en éloigne les autres poissons, y compris les femelles de sa race. Au bout de quelque temps les attaques contre les femelles deviennent moins vigoureuses puis c'est le mâle lui-même qui les chasse vers le nid. Pendant la fraie, la femelle est couchée sur le flanc au fond du nid, sous le mâle, et les deux partenaires éjectent en frémissant les oeufs et la laitance avec de courts intervalles de repos. La ponte dure 15 à 30 minutes après quoi le mâle chasse à nouveau sa partenaire du nid et surveille les oeufs jusqu'à l'éclosion des larves.

Longueur : 15–20 cm, maximum 25 cm.
Poids : 0,2–0,3 kg, maximum 0,5 kg.
Fécondité : 500–5000 oeufs.
D : X/10–13 ; A : III/10–12 ; l.l. : 35–46.
Distribution : originaire de l'est du continent nord-américain. Introduite en Europe à la fin du siècle dernier pour l'élevage en bassins et en aquariums. S'est échappée vers les eaux libres et existe de nos jours sporadiquement en Europe occidentale (y compris les îles Britanniques), centrale et dans une partie de l'Europe orientale.

Amplolites rupestris est une espèce apparentée, également introduite en Europe depuis la région est de l'Amérique du Nord. Elle peut y atteindre 30 cm de long et peser environ 0,5 kg. Comme chez les autres espèces de la famille c'est le mâle qui construit le nid au moment de la fraie.

Dans la famille des BRAMIDAE on trouve des poissons au corps haut (on les appelle brèmes de mer) portant une longue nageoire dorsale et anale. Il s'agit d'une dizaine d'espèces de poissons de haute mer.

Brame

Brama brama

Le corps est haut, latéralement comprimé. Les nageoires dorsale et ventrales sont longues, la caudale est fortement échancrée. La plupart des représentants de cette espèce vivent dans les eaux supérieures ou moyennes de haute mer. Les nageoires sont écailleuses.

Le dos est gris-bleu, parfois gris-vert, les flancs et le ventre avec un éclat bleuté argenté. Après la mort, la coloration argentée disparaît et le poisson fonce. Les nageoires pectorales et les yeux sont bordés d'or, les nageoires dorsale et anale sont sombres.

La fraie se déroule en profondeur aux environs de 20 °C. On a trouvé des alevins même à 2700 m de profondeur, tant en Méditerranée que dans la partie centrale de l'Atlantique. La brame se nourrit surtout de menus poissons grégaires.

Elle vit en haute mer à 100–300 m de profondeur, dans la partie septentrionale de son aire elle descend encore plus bas. Près des côtes occidentales de l'Europe, on trouve souvent des spécimens morts apportées sur le littoral par les courants d'automne. Parfois, on la prend au chalut en mer du Nord. Elle est plus fréquente en Méditerranée. Elle est souvent attaquée par des vers parasites ce qui nuit à sa qualité. Une pêche particulière de la brame se déroule près des côtes occidentales de la péninsule Ibérique vers la fin de l'hiver et le début du printemps : des centaines de petits bateaux posent alors des palangres dont les hameçons se trouvent à 90–110 m de profondeur. Les prises sont parfois très bonnes : on peut compter jusqu'à 60–70 brames pour 100 hameçons.

Longueur : 65–70 cm, maximum 80 cm.
Poids : 2–4 kg, maximum 6 kg.
D : III–V/30–33 ; A : II–III/27–30 ; l.l. : 70–85.
Distribution : Méditerranée ; Atlantique du Nord-Est, de la Scandinavie jusqu'à Madère, pourtour de l'Islande.
Synonyme : *Brama raji.*

Principales composantes de la nourriture : *Alosa pseudoharengus* (1), hareng (2), maquereau (3).

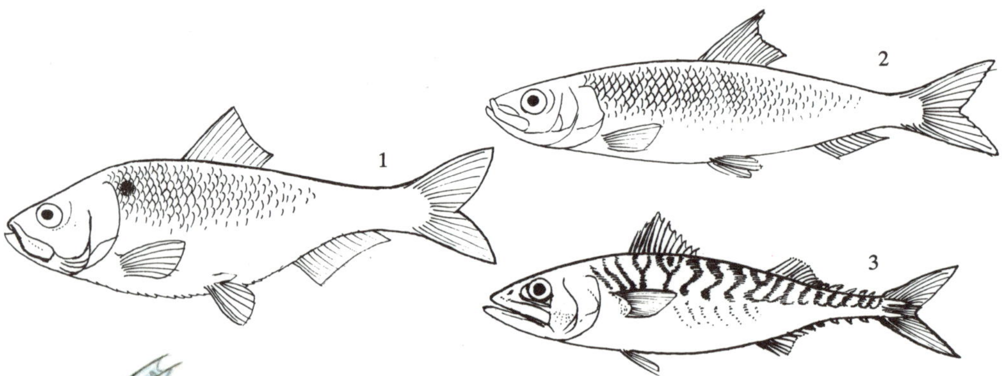

La famille des CENTRACANTHIDAE se compose de deux genres répartis en sept espèces vivant le long des côtes orientales de l'Atlantique. Ce sont des poissons au corps allongé et légèrement comprimé.

Mendole alcédo

Spicara alcedo

La mendole alcédo est un petit poisson perciforme. Le corps est allongé, bas (la hauteur ne représente généralement que 17 à 20 % de la longueur totale). Le diamètre de l'oeil est inférieur à la distance du bord antérieur de l'oeil à l'extrémité du museau.

La face dorsale est gris-brun à bleu-gris, les flancs portent de larges bandes obliques plus claires, surtout visibles chez les femelles au moment de la fraie. Chez les mâles, au contraire, s'intensifient à la même époque des taches bleues à bleu-vert parsemant la tête et les flancs ainsi que des bandes longitudinales à l'éclat argenté. La coloration bleutée des mâles apparaît aussi sur la nageoire dorsale. Une tache sombre située sur les flancs au-dessus de l'extrémité des pectorales est caractéristique de l'espèce.

La mendole alcédo vit dans les eaux littorales, le plus souvent dans les herbiers croissant sur un fond de sable ou de vase. C'est là aussi qu'elle fraie d'avril à juillet. A cette époque, les mâles creusent dans le fond à l'aide de leur nageoire caudale des nids en forme d'assiettes. La fraie se déroule dans la journée et s'arrête durant la nuit. Les oeufs fécondés se collent au substrat. Comme les autres représentants du même genre, *S. alcedo* constitue un exemple typique d'hermaphrodite protérogyne. Presque toutes les larves commencent par devenir des femelles qui mûrissent sexuellement vers la fin de leur première année de vie. A trois ans, les poissons mesurent 13 à 15 cm et changent de sexe : les individus dépassant 16 cm de long sont donc presque exclusivement de sexe mâle.

De toutes les espèces de cette famille, c'est la mendole alcédo qui a la chair la plus savoureuse et elle est pêchée intensivement en Méditerranée et en mer Noire. Elle constitue l'essentiel des prises du genre *Spicara,* mais n'a pas une grande importance économique.

Longueur : 14–16 cm (femelle), jusqu'à 20 cm (mâle).
Poids : 50–120 g.
Fécondité : 2500–12 000 oeufs.
D : X–XII/9–12 ; A : III/8–10 ; l.l. : 80–94.
Synonyme habituel : *Maena smaris.*

Espèce apparentée, *S. maena,* présentant un corps particulièrement élevé. Elle vit en Méditerranée, en mer Noire et dans la zone adjacente de l'Atlantique. Elle atteint 25 cm de long. Au moment de la fraie, les mâles bâtissent dans le sable des nids creux atteignant 0,5 m de diamètre.

Mendole

Spicara smaris

La fome du corps et le mode de vie rappellent fortement l'espèce apparentée *S. alcedo.* La plus grande hauteur représente 20 à 24,5 % de la longueur totale du corps, la diamètre de l'oeil est égal ou supérieur à la distance de l'oeil au bout de la tête.
La coloration s'intensifie au moment de la fraie. Le dos est gris-brun à ocre foncé, les flancs plus clairs avec un reflet jaune et des bandes longitudinales bleues. Au-dessus des pectorales, ils portent une tache sombre, parfois aussi plusieurs stries transversales peu apparentes. Des taches bleutées existent également sur les nageoires dorsale et anale.
La mendole vit dans les eaux côtières dans les mêmes localités que *S. alcedo,* mais pénètre aussi dans l'embouchure des fleuves. La biologie de la reproduction est identique chez les deux espèces. Dans le courant de l'année, la mendole entreprend des migrations alimentaires et reproductives avec des maxima situés au printemps et à l'automne. Elle passe l'hiver en eau relativement profonde et disparaît de la zone littorale dès que la température de l'eau s'abaisse au-dessous de 10 °C. Elle se nourrit de zooplancton et de petits organismes benthiques.
La nomenclature des espèces du genre *Spicara* est fort complexe : dans le passé, les variations de coloration saisonnières et le dichromisme sexuel de ces poissons étaient souvent considérés comme des différences spécifiques et les mêmes espèces ont donc reçu différents noms selon les auteurs. La situation se complique encore davantage lorsqu'on sait qu'il s'agit de poissons hermaphrodites protérogynes passant par un stade femelle avant d'acquérir un comportement de mâle.

Longueur : 13–16 cm (femelle), 15–20 cm (mâle).
Poids : 50–100 g.
Fécondité : 1000–10 500 oeufs (6000–63 000 oeufs selon d'autres sources).
D : X–XII/10–12 ; A : III/8–10 ; l.l. : 70–82.
Distribution : Méditerranée, mer Noire, moins souvent mer d'Azov. Atlantique, près du littoral occidental de la péninsule Ibérique.
Synonymes habituels : *Spicara flexuosa, Maena chryselis.*

S. smaris (en bleu) est l'espèce la plus répandue des poissons décrits du genre *Spicara. S. alcedo* et *S. maena* n'ont été observées que dans l'ouest de la mer Noire (en rouge).

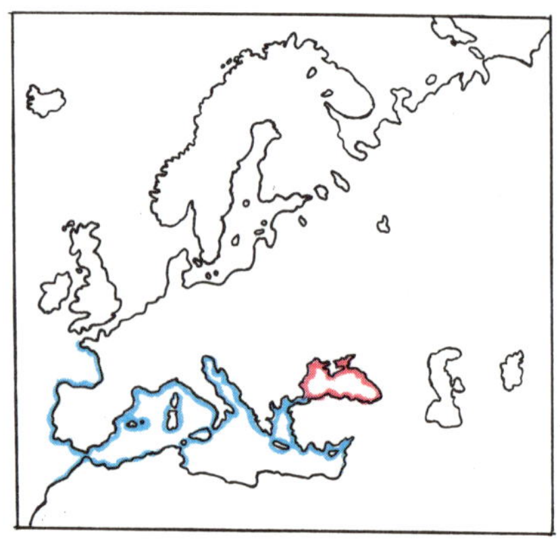

Dans la famille des CARANGIDAE on trouve des poissons possédant deux dorsales : la première courte, la seconde longue. La nageoire anale est également longue. La famille comprend en tout environ deux cents espèces de poissons marins.

Chinchard, saurel *Trachurus trachurus*

Les chinchards se caractérisent notamment par leur corps mince, fortement comprimé, leur étroit pédoncule caudal, leurs pectorales étirées et surtout leur ligne latérale arquée bordée de scutelles osseuses. Ces scutelles portent des épines acérées, tournées vers l'arrière, surtout dans la partie postérieure du corps.

Le chinchard commun constitue l'une des six espèces du genre vivant près des côtes européennes. Sa robe se caractérise par sa dominante gris-bleu, avec un reflet jaunâtre sur la tête, les pectorales et la caudale.

C'est une espèce pélagique vivant le plus souvent en haute mer au-dessus de la plate-forme continentale. Dans la plupart des localités, elle forme de vastes bancs qui entreprennent de longue migrations. Au début de l'été les chinchards migrent vers le nord en quête de nourriture; avec le refroidissement progressif des eaux nordiques, on assiste à leur retour vers le sud. Ils se nourrissent surtout de zooplancton, les gros sujets aussi de petits poissons, surtout de clupéidés.

Dans la zone tempérée, la fraie s'opère pendant la saison estivale ; dans les eaux tropicales, la reproduction se poursuit pendant toute l'année. La ponte est fractionnée.

Le chinchard est un important poisson industriel. Les prises annuelles de ces dernières années se situent aux environs de 120 000 à 250 000 tonnes. Sa chair savoureuse est consommée fraîche ou en conserve.

Longueur : généralement 25–30 cm, rarement jusqu'à 50 cm.
Poids : jusqu'à 1,5 kg.
Fécondité : 3000–130 000 oeufs.
D_1 : VIII, D_2 : I/28–34 ; A_1 : II ; A_2 : I/23–29 ; V : I/5 ; P : 20–21.
Synonymes habituels : *Scomber trachurus, Caranx trachurus.*
Distribution : Atlantique oriental depuis Trondheim en Norvège jusqu'en Afrique du Sud ; Méditerranée ; plus rarement mer Noire. Dans la partie occidentale de l'Atlantique, on le trouve près des côtes de l'Argentine et d'une partie du Brésil.

T. capensis est une espèce apparentée qui est parfois considérée comme une sous-espèce de *T. trachurus*. Elle vit près des côtes occidentales de l'Afrique, depuis l'équateur jusqu'aux côtes du Mozambique à l'est. Elle peut atteindre une longueur maximale de 50 cm, mais ne dépasse généralement pas 25 à 35 cm.

Chinchard méditerranéen

Trachurus mediterraneus

La coloration, la forme et la taille font penser au chinchard commun, dont le chinchard méditerranéen se différencie surtout par la taille inférieure des plaquettes écailleuses qui recouvrent la ligne latérale arquée. Comme les autres chinchards, celui-ci a deux nageoires dorsales et deux anales.

Le chinchard méditerranéen entreprend, lui aussi, de longues migrations en quête de nourriture. Dans sa jeunesse il se nourrit de zooplancton, à l'âge adulte surtout de petits poissons. Dans la mer Noire, par exemple, sa nourriture est surtout composée de jeunes anchois et gobies.

Il devient adulte à deux ans et fraie en Méditerranée et en mer Noire de mai à août. La ponte est fractionnée et a surtout lieu vers le soir. Les larves et les alevins jusqu'à l'âge d'un an se tiennent souvent rassemblés en vastes essaims sous les ombrelles des méduses (surtout du genre *Rhizostoma pulmo*) où ils se trouvent à l'abri de leurs ennemis.

Le chinchard méditerranéen fait l'objet d'une pêche industrielle, surtout en mer Noire et en Méditerranée.

Dans la mer Noire coexistent deux races écologiques (grands et petits chinchards) qui forment des bancs séparés et se distinguent aussi par leur fécondité et leur durée de vie. Les membres de la race de petite taille vivent généralement sept à huit ans, ceux de la grande race treize à quatorze ans.

Comme les autres représentants de la famille des Carangidés, les chinchards font d'abord penser aux maquereaux, ce qui se retrouve dans certaines langues (l'anglais et le russe par exemple) où ils reçoivent les noms de maquereaux de cheval ou de maquereaux piquants. Les alevins et les petits individus représentent une proie favorite pour les poissons ichthyophages, surtout les mouettes.

Longueur : 30–40 cm, rarement 55 cm.
Poids : 1–2 kg.
Fécondité : petite race : 100 000–200 000 oeufs ; grande race : 100 000–2 000 000 oeufs.
D_1 : VIII ; D_2 : I/26–34 ; A_1 : II ; A_2 : I/21–31.
Distribution : Méditerranée et mer Noire, côtes occidentales de l'Europe et mer du Nord.

1

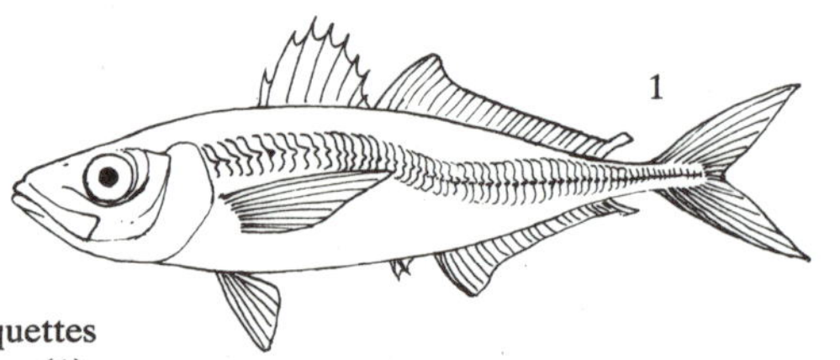

On différencie les deux espèces d'après la taille des plaquettes de la ligne latérale : elles sont très grandes chez *T. trachurus* (1), petites chez *T. mediterraneus* (2).

2

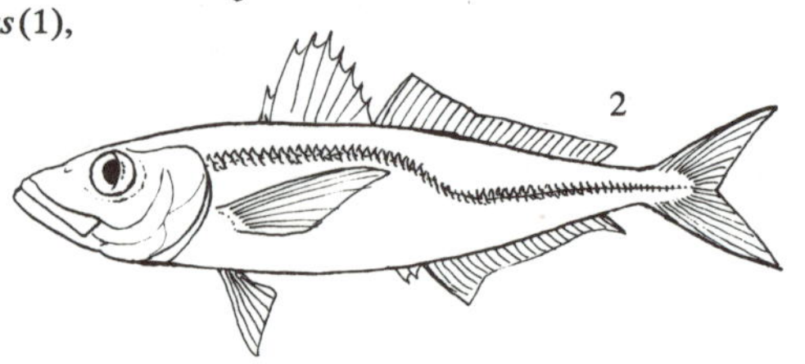

Poisson pilote

Naucrates ductor

Le poisson pilote a un corps torpédiforme de section arrondie et une tête latéralement couverte d'écailles. De chaque côté du pédoncule caudal se trouve, dans la zone médiane, une carêne charnue. L'avant de la nageoire anale et les nageoires dorsales sont formés le premier de 2, les secondes de 3 à 5 courtes épines non réunies par une membrane.

La couleur de base est gris-bleu, le dessous du corps est surtout argenté, mais ce qui est ici typique, ce sont les 5 à 7 larges bandes transversales de couleur sombre. Le bord de la caudale est clair, celui des pectorales sombre. Le poisson pilote vit dans tous les océans du monde, dans les régions où la température de l'eau dépasse 18 °C. Il ne s'aventure que rarement dans des eaux plus fraîches. Il remonte jusqu'aux îles Britanniques près des côtes européennes et existe aussi en Méditerranée et en mer Noire.

Il fait de longs voyages dans les océans et est surtout connu pour le fait qu'il accompagne avec endurance de gros animaux marins ou des bateaux, et cela souvent sur de grandes distances. On propose différentes explications à ce comportement, mais on pense surtout que les bancs de poissons pilotes récupèrent pour s'en nourrir les restes alimentaires des animaux accompagnés et les détritus des navires. Pourtant, cette explication est infirmée par le fait que le contenu stomacal des poissons pilotes est surtout formé de petits poissons. D'autres spécialistes constatent qu'il se déplace souvent à l'avant de la tête des requins sans être attaqué et expliquent ce fait d'une part par sa grande mobilité, d'autre part par les services qu'il rend à ces carnassiers en les débarrassant de leurs parasites. La dernière explication peut tenir au fait que les gros animaux et les navires accompagnés servent de transporteurs et de protecteurs aux oeufs des poissons pilotes, oeufs qui s'y collent par leurs excroissances adhésives.

Les larves et les alevins sont très différents des adultes et on les a plusieurs fois pris autrefois pour des espèces indépendantes.

Longueur : 30–50 cm, maximum 70 cm.
Poids : 0,5–1,5 kg, exceptionnellement 2,5 kg.
D : III–V + I–II/26–28 ; A : II+I/16–18 ; V : 5–6.
Distribution : cosmopolite.
Synonyme : *Gasterosteus ductor*.

Poissons pilotes accompagnant un requin.

La famille des POMATOMIDAE est systématiquement proche des Carangidae et des Serranidae. Elle ne comprend qu'un genre avec une espèce unique.

Tassergal, poisson bleu *Pomatomus saltatrix*

Le tassergal est un poisson pélagique carnassier pouvant dépasser 1 m de long à l'âge adulte. Le corps et les côtés de la tête sont couverts de petites écailles cycloïdes, les mâchoires et le palais sont garnis de fortes dents acérées. La première dorsale est plus courte et plus basse que la seconde et elle est formée de rayons épineux durs.

Le dos est verdâtre à gris-vert, le ventre et les flancs sont argentés sous la ligne latérale. Près de la naissance des pectorales se trouve une tache sombre.

C'est un poisson qui forme généralement de vastes bancs en haute mer, où il suit les bancs de divers poissons pélagiques qui sont sa principale source de nourriture. Certaines années, il pullule même à une certaine époque près des côtes. Il entreprend de longues migrations alimentaires dont le principe n'est pas encore précisément élucidé. Il semble qu'il se déplace vers le nord en été et qu'il revienne plus au sud à l'automne. Il fraie au printemps et en été, probablement en haute mer. Les oeufs sont pélagiques. Les alevins commencent leur vie dans les eaux profondes et ne s'approchent des côtes qu'après avoir atteint une dizaine de centimètres de long. A ce moment, le tassergal commence à consommer les alevins d'autres espèces alors qu'il donnait auparavant la préférence aux crustacés et aux larves de mollusques.

C'est un poisson relativement important au point de vue de la pêche commerciale, surtout près des côtes atlantiques de l'Amérique où on le pêche au chalut. Les prises annuelles totales se situent aux environs de 30 000 à 40 000 tonnes. Les pêcheurs « du dimanche » et les plongeurs sous-marins le considèrent comme une belle prise, à la ligne ou au harpon.

Longueur : 60–90 cm, maximum 120 cm.
Poids : jusqu'à 15 kg, isolément jusqu'à 25 kg.
Fécondité : 100 000–200 000 oeufs, selon certaines sources jusqu'à 1 200 000 oeufs.
D_1 : VII–VIII ; D_2 : I/24–28 ; A : II–III/26–28 ; V : I/5.
Synonymes habituels : *Perca saltatrix, Temnodon saltator.*

Distribution de *P. saltatrix.*

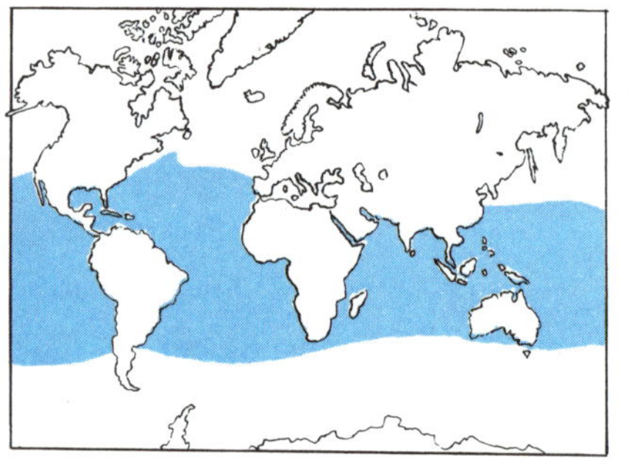

La famille des SCIAENNIDAE se compose essentiellement de poissons vivant dans la zone tropicale et, dans une moindre mesure, tempérée de tous les océans. Le corps est perciforme, la longue dorsale profondément fendue se compose de deux parties dont la première, la plus courte, est haute et triangulaire, tandis que la seconde, légèrement plus basse, est nettement plus longue. Un caractère typique des sciaenidés est leur capacité d'émettre des bruits sonores à l'aide de muscles particuliers situés près de la vessie gazeuse et dont les contractions sont amplifiées par cette chambre de résonance. La force du son émis est telle qu'on l'entend au-dessus de la surface. La famille comprend environ cent cinquante espèces marines (dont certaines s'avancent même dans l'embouchure des grands fleuves).

Corb, corbeau *Sciaena umbra*

Le corb a une coloration essentiellement gris sombre à vert-jaune, avec un ventre plus clair. Les nageoires pelviennes et anale, sombres, présentent un premier rayon blanc.
Le corb vit en bancs sur le plateau continental, généralement par 2–10 m de fond, rarement plus bas. Il se plaît dans les herbiers recouvrant des fonds pierreux. Il se nourrit de crabes, de mollusques et de petits poissons et fraie pendant l'été. Son importance économique est limitée malgré le fait que sa chair blanche soit d'un goût agréable. Elle est moins estimée pourtant que celle des autres sciaenidés. Le corb est un adversaire très appréciée des chasseurs sous-marins : lorsqu'il se sent harponné, il se défend valeureusement et cherche à se mettre à l'abri.

Longueur : 30–50 cm, maximum 70 cm.
Poids : 1–2 kg, rarement jusqu'à 4 kg.
D : X–XI/22–25 ; A : II/6–8 ; l.l. : 60–66.
Distribution : côtes occidentales de l'Europe et de l'Afrique, du golfe de Gascogne à l'équateur ; Méditerranée ; mer Noire.
Synonyme : *Johnius umbra.*

L'espèce voisine *S. hololepidotus* atteint 70 à 150 cm et pèse au maximum 50 kg. Elle vit en Méditerranée et dans l'Atlantique, près des côtes africaines jusqu'à l'Angola.

Ombrine

Sciaena cirrhosa

Sa forme rappelle fortement celle du corb, dont l'ombrine se distingue par sa coloration caractéristique : une série de bandes orange doré obliques, dirigées vers l'avant, sur fond gris-bleu. Toutes les nageoires ont, elles aussi, un reflet orange doré. Le bord de la caudale est légèrement convexe à la différence de celle, légèrement échancrée, du corb. Un court et gros barbillon mentonnier vient compléter les caractères distinctifs.

L'ombrine vit dans les eaux littorales sur un fond mou, boueux ou sableux, recouvert de végétation. Elle vit souvent dans l'eau saumâtre des embouchures. Elle se nourrit surtout de mollusques et de petits poissons. La fraie se déroule pendant l'été et peut se poursuivre jusqu'en automne. Lorsque l'eau devient froide, l'ombrine se replie vers les profondeurs.

La chair blanche de l'ombrine, d'un goût agréable, est surtout consommée à l'état frais. Elle n'a pourtant pas d'intérêt économique particulier bien qu'elle fasse parfois l'objet d'une pêche tant industrielle que sportive, à la ligne ou au harpon. On la prend généralement vers 150 m de profondeur.

Parmi les espèces apparentées, notons l'importance de *S. canosai*, un poisson sud-américain dont les prises annuelles se chiffrent aux environs de 5000 tonnes et qui compte parmi les espèces industrielles importantes de l'Argentine.

Longueur : 30–70 cm, maximum plus de 1 m.
Poids : 1–4 kg, parfois plus de 20 kg.
D_1 : X–XI ; D_2 : II/21–23 ; l.l. : 50–56.
Synonyme : *Umbrina cirrhosa.*

Distribution de *S. cirrhosa* (en bleu) et de *S. umbra* (en rouge).

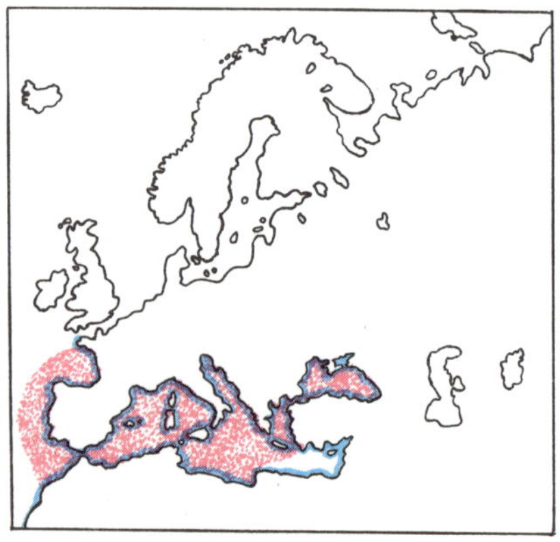

L'immense famille des SPARIDAE comprend surtout des espèces tropicales et subtropicales qui sont surtout très nombreuses dans l'Atlantique oriental. Ces « brèmes de mer » peuplent exclusivement la zone de la plate-forme continentale. Il s'agit de poissons allant de 15 cm à 1,5 m de long et présentant au début de leur développement les deux séries de glandes sexuelles. Certaines espèces revêtent une grande importance économique.

Denté commun

Dentex dentex

Le denté commun possède un corps puissant et une grosse tête. La courbe du dos s'infléchit brutalement en direction du museau. La gueule est grande avec 4 à 6 grosses dents situées à l'avant, suivies d'une série de dents de petite taille. Les écailles, cténoïdes, sont relativement petites. Toute la tête, à l'exception du front, est écailleuse. Le genre *Dentex* comprend une quinzaine d'espèces, moyennes ou grandes.

Le dos est gris-bleu, les flancs argentés parsemés de taches bleues, le ventre est clair. La dorsale est claire, jaune et bleutée, les pectorales sont rougeâtres. Chez les adultes, l'opercule porte une grande tache jaune.

Le denté est un gros poisson dépassant 1 m de longueur. Sa biologie est relativement mal connue. Il forme de petits bancs sur des fonds rocheux aux environs de 200 m de profondeur. Au printemps, il s'approche des côtes ; en hiver, il retourne vers le large. C'est un prédateur ichthyophage actif. Sa chair est très savoureuse, mais ses populations ne sont pas assez nombreuses pour qu'on le trouve souvent dans le commerce.

Longueur : jusqu'à 1 m, maximum 1,4 m.
Poids : jusqu'à 10 kg.
D : XI/11 ; A : III/8 ; l.l. : 62–64.
Distribution : Méditerranée et Atlantique, depuis le Cap-Vert jusqu'à la Bretagne.
Synonyme : *Dentex vulgaris*.

L'espèce apparentée *D. macrophthalmus* mesure 25 cm, au maximum 40 cm. Elle se caractérise par ses gros yeux et ses écailles menues. Sa distribution est la même que celle du denté commun.

Sparaillon

Diplodus annularis

Le corps du sparaillon est épais et relativement haut. La courbure du dos s'abaisse rapidement en direction du museau. L'unique dorsale occupe plus de la moitié du dos, la nageoire anale est nettement plus courte. Les deux mâchoires de ce « carassin de mer » portent chacune 8 larges dents, suivies d'un certain nombre de grosses molaires arrondies.
Les flancs sont jaune-brun clair avec un reflet argenté, le dos plus sombre avec un reflet doré. Le pédoncule caudal s'orne de chaque côté d'une grosse tache noire.
Le sparaillon est une espèce de dimensions modestes. Les glandes sexuelles contiennent des cellules sexuelles mâles et femelles. Chez une partie de la population, on assiste à un hermaphrodisme protérandre (les cellules sexuelles mâles mûrissent avant les femelles), mais la majorité des individus demeurent du même sexe durant toute leur vie.
La fraie se déroule de juin à septembre, le soir, dans les eaux côtières bien réchauffées. Les oeufs sont pélagiques et on peut les observer à partir d'une température de 20 °C. La ponte est probablement fractionnée. Les larves se tiennent dans les eaux supérieures au-dessus de 10–12 m de profondeur. Les alevins restent près du fond sableux ou parmi les coquilles de mollusques morts. Ils arrivent à mesurer 30 à 50 mm en octobre. Les adultes se nourrissent d'algues, de diatomées, d'éponges marines, de vers polychètes, mais aussi de puces de mer et de crevettes.
Le sparaillon est un poisson marin côtier qui ne quitte guère les herbiers, sauf en hiver où il se replie vers des eaux plus profondes.
Son intérêt économique est faible, mais il est localement pêché à la ligne.

Longueur : 7–14 cm, maximum 35 cm.
D : X–XI/11–12 ; A : III/10–11 ; l.l. : 50–55.
Synonymes : *Sparus annularis, Sargus annularis.*

La distribution des trois espèces du genre *Diplodus* est très similaire. En mer Noire, on trouve surtout *D. annularis ; D. sargus* et *D. vulgaris* n'y apparaissent qu'exceptionnellement dans la partie occidentale.

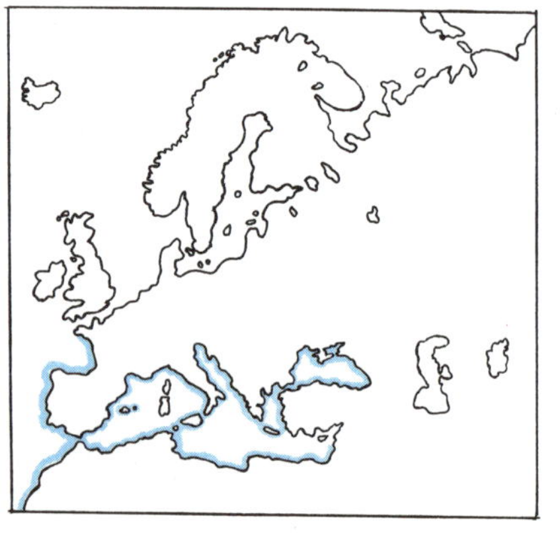

Sar (sargue) commun

Diplodus sargus

Il se distingue du sparaillon par le nombre d'écailles de la ligne latérale, toujours supérieur à 60 (il est inférieur à 55 chez le sparaillon). Entre la dorsale et la ligne latérale, les flancs portent 8 à 9 bandes sombres verticales. Le corps est assez haut, les nageoires dorsale et anale comportent plus de rayons que chez le sparaillon, les dents sont semblables.
Les flancs sont gris argent, parfois dorés, avec 8 à 9 bandes verticales sous la dorsale. La caudale est bordée de noir, les ventrales sont grises. Le pédoncule caudal porte de chaque côté une grosse tache noire, les deux taches fusionnant sur le dos.
Il s'agit là aussi d'un hermaphrodite protérandre : les glandes sexuelles sont d'abord mâles, puis femelles. Le sar fraie d'avril à juin sur un substrat rocheux mais aime lui aussi les tapis d'algues. Il se nourrit d'algues, de talitres, de mollusques et de poissons. Il vit à une profondeur de 2 à 20 m, les alevins en petits groupes, les adultes en solitaires. Il pénètre dans les eaux saumâtres au début de l'été.
Sans intérêt économique, il est parfois pris à la ligne ou dans les filets des pêcheurs.

Longueur : 20–30 cm, maximum 45 cm.
Poids : maximum 2 kg.
D : XI–XII/12–15 ; A : III/12–14 ; l.l. : 65–72.
Distribution : Atlantique, du sud de la France jusqu'à l'Angola ; Méditerranée ; exceptionnelement partie occidentale de la mer Noire.

D. vulgaris, cousin du sar commun, se reconnaît à ses deux larges bandes sombres : l'une au niveau des opercules, l'autre à la racine de la queue. Il atteint 30 cm, vit sur les hauts fonds de la zone côtière et se nourrit de benthos et de végétaux (algues).

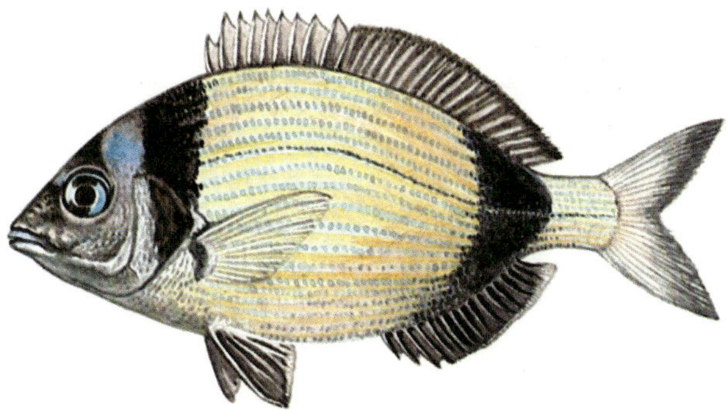

Bogue

Boops boops

La bogue a un corps allongé, non comprimé comme chez le reste de cette famille. Elle se caractérise par ses gros yeux, de diamètre supérieur à la longueur de la mâchoire supérieure. Les dents des deux mâchoires ont un bord crénelé. Sa voisine *B. salpa* a un corps plus haut, comprimé, un oeil plus petit et seulement 11 rayons épineux dans la nageoire dorsale (il y en a plus de 13 chez la bogue).

Le dos est jaune olivâtre, parfois verdâtre, les flancs plus clairs avec un reflet jaune et un éclat argenté. Le ventre est blanc argenté. Trois à quatre bandes dorées ornent les flancs sous la ligne latérale.

La bogue vit dans l'Atlantique, près des côtes méridionales de l'Europe, au nord jusqu'à l'Angleterre et la Scandinavie septentrionale. On la trouve le long des côtes africaines jusqu'au Cap-Vert, voire jusqu'à l'Angola. Elle fréquente la mer Noire, mais abonde surtout en Méditerranée où elle forme des bancs de 100 individus et plus. Elle se tient près des côtes, sur un fond sableux, jusqu'à 150 m de profondeur. Elle est assez rare en mer du Nord et en mer Noire.

En Méditerranée, la fraie a lieu en avril. Les individus sexuellement adultes atteignent une longueur de 12 à 15 cm. Les glandes sexuelles comportent deux parties, mâle et femelle, dont une seule se développe par la suite. En mer Noire, on peut trouver encore des oeufs au cours des mois de juillet, août et septembre. La bogue se nourrit de végétaux et de crustacés planctoniques.

Elle n'a d'intérêt économique qu'en Méditerranée.

Longueur : 20–30 cm, maximum 60 cm.
D : XIII–XIV/14–17 ; A : III/16–17 ; l.l. : 74–82.
Distribution : Atlantique, littoral européen et africain.
Synonymes : *Box boops, Sparus boops.*

B. salpa est une espèce apparentée au corps plus haut, longitudinalement rayé de jaune et de bleu. Elle atteint 20 à 30 cm, au maximum 45 cm. C'est une espèce végétarienne qui peut compléter son alimentation par quelques organismes animaux.

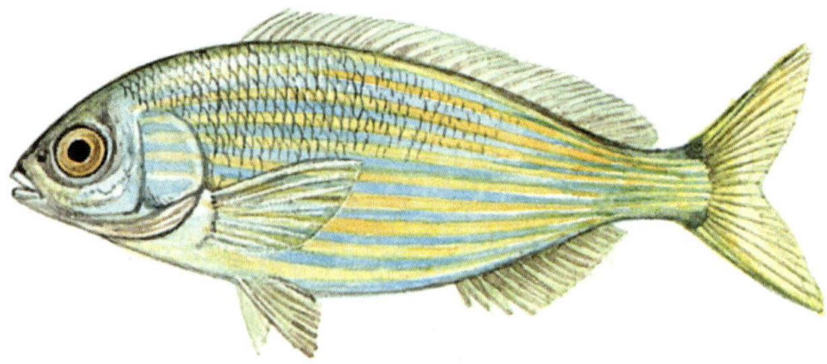

Pageau

Pagellus erythrinus

Par la forme du corps, ce pageau ressemble fortement à l'espèce affine *P. bogaraveo,* mais sa tête est plus grosse, un peu plus arquée. Les yeux sont moins gros. La nageoire anale comporte 2 à 5 rayons mous de moins et les pectorales sont plus longues : leurs rayons atteignent, voire dépassent, la naissance de la nageoire anale. Les écailles de la tête s'avancent entre le yeux jusqu'à leur bord antérieur.
La moitié supérieure du corps est rouge, la moitié inférieure est plus claire, rose-argenté. Le dos et la région supérieure des flancs portent quelques légères taches bleu-vert, la cavité buccale est noire.
On ne connaît pour le moment que peu de choses sur la biologie de ce poisson. Pendant l'hiver, il se tient généralement assez loin des côtes européennes et ne s'en approche qu'au printemps. Il se tient sur des fonds sableux ou limoneux à 10–120 m de profondeur, mais on a pu l'observer aussi au-dessus d'un substrat rocheux. C'est un hermaphrodite dont les glandes sexuelles commencent par fonctionner comme des ovaires et seulement plus tard comme des testicules. En Méditerranée, il fraie depuis le printemps jusqu'à la fin de l'été, avec une pointe en juillet-août. Les alevins se rassemblent dans les stations de faible profondeur. Le pageau se nourrit surtout de crustacés, de petits mollusques et de poissons vivant près du fond. Ses entrailles seraient toxiques à l'époque de la fraie.
Il est pêché près des côtes africaines et dans une moindre mesure en Méditerranée, surtout au filet. Sa chair est de qualité moyenne. Les prises annuelles se situent aux alentours de 25 000 à 30 000 tonnes.

Longueur : 20–30 cm, maximum 55–60 cm.
Poids : jusqu'à 2 kg, isolément jusqu'à 5 kg.
D : XII/9–11 ; A : III/8–10 ; V : I/5.
Distribution : Atlantique, littoral européen et africain ; Méditerranée ; mer Noire.
Synonymes habituels : *Sparus erythrinus, Pagellus bellotti.*

Le morme *(P. mormyrus),* est une espèce apparentée vivant depuis le golfe de Gascogne jusqu'à l'Angola, ainsi qu'en mer Noire et en Méditerranée. Il atteint 20–40 cm (maximum 50 cm) et se reconnaît à ses stries transversales. On le classe souvent dans le genre *Lithognathus.*

Pagellus bogaraveo

La tête de ce pageau est d'une dimension moindre par rapport à la hauteur du corps et il a de gros yeux dont le diamètre dépasse la longueur du museau. Les écailles recouvrent la tête sur le front jusqu'au milieu de l'oeil. Les pectorales sont longues mais n'arrivent pas jusqu'à la naissance de la nageoire anale comme c'est le cas pour *P. erythrinus*. La disposition des dents sur les mâchoires est par contre à peu près identique chez les deux espèces. Les dents antérieures sont recourbées, acérées, relativement courtes. Les côtés de la mâchoire portent 2 à 3 rangées de petites « molaires » arrondies.

Le dos et les nageoires sont roses à rouge-orangé, les flancs plus clairs, le ventre argenté, parfois avec un reflet bleuté. A la naissance des pectorales et au bord supérieur de l'opercule se trouve, surtout chez les vieux sujets, une petite tache sombre. La base des rayons de la caudale, fortement échancrée, est également sombre. Les jeunes ont une coloration plus claire.

Les alevins peuvent être observés et pêchés surtout dans la zone littorale près des fonds pierreux, à 30–40 m de profondeur. Les adultes vivent plus loin des côtes à 100–300 m, soit entre deux eaux, soit près du fond. Ils se nourrissent surtout de différentes espèces de poissons, les jeune sujets de crustacés. La biologie de la reproduction et le mode de vie sont assez mal connus. Au sud de l'Angleterre, la fraie a lieu à la fin de l'été ; dans les secteurs méridionaux de son aire, elle s'opère plus tôt en saison.

Ce pageau peut apparaître en assez grandes quantités dans les filets des pêcheurs du golfe de Gascogne et de la Méditerranée. Les pêcheurs sportifs le prennent également à la ligne. Sa chair blanche est savoureuse, mais il n'a pas une grande importance économique.

Longueur : 30–35 cm, maximum 50 cm.
Poids : 1–2 kg, rarement jusqu'à 4,5 kg.
D : XII–XIII/11–12 ; A : III/11–12 ; V : I/5.
Synonyme habituel : *Sparus bogaraveo.*

Distribution de *P. bogaraveo.*

Rousseau

Pagellus centrodontus

La biologie et la forme du corps du rousseau n'est pas sans rappeler les autres membres du genre *Pagellus,* mais le corps est ici plus trapu et plus haut, surtout en comparaison de *P. bogaraveo.* Les longues pectorales n'atteignent jamais l'anus, au contraire de celles de *P. erythrinus.*
La coloration rappelle celle de *P. bogaraveo,* dont elle diffère par une grosse tache sombre au-dessus de la base des pectorales, près du début de la ligne latérale. Celle-ci se trouve dans le tiers supérieur du tronc et est bien apparente, car les ouvertures des écailles laissent voir une coloration plus sombre. Le dos est brun-rouge à rouge brique, les flancs et le ventre sont blanc argenté. Toutes les nageoires sont rouges à orangées.
Le rousseau vit habituellement dans la zone côtière, á 100–300 m de profondeur, les jeunes sujets plus près des côtes. Il entreprend des migrations verticales et horizontales et atteint quinze ans d'âge.
La reproduction se déroule selon la latitude des stations, du printemps jusqu'à la fin de l'automne avec une pointe en juillet-août. Cemme chez les autres pageaux, les oeufs sont pélagiques. La nourriture se compose d'algues, de petits invertébrés, chez les gros sujets de larves et de petits poissons.
Le rousseau est surtout pêché au chalut près des côtes de l'Irlande, dans le golfe de Gascogne et près des côtes atlantiques et méditerranéennes de l'Espagne. Les prises annuelles totales se situent actuellement aux environs de 12 000 à 15 000 tonnes, dont la majeure partie revient à la flotte de pêche espagnole. Sa chair est blanche et savoureuse.

Longueur : 30–40 cm, maximum 60 cm.
Poids : 1–2 kg, rarement jusqu'à 5 kg.
D : XII/10–13 ; A : II/12 ; V : I/5–6.
Distribution : côtes orientales de l'Atlantique, de la Norvège méridionale jusqu'au Maroc ; Méditerranée ; mer Noire. Surtout abondant dans la partie méridionale de son aire.
Synonymes courants : *Sparus centrodontus, Pagellus cantabricus.*

P. acarne est un cousin du rousseau, vivant dans les mêmes stations mais absent en mer Noire. Il ne présente pas de tache noire à la naissance de la ligne latérale et sa nageoire caudale est plus sombre. Il atteint jusqu'à 30 cm de long.

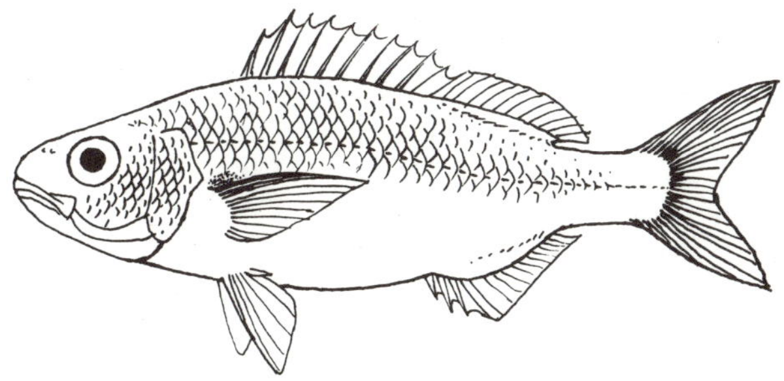

Pagre

Pagrus pagrus

La forme du corps est semblable à celle de la dorade royale *(P. aurata),* avec une tête fortement bombée sur le dessus. Les nageoires dorsale et anale comportent cependant un nombre plus faible de rayons fourchus mous que chez la dorade. Les deux mâchoires sont pourvues à l'avant de 4 à 6 dents aiguës et puissantes, à l'arrière de deux rangs de « molaires » plates, capables de broyer les coquilles de mollusques. Mais le pagre se distingue de la dorade royale surtout par sa coloration à dominante rouge-rose, avec un éclat argenté sur les flancs. Le dos est plus sombre, les nageoires rouges.

Le pagre vit surtout sur les fonds sableux ou argileux, à 20–50 m de profondeur, exceptionnellement à 150 m et plus. Il recherche souvent les herbiers et les couverts d'algues. Comme la dorade royale, c'est un poisson hermaphrodite, mais nous ne possédons que peu de données sur sa reproduction et son mode de vie. La multiplication a lieu vers la fin de l'été et à l'automne, les oeufs sont pélagiques. Les larves et les alevins se développent dans des eaux moins profondes que celles où vivent les adultes. Ces derniers se replient en profondeur avec la venue de l'hiver. Ils se nourrissent de poissons, mais surtout de mollusques et de crabes dont ils écrasent les coquilles et les carapaces à l'aide de leurs dents puissantes.

La chair du pagre est blanche et très savoureuse. Il est surtout pêché à la seine, notamment près du littoral de la Mauritanie et du Sénégal, où les prises annuelles atteignent 10 000 à 12 000 tonnes. Les prises annuelles en Méditerranée se situent aux environs de 1000 à 2000 tonnes. Le pagre est aussi souvent pêché à la ligne par les pêcheurs sportifs.

Longueur : 40–50 cm, exceptionnellement jusqu'à 75 cm.
Poids : 1–3 kg, maximum 6–7 kg.
D : XII/9–11 ; A : III/8–9 ; V : I/5.
Distribution : Atlantique, côtes européennes et africaines, grosso modo depuis le golfe de Gascogne jusqu'à l'Angola. Méditerranée, surtout son secteur occidental. Ne se trouve jamais massivement, mais plutôt de façon isolée.
Synonymes courants : *Sparus pagrus, Pagrus vulgaris.*

Pagrus ehrenbergi vit en mer Noire et en Méditerranée ainsi que dans la partie adjacente de l'Atlantique et jusqu'à l'Angola. Il peut mesurer 30 à 50, au maximum 60 cm et pèse 1 à 4 kg. Il vit à des profondeurs moyennes, entre 50 et 200 m de fond.

Dorade royale

Pagrus aurata

La dorade royale se caractérise par son corps haut, doté d'une longue dorsale, par son dos arqué et sa tête haute, avec un front fortement oblique. Chaque mâchoire porte à l'avant 6 puissantes « canines », larges à la base et fort acérées, nettement plus grosses que les « molaires » planes mais également fortes, implantées à l'arrière sur trois rangs. Sur les joues, les écailles arrivent jusque sous l'oeil, sur le dessus de la tête, jusqu'à l'arrière de la nuque.
La coloration du corps et des nageoires est gris-bleu avec un éclat argenté, surtout apparent sur le ventre et les flancs. Au-dessus de la naissance des pectorales et près du bord supérieur de l'opercule on aperçoit deux taches sombres, ainsi qu'une bande dorée barrant le front entre les yeux. Ces deux taches caractéristiques perdent rapidement leur intensité et s'effacent chez les spécimens morts.
La dorade royale vit dans les secteurs à fond sableux ou parfois rocheux, le plus souvent par une trentaine de mètres de fond. Elle forme généralement des bancs et c'est dans cette formation qu'elle s'approche des côtes au printemps, pour repartir en sens contraire avec la venue du mauvais temps. Elle se plaît dans l'embouchure des fleuves et dans les lagunes à salinité réduite. Elle se multiplie d'octobre à décembre en haute mer et en profondeur. C'est une espèce hermaphrodite protandre : la partie antérieure et supérieure de la glande sexuelle se développe la première sous forme de testicules, le reste fonctionnant comme ovaires par la suite. Elle se nourrit de poissons, de crustacés et de mollusques et peut occasionner de véritables massacres dans les élevages d'huîtres dont elle broie les coquilles à l'aide de ses fortes dents. Sa chair est savoureuse, les prises annuelles se situent aux environs de 2000 à 5000 tonnes. Dans certaines baies adriatiques on expérimente, pour le moment avec succès, un élevage semi-artificiel.

Longueur : 25–35 cm, maximum 60–70 cm.
Poids : 0,5–3 kg, maximum jusqu'à 6 kg.
D : XI/12–14 ; A : III/11–12.
Distribution : Atlantique, littoral européen et africain, avec pour limite septentrionale les côtes sud de la Grande-Bretagne et pour limite méridionale le golfe de Guinée. Très courante dans la partie occidentale de la Méditerranée, assez peu fréquente en mer Noire.
Synonymes courants : *Sparus aurata, Sparus auratus, Chrysophrys aurata.*

La nourriture de la dorade royale se compose surtout de crabes comme *Cancer pagurus* (1) ou *Portunus* sp. (2), mais aussi de poissons *(Sardinella)* et de mollusques.

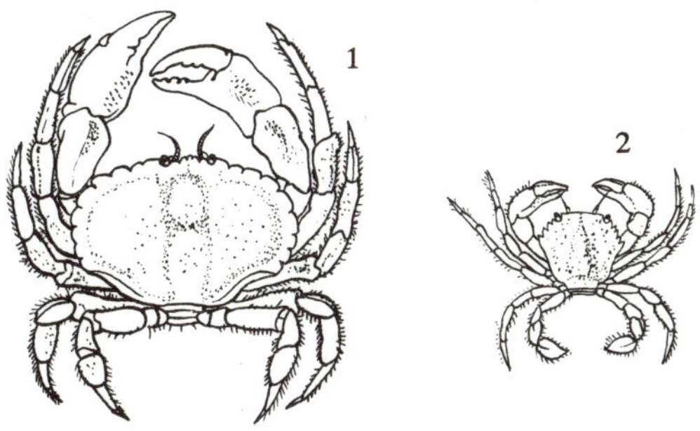

Dorade grise

Spondylosoma cantharus

La dorade grise est un poisson haut, aux mâchoires atteignant le bord antérieur de l'oeil. Les dents, toutes de taille à peu près égale, sont relativement petites, aiguës, légèrement recourbées. Seules les antérieures sont plus développées. Elles permettent au poisson de brouter les algues.
Le corps est gris, plus foncé sur le dos, plus clair, avec un reflet doré sur les flancs. Le front est rouge sombre à brun. Sous la ligne latérale se trouvent 3 à 4 bandes longitudinales dorées, les nageoires dorsale et anale sont sombres et portent 2 à 3 rangées de taches presque noires. La caudale est ourlée d'une bande sombre, les nageoires paires sont grises.
La dorade grise n'apparaît dans les secteurs septentrionaux de son aire qu'en été. Elle se plaît sur les littoraux rocheux, mais on peut la trouver sur les bancs de sable, dans les couverts d'algues. C'est l'une des rares espèces de cette famille où le mâle construit un nid avant la fraie. Il s'agit généralement d'une petite cuvette creusée dans le sable. Après la fraie, le mâle garde les oeufs et les alevins, qui restent pendant plusieurs semaines aux abords du nid, avant de se disperser définitivement. Selon la température de l'eau, la fraie se déroule de février à mai. Les jeunes se nourrissent de zooplancton, les adultes broutent les algues marines avec les organismes qu'elles abritent.
La dorade grise est parfois pêchée à la ligne, voire au filet. Elle n'est jamais assez abondante pour avoir une réelle importance économique.

Longueur : 30–40 cm, maximum 50 cm.
D : XI–XII/10–13 ; A : III/9–10 ; l.l. : 68–75.
Synonymes habituels : *Sparus cantharus, Cantharus vulgaris.*

Distribution de *S. cantharus.*

La famille des MULLIDAE comprend des poissons marins d'assez petite taille, vivant surtout dans les eaux côtières des mers tropicales et subtropicales. La soixantaine d'espèces qui la constituent se reconnaissent à leur corps comprimé, couvert d'écailles minces et relativement grandes. Le profil est arqué, aigu, et la tête porte une paire de longs barbillons sur la face inférieure. Les Mullidés possèdent deux nageoires dorsales dont la première est formée de rayons épineux non ramifiés ; les nageoires pelviennes sont situées sous les pectorales ; la vessie gazeuse est absente.

Rouget de vase

Mullus barbatus

La robe a une couleur pourprée à brun-rouge caractéristique, avec un reflet jaune à argenté sur les flancs et un ventre relativement clair. Les nageoires sont rougeâtres à jaune doré. La coloration est très variable selon la profondeur, le moment du jour et la nature de l'environnement.

Le rouget de vase forme généralement des bancs de faible importance près des côtes, sur un fond sableux à vaseux. Il se tient habituellement à une faible profondeur (2–20 m), mais descend exceptionnellement jusqu'à plus de 100 m de fond. Il se reproduit de mai à septembre, la fraie elle-même se déroulant pendant la nuit et de manière fractionnée. Les larves et les alevins sont pélagiques, passant à un mode de vie benthique lorsqu'ils mesurent 3,5 à 5 cm. Les rougets se nourrissent de divers invertébrés vivant sur le fond, surtout de mollusques, de vers et de petits crustacés. Les barbillons tactiles situés sur le dessus de la tête favorisent la recherche de cette nourriture. Les proies enfouies dans la vase sont alors déterrées et les pêcheurs repèrent les bancs d'une certaine importance au trouble de l'eau où ils se nourrissent.

Le rouget de vase, dont la chair est très savoureuse, fait partie des espèces de grande importance industrielle. Il est pêché en même temps que son cousin le rouget de roche, à raison de 30 000 à 40 000 tonnes par an. Les deux espèces étaient fort prisées déjà chez les Grecs et les Romains de l'Antiquité et on les apportait souvent vivants à table, pour permettre aux convives d'observer leurs changements de couleurs après leur mort par étouffement.

Longueur : 20–30 cm, maximum 40 cm (femelle).
Poids : jusqu'à 1,5 kg.
Fécondité : 4 000–90 000 oeufs, selon certaines sources jusqu'à 1 000 000 oeufs.
D_1 : VII–VIII ; D_2 : I/7–8 ; A : II/6–7.
Distribution : Méditerranée, mer Noire, mer d'Azov.

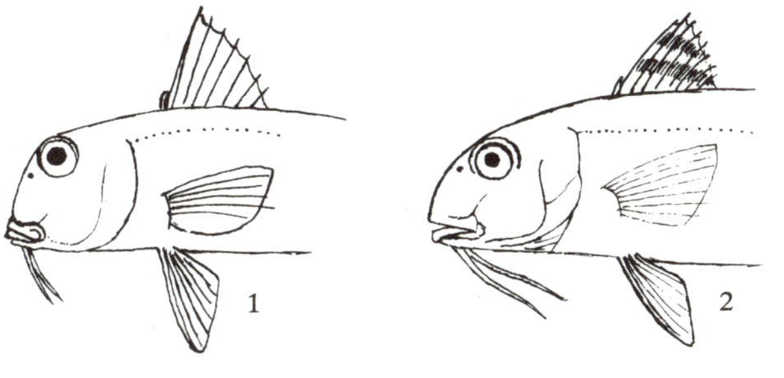

Les deux espèces du genre *Mullus* sont reconnaissables à la longueur des barbillons, l'angle du front et la couleur de la nageoire dorsale : *M. barbatus* – 1 ; *M. surmuletus* – 2.

Rouget de roche, surmulet

Mullus surmuletus

Proche parent du rouget de vase, le rouget de roche s'en différencie par la coloration et la forme moins bombée du front : le museau allongé forme un angle de 40 à 52° avec l'axe longitunial du corps, alors que cet angle est de 44 à 58° chez le rouget de vase. Plusieurs caractères anatomiques distinguent également les deux espèces (nombre d'appendices pyloriques de l'intestin par exemple). Notons aussi chez le surmulet la présence de 2 petites écailles sous l'oeil, tandis qu'elles sont au nombre de 3 chez le rouget de vase. La forme du corps et le mode de vie sont par ailleurs très voisins.

Dans la journée, le corps du rouget de roche a une coloration brun-rouge avec 3 à 4 bandes longitudinales jaunes, barrant les flancs, de l'oeil jusqu'à la nageoire caudale. A la nuit, ces bandes se dissocient et les flancs prennent une allure marbrée. La première dorsale porte généralement près du bord supérieur une strie longitudinale rouge et jaune, mais la coloration est ici aussi très variable selon la localité, la profondeur à laquelle vit le poisson et la saison de l'année.

Le surmulet forme de petits bancs surtout sur les fonds sableux à 3–100 m de profondeur. Ses longs barbillons tactiles lui permettent de sonder les sédiments en quête de nourriture. Lorsqu'il repère une proie, il creuse dans le fond des trous relativement importants. Il se nourrit surtout d'organismes benthiques de toutes sortes, y compris d'alevins de certains autres poissons. Il fraie pendant l'été à 10–60 m de profondeur. Les oeufs sont pélagiques. Les alevins vivent près de la surface et se caractérisent par leur dos bleuté et leurs flancs argentés.

La chair du rouget de roche est très savoureuse et considérée comme un mets de choix depuis l'Antiquité. Les Romains l'élevaient dans des lagunes côtières car il supporte assez bien la vie en eau dessalée. De nos jours, on le prend à la seine, surtout en Méditerranée et dans le golfe de Gascogne. Il est également apprécié des pêcheurs sportifs.

Longueur : 25–35 cm, maximum 50 cm.
Poids : 0,5–1 kg, rarement jusqu'à 1,5 kg.
D_1 : VII–VIII, D_2 : I/7, A : II/5–6 ; P : 17–18.

Distribution de *M. surmuletus*.

La famille des CEPOLIDAE comprend des poissons marins vivant dans les eaux libres de la zone littorale. La famille se compose de deux genres regroupant environ cinq ou six espèces. Le corps est allongé, latéralement comprimé, sans nageoire caudale, remplacée ici par la fusion de la dorsale et de l'anale. Les cépolidés vivent dans l'Atlantique et dans le Pacifique.

Poissson-ténia

Cepola rubescens

Le poisson-ténia se reconnaît à son long corps anguilliforme doté d'un longue dorsale et d'une longue anale, chacune de ces nageoires comportant plus de 60 rayons. Les gros yeux occupent un tiers de la longueur de la tête. Les écailles sont très menues.
Le dos est rouge, les flancs plus clairs avec un éclat argenté, le ventre orange ou jaune. La dorsale est également jaune, les pectorales sont roses, la caudale rougeâtre.
Le poisson-ténia fraie en juin dans la zone littorale. Les oeufs sont pélagiques et dotés d'une petite gouttelette lipidique. Les adultes vivent dans des « tanières » verticales qu'ils creusent eux-même s'ils ne récupèrent pas celles laissées par d'autres organismes. Ils donnent la préfèrence à des profondeurs de 20–200 m et mènent une vie surtout nocturne. Ils quittent ces tanières pour se nourrir.
Sans importance économique, le poisson-ténia est parfois pris à la ligne. Il sert de nourriture à diverses autres espèces. Près des côtes japonaises on trouve des espèces voisines qui sont commercialisées. Après de fortes tempêtes, on peut trouver sur les plages des poissons-ténias morts, rejetés par les eaux.

Longueur : 30–50 cm, maximum 70 cm.
D : 67–74 ; A : 60–70.
Distribution : Méditerranée et zone adjacente de l'Atlantique, au nord depuis l'Angleterre et jusqu'au Cap-Vert au sud.

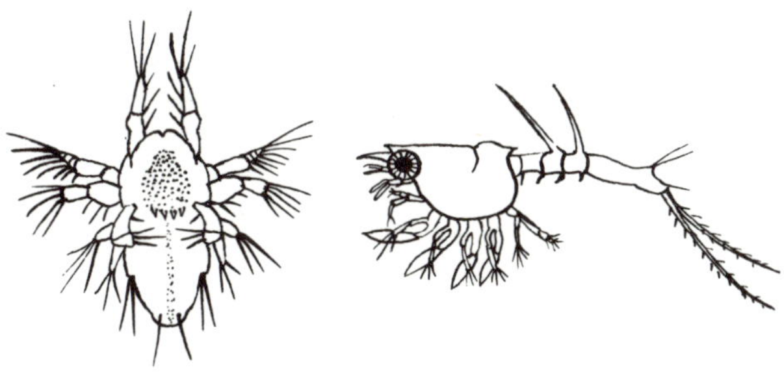

Le poisson-ténia se nourrit de crustacés planctoniques, appartenant surtout au groupe des copépodes, ainsi que de leurs larves (nauplius).

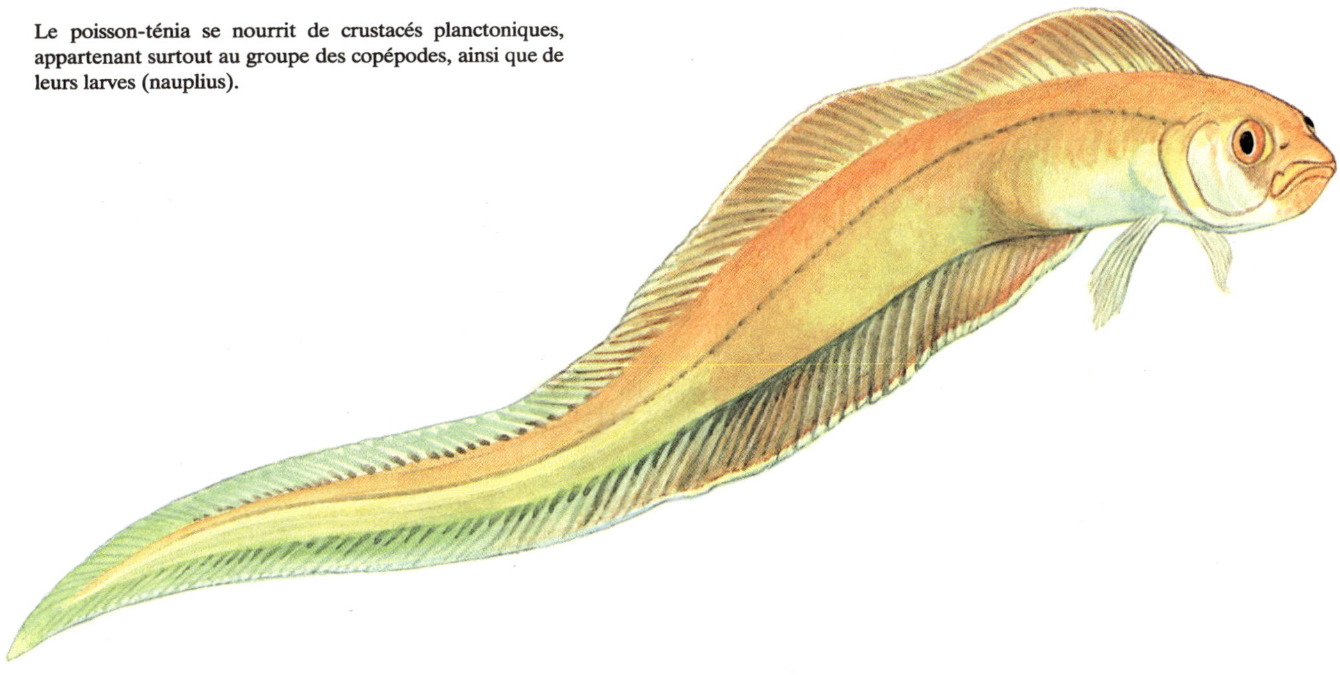

La famille des ECHENEIDAE constitue un groupe intéressant composé d'une dizaine d'espèces marines, chez qui la première dorsale est transformée en une espèce de ventouse située sur le dessus de la tête fortement aplatie et s'étendant jusqu'à la nuque.

Fanfre, pilote *Echeneis naucrates*

Le fanfre est un poisson marin de taille moyenne, caractérisé par son corps mince, allongé, et surtout par la ventouse située sur la nuque et l'avant du tronc. Cette ventouse de forme ovale provient de la modification de la première dorsale, dont les rayons transformés forment sur le disque 21 à 28 plis obliques, faisant penser à des persiennes. Lorsque ces rayons s'appliquent sur leur support, il se forme dans les espaces qui les séparent un vide qui empêche pratiquement de soulever le poisson. La fixation ou la libération des plis du disque est régulée par des variations de pression des cavités situées sous la ventouse, ces variations étant sous la dépendance de la ligne latérale. La vessie gazeuse est absente.
Le corps du fanfre est gris-brun, le ventre un peu plus clair. Comme d'autres espèces de la même famille, le fanfre s'accroche solidement à l'aide de sa ventouse sur le corps des requins, des raies et d'autres gros poissons, tortues, cétacés ou poissons et se laisse ainsi transporter de place en place. Il débarrasse parfois ses hôtes de leurs parasites externes et récupère leurs restes de nourriture, mais il se nourrit aussi de divers invertébrés et de petits poissons. Lorsque son hôte le conduit près d'une proie, le fanfre se libère rapidement et se lance à l'attaque. Les oeufs sont pélagiques, mais on ne connaît pas les détails de la reproduction.
La chair du fanfre, relativement grasse, est assez peu consommée de nos jours, mais elle était plutôt appréciée dans l'Antiquité. On attribuait aussi au poisson la capacité d'influencer la navigation : ainsi expliquait-on la mort de l'empereur Caligula par le fait que son navire aurait été retenu par des fanfres. Les indigènes des Caraïbes et d'Australie utilisent parfois le fanfre pour la pêche des tortues. Ils fixent une corde à leur queue puis les laissent partir au moment où ils repèrent une tortue. Le fanfre va se fixer sur sa carapace et il ne reste plus qu'à hisser lentement la tortue dans le canot.

Longueur : 30–40 cm, maximum 70 cm.
Poids : 1–2 kg.
Distribution : assez rare dans toutes les mers tropicales et subtropicales, isolément dans l'Atlantique jusqu'aux côtes anglaises, et en Méditerranée.
Synonymes courants : *Echeneis remora, Naucrates ductor.*

Le rémora *(Remora remora)* est une espèce apparentée dont la ventouse ne comporte que 16–20 lames (contre 21–28 chez le fanfre). La pectorale est arrondie et la caudale échancrée. Le rémora atteint 20–40 cm et vit dans les mêmes régions que le fanfre.

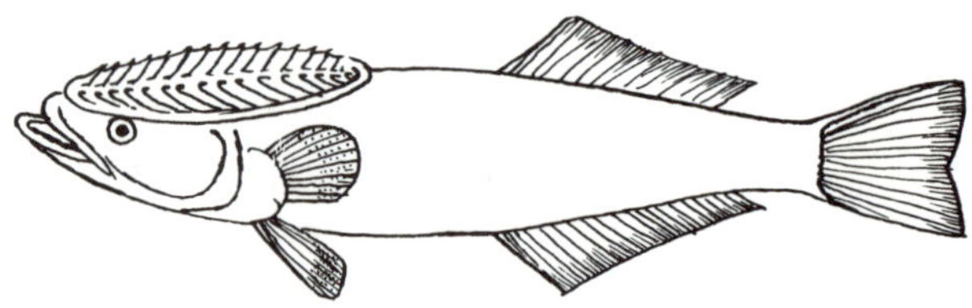

La famille des LABRIDAE comporte un grand nombre d'espèces marines, six cents environ, tantôt des naines ne dépassant pas six à sept cm, tantôt des géants atteignant jusqu'à trois m de long et pouvant peser plus de cent kg. Elles se caractérisent par leurs grosses écailles cycloïdes, leurs mâchoires protractiles (comme celles des cyprinidés) et leurs lèvres charnues. Leur robe est le plus souvent superbe. Elles donnent la préférence à la zone côtière où elles se tiennent surtout dans les herbiers. Toutes ont un fort instinct territorial : durant toute leur vie, elles défendent leur domaine contre les autres poissons de leur espèce.

Crénilabre mélops

Crenilabrus melops

C'est une espèce au corps relativement haut. Comme chez les autres poissons du genre *Crenilabrus,* le bord postérieur et inférieur du préopercule porte de fines spinules.
La coloration, très variable, dépend de la station, de l'âge du poisson, de son sexe et de la saison de l'année. La teinte de base est verdâtre à brun-vert, parfois avec un reflet rouge. La face inférieure de la tête et du ventre portent chez le mâle des stries bleu clair. En arrière de l'oeil et sur le pédoncule caudal, on observe une petite tache sombre.
Le crénilabre mélops fraie à la fin du printemps et au début de l'été. Comme chez les autres espèces de la famille, le mâle construit dans les rochers un nid, fait de végétaux aquatiques, qu'il protège jusqu'à l'éclosion des alevins. Ces derniers sont d'abord pélagiques, puis reviennent vers le littoral à l'automne. Les crénilabres se nourrissent surtout de mollusques et de petits crustacés. Il s'agit d'une espèce commune près des côtes de l'Europe septentrionale. Elle se tient dans les rochers dans la zone de balancement des marées jusqu'à 30 m de profondeur environ.

Longueur : 15–20 cm, maximum 25 cm.
Poids : jusqu'à 0,4 kg.
D : XIV–XVII/8–10 ; A : III/9–10 ; l.l. : 34–36.
Synonyme : *Symphodus melops.*

Distribution de *C. melops.*

C. ocellatus est une espèce affine vivant en Méditerranée et dans la partie adjacente de l'Atlantique, ainsi qu'en mer Noire. Les deux sexes présentent une grande tache sombre sur l'opercule.

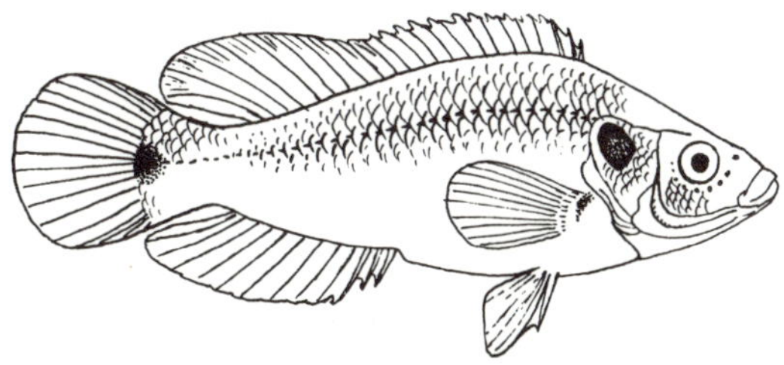

♂

Crénilabre à cinq bandes

Crenilabrus quinquemaculatus

Le corps est relativement haut, la hauteur représentant à peu près 1/3 de la longueur. La dorsale unique est longue : sa partie antérieure se compose de rayons épineux, sa partie postérieure de rayons mous. La nageoire anale est, elle aussi, unique. Le bord inférieur et postérieur du préopercule est finement épineux.

La couleur de base est verdâtre chez les mâles et gris-brun chez les femelles, avec des taches brunes disposées sur cinq rangées transversales. L'opercule porte, lui aussi, une tache. De grosses taches noires marquent le début de la seconde partie de la dorsale et deux taches plus petites et plus claires ornent la nageoire anale. La partie de la dorsale qui comporte des rayons épineux est brun sombre avec un reflet rouge.

Le crénilabre à cinq bandes fraie de mars à mai. Les mâles construisent alors, à une profondeur allant de 15 cm à 2 m, sur un fond sableux ou entre les pierres, un nid fait de végétaux. Ce nid est entouré d'un rempart en croissant, constitué de cailloux et d'algues. Les alevins apparaissent en juin et mesurent alors 40 à 65 mm de long. La fécondité des femelles dépend de leur taille : elle se situe aux environs de 6600 à 36 000 oeufs chez les femelles mesurant 120 à 165 mm. On peut penser que la ponte est fractionnée car les ovaires contiennent des ovules à différents degrés de maturité. A 16–18 °C le développement embryonnaire demande environ 5 jours. Le crénilabre à cinq bandes se tient près des côtes parmi les rochers et dans les couverts d'algues vertes.

C'est un poisson sans intérêt économique. La construction d'un nid, les soins à la descendance, la coloration et la taille en font une bonne espèce pour aquariums d'eau de mer.

Longueur : jusqu'à 21 cm.
Fécondité : 5 000–40 000 oeufs.
D : XIV–XV/8–10 ; A : III/8–10 ; l.l. : 32–34.
Distribution : Méditerranée, mer Noire et zone adjacente de l'Atlantique.
Synonyme : *Symphodus roissali.*

Le crénilabre à cinq bandes, comme toutes les espèces voisines, se nourrit surtout de mollusques appartenant aux genres *Cardium* (1), *Mytilus* (2), *Mytilaster* (3), etc.

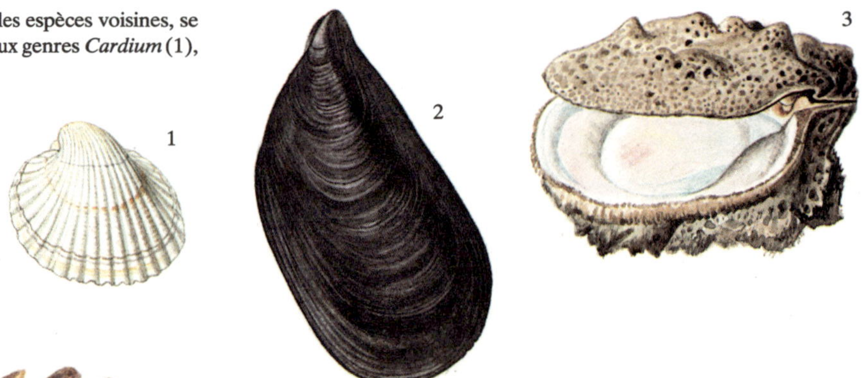

Crénilabre tanche

Crenilabrus tinca

Le corps a la même forme que chez les autres membres de cette famille. La dorsale ne comporte pas de taches sombres, et les taches sur le corps sont disposées en deux bandes longitudinales ornant les flancs.
La coloration est ici aussi très variable. La couleur de base est un vert plus ou moins soutenu, plus sombre sur le dos, plus clair à grisâtre sur le ventre. Les mâles ont sur les flancs des taches rouges disposées en deux bandes longitudinales interrompues par quelques taches bleu clair de petite dimension. Chez les femelles, les bandes de taches sont brunes. Sous la ligne latérale, les mâles ont à la naissance de la caudale une tache brun-rouge, les femelles, une tache brune. Chez les mâles toujours, les bords des nageoires dorsale et anale sont soulignés par une bande de petites taches rouges et de taches bleu clair encore plus petites. La tête est également maculée de rouge. Les pectorales sont jaunes, un peu plus claires chez les femelles, les ventrales bleu clair maculées de rouge chez les mâles, vert clair maculé de brun chez les femelles.
Le crénilabre tanche fraie en avril à mai, voire en juin. Comme les autres espèces, il pond ses oeufs dans un nid. La ponte se déroule en 3 à 4 fois. Le développement embryonnaire se poursuit pendant 5 à 9 jours en mer Noire, pendant 4 jours seulement en Méditerranée. Le crénilabre tanche se nourrit d'invertébrés benthiques, surtout de petits mollusques qui constituent plus des trois quarts de son régime. Il s'attaque aussi, dans une moindre mesure, aux crustacés et aux vers polychètes. C'est une espèce côtière qui se plaît dans la végétation entre les rochers. Elle passe l'hiver sur place ou se replie en profondeur. Elle est solitaire, ne forme pas de bancs. Au contraire d'un grand nombre d'autres espèces de cette famille, qui aiment se dissimuler dans des abris, le crénilabre tanche ne craint pas de s'aventurer souvent en eau libre. Les alevins sont pélagiques pendant les premiers mois de leur vie.
C'est un poisson sans intérêt économique, parfois pris à la ligne par des pêcheurs ou des touristes.

Longueur : 10–15 cm, maximum 25–30 cm.
Poids : jusqu'à 0,3 kg.
Fécondité : 12 000–58 000 oeufs.
D : XIV–XV/10–12 ; A : III/9–11 ; l.l. : 34–37.
Distribution : Méditerranée et partie adjacente de l'Atlantique, littoral de la péninsule Ibérique, Afrique du Nord jusqu'au Maroc inclus.
Synonyme : *Symphodus tinca.*

Crenilabrus tinca, comme la plupart des autres espèces de la même famille, présente de fortes différences de coloration entre les sexes. Les femelles sont moins colorées, le bord des nageoires n'est pas bleu et elles sont dépourvues de petites taches rouges.

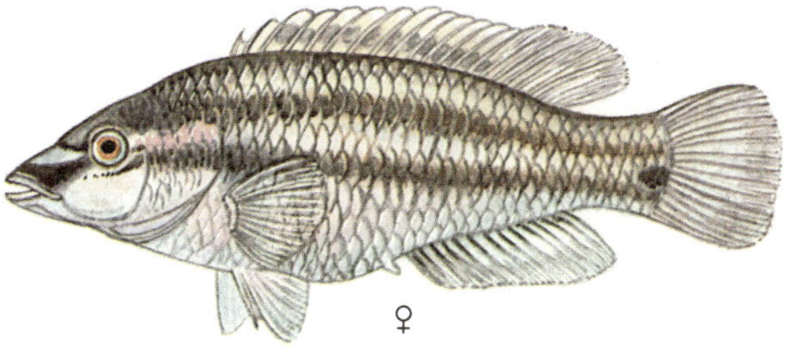

Cténolabre rupestre

Ctenolabrus rupestris

Ce poisson se distingue aisément des autres membres de sa famille par ses dents disposées sur un rang unique (elles le sont sur deux rangs chez les autres labridés). La bouche est petite, le corps allongé. L'arrière du préopercule est épineux.

Le corps brun à rouge-orangé présente parfois un reflet doré. Le des est sombre, les nageoires rougeâtres. A la naissance de la dorsale et de la caudale se trouve une tache noire. Parfois, les flancs sont barrés de plusieurs raies verticales sombres ou d'une bande médiane claire allant de la tête jusqu'au milieu de la dorsale.

La fraie s'opère du printemps à la fin de l'été. Les oeufs sont pélagiques, le mâle ne les surveilles pas et ne construit pas de nid. C'est un poisson de la zone côtière qu'on ne rencontre jamais au large. En été, le développement des larves, très rapide, ne prend que deux jours environ. L'alimentation se compose de mollusques et de crustacés.

C'est l'un des labridés les plus fréquents en Europe du Nord, mais ses populations ne sont importantes que par endroits. Il se tient parmi les rochers, dans les végétaux aquatiques, à 10–50 m de profondeur, même par des fonds moins bas près des cîtes rocheuses. Il s'éloigne vers les eaux profondes en hiver, mais sa présence dans le contenu stomacal des mouettes prouve qu'il reste plutôt en surface. Certains individus forment de petits bancs. C'est un poisson sans intérêt économique.

Longueur : 10–12 cm, maximum 18 cm.
D : XVI–XVIII/8–10 ; A : III/7–8 ; l.l. : 38–40.

Distribution de *C. rupestris.*

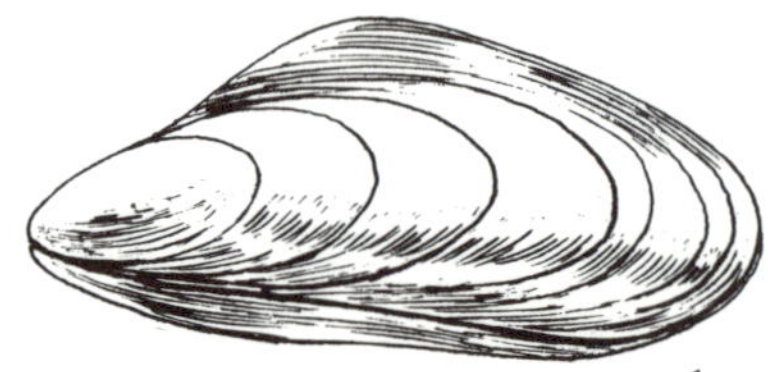

1

Nourriture habituelle : moules (1) et crustacé du genre *Pandalina* (2).

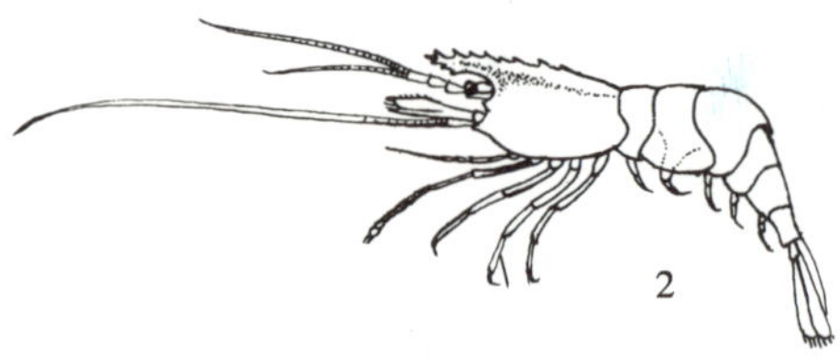

2

Coquette

Labrus bimaculatus

La coquette a une forme et un mode de vie très voisins du genre *L. bergylta*. Elle s'en distingue cependant par sa tête plus allongée, sa grande bouche dont le bord postérieur arrive presque au niveau de l'oeil, le nombre de rayons de la longue dorsale (16 à 18 rayons épineux, 11 à 14 rayons mous) et surtout par la coloration, qui présente de plus un fort dichromisme sexuel.

Les mâles adultes ont une tête et des flancs de couleur jaune, tachés, et striés de bleu, tandis que les femelles et les mâles immatures ont une tête jaune et bleu et un corps rouge-orangé à rouge avec des motifs bleutés et trois taches sombres sur le dos.

La coquette vit surtout sur des fonds pierreux près des rochers et des grosses pierres, à 10–100 m de profondeur, exceptionnellement à des profondeurs atteignant 180 m. Les individus de petite taille et les alevins fréquentent également la zone de balancement des marées. Avec la venue de l'hiver, les poissons se replient en profondeur, toujours dans les limites indiquées. Au moment de la reproduction, le mâle construit un nid dans des creux du fond. Il y attire les femelles et en chasse les autres mâles. La coquette se nourrit surtout de crustacés et de mollusques, elle croît lentement et atteint jusqu'à dix-sept ans d'âge dans les parties septentrionales de son aire de distribution.

Bien que se chair soit comestible, elle n'a pas d'intérêt économique. Sa belle coloration en fait parfois un poisson d'aquarium, mais sa grande agressivité ne facilite pas son élevage.

Longueur : 20–35 cm, mâles jusqu'à 40 cm.
Poids : jusqu'à 1 kg.
D : XVI–XVIII/11–14 ; A : III/10–12 ; P : 16 ; V : I/5.
Distribution : littoral méditerranéen ; Atlantique, près des côtes européennes et africaines, de la Norvège centrale jusqu'à Dakar. Abords de Madère, des Açores et des Canaries. N'est jamais très abondante dans la plupart de ces stations.
Synonymes habituels : *Labrus mixtus, Labrus ossifagus, Labrus lineatus.*

La coloration des femelles diffère sensiblement de celle des mâles adultes. On notera des couleurs moins soutenues et trois taches foncées dans la région postérieure du dos.

♀

♂

Vieille

Labrus berggylta

La vieille est la plus grosse espèce européenne appartenant au petit genre *Labrus*. Comme les autres membres de sa famille, elle possède un corps haut terminé par un mufle aigu. La bouche est petite, les commissures n'atteignent pas l'aplomb de l'oeil. La longue dorsale se compose à l'avant de rayons épineux non ramifiés, à l'arrière de rayons mous ramifiés. Le nombre de ces rayons est un important caractère systématique permettant de distinguer les uns des autres les différents représentants du genre *Labrus*. Le principal caractère distinctif reste cependant la coloration, et ce malgré ses variations en fonction de l'environnement, de l'âge et du sexe du poisson.
La vieille a une robe verte à brun-vert sur le dos et les flancs, avec un ventre plus clair, de tonalité vert-jaune. Une teinte plus foncée forme plusieurs raies irrégulières sur une partie des flancs. Les joues et le dessous de la tête s'ornent de petites stries rouges irrégulièrement disposées. Les écailles du ventre et de la région inférieure des flancs sont également bordées de rouge.
La vieille vit sur des fonds rocheux recouverts d'algues et de végétation, à une profondeur de 2–30 m. Le mâle construit sur le fond un nid de fragments végétaux où les femelles viennent pondre au moment de la fraie, de mai à août. Les larves et les alevins sont d'abord pendant un certain temps pélagiques et grégaires. Les adultes forment des bancs de faible importance ou vivent en solitaires près du fond. Ils se nourrissent surtout de mollusques et de petits crabes, dont ils écrasent les coquilles ou les carapaces à l'aide de leurs dents puissantes.
La vieille est pêchée par les pêcheurs, à la ligne. Sa chair de bonne qualité est tout à fait savoureuse.

Longueur : 30–40 cm, maximum 60 cm (mâles).
Poids : 1–2 kg, maximum 3,5 kg.
D : XIX–XXI/9–11 ; A : III/8–10 ; P : 14–15 ; V : I/5.
Distribution : Nord-est de l'Atlantique, du centre de la Norvège jusqu'au sud du Maroc. Un peu partout en Méditerranée.
Synonyme habituel : *Labrus maculatus*.

Le tourdero *(Labrus turdus)* est commun dans l'Atlantique au sud du golfe de Gascogne, en Méditerranée, et, l'unique représentant du genre *Labrus*, en mer Noire. Sa coloration bigarrée est très variable. Il atteint 45 cm de long (en mer Noire, 35 cm au maximum).

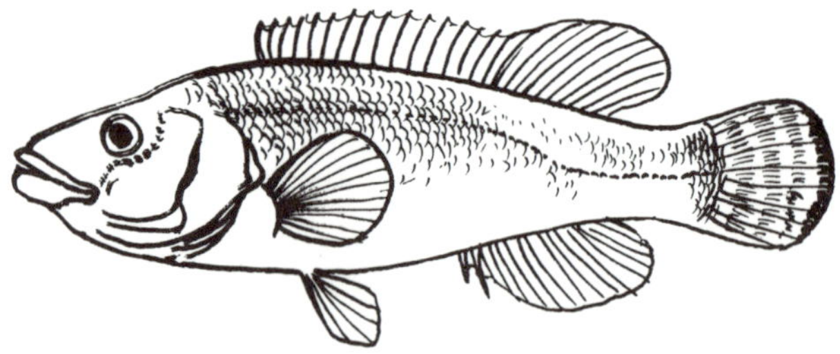

♂

Labre merle

Labrus merula

La forme du corps, le mode de vie et le comportement du labre merle sont tout à fait comparables à ceux des autres représentants du genre *Labrus.* La bouche, petite, munie de dent puissantes, n'atteint pas, et de loin, le bord antérieur de l'oeil. La longueur de la tête est à peu près égale à la hauteur du corps. Le labre merle se distingue des autres labres vivant dans les mêmes localités (vieille, coquette, tourdero) par sa coloration.

La face dorsale du corps et les flancs sont habituellement brun clair à olive clair, faiblement et irrégulièrement marbrés. Le ventre est, comme chez les autres poissons, plus clair.

C'est une espèce somme toute commune, surtout en Méditerranée. Elle forme des bancs de petite dimension, mais vit aussi souvent en solitaire dans les eaux côtières au-dessus d'un fond sableux ou pierreux recouvert de végétation. Elle fraie à la fin du printemps et dans le courant de l'été, la construction du nid précédant la ponte. Le mâle atteint une taille plus importante que la femelle et bâtit le nid avec des algues et des fragments végétaux, dans les trous du substrat ou les interstices entre les pierres. Une fois la construction achevée, il circule autour du nid et pousse les femelles sexuellement matures à venir pondre au-dessus. Les larves et les alevins sont d'abord pélagiques et ne commencent à mener une vie benthique que lorsqu'ils atteignent environ 4 cm de long.

Le labre merle est actif de jour. Il dort pendant la nuit, caché entre les pierres ou dans les herbiers. C'est un poisson très timide : à la moindre alerte, il prend la fuite et va se cacher, même durant la journée.

Parfois pris par les pêcheurs, il n'a cependant pas grand intérêt économique, surtout à cause de sa petite taille.

Longueur : 15–25 cm, maximum 30 cm.
Poids : jusqu'à 0,8 kg.
D : XVIII–XIX/11–13 ; A : III/9–10 ; V : I/5.
Distribution : Méditerranée ; littoral atlantique d'Europe et d'Afrique, depuis les côtes sud des îles Britanniques jusqu'à la Mauritanie.

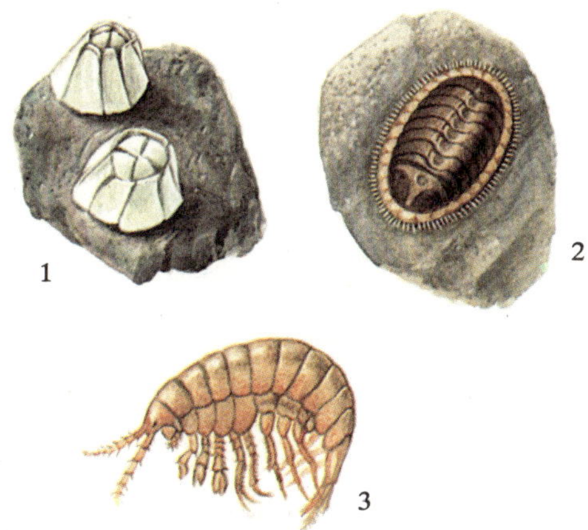

Ses dents puissantes permettent au labre merle de briser les coquilles d'organismes marins : citons par exemple les cirripèdes (1) et les mollusques (2). Il chasse également des crustacés (3).

Girelle *Coris julis*

La girelle a un corps allongé avec une unique et longue dorsale qui comporte, à la différence des autres genres de la famille, moins de 10 rayons épineux. Le genre *Coris* comprend au total 10 espèces vivant dans les mers tropicales et subtropicales. Chez les mâles, les trois premiers rayons épineux de la dorsale sont plus longs que les suivants. Les dents de la rangée extérieure sont coniques et pointues ; les deux dents antérieures et, dans une moindre mesure, les deux dents de la seconde rangée sont en forme de petites défenses dirigées vers l'avant.

La coloration est très variable selon le sexe, l'âge et la profondeur à laquelle le poisson vit habituellement. Les mâles adultes ont généralement un dos bleu-vert et les flancs barrés par une large bande jaune orangée allant de l'oeil jusqu'à la nageoire caudale. Sous cette bande se trouve une strie sombre, plus courte et plus fine. Le ventre est blanc argenté. L'ouïe est bordée d'une macule bleu clair lumineux. Une grande tache ovale, noire ou grise marque la naissance de la dorsale (elle n'existe pas chez la femelle). Le dos de la femelle est brun, le ventre s'orne de chaque côté d'une bande dorée.

Les mâles sont plus gros que les femelles. Les deux sexes présentent une telle différence de coloration qu'ils ont été décrits sous deux noms différents : les mâles comme *C. julis*, les femelles comme *C. giofredi*. La girelle est un poisson hermaphrodite, qui commence sa vie comme femelle et la finit comme mâle. Les gonades femelles se développent donc avant les gonades mâles, mais les deux types de cellules sexuelles se trouvent au même endroit. Dès que l'ovaire s'atrophie et disparaît, les cellules sexuelles mâles ne tardent pas à prendre sa place. Jusqu'à une taille de 8 cm de long on ne trouve que des femelles ; au-delà de 15 cm, que des mâles. Les girelles de taille intermédiaire sont pour la plupart, elles aussi, des mâles (dans une proportion de deux tiers de la population). Certains mâles conservent la coloration de la femelle. La fraie s'opère à partir de fin avril, les oeufs sont pélagiques. Les girelles se nourrissent de crustacés et de mollusques. Elles vivent dans les rochers, parmi les herbiers, à une profondeur de 3 à 120 m. Elles sont actives de jour et n'ont pas d'intérêt économique.

Longueur : jusqu'à 25 cm.
D : IX/12 ; A : III/12 ; l.l. : 73–80.
Distribution : Méditerranée et secteur adjacent du littoral atlantique de l'Europe, isolément en mer Noire.

Certains représentants du genre *Coris*, particulièrement chatoyants, sont souvent élevés dans les aquariums d'eau de mer. On peut citer *C. gaimard*, un poisson tropical vivant dans les eaux des océans Pacifique et Indien. Il atteint 35 à 40 cm.

La famille des POMACENTRIDAE comprend des poissons au corps haut, caractérisés par leurs yeux énormes et leur petite bouche. Les dents pharyngiennes inférieures sont soudées en une plaquette, et il n'y a qu'une narine (au lieu de deux) de chaque côté de la tête. La famille compte environ dix genres de poissons marins côtiers, coralliens, vivant surtout dans les régions tropicales et subtropicales.

Castagnole

Chromis chromis

La castagnole est un petit poisson au corps haut, ovale, latéralement comprimé. La nageoire caudale est profondément échancrée et fourchue, la nageoire dorsale se compose surtout de rayons épineux simples. Tout le corps, la naissance des nageoires et la tête à l'exception du pourtour des narines sont recouverts d'écailles, relativement grandes sur les flancs. Leur bord postérieur est souligné de noir. La bouche est petite, terminale, la ligne latérale est continue jusqu'à la partie molle de la nageoire dorsale. Elle se poursuit sous forme d'orifices isolés sur le pédoncule caudal. La castagnole est l'unique représentant européen de la famille.

La robe est brun-noir, les flancs présentent par endroits un éclat argent-violacé. La caudale et la dorsale ont un bord clair, les jeunes sujets sont gris-bleu argenté.

La castagnole vit dans les eaux côtières sans profondeur, où elle forme normalement des bancs de quelques individus nageant entre deux eaux ou au-dessus du fond pierreux. La fraie a lieu de juin à août à 1–6 m de profondeur. Le mâle y occupe un secteur approprié où il nettoie avec les lèvres la surface de la pierre ou du rocher. Il se livre ensuite à une « danse » qui a pour objet d'attirer une femelle fertile au-dessus du site nettoyé pour la ponte. Les oeufs ovales sont dotés de filaments grâce auxquels ils se fixent au support, et le mâle monte la garde auprès d'eux pendant une période assez longue. Il chasse les impuretés grâce à des battements de ses pectorales et repousse également tout intrus. Les alevins et les adultes se nourrissent d'algues et de zooplancton. Avant l'hiver, ils abandonnent les hauts-fonds littoraux car ils meurent lorsque la température atteint 5–6 °C.

Leur petite taille fait que les castagnoles n'ont pas d'intérêt économique.

Longueur : 8–10 cm, maximum 16 cm.
D : IV/9–11 ; A : II/9–11.
Distribution : Méditerranée ; rare en mer Noire ; Atlantique près des côtes sud-ouest de la péninsule Ibérique, littoral nord-ouest de l'Afrique jusqu'à Dakar, abords de Madère, des Canaries, des Açores.

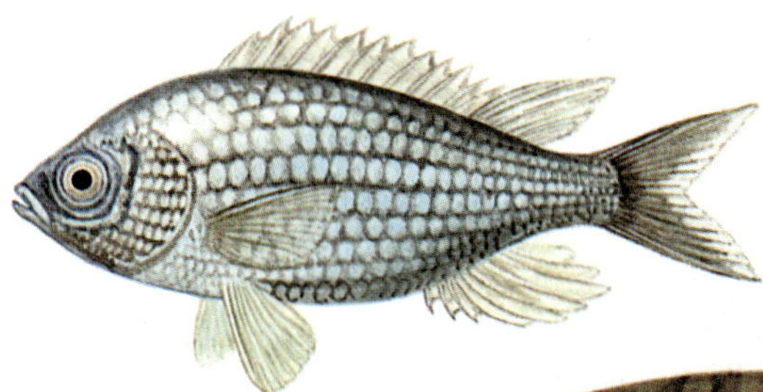

Chromis dimidiatus est une espèce magnifiquement colorée, souvent élevée dans les aquariums marins. Il est originaire des mers tropicales des océans Indien et Pacifique.

...unes se distinguent des ...s par la coloration dans ...lle prédominent les tons ...-bleu argenté.

Les TRACHINIDAE sont des poissons benthiques caractérisés par une bouche tournée vers le haut et des yeux situés eux aussi sur le dessus de la tête. La famille se compose d'un genre unique réparti en plusieurs espèces.

Grande vive

Trachinus draco

Le corps est allongé, latéralement aplati, marqué par une seconde dorsale et une anale d'une longueur exceptionnelle. Les pelviennes sont placées sous les pectorales, au niveau de la gorge. Le corps est couvert d'écailles cycloïdes, la vessie gazeuse est absente. La présence de deux petites épines sur le dessus de la tête, en avant de l'oeil, constitue un signe caractéristique, absent chez les trois autres espèces actuelles du genre *Trachinus*. Une autre marque distinctive est la présence d'un grand nombre de fines stries sombres, barrant les flancs à l'oblique vers l'arrière.

Durant la journée, la grande vive reste le plus souvent enfouie dans le sable de la plate-forme continentale. Seuls les yeux, situés sur le dessus de la tête, dépassent. C'est un poisson à l'activité nocturne : il vient alors évoluer dans les strates supérieures de l'eau. Il passe l'été sur les hauts-fonds littoraux et descend en profondeur à l'automne : on le rencontre jusqu'à 100 m de fond. La fraie a lieu de juin à août, les oeufs sont pélagiques. La grande vive se nourrit de petits poissons, de crevettes grises et d'autres crustacés. Près de la base des pectorales, de la première dorsale et sur les épines operculaires se trouvent des glandes à venin. Leur sécrétion a des effets hémolytique et neurotoxique : une piqûre de vive peut être suivie de nombreuses complications, souvent sérieuses. Malgré leur venin, les vives sont fort appréciées pour leur chair savoureuse. Bien entendu, les poissons pêchés doivent être manipulés avec une grande prudence. La grande vive n'a pas d'intérêt économique réel, mais est parfois élevée en aquarium.

Longueur : 20–30 cm, maximum 45 cm.
Poids : 0,3–0,8 kg.
D_1 : V–VII ; D_2 : 29–33 ; A : II/30–35 ; l.l. : 76–79.

Distribution de *T. draco*.

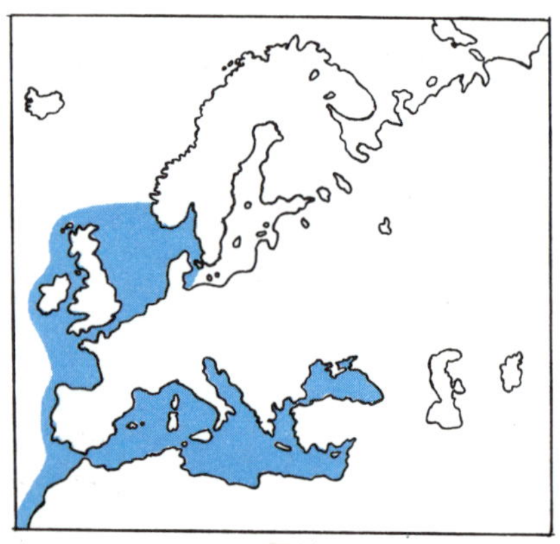

Petite vive

Trachinus vipera

La forme du corps est analogue à celle de la grande vive. Ce qui diffère entre les deux espèces, c'est d'abord la coloration, ensuite la forme des pectorales, et l'absence d'épines supra-orbitaires chez la petite vive. La première dorsale est chez les deux espèces presque noire, mais sa forme est différente et les rayons n'ont pas non plus la même longueur. La caudale est bordée de noir.
Au contraire des autres espèces, la petite vive passe tout son temps enfouie dans le sable des hauts-fonds où elle provoque souvent des blessures dangereuses. Des glandes à venin se trouvent aussi à la base de la première dorsale et des épines operculaires. Leurs sécrétions sont particulièrement virulentes : la petite vive est l'un des poissons les plus venimeux connus, et même, selon certains auteurs, le poisson européen le plus dangereux du fait de son venin.
En cas de blessure on conseille d'inciser la plaie, de faire couler le sang et de consulter rapidement un médecin.
La fraie se déroule de mai à septembre, les oeufs et les larves sont pélagiques. Les poissons se nourrissent en consommant les invertébrés benthiques.
La petite vive est parfois prise avec d'autres poissons, mais ne présente pas d'intérêt économique, étant donnée sa rareté et sa petite taille.

Longueur : 8–15 cm, maximum 20 cm.
Poids : jusqu'à 300 g.
D_1 : VI–VII ; D_2 : 21–25 ; A : I/24–26 ; l.l. : 64–67.
Distribution : Atlantique, plates-formes continentales du sud de la Suède jusqu'au sud de l'Afrique. Assez rare en Méditerranée ; manque en mer Noire.

La vive-araignée *(T. araneus)*, qui atteint 50 cm de long, a une chair très savoureuse. On la reconnaît aux 6 à 7 taches sombres ornant ses flancs.

Les poissons appartenant à la famille des URANOSCOPIDAE ressemblent à ceux de la famille précédente. La tête de certaines espèces porte un organe électrique pouvant produire une décharge de 50 V. La famille comporte quelque trente-cinq espèces de poissons marins.

Rat, rascasse blanche *Uranoscopus scaber*

Le rat est un proche parent des vives, dont il se distingue surtout par la taille nettement plus réduite de sa deuxième dorsale et de sa nageoire anale, par sa tête plus massive et par l'absence de glandes à venin sous les rayons épineux de la première dorsale, de couleur noire. La tête est aplatie, les yeux sur le dessus, tout comme la bouche. Un caractère particulier à cette espèce est l'excroissance charnue de la muqueuse de la mâchoire inférieure, dissimulée dans la bouche, et évaginable : elle sert alors d'appât pour la capture des proies qui servent de nourriture au poisson. Cette « langue » atteint jusqu'à 1/3 de la longueur de la tête.

La couleur de la rascasse blanche est gris-brun ponctué de taches irrégulières de couleur claire.

Elle vit dans les eaux côtières de faible profondeur, le plus souvent enfouie dans le sable ou la boue au fond de l'eau : seul dépasse alors le dessus de la tête avec les yeux et l'« appât ». Celui-ci sert surtout à tromper les petits poissons, les crabes et d'autres invertébrés du fond. La rascasse blanche se reproduit en été, ses oeufs sont pélagiques. Nous avons vu que les glandes à venin étaient absentes à la base de la dorsale, elles existent par contre près des fortes épines operculaires. Leur piqûre cause une blessure douloureuse, mais moins redoutable que les blessures occasionnées par les vives.

La rascasse blanche n'a pas grand intérêt économique. Elle est parfois capturée dans les filets des pêcheurs. Sa chair est savoureuse et elle sert surtout comme ingrédient de la bouillabaisse.

Longueur : 15–25 cm, maximum 30–35 cm.
Poids : 0,1–0,5 kg, maximum 0,8 kg.
Fécondité : 18 000–125 000 oeufs.
D_1 : IV ; D_2 : 13–15 ; A : 13–14 ; P : 14–16.
Distribution : mer Noire, Méditerranée, et pratiquement tout le long des côtes occidentales de l'Afrique.

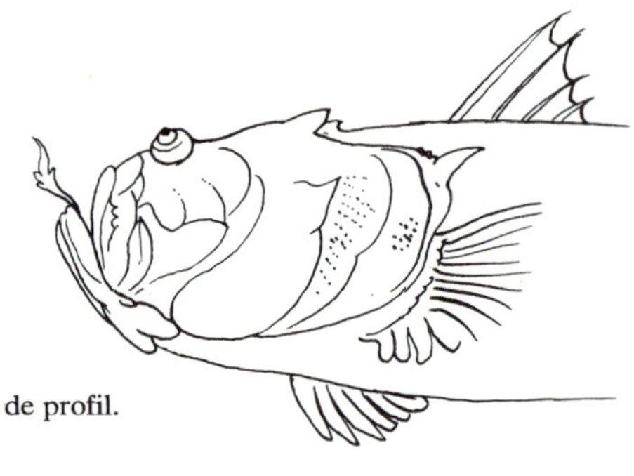

Partie antérieure du corps, vue de profil.

La famille des BLENNIIDAE comprend quatre cents espèces de petits poissons vivant dans la bande côtière des mers de la zone chaude et tempérée. Leur corps nu est dépourvu d'écailles mais protégé par une épaisse couche de mucus. A marée basse, certaines espèces peuvent circuler entre les flaques d'eau, glissant sur les pierres en quête de nourriture.

Blennie commune, mordocet *Blennius pholis*

C'est la seule espèce de cette famille à être dépourvue de tentacules suppra-oculaires. Le front est arrondi, et la crête charnue qui l'orne n'est que faiblement développée. La dorsale a à peu près la même hauteur sur toute sa longueur, à l'exception d'une échancrure à l'endroit où cessent les rayons épineux et où commencent les rayons mous. Les mâchoires portent 15 à 24 dents.
La coloration, très variable, dépend du support. Le dos est habituellement brun sombre à vert, les flancs et le ventre plus clairs. Tout le corps porte des marbrures faites de taches plus ou moins soutenues.
La blennie commune fraie au printemps et en été. Elle colle ses oeufs sur la face inférieure des pierres ou sur le plafond de petites grottes sous-marines. Le mâle veille sur eux et les baigne d'une eau fraîche grâce au mouvement de ses grandes pectorales. Les alevins se nourrissent surtout de crustacés (gammares et copépodes), les poissons adultes de crabes, de vers et de mollusques.
C'est une espèce très répandue, vivant dans la zone littorale, sur un substrat rocheux, près des côtes. On la rencontre également sur un substrat sableux dans les baies peu profondes, dans la mesure où elle y trouve des pierres, des branches ou tout objet pouvant lui servir d'abri. Elle descend jusqu'à 30 m de profondeur.
Sans intérêt économique, la blennie commune sert cependant de proie aux poissons carnassiers.

Longueur : 10–15 cm, maximum 18 cm.
D : XII/17–19 ; A : III/19–21.
Distribution : littoral ouest et sud-ouest de l'Europe, y compris l'extrême ouest de la Méditerranée et côtes atlantiques d'Afrique du Nord.

La blennie paon *(B. pavo)* vit en Méditerranée et en mer Noire, ainsi que dans la partie adjacente de l'Atlantique. Les mâles se reconnaissent à la crête charnue, voyante, qui orne leur tête. Cette blennie atteint 13 cm de long ; elle est souvent élevée en aquarium.

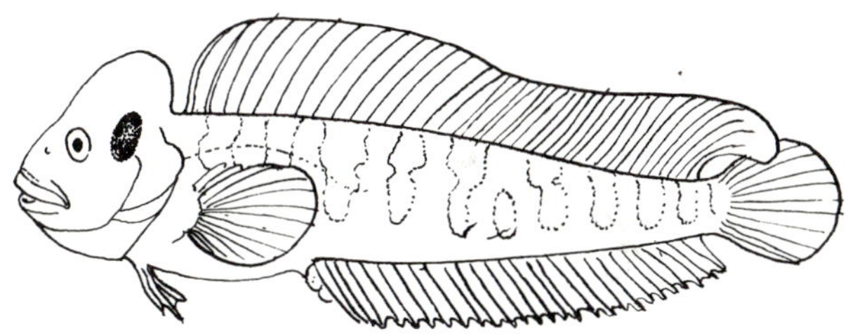

Blennie fluviatile, cagnotte *Blennius fluviatilis*

Les excroissances supraoculaires sont ici très courtes, par contre la tête s'orne d'une excroissance charnue, allongée. La dorsale, entière, ne comporte pas d'échancrure entre la portion composée de rayons épineux et celle des rayons mous.
Le dos est vert olive, les flancs un peu plus clairs dans la même tonalité, le ventre blanc-jaune. Tout le corps porte des taches brunes, allongées ou arrondies. La crête est plus développée chez les mâles que chez les femelles.
A l'époque de la fraie, le mâle, qui prend alors une couleur caractéristique brun-noir, veille férocement sur tous les lieux propices, trous sous les pierres, sous les racines ou dans les rives. Une fois le nid construit, il y attire une femelle fertile. Celle-ci colle les oeufs sur le plafond du nid où le mâle vient les féconder. Pendant toute l'incubation, le mâle veille sur sa descendance : il baigne les oeufs d'un courant d'eau fraîche et bien oxygénée qu'il entretient par des battements de ses pectorales ; il élimine également les oeufs endommagés ou sans embryons. A 20 °C, les alevins naissent au bout de 14 jours. Pendant toute la durée de cette période, le mâle jeûne, tandis que la femelle, qui ne se préoccupe nullement de ses petits, s'alimente de façon intensive.
La cagnotte est commune dans les petits lacs, les canaux aux eaux lentes, les ruisseaux. Il lui faut une eau pure et peu profonde. Les adultes vivent en solitaires entre les rochers, sous les racines ou dans des stations comparables. Les alevins sont grégaires et restent près du bord. Ils commencent par se nourrir de zooplancton, avant de s'intéresser aux larves de trichoptères, d'éphémères, de plécoptères et d'autres organismes peuplant le fond des eaux.
La blennie fluviatile n'a aucun intérêt économique.

Longueur : 10–12 cm, maximum 15 cm.
D : XII/17–18 ; A : II/16–18.
Distribution : eaux douces du bassin méditerranéen, depuis le sud de l'Espagne jusqu'à l'Asie Mineure, au Maroc et à l'Algérie.

La blennie gattorugine *(B. gattorugine)* est une espèce affine vivant en Méditerranée, mais aussi près des côtes atlantiques de l'Espagne, du Portugal et dans le golfe de Gascogne. Relativement abondante dans ces stations, cette « baveuse » y atteint jusqu'à 20 cm de long. Elle se distingue de la blennie fluviatile ou cagnotte par sa coloration et par la forme de la dorsale, mais surtout par ses excroissances supraoculaires, bien développées et ramifiées en panache.

Blennie ocellée

Blennius ocellaris

Le corps est haut, la tête porte au-dessus de chaque oeil une excroissance charnue, frangée sur son bord postérieur. Sur chaque flanc, sous la naissance de la dorsale, on trouve également une excroissance en panache. La dorsale est échancrée à la limite entre les rayons épineux et les rayons mous. Sa partie antérieure est assez haute, surtout au niveau du premier rayon. Les pectorales arrivent jusqu'à l'anus. Le profil de la tête est arrondi. La mâchoire supérieure porte 33 à 45 dents, la mâchoire inférieure 32 à 41.

Le dos est brun-vert, les flancs plus clairs, le ventre jaune sale. Les flancs s'ornent de 5 à 7 bandes transversales sombres. L'avant de la dorsale porte une tache sombre bordée de bleu clair ou de blanc.

En Méditerrannée, cette baveuse fraie dès la fin de l'hiver, dans les zones septentrionales de son aire, seulement à la fin du printemps et en été. Les oeufs sont placés dans des abris comme chez les autres blennies, et gardés par le mâle. Après l'éclosion, les larves et les alevins restent pendant quelques semaines, pélagiques, avant de s'installer au fond de l'eau. Les alevins commencent par se nourrir de larves et de crustacés à différents stades de leur développement. Les adultes consomment divers petits crustacés adultes, des vers, des algues ou de petits poissons.

La blennie ocellée est la seule baveuse que l'on trouve indifféremment à des profondeurs allant de 10 à 100 m. Elle se tient au-dessus du fond, pour peu que celui-ci soit parsemé de restes de coquillages et porte des couverts d'algues, mais aussi au-dessus de fonds sableux où elle se cache entre les pierres, dans les coquilles abandonnées voire dans des boîtes de conserves ou tout autre objet propice, tel qu'il n'en manque guère dans les eaux côtières à l'époque actuelle.

Longueur : 12–15 cm, maximum 20 cm.
D : XI/14 6 15 ; A : II/15–16 ; vertèbres : 32–33.
Distribution : Méditerranée et partie adjacente du littoral atlantique jusqu'au sud de l'Angleterre. Occasionnelle en mer Noire.

La blennie sphinx *(B. sphinx)* est une espèce voisine, vivant dans les eaux côtières de la Méditerranée et de la mer Noire. Elle ne dépasse pas 8 cm de longueur et se distingue de la blennie ocellée par la coloration, mais surtout par la forme de la dorsale et celle des excroissances supraoculaires, non ramifiées.

Blennius sanguinolentus

Le corps est allongé et trapu, les appendices supraoculaires forment un bouquet partant de la même base, le plus souvent composé de 4 à 7 rameaux, plus courts que le diamètre de l'oeil. Près du bord postérieur de la narine antérieure se trouve un autre appendice dont l'extrémité se ramifie en 2 à 5 franges. La dorsale n'est pas échancrée à la limite entre les rayons épineux et les rayons mous et n'est pas soudée à la caudale. Les deux mâchoires portent chacune 31 à 44 dents.
La coloration de base est verdâtre ou gris-jaune à olivâtre. Le ventre est jaunâtre, les flancs et le dos portent des taches brunes. La dorsale a la même coloration que le dos, la nageoire anale est jaunâtre, parfois rougeâtre avec de petites ponctuations. La caudale et les pelviennes sont jaunâtres, les pectorales également, mais elles portent 4 à 5 rangées de macules rougeâtres.
Cette baveuse fraie avant les autres espèces, d'avril à juin. Elle pond ses oeufs près du littoral, sur les pierres ou les coquilles de mollusques abandonnées. Les oeufs déposés sur les pierres se trouvent toujours sur leur face inférieure. Le développement embryonnaire dure 15 à 20 jours, période durant laquelle les oeufs sont surveillés par le mâle. Il y a 46 à 61 oeufs par cm^2, soit environ 3 000 à 12 000 oeufs par ponte, dont 200 au maximum ne sont pas fécondés. Comme chez les autres espèces, la ponte est fractionnée en trois fois. Les alevins commencent par être pélagiques et on peut les prendre à 25–30 km des côtes jusqu'à une taille de 2 à 2,5 cm. Ils se nourrissent surtout d'algues ; la nourriture animale, surtout composée de mollusques, ne jouant qu'un rôle d'appoint. Pendant la période où ils montent la garde près de leurs oeufs, les mâles cessent pratiquement de s'alimenter.
Cette blennie vit dans la zone littorale, dans les rochers, plus en profondeur que les autres espèces.
Elle n'a pas d'intérêt économique, mais peut servir de nourriture aux poissons prédateurs.

Longueur : 15–20 cm, maximum 25 cm.
Fécondité : 3 000–12 000 oeufs.
D : XII–XIII/20–22 ; A : II/20–21.
Distribution : Méditerranée et mer Noire, partie adjacente de l'Atlantique.

La blennie à tête noire *(B. nigriceps)* est une espèce affine de petite taille (4 cm au maximum). Elle se caractérise par une coloration particulière qui en fait à juste titre la plus belle espèce de ce genre. La tête (parfois seulement dans sa région supérieure) est noire, mais sa coloration devient tigrée avec des joues souvent jaune citron, à l'époque de la fraie.

Blennie coiffée

Coryphoblennius galerita

Le dessus de la tête, en arrière de l'oeil, porte une crête longitudinale dont l'avant est constitué par un important appendice de forme généralement triangulaire. La crête se prolonge en direction de la dorsale sous forme de 3 à 9 excroissances filamenteuses, parfois ramifiées. Près du bord postérieur de la narine antérieure, de forme tubulaire, se trouve un autre appendice, court, ramifié au sommet. Un autre appendice similaire, mais encore plus court se trouve près du bord antérieur de la narine. La dorsale présente une profonde échancrure au niveau où les rayons épineux cèdent la place aux rayons mous, les premiers étant ici plus courts que les seconds. Les pectorales viennent jusqu'à la naissance de la nageoire anale, chez les jeunes sujets, elles arrivent même au niveau du 11e au 12e rayon de cette nageoire. La mâchoire supérieure porte 55 à 56 dents, la mâchoire inférieure 35 à 45.

La couleur de base est gris-jaune à roux, avec deux rangées de taches brunes, groupées par 2 à 3, le long de la partie supérieure et inférieure du corps. La crête est bleue et le corps porte lui aussi des mouchetures bleutées.

La blennie coiffée colle ses oeufs sur le dessous des pierres, dans de petites grottes aquatiques. Comme chez les autres baveuses, le mâle monte la garde jusqu'à leur éclosion. La fraie s'opère d'avril à juillet. Le mâle attire vers le nid plusieurs femelles les unes après les autres : chaque nid recèle donc des oeufs de plusieurs provenances. Pour attirer la femelle, le mâle s'avance hors du nid en faisant osciller tout son corps et effleure la femelle du bout de son mufle. Si elle ne réagit pas, il sort entièrement du nid et s'efforce de l'attirer vers celui-ci. Une fois à l'intérieur, la femelle se retourne, le ventre en l'air, et pond ses oeufs dans cette position sur le dessous de la pierre ou le plafond de la grotte. C'est seulement là qu'ils sont fécondés par le mâle. Les alevins sont pélagiques et peuvent s'avancer jusqu'à 150 km des côtes. Ils se nourrissent de crustacés planctoniques et de leurs larves.

La blennie coiffée vit près du littoral. On la voit souvent émerger, sur les pierres ou les installations portuaires.

Elle n'a pas d'intérêt économique.

Longueur : 6–8 cm, maximum 9 cm.
D : XII–XIII/16–18 ; A : II/18–19 ; vertèbres 36–38.
Distribution : côtes occidentales de l'Europe, depuis le sud de l'Angleterre; Méditerranée ; mer Noire.
Synonyme habituel : *Blennius galerita.*

C. tentacularis est une espèce affine, occupant la même aire de répartition. Elle atteint jusqu'à 15 cm et se distingue de la blennie coiffée par sa coloration, mais surtout par la forme de sa dorsale, d'une hauteur uniforme, sans échancrure. Les yeux sont surmontés de deux longs tentacules peu ramifiés, dont la longueur dépasse chez certains individus le triple du diamètre oculaire.

La petite famille des PHOLIDAE comprend des poissons menus, au corps allongé, fortement comprimé, vivant en eau peu profonde près des côtes de la partie septentrionale de l'Atlantique et du Pacifique.

Gonnelle, papillon de mer *Pholis gunnellus*

La gonnelle a une tête courte portant une petite bouche ouverte à l'oblique vers le haut. Presque toute la partie dorsale de son corps allongé porte une dorsale basse constituée de courts rayons épineux. La nageoire anale mesure environ la moitié de la dorsale, les pectorales sont petites, les pelviennes tout à fait rudimentaires. La ligne latérale est absente. La gonnelle présente une particularité anatomique : les excroissances latérales (parapophyses) des vertèbres du troncs sont soudées en un canal hémal.

La coloration est ocre à gris-vert, avec des zébrures transversales irrégulières, dessinant sur les flancs une sorte de résille caractéristique. La base de la dorsale est soulignée de 9 à 15 ocelles noirs bordés de blanc. Une strie noire orne la tête, de l'oeil jusqu'à la bouche.

La gonnelle est assez commune près du fond des eaux peu profondes du littoral, juste sous la limite de la marée basse, à des profondeurs ne dépassant pas 80–100 m. Elle donne la préférence aux stations pierreuses portant des herbiers et riches en abris naturels ; on la trouve souvent à marée basse sous les pierres des flaques littorales. Elle fraie de novembre à février, la femelle dépose ses oeufs entre les pierres ou dans les coqquilles abandonnées des mollusques. Les deux parents ou la seule femelle montent la garde près des eoufs pendant 1 à 2 mois. Les larves sont pélagiques et passent à une vie benthique lorsqu'elles parviennent à une longueur de 35 mm environ. Les adultes se nourrissent de vers, de mollusques, de menus crustacés et d'oeufs d'autres poissons.

La gonnelle est parfois prise au chalut mais ne présente pas d'intérêt économique.

Longueur : 15–20 cm, maximum 25 cm.
Poids : jusqu'à 0,25 kg.
Fécondité : 100–200 oeufs.
D : 75–82 ; A : II/39–45 ; P : 9–12 ; V : I/1.

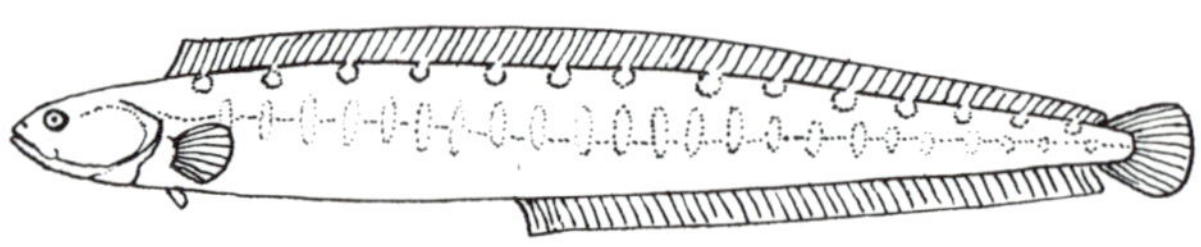

Une espèce affine, *P. laeta,* vit dans les eaux côtières du Pacifique oriental. Elle atteint jusqu'à 25 cm et se tient près du fond à une profondeur de 50–70 m.

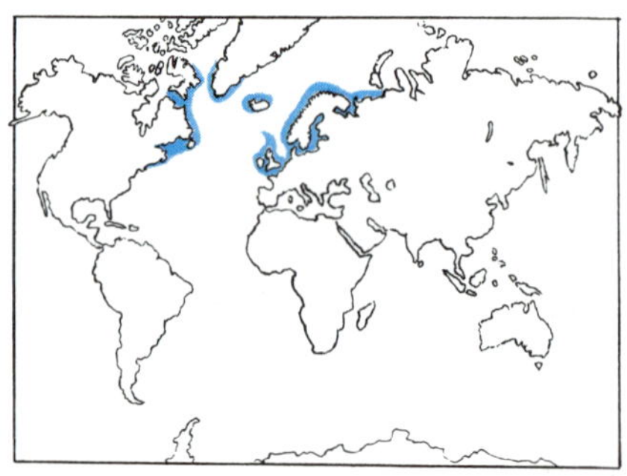

Distribution de la gonnelle.

Les ANARRHICHADIDÉS forment un petit groupe constitué de cinq espèces de poissons marins de taille moyenne, reconnaissables à leurs dents à la fois puissantes et nombreuses. Trois des espèces vivent dans la partie septentrionale de l'Atlantique, les deux autres espèces dans la partie septentrionale du Pacifique.

Chat marin, loup *Anarrhichas lupus*

La chat marin est le représentant de sa famille le plus commun dans les mers européennes. Il se tient surtout entre les pierres, sur les langues de sable, ou dans les creux des rochers, parfois jusqu'à 200 m de profondeur. Son corps allongé porte une longue dorsale allant de l'extrémité de la tête presque jusqu'à la caudale, dont elle est cependant nettement séparée. Les ventrales sont absentes comme chez les autres anarhichidés, les écailles sont rudimentaires. Comme signe distinctif, notons la large bouche dont les mâchoires sont armées de fortes dents coniques.

La coloration est vert-jaune sombre avec plusieurs bandes foncées de direction dorso-ventrale. La face ventrale du corps est jaune clair.

La fraie se déroule probablement dans la seconde moitié de l'hiver, en profondeur. Les oeufs démersaux mesurent 5,5 à 6 mm de diamètre et se fixent parfois sur les algues. Les larves atteignent jusqu'à 12 mm à l'éclosion et se reconnaissent à leur gros sac vitellin qui n'est complètement absorbé qu'au bout de 3,5 mois environ. Le chat marin se déplace en faisant onduler son corps comme une anguille. Ses migrations sont connues, mais nous manquons de détails sur leur déroulement. On pense que les chats marins partent vers l'Est au printemps et reviennent vers l'Ouest avec l'automne.

Le chat marin est souvent pris au chalut dans l'Atlantique nord. Sa chair est très savoureuse. En Scandinavie, on apprécie tout particulièrement son foie. Sa peau épaisse et solide sert à la fabrication de sacs, de sacs à main, d'escarpins légers et de couvre-livres.

Longueur : 80–100 cm, exceptionnellement jusqu'à 120 cm.
Poids : 4–10 kg, maximum 21 kg.
Fécondité : 10 000–25 000 oeufs (chez Erenbaum, d'après Nikolski jusqu'à 40 000 oeufs)
D : 69–79 ; A : 42–48 ; vertèbres : 74–76
Distribution : depuis les côtes du Groenland jusqu'à Terre-Neuve, au sud jusqu'aux côtes de la France.

Le chat marin se nourrit surtout de mollusques (par exemple des genres *Cyprina* – 1 et *Buccinum* – 2) et de crustacés (*Pagnidae* – 3) dont il broie les coquilles et les carapaces à l'aide de ses fortes dents coniques.

Ecaille de chat marin montrant les zones de croissance, suivant l'éloignement plus ou moins grand des bords des sclérites, ce qui permet de déterminer l'âge et la vitesse de croissance du poisson.

Loup marin tacheté

Anarrhichas minor

Le loup marin tacheté vit dans les mêmes stations que le chat marin, mais descend à des profondeurs plus importantes (jusqu'à 450 m). De croissance plus rapide, il atteint également de plus grandes dimensions. Ses dents sont par contre moins puissantes que celles du chat marin : il consomme donc des mollusques à la coquille moins solide, mais se nourrit surtout d'échinodermes. La forme des dents n'est pas sans rappeler celles du loup, d'où le nom de ce poisson dans nombre de langues européennes. Comme chez les autres membres de famille, les dents de ce poisson s'usent de façon importante au contact des coquilles : chaque année, elles tombent et sont immédiatement remplacées par une nouvelle denture. Comme celle-ci met un certain temps à se consolider, les loups marins sont condamnés à une période de jeûne s'ils ne trouvent pas de proies molles à capturer.
Les adultes se distinguent de l'espèce précédente également par leur coloration. La teinte de base est verdâtre à gris-brun, mais elle est parsemée sur toute la surface du corps de taches sombres, irrégulièrement réparties. Celles-ci recouvrent aussi la dorsale et dans une moindre mesure les autres nageoires. Les alevins et les jeunes sujets sont cependant striés comme le chat marin précédent.
La fraie se déroule à la fin de l'hiver, dans les mêmes stations que chez l'espèce précédente. La chair est également très recherchée et savoureuse sous toutes sortes de formes de préparations. La peau est utilisée comme chez l'espèce précédente. La peau de l'espèce affine vivant dans le Pacifique, *A. orientalis* sert aux Esquimaux, qui en garnissent les coutures des vêtements et des chaussures imperméables : au contact de l'eau, cette peau augmente de volume et resserre les coutures au point de les rendre hermétiques.
Au cours des dernières années, les prises annuelles de loups marins tachetés sont montées aux environs de 12 000 tonnes.

Longueur : 1–1,8 m, maximum 2 m.
Poids : jusqu'à 17 kg, maximum 45 kg.
Fécondité : 15 000–50 000 oeufs.
D : 74–80 ; A : 45–47 ; vertèbres : 78–79.
Distribution : Atlantique septentrional.

A. latifrons est une espèce voisine vivant également dans la partie septentrionale de l'Atlantique. Elle descend jusqu'à 800 m de profondeur et atteint 80 à 120 cm, au maximum 180 cm. Sa chair, très aqueuse, est de moins bonne qualité que celle des espèces précédentes (elle contient jusqu'à 92 % d'eau) et ne sert qu'à la fabrication de farine de poisson.

Les membres de la famille des ZOARCIDAE ont un corps allongé, couvert de petites écailles cycloïdes. Certains sont ovipares, d'autres vivipares. La famille comprend quelque deux cents espèces surtout benthiques. Sa place dans la systématique n'est pas complétement élucidée : on la classe parfois avec les gades, d'autres fois avec les gobies.

Zoarcès, loquette *Zoarces viviparus*

Le corps est allongé, la tête légèrement aplatie. Les nageoires dorsale, caudale et anale sont soudées en une bande continue, quelques rayons qui se trouvent à la limite de la dorsale et de la caudale étant sensiblement plus courts que les autres. Les pelviennes, petites, se trouvent en avant des pectorales, sur la gorge.
La coloration est très variable, avec généralement une dominante gris-vert parsemée de taches irrégulières de couleur plus claire.
La loquette se plaît au-dessus des herbiers et vit souvent dans l'eau saumâtre au voisinage des embouchures.
Les deux sexes se différencient par la taille de la papille génito-urinaire : celle-ci est plus longue chez les mâles auxquels elle sert d'organe copulateur. La reproduction a lieu d'août à septembre. Le développement larvaire au sein des poches ovariales de la femelle se poursuit pendant quatre mois. Au bout de cette période la femelle met au monde de petits poissons longs de 4 à 5 mm, dont le mode de vie est tout d'abord benthique. On pense que durant leur développement dans les ovaires les larves sont alimentées par des sécrétions des parois ovariales. La naissance se déroule de manière fractionnée, le nombre total de jeunes dépendant de la taille de la mère. Les loquettes deviennent sexuellement adultes vers deux ans. Leur nourriture se compose surtout d'invertébrés.
8000 tonnes de ce poisson sont pêchées chaque année. Sa chair, relativement grasse, est considérée comme savoureuse, surtout à l'état fumé, mais la chaleur donne une couleur verte, peu appétissante, aux arêtes.
Dans le passé on s'est parfois imaginé, à cause de leur curieux mode de reproduction, que les loquettes donnaient naissance aux jeunes anguilles.

Longueur : 25–30 cm, exceptionnellement 50 cm.
Poids : 0,5–1,5 kg.
Fécondité : 20–400 petits.
D + C : 72–85 + 0–XVII/16–24 ; A : 80–95 ; P : 16–22 ; V : 3.
Distribution : zone côtière de l'Atlantique septentrional, de la mer Blanche jusqu'au golfe de Gascogne. En été, près des côtes ; en hiver, descend en eau plus profonde, sans entreprendre de migrations importantes.
Synonyme habituel : *Blennius viviparus.*

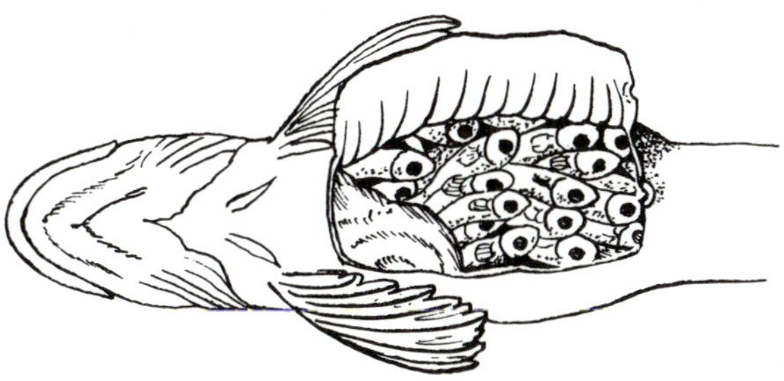

Cavité ventrale de la femelle avec ses jeunes.

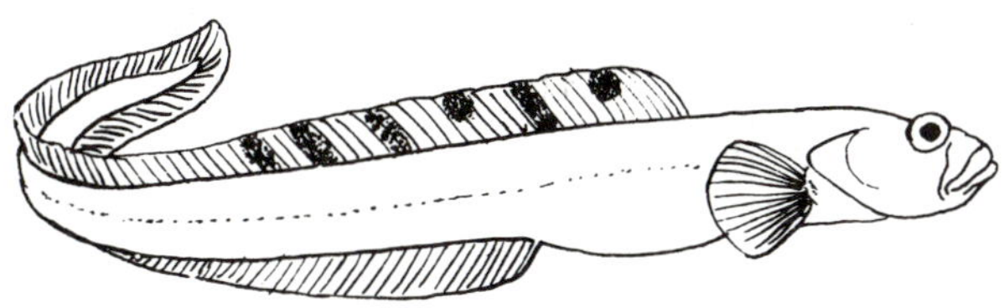

Gymnelis viridis vit dans l'océan Glacial Arctique et dans l'Atlantique septentrional. Il atteint 10 à 20 cm, au maximum 30 cm. Les nageoires ventrales sont absentes chez ce poisson.

Lycodes esmarkii

Voici un poisson appartenant à la sous-famille des *Lycodinae* qui se distingue des représentants du genre *Zoarces* surtout par le fait que tous les rayons constituant la nageoire continue résultant de la soudure de la dorsale, de la caudale et de l'anale sont de longueur égale. Par ailleurs, son corps allongé, sa grosse et large tête, ses grandes pectorales et ses petites pelviennes situées sur la gorge indiquent bien sa parenté avec les loquettes.
Lycodes esmarkii a des lèvres épaisses et charnues. Tout son corps est recouvert d'écailles implantées profondément dans la peau. Celles-ci recouvrent même les nageoires impaires et la base des pectorales. La ligne latérale est déboublée : la partie supérieure traverse à quelque chose près le milieu du corps jusqu'à la naissance de la queue, tandis que la partie inférieure descend en arrière des pectorales en un arc qui se prolonge sur la face ventrale jusqu'aux 2/3 de la queue environ.
La coloration est brun-vert sombre, le ventre blanc-jaune. La face dorsale porte 6 à 8 stries jaunes, doubles, obliques, en forme de Y renversé, surtout chez les jeunes poissons.
Avec l'espèce *L. vahlii* et quelques autres représentants de son genre, *L. esmarkii* est considéré comme l'un des membres thermophiles de ce genre, car il apparaît surtout à des températures de 2 à 5 °C. On le rencontre de manière relativement isolée au-dessus des fonds argileux à 250–550 m de profondeur. Sa fraie a lieu en automne. Il se nourrit surtout d'échinodermes, et notamment d'oursins, d'étoiles de mer et d'ophiures. Il n'a pas un grand intérêt économique.

Longueur : 50–65 cm, maximum 75 cm.
Poids : 2–3 kg.
Fécondité : jusqu'à 1200 oeufs (atteignant 6 mm de diamètre).
D + 1/2C : 113–118 ; A + 1/2C : 97–102 ; P : 22–23.
Distribution : comme les autres représentants de ce genre, partie septentrionale de l'Atlantique, près des côtes européennes et américaines. Ne dépasse pas 73° de latitude Nord.

L. vahlii est une espèce affine occupant la même aire. Elle vit près du fond à des profondeurs allant jusqu'à 500 m et atteint 20 à 35 cm, 50 cm au maximum. Elle sert surtout de nourriture aux gades.

La famille des AMMODYTIDAE comprend de petites espèces marines, surtout réparties dans l'hémisphère Nord. Leur corps allongé est recouvert de petites écailles cycloïdes et ils sont généralement dépourvus de nageoires pelviennes. La vessie gazeuse est également absente. La famille comprend environ six genres vivant dans l'Atlantique, le Pacifique et l'océan Indien.

Equille

Ammodytes tobianus

Cette équille a un corps allongé, avec une longue dorsale et une anale non moins longue. Les ventrales sont absentes. La mâchoire supérieure est mobile et protractile.
Le dos est jaune-à bleu-gris, les flancs et le ventre argentés.
Suivant les secteurs de son aire, on voit prédominer des formes de printemps ou d'automne, selon la saison de la fraie. Dans les deux cas la fraie s'opère par 20 m de fond environ, sur un substrat sableux, les oeufs se collant aux grains de sable. Les lançons se nourrissent d'algues en hiver, de zooplancton à la belle saison. Ils consomment également les larves d'autres poissons, voire les leurs propres. Ils se tiennent par 30 m de fond au-dessus du sable, soit carrément enfouis dans le substrat, soit nageant au ras du sol, la tête en bas. L'équille constitue une part importante de l'alimentation des maquereaux, des harengs, des gades et des oiseaux marins ichthyophages.
Comme les autres espèces de lançons, celle-ci est pêchée massivement près des côtes occidentales de l'Europe, mais aussi du Japon, de la Corée et de la Chine, surtout pour être transformée en farine de poisson. Près des côtes septentrionales de l'Europe et du Groenland oriental vit une espèce voisine, *A. marinus,* reconnaissable à son plus grand nombre de vertèbres (68–73) et de rayons dans la dorsale (59 à 64).

Longueur : 13–18 cm, maximum 20 cm.
D : 50–57 ; A : 25–31.
Distribution : côtes européennes depuis le golfe de Gascogne, côtes anglaises, islandaises et scandinaves jusqu'à Mourmansk ; Baltique, à l'est jusqu'à la baie de Narva.

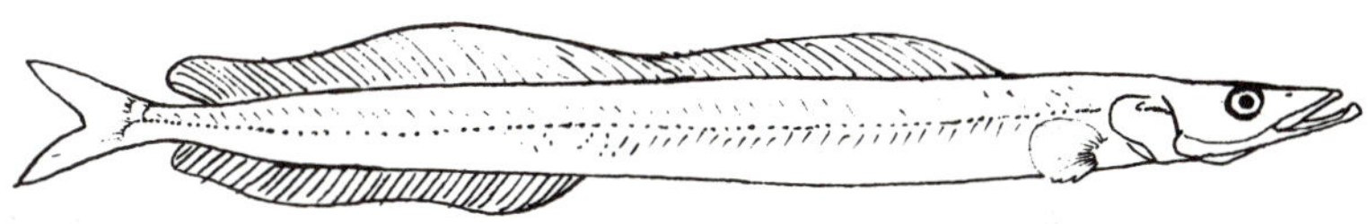

La cicerelle *(A. cicerelus)* est une espèce voisine qui se distingue de *A. tobianus* surtout par son aire de distribution (elle est seule à exister en Méditerranée et dans la mer Noire et vit dans l'Atlantique avec *A. tobianus* jusqu'au sud de la Norvège). Elle atteint 18 cm de long.

Grand lançon

Hyperoplus lanceolatus

Le grand lançon n'a pas une mâchoire supérieure mobile. La mâchoire inférieure est plus longue que la nageoire pectorale (elle est plus courte que celle-ci chez *A. tobianus*). Le vomer porte deux fortes excroissances faisant penser à des dents. L'extrémité de la pectorale atteint tout au plus la naissance de la dorsale.
Le dos et la face supérieure du corps sont bleu-vert, le ventre et la face inférieure blanc argenté. A l'avant de la tête, sur les joues, se trouve une tache noire lumineuse.
Le grand lançon fraie à la fin du printemps et en été, à une profondeur de 20–100 m, en pondant ses oeufs sur le sable. Les larves et les alevins sont pélagiques. La nourriture se compose d'abord de petits organismes du plancton, d'oeufs et de larves d'autres poissons. Plus tard, le grand lançon s'attaque à des proies plus conséquentes, surtout de gros crustacés, mais il arrive souvent que la base de son alimentation soit constituée par *A. tobianus,* qui occupe les mêmes sites.
Le grand lançon est une espèce côtière que l'on trouve depuis la limite des marées basses jusqu'à 150 m de profondeur, surtout sur des fonds sableux qui lui procurent « le gîte et le couvert ».
Relativement peu abondante, cette espèce n'a pas une grande importance économique.

Longueur : 20–30 cm, maximum 35 cm.
Poids : maximum 120 g.
Fécondité : 15 000–35 000 oeufs.
D : 52–61 ; A : 28–33 ; vertèbres : 66–69.
Synonyme habituel : *Ammodytes lanceolatus.*

Distribution du grand lançon : on constate qu'il est tributaire des eaux côtières peu profondes.

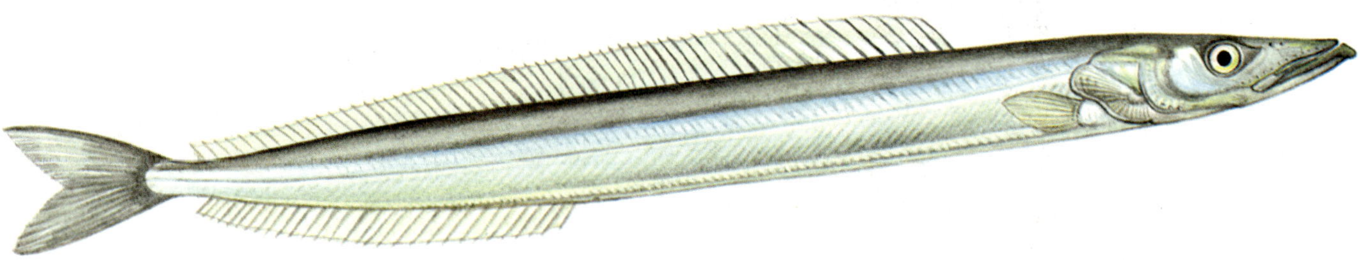

Gobie noir

Gobius niger

Le corps du gobie noir se reconnaît à son pédoncule caudal relativement haut et à ses grosses écailles, dont le nombre ne dépasse pas 45 dans la ligne latérale, à la différence des autres espèces. Le 4e rayon de la première dorsale est étiré en longueur. La langue est arrondie à l'avant.
Le dos et les flancs du gobie noir sont brun sombre avec un reflet gris, les flancs tachés de brun plus sombre. La première dorsale s'orne à l'avant d'une grosse tache noire.
Le gobie noir est celui qui occupe avec tout son genre la plus vaste aire de distribution.
Il fraie de manière fractionnée pendant pratiquement toute l'année (généralement en quatre fois). Les oeufs sont très petits et la fécondité moyenne des femelles de cette espèce est donc haute. Comme les autres gobies, le gobie noir dépose sa ponte dans des nids sous les pierres ou dans des fissures des rochers, mais aussi dans les coquilles de gros bivalves. Les mâles protègent le nid, cessent alors de s'alimenter et meurent massivement après l'éclosion des larves. Celles-ci (au contraire d'un grand nombre d'autres gobies) sont d'abord pélagiques et se nourrissent de zooplancton. Les adultes consomment des mollusques, des crevettes, de petits crabes, des polychètes et des alevins d'autres poissons.
Le gobie noir est un poisson littoral vivant sur des fonds sableux ou argileux. Il se plaît dans les couverts d'algues à 2–80 m de profondeur. C'est une espèce marine qui ne pénètre pas en eau douce, mais supporte la basse salinité de la Baltique et de la mer d'Azov.
Sans intérêt économique car il ne forme nulle part des populations importantes, le gobie noir sert de proie aux poissons de plus grosse taille.

Longueur : 8–12 cm, maximum 15 cm.
Fécondité : 15 000–20 000 oeufs.
D_1 : VI ; D_2 : I/11–13 ; A : I/9–13 ; l.l. : 33–45.
Distribution : depuis les côtes moyennes de la Norvège jusqu'au Cap-Vert, en Afrique, Baltique, Méditerranée, mer Noire.

A l'époque de la fraie, le mâle prend une teinte sombre et sa première dorsale se borde d'orange.

G. paganellus est moins répandu que le gobie noir (des côtes méridionales de la Norvège jusqu'à Gibraltar, en mer Noire et en Méditerranée). Il atteint 15 cm de long et sa coloration est plus vive que celle du gobie noir.

Gobie à tête de serpent

Gobius ophiocephalus

Le gobie à tête de serpent est l'un des plus gros représentants du genre. Son corps est latéralement comprimé, le dessus de la tête, la gorge et la naissance des pectorales sont couverts d'écailles cycloïdes. Les dorsales sont relativement hautes, la seconde s'élève d'avant en arrière. La ventouse résultant de la soudure des pelviennes n'atteint pas l'anus. Les mâchoires sont presque en position supérieure, celle du dessous s'avance légèrement.
La couleur de base est un brun-vert marbré, les marbrures résultant de la fusion des taches brun sombre dont le corps est couvert. Les dorsales, la caudale et les pectorales portent des stries longitudinales résultant de la réunion des taches brunes.
Vit en mer Noire, sur les côtes de la Crimée, du Caucase, de la Bulgarie et de la Roumanie, en mer d'Azov, en Méditerranée et dans la partie adjacente de l'Atlantique, ainsi que dans les deltas des grands fleuves qui s'y jettent.

Le gobie à tête de serpent se tient surtout dans les couverts d'algues. Sa fraie se déroule de mars à juin selon la température de l'eau, avec la participation d'individus d'au moins deux ans. Comme chez les autres gobiidés, le mâle construit avant la fraie un nid fait de restes d'algues. 5 à 10 femelles viennent y déposer leurs oeufs. Les alevins et les jeunes se nourrissent surtout de plancton, les adultes sont prédateurs et s'attaquent aux petits poissons des genres *Pomatoschistus, Atherina,* etc., mais aussi aux crustacés et aux petits mollusques.
Cette espèce n'a pas pour ainsi dire pas d'intérêt économique. On la pêche occasionnellement par endroits, lorsque les populations atteignent une taille suffisante.

Longueur : 20–25 cm.
Fécondité : 7000–22 000 oeufs.
D_1 : VI ; D_2 : I/13–16 ; A : I–II/11–16 ; l.l. : 51–69.

G. cobitis, voisin du gobie à tête de serpent, vit en mer Noire, en Méditerranée et dans les eaux littorales de l'Atlantique oriental, du golfe de Gascogne jusqu'au Maroc. Il atteint habituellement 15 à 20 cm, au maximum 28 cm et ne pénètre pas en eau douce.

Pomatoschistus microps

Le genre *Pomatoschistus* se reconnaît à sa caudale symétrique et à ses narines antérieures qui ne sont pas ici tubulaires. Les flancs sont couverts d'écailles cténoïdes, tandis que la tête, la gorge, le ventre et la base des pectorales sont nus chez la plupart des espèces. Les nageoires ventrales sont soudées en une ventouse discoïdale qui permet aux poissons de s'accrocher à des pierres ou autres objets au fond de l'eau.

P. microps est un petit poisson au corps solide terminé par une queue relativement longue. La ventouse formée par les pelviennes a un bord antérieur lisse, sans excroissances d'aucune sorte. Par rapport à sa taille totale, les écailles qui recouvrent le corps sont de dimension moyenne et au nombre de 39 à 52 dans la ligne médiane du corps.

La couleur de base varie du gris clair au jaune sable à cannelle. Le corps est couvert d'une résille irrégulière de petites taches ; le dos porte des taches claires en forme de selle, les flancs des stries sombres peu nettes. La coloration des mâles diffère légèrement de celle des femelles : leurs flancs portent des stries transversales sombres et le bord postérieur de la première dorsale s'orne d'une tache également foncée.

C'est un poisson vivant le plus souvent tout près du bord de l'eau, sur un fond sableux, argileux ou vaseux, parfois dans l'embouchure des rivières. La fraie se déroule d'avril à août (généralement de mai à juin) et les femelles pondent leurs oeufs dans des coquilles de bivalves vides, huîtres notamment. Les mâles veillent pendant quelque temps sur la ponte et sur les jeunes larves.

Etant donnée sa petite taille, *P. microps* n'a d'utilité que comme maillon de la chaîne alimentaire : il sert notamment de nourriture aux poissons prédateurs littoraux. Il est parfois élevé dans les aquariums marins.

Longueur : 3–5 cm, rarement jusqu'à 8 cm.
Fécondité : 500–1000 oeufs
D_1 : VI ; D_2 : I/8–10 ; A : I/8–10
Distribution : côtes européennes de l'Atlantique, au sud du cercle polaire ; Baltique; Méditerranée ; mer Noire ; mer d'Azov.
Synonyme courant : *Gobius leopardinus, Gobius microps.*

Les flancs du mâle s'ornent de stries transversales sombres.

Gobie nain, aphie *Pomatoschistus minutus*

Le gobie nain est un petit poisson au corps mince, aux ventrales soudées en un disque adhérent dont le bord antérieur porte de courtes digitations. Les écailles qui recouvrent le corps sont très fines, la ligne médiane du corps en comporte 58 à 70, soit nettement plus que chez les espèces voisines *P. microps* et *P. pictus*. Au contraire aussi de ces espèces, les écailles couvrent le dessus de la tête et la poitrine.

Le gobie nain est généralement de couleur sable, brune, avec des marbrures de taches sombres et des taches en forme de selle sur le dos. Une ligne de taches foncées, plus importantes que les autres, souligne la ligne médiane des flancs. La partie postérieure de la première dorsale porte chez les mâles, surtout à l'époque de la fraie, une tache violet sombre à noir, bordée de blanc.

Comme *P. microps,* le gobie nain peut s'aventurer dans les eaux douces, mais il vit le plus souvent dans les zones marines littorales à 5−12 m de profondeur, isolément même à plus de 100 m, à une distance de 100 m environ du bord. Il se déplace généralement en bancs plus ou moins importants, juste au-dessus du fond et descend plus en profondeur en hiver. La fraie a lieu de mars à juillet à des profondeurs allant jusqu'à 40 m. Les femelles déposent leur ponte sur les pierres ou les algues, souvent aussi dans des coquilles de mollusques. La ponte, fractionnée, se déroule en 3 à 4 fois. Le mâle veille sur les oeufs. Après leur éclosion, les larves mènent une vie pélagique jusqu'à ce qu'ils aient atteint environ 17 mm de longueur. Ils sont d'abord sous la protection du mâle. Le gobie nain devient adulte à un an et peut vivre deux à trois ans. Il se nourrit surtout de menus crustacés et sert lui-même d'aliment aux poissons plus gros que lui.

Longueur : 6−8 cm, maximum 10 cm.
D_1 : VI ; D_2 : I/9−11 ; A : I/9−11 ; V : 5−6.
Synonyme habituel : *Gobius minutus*.

Distribution de *P. minutus*.

Pomatoschistus pictus

Voici un petit poisson au corps relativement massif. La ventouse ventrale, bien développée, a un bord antérieur lisse. Le corps est couvert d'écailles, grandes par rapport à la taille d'ensemble, au nombre de 36 à 43 dans la ligne médiane du corps.

La coloration varie du brun au jaune clair, avec un motif irrégulier de petites taches sombres. Les bords des écailles sont également sombres et les flancs portent 4 à 5 groupes de taches plus foncées de taille plus importante, le premier de ces groupes étant situé sous les pectorales. Les deux dorsales portent elles aussi deux rangées de taches et leur bord supérieur, une bande orangée. Les mâles ont une coloration plus éclatante que les femelles.

P. pictus vit dans la zone côtière, depuis la limite de basse marée jusqu'à 50 m de profondeur environ, parfois plus. Il se plaît surtout au-dessus d'un fond dur couvert de grosses pierres souvent tapissées d'algues, mais peut vivre aussi sur le sable. Au contraire de *P. microps,* il n'entre jamais dans les embouchures. La fraie se déroule d'avril à juillet et, comme chez *P. microps* et *P. minutus,* la femelle pond ses oeufs dans des coquilles de bivalves que le mâle surveille jusqu'à l'éclosion. Les larves mesurent environ 3 mm à la naissance et restent pélagiques jusqu'à une taille de 12 mm, après quoi elles passent à une vie benthique.

Comme les autres poissons appartenant au même genre, *P. pictus* a une durée de vie réduite, de l'ordre de un à deux ans. Il n'a pas d'intérêt économique, mais sert de nourriture à d'autres poissons.

Longueur : 5–7 cm, maximum 9,5 cm.
Fécondité : 500–1100 oeufs.
D_1 : VI ; D_2 : I/8–10 ; A : I/10.
Synonyme habituel : *Gobius pictus.*

Distribution de *P. pictus.*

Protérorhine marbré

Proterorhinus marmoratus

Le protérorhine marbré est un petit poisson au corps fuselé, latéralement aplati, couvert de fines écailles rugueuses. Vue de dessus, la tête s'élargit létéralement. Les narines antérieures, tubulaires, antenniformes, sont tout à fait caractéristiques. On remarque aussi une ventouse impaire, située sous les larges pectorales en forme de fer de pelle. Il n'y a pas de ligne latérale sur le corps. Les écailles dessinent 36 à 48 rangées transversales.
La coloration est le plus souvent gris-jaune à gris-brun, avec quelques taches transversales irrégulières. Une tache noire se trouve à la base de la caudale. Les poissons perturbés ou tirés de l'eau pâlissent souvent de façon étonnante.
Le protérorhine marbré vit au maximum jusqu'à cinq ans, mais les deux sexes meurent le plus souvent après la première fraie, à deux ou trois ans. Celle-ci se déroule de mars à mai en eau peu profonde. Les femelles déposent leurs oeufs dans des nids au fond de l'eau, souvent aussi sur les pierres ou les parois des coquillages. La fraie s'accompagne d'une lutte entre les mâles et il semblerait que l'un des parents garde les oeufs après la ponte. On distsingue les sexes des reproducteurs d'après la forme de la papille uro-génitale, plus longue chez les mâles, et en même temps plus fine et pointue. En dehors de l'époque reproductive, ces différences sont difficilement perceptibles à l'oeil nu, surtout chez les sujets de petite taille.
Les protérorhines sont actifs de nuit. Ils passent la journée cachés sous les pierres, généralement dans la zone côtière des mers et près des berges des rivières, mais aussi dans les marais envahis de végétation, dans les canaux de drainage, ou les eaux bourbeuses des territoires inondés. Mauvais nageurs, ils se déplacent généralement par des bonds saccadés sur le fond. Dès qu'on les trouble, ils disparaissent d'un bond rapide dans leurs cachettes. Ils se nourrissent de petites larves d'insectes, de vers et de mollusques.
Ils n'ont pas d'intérêt pratique, mais servent parfois de nourrriture aux poissons prédateurs et peuvent être utilisés comme appâts par des pêcheurs. Ils trouvent également leur place dans les aquariums.

Longueur : 8–10 cm, maximum jusqu'à 12 cm.
Fécondité : jusqu'à 2500 oeufs.
D_1 : VI–VII ; D_2 : I/14–17 ; A : I/11–16.
Distribution : zone côtière de la mer Noire, de la mer d'Azov et de la Caspienne ; bords des rivières qui les alimentent. Ils remontent parfois leurs affluents jusqu'au pied des montagnes.

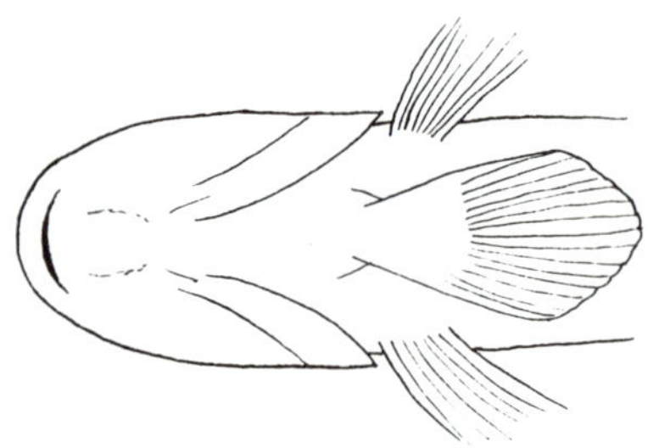

Partie antérieure de la face ventrale, montrant la ventouse résultant de la soudure des ventrales.

♂

Les CALLIONYMIDAE forment une petite famille de poissons littoraux marins. Ils se caractérisent par leur corps nu et leurs gros yeux situés sur le dessus de la tête. La bouche est petite, protractile. Les côtés de la tête portent deux à quatre excroissances osseuses situées sur le préopercule. La famille comprend neuf genres et quarante-cinq espèces environ, vivant dans les mers tempérées et subtropicales.

Dragonnet

Callionymus maculatus

Le corps est légèrement comprimé dans le sens dorso-ventral, mais la section du pédoncule caudal reste arrondie. Le préopercule porte 4 épines osseuses, dont 3 dressées et la 4e, la plus petite, dirigée vers l'arrière. La première dorsale est aussi haute que chez son voisin, le chiqueur *(C. lyra),* mais seul son premier rayon est plus haut que la seconde dorsale. Les papilles anales sont développées chez les deux sexes.
Chez les jeunes et les femelles, la face dorsale est brun-jaune, et les flancs portent une multitudes de petites taches brun lumineux, disposées en deux bandes, ainsi que des taches bleues irrégulières. Les mâles adultes sont de coloration très variable. Leurs deux dorsales portent quatre rangs de taches alternées, bleu clair et bleu foncé.
La fraie se déroule d'avril à juin, oeufs et alevins sont pélagiques et ne reçoivent pas de soins parentaux. Le dragonnet vit plus en profondeur que le chiqueur : on le trouve de 50 à 300 m. Il se tient non loin des côtes, sur un substrat sableux.
Il n'a pas d'intérêt économique.

Longueur : 8–12 cm, maximum 16 cm (mâles).
D_1 : IV ; D_2 : 9 ; A : 8–9.
Distribution : Atlantique, depuis les côtes de la Norvège moyenne et de l'Islande jusqu'à Gibraltar ; Méditerranée ; absent en mer Noire.

Callionymus bairdi vit dans la zone caraïbe de l'Atlantique. Il se plaît dans les herbiers, sur les bancs de sable et parmi les récifs coralliens. On l'élève souvent en aquarium.

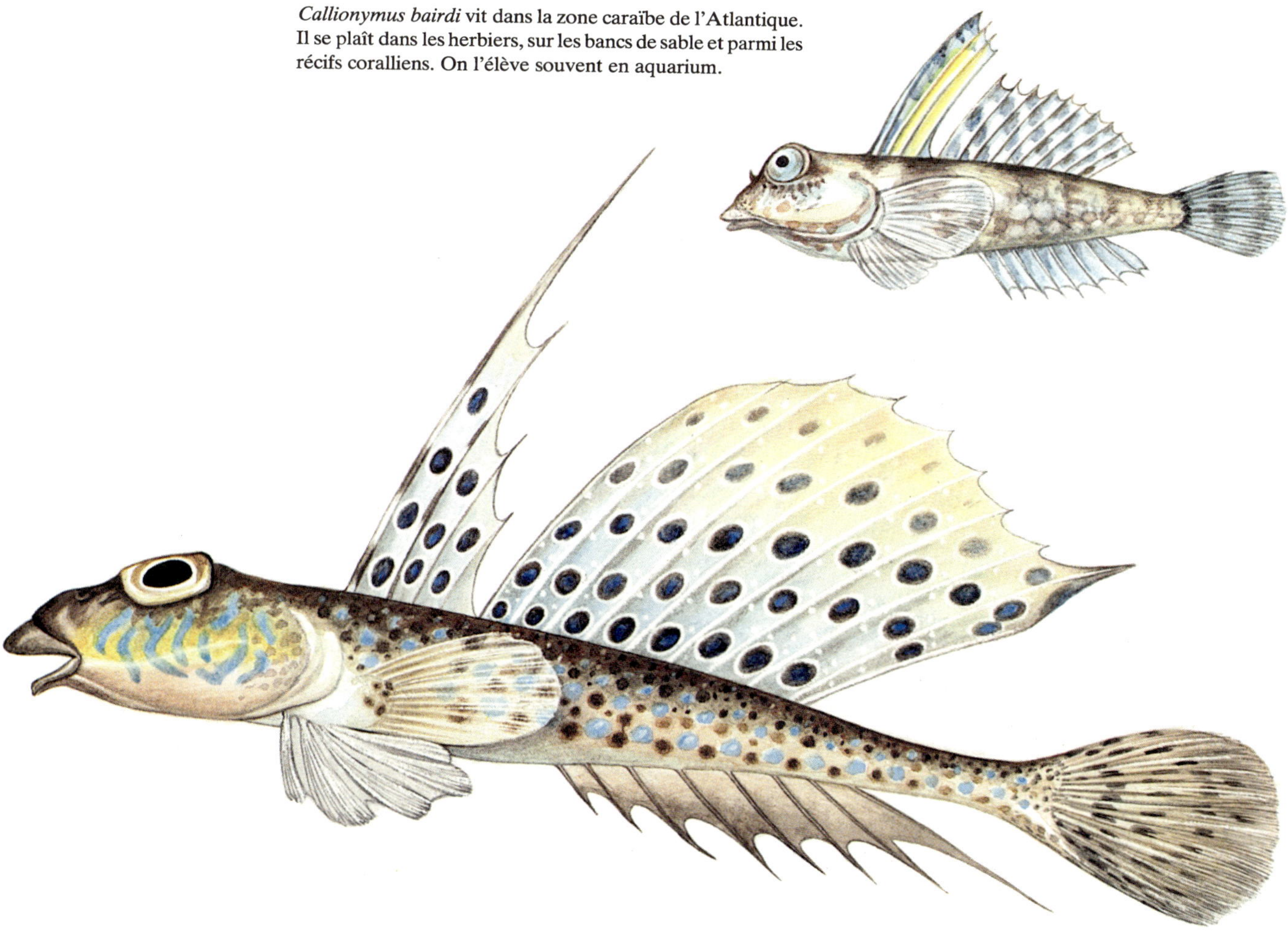

Chiqueur *Callionymus lyra*

Le chiqueur est un poisson au corps légèrement aplati dans le sens dorso-ventral, avec une grosse tête. Le préopercule porte ici aussi trois épines osseuses, mais à la différence de l'espèce précédente, deux de ces épines sont dirigées vers le haut : une en arrière, et la troisième, cachée dans la peau, pointe en avant. La papille anale, fortement développée chez les mâles, est imperceptible chez les femelles.

La coloration est fort changeante. Chez le mâle, le dos est jaune à reflet rougeâtre, et taché de bleu clair ou de violet. Les flancs portent une bande orange, elle-même bordée en haut et en bas d'une raie bleue. La première dorsale est orangée et striée de rouge ou de violet clair, la seconde porte quatre raies bleu clair. La nageoire anale est bordée d'une couleur sombre, la caudale a un reflet bleuté. Les femelles, brunâtres, ont les flancs clairs et le ventre blanc sale.

Près des côtes norvégiennes, le chiqueur fraie en novembre–décembre ; dans les eaux danoises d'avril à août ; dans la Manche de janvier à juin. Le mâle se pare alors de couleurs magnifiques. Les deux partenaires nagent l'un contre l'autre, perpendiculairement à la surface, le mâle enserrant la femelle par ses nageoires ventrales. Les oeufs libérés, fécondés par le mâle, montent vers la surface. Les alevins sont pélagiques jusqu'à une taille de 10 mm environ, après quoi ils descendent au fond pour y mener une vie benthique. Les mâles atteignent quatre à six ans, les femelles six à huit ans, la croissance des mâles étant plus rapide que celle des femelles : ils atteignent une vingtaine de centimètres dans leur quatrième année, tandis que les femelles en mesurent une quinzaine environ. Le chiqueur se nourrit de crustacés, de vers polychètes et de mollusques.

Il n'a pas d'intérêt économique, mais sert de proie aux espèces prédatrices.

Longueur : 15–20 cm, maximum 30 cm (mâles).
D : IV/9 ; A : 9.
Distribution : Méditerranée et mer Noire, ainsi que les parties voisines de l'Atlantique, de la Norvège moyenne et des côtes de l'Islande jusqu'au Cap-Vert.

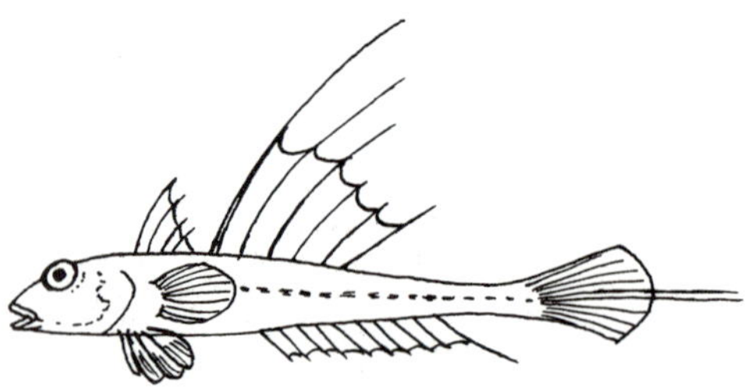

Mâle de *C. festivus*. Il se différencie du chiqueur par sa première dorsale basse, suivie d'une seconde nageoire plus haute, présentant des rayons filamenteux. C'est une espèce peu exigeante en ce qui concerne son espace vital et qui convient donc pour l'élevage en aquarium.

♀

Femelle du chiqueur : on la distingue du mâle à sa coloration discrète et à la forme et la taille de la première dorsale.

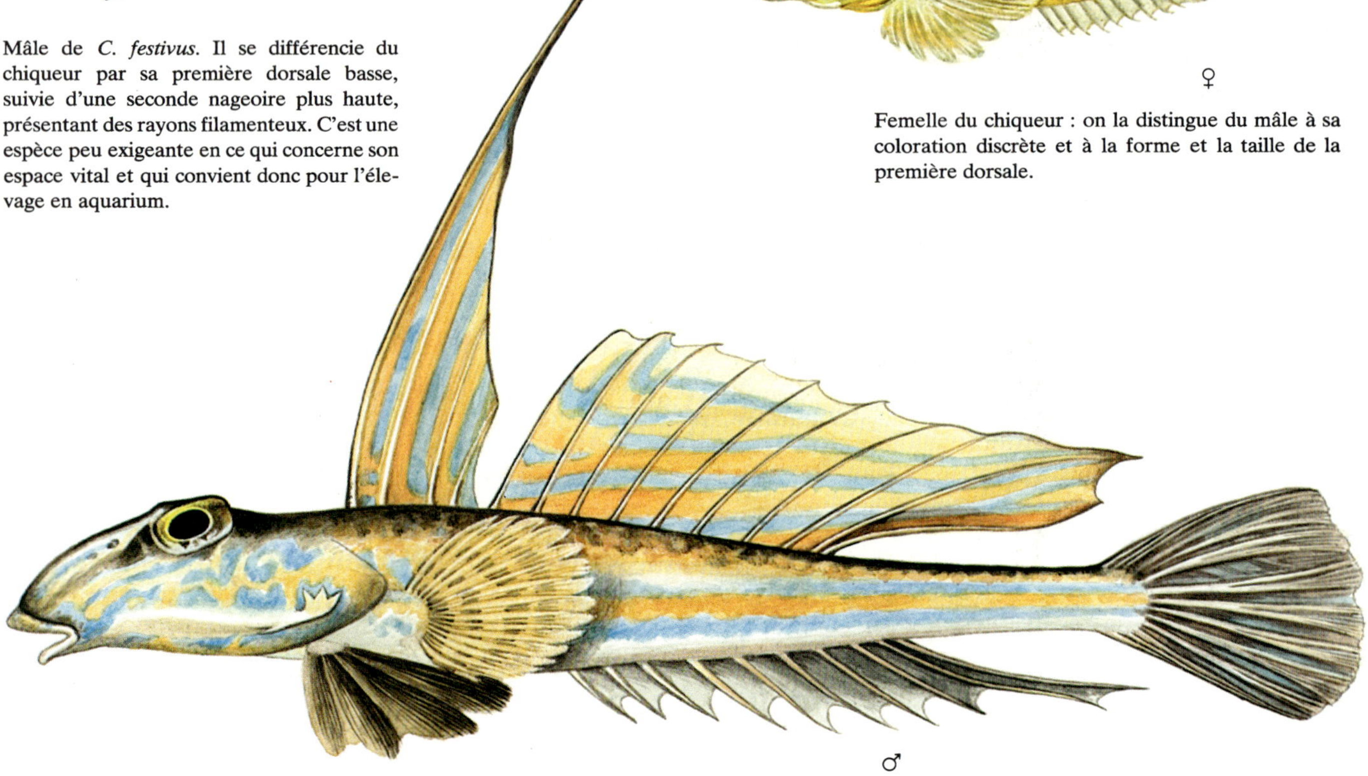

♂

L'ordre des SCORPENIFORMES comprend plus de mille espèces de poissons essentiellement benthiques, marqués par une grosse tête et de larges nageoires pectorales. Dans la famille des SCORPAENIDAE on compte environ trois cent cinquante espèces de poissons marins, vivant pour la plupart dans l'océan Indien et le Pacifique. Une soixantaine d'entre elles seulement peuplent l'Atlantique. Il s'agit de poissons relativement gros, très voisins d'aspect des Percidés. Dans certaines langues on leur donne d'ailleurs le nom de perches rouges ou de perches de mer : la première appellation faisant référence à leur couleur rouge vif. Nombre d'espèces sont ici venimeuses. Lorsqu'on se blesse avec les épines de la tête ou les rayons non ramifiés de la nageoire dorsale, voisins tous deux de glandes à venin, on voit se former des plaies douloureuses, de guérison difficile. On a même assisté à la paralysie des doigts.

Sébaste, rascasse du Nord *Sebastes marinus*

La plupart des représentants du genre *Sebastes* vivent dans la partie septentrionale de l'océan Pacifique. La rascasse du Nord compte parmi les quatre espèces du genre que l'on rencontre dans l'Atlantique. Elle se tient surtout à 100–600 m de profondeur dans des eaux à 2–6 °C, et descend, plus rarement, à 700–900 m de profondeur. Les jeunes préfèrent des eaux moins profondes, les individus d'un certain âge, les grandes profondeurs. La rascasse du Nord, de croissance lente, peut vivre jusqu'à trente ans, même jusqu'à soixante ans selon certaines données. La couleur dominante de la robe est le rouge, surtout intense dans la région dorsale.
Les rascasses du Nord fraient au voisinage des îles Lofoten, de l'Islande, près des côtes nord-américaines et dans d'autres stations. Au bout d'un certain temps après la fraie, la femelle met au monde un nombre assez grand de larves qui présentent déjà la forme du poisson et ont presque digéré leur sac vitellin. Elles se laissent emporter vers le Nord par les courants et se tiennent dans les couches superficielles de l'eau, assez loin des côtes.
La rascasse du Nord est une espèce économiquement intéressante et sa chair est savoureuse. Elle est surtout pêchée au chalut et les prises annuelles se situent aux environs de 500 000 tonnes depuis quelques années.

Longueur : 40–60 cm, maximum 80–100 cm.
Poids : 2–5 kg, maximum jusqu'à 15 kg.
Fécondité : 30 000 à 350 000 larves.
D : XIV–XVI/14–16 ; A : III–IV/7–9 ; l.l. : 80–90.
Distribution : Atlantique nord-ouest, côtes du Groenland et de l'Amérique du Nord jusqu'à Terre-Neuve.
Synonymes courants : *Perca marina, Sebastes norvegicus, Perca norvegica.*

Jusqu'à 30 à 35 cm, la rascasse du Nord se nourrit surtout d'invertébrés pélagiques (par exemple des crevettes du genre *Pandalus* – 1), d'alevins de harengs et de gades. Les individus d'une certaine taille s'attaquent aux poissons (2).

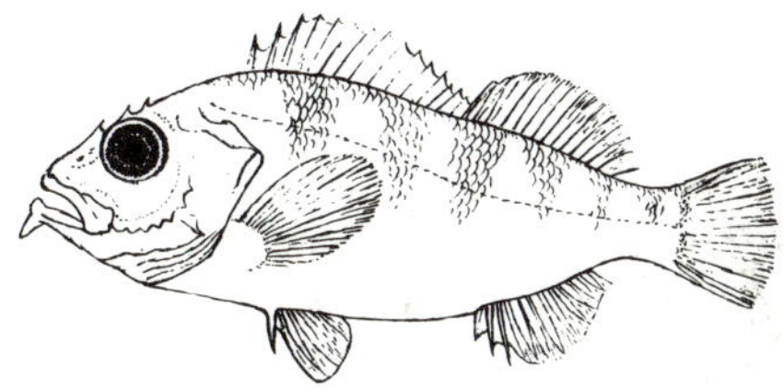

Sebastes mentella est une espèce affine vivant dans les eaux fraîches et subarctiques de l'Atlantique Nord. Elle atteint 30 à 50, au maximum 70 cm, et peut vivre vingt ans.

Rascasse brune

Scorpaena porcus

La rascasse brune est un poisson de taille relativement petite, au corps recouvert de menues écailles cténoïdes, absentes cependant sur la gorge, la poitrine et à la naissance des pectorales. La tête, plutôt grosse, et le corps, surtout en-dessous de la dorsale et au-dessus de la ligne latérale, portent un grand nombre d'excroissances dermiques, dont la plus importante est située au-dessus de l'oeil. La mâchoire inférieure en est au contraire dépourvue. Des glandes à venin se trouvent près de la base de la partie épineuse de la dorsale et près des épines operculaires. Leur sécrétion pénètre dans la plaie lorsqu'on se pique à ces épines et est à l'origine d'inflammations douloureuses.
La rascasse brune a une robe grise, parsemée de points et de taches sombres, parfois disposées en 2 à 3 raies transversales irrégulières et peu apparentes. Les taches des nageoires peuvent, elles aussi, être disposées en stries longitudinales ou transversales.
La rascasse brune vit près des côtes, cachée entre les pierres, dans les herbiers, parfois même en partie enfouie dans le fond sableux, généralement à 20–50 m de profondeur, plus rarement à 100 m et plus. Elle fraie de mai à septembre, la ponte est fractionnée, les oeufs pélagiques. Les larves et les alevins mènent eux aussi une vie pélagique, jusqu'à une taille de 12 à 15 mm, après quoi ils descendent au fond. La maturité sexuelle est atteinte à trois, parfois à deux ans chez les mâles. Les jeunes rascasses brunes se nourrissent de petits invertébrés, plus tard elles consomment des crabes, des crevettes et de petits poissons. Elles sont surtout actives au crépuscule. Pendant leur croissance, elles muent régulièrement, abandonnant périodiquement la couche superficielle épidermique, en relation avec l'intensité de leur alimentation.
La chair de qualité moyenne est consommée dans certains pays méditerranéens, mais elle n'a pas de grand intérêt économique.

Longueur : 12–25 cm, maximum 30 cm.
Poids : 0,3–0,7 kg.
Fécondité : 2 500–180 000 oeufs.
D : XI–XII/8–10 ; A : III/5 ; P : I/15–16 ; V : I/5.
Distribution : Atlantique, depuis le golfe de Gascogne vers le sud, le long des côtes africaines. Abonde en Méditerranée et en mer Noire.

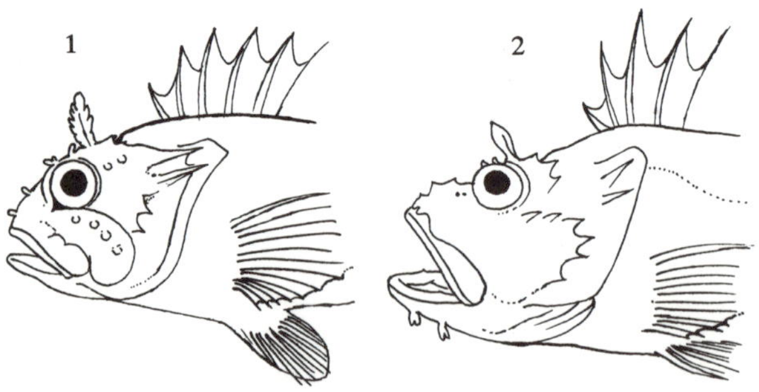

Région antérieure de la rascasse brune (1) et de la rascasse rouge (2). Chez la rascasse brune, l'appendice épidermique supra-oculaire est plus grand ; sur le menton et la mâchoire inférieure, il n'y a pas de lambeaux de peau.

Certains représentants tropicaux de la famille des scorpénidés sont de beaux spécimens pour les aquariophiles. L'un des plus connus en est le ptéroïs *(Pterois volitans)*, qui atteint 35 à 40 cm de long et abonde dans la zone tropicale de l'océan Indien et du Pacifique.

Rascasse rouge

Scorpaena scrofa

La rascasse rouge se distingue de la brune surtout par la coloration, la taille et la présence de nombreux lambeaux de peau ornant le menton et la mâchoire inférieure. L'excroissance supraoculaire est ici moins apparente.
Toute la robe est brun-rouge sombre, avec des marbrures foncées. Seul le ventre est un peu plus clair. Cette coloration, très variable, change en fonction du milieu.
La rascasse rouge vit sur les fonds pierreux ou sableux, couverts d'herbiers, à 20–100, exceptionnellement 200 m et plus, de profondeur. Elle forme le plus souvent des bancs de quelques individus et se jette sur ses proies en quittant vivement son abri de pierres ou de végétaux. Elle peut être partiellement enfouie dans le fond. Elle se nourrit surtout de poissons, de crabes et de crevettes. Sa large bouche lui permet d'avaler des proies qui atteignent plus de la moitié de sa propre taille. La rascasse rouge fraie de mai à août, de manière fractionnée. Les oeufs sont pélagiques. Comme les autres rascasses, elle présente la particularité biologique de muer à intervalles réguliers, comme les serpents ou d'autres reptiles. Elle se débarrasse de sa peau en moyenne une fois tous les 28 jours, parfois même deux fois par mois, selon l'intensité de son alimentation. Près des épines de la dorsale et de l'anale et près de certaines épines de la tête se trouvent des glandes venimeuses. Leur sécrétion est moins nocive que celle des poissons du genre *Trachinus,* mais elle occasionne, en pénétrant dans la plaie causée par les épines, des ulcérations douloureuses, voire dangereuses pour certaines personnes fragiles. Ce sont surtout les pêcheurs qui sont exposés à ce genre de blessures ; les baigneurs ne risquent pratiquement rien.
La rascasse rouge est pêchée, dans la proportion annuelle de quelque 2 à 4 000 tonnes. Sa chair est de qualité moyenne.

Longueur : 25–30 cm, maximum 50 cm.
Poids : jusqu'à 1,5 kg.
Fécondité : 10 000–200 000 oeufs.
D : XI–XII/8–10 ; A : III/5–6 ; V : I/5.
Distribution : peu commune près des côtes méridionales de Grande-Bretagne et dans le golfe de Gascogne, abondante près des côtes nord-ouest de l'Afrique et dans la partie occidentale de la Méditerranée. Absente en mer Noire.

Scorpaena ustulata atteint 15 à 20 cm de long et vit le plus souvent à 50–300 m de profondeur. Comme *S. crofa,* elle possède des glandes à venin dont les sécrétions causent de douloureuses inflammations. Son aire de distribution est comparable à celle de *S. scrofa.*

La famille des TRIGLIDAE comprend environ quatre-vingts espèces de poissons marins adaptés à la vie sur les fonds littoraux mous. Le corps est couvert d'écailles cténoïdes ou de plaquettes osseuses portant, surtout sur la tête, un grand nombre d'excroissances acérées. Les trois premiers rayons des pectorales sont épaissis et libres entre eux. Ils portent des cellules sensorielles réceptives aux sensations olfactives et gustatives. Les trigles s'en servent également pour leurs déplacements sur le fond et pour fouiller les couches superficielles du substrat en quête de nourriture. Les grondins sont capables d'émettre des sons, grâce à une musculature particulière de leur vessie gazeuse, qui joue de surcroît un rôle d'amplificateur. Ces bruits permettent aux différents individus de rester au sein du banc, surtout pendant la reproduction.

Coucou de mer

Aspitrigla cuculus

Le corps du coucou est couvert d'écailles de petite dimension, à l'exception de celles, nettement plus grosses, de la ligne latérale. La première dorsale est courte et haute ; la seconde, longue et basse. Les pectorales arrivent jusqu'à l'anus.

Le dos, la tête et les flancs sont rouge sombre, le ventre gris-rose. Les ventrales, claires, ont une bordure sombre.

C'est l'un des plus petits grondins européens. Il fraie pendant l'été et devient sexuellement adulte à trois ou quatre ans (les mâles plus tôt que les femelles). Le coucou atteint environ 10 cm dans sa première année de vie, 15 cm dans la deuxième, 20 cm dans la troisième. Les larves consomment des nauplius et de menus copépodes, les adultes différents organismes benthiques.

Le coucou se tient surtout dans la zone côtière à 20–250 m de profondeur, sur des fonds sableux, pierreux ou argileux. Il n'est jamais très abondant.

Certains sujets sont parfois pris au chalut ou à la ligne.

Longueur : 20–30 cm, maximum 40 cm.
Poids : jusqu'à 1 kg.
D_1 : VIII–IX ; D_2 : 18 ; A : 16–17 ; l.l. : 73–76.
Distribution : côtes européennes depuis le nord du Danemark et de l'Angleterre jusqu'au Cap-Vert ; Méditerranée, à l'exception de sa partie la plus orientale.

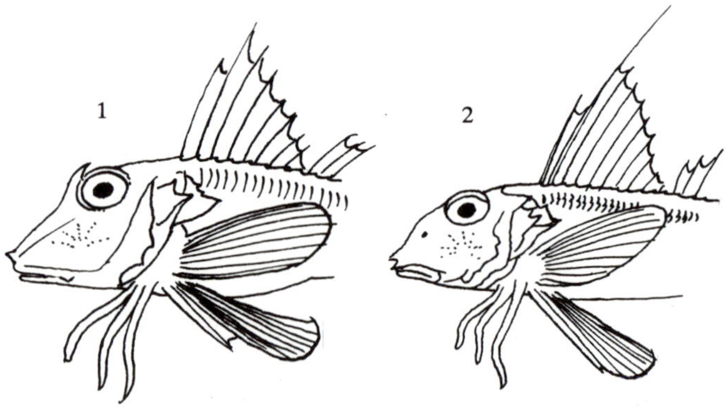

Tête et région antérieure du coucou (1) et du voisin *Trigla obscura* (2), reconnaissable au deuxième rayon, particulièrement allongé, de la dorsale et à la forme des écailles de la ligne latérale. *T. obscura* atteint 30 cm de long.

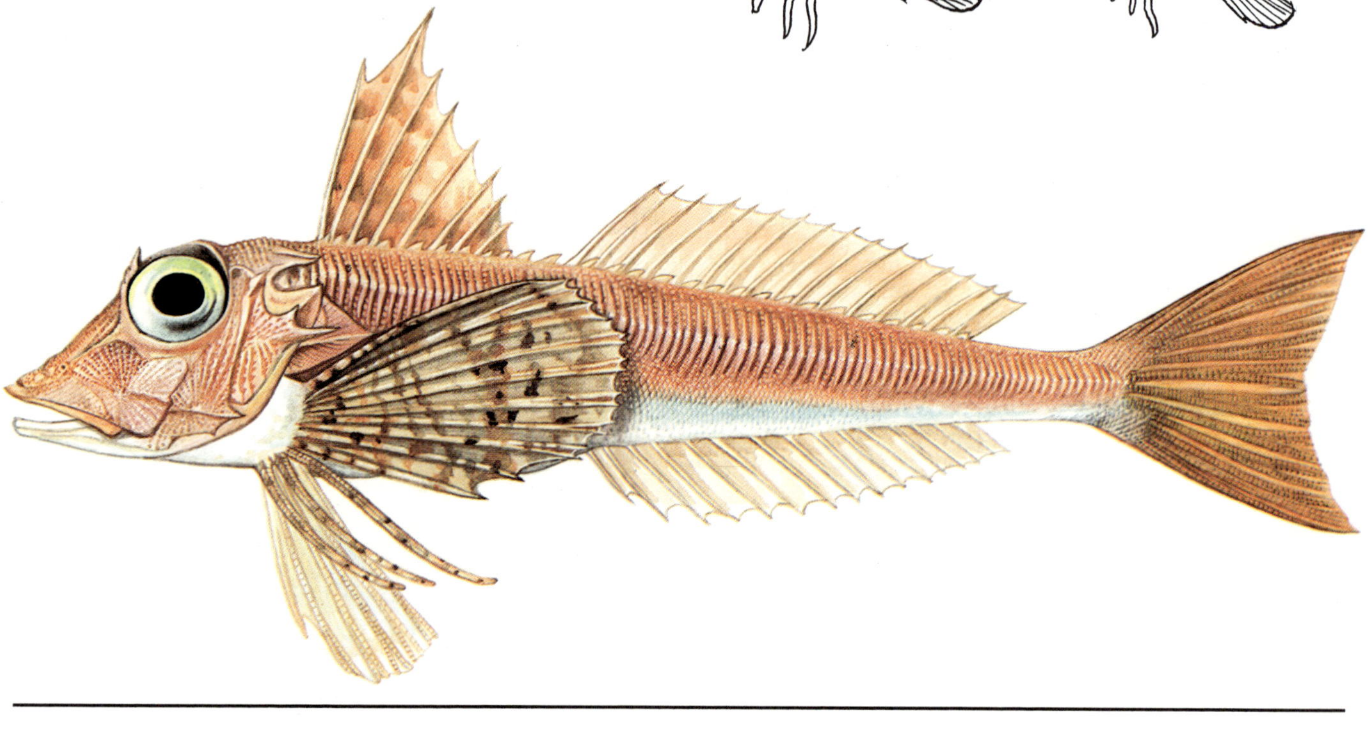

Grondin gris *Trigla gurnardus*

Les pectorales du grondin gris n'arrivent jamais au niveau de la deuxième dorsale. Il se reconnaît aussi aux écailles rugueuses, présentant des excroissances osseuses, de la ligne latérale. Ces excroissances produisent une luminescence argentée. On note également la présence de taches blanchâtres sur le dos. Par ailleurs, la coloration est assez changeante, avec une dominante gris-vert ; le ventre est blanchâtre.

Le grondin gris se plaît dans les eaux peu profondes à fond sableux, mais il se déplace librement même à des profondeurs atteignant 150 m. Au printemps, il se rapproche des côtes, dont il s'éloigne à nouveau à l'approche de l'automne. Les mâles deviennent aptes à la reproduction dans leur troisième année de vie, avec une longueur d'environ 18 cm, les femelles dans leur quatrième année, avec une longueur d'environ 24 cm. Comme chez les autres trigles, la fraie s'étend sur toute la durée de la période estivale, la ponte est fractionnée. Les femelles sont beaucoup plus nombreuses dans les bancs reproducteurs que les mâles. Les oeufs et les larves sont pélagiques, les jeunes passent ensuite à une vie benthique.

Malgré sa chair savoureuse et le fait que les prises se situent entre 4 000 et 6 000 tonnes, le grondin gris n'a qu'une faible importance économique. Une grande partie des prises ne sert qu'à la fabrication de farine.

Certains auteurs rapprochent des trigles une famille voisine, celle des dactyloptéridés, dont le représentant le plus connu dans les eaux européennes est le dactyloptère volant, *Dactylopterus volitans*.

Longueur : 25–40 cm, exceptionnellement 55 cm.
Poids : jusqu'à 1 kg.
Fécondité : 200 000–300 000 oeufs.
D_1 : VII–IX ; D_2 : 18–20 ; P : 10–11 + 3 ; A : 17–20 ; V : I/5.
Distribution : sa limite nord atteint le cercle polaire arctique. On le trouve sur les plates-formes continentales de Mourmansk jusqu'aux côtes méridionales du Maroc ; en Méditerranée et en mer Noire.
Synonymes habituels : *Trigla milvus, Eutrigla gurnardus.*

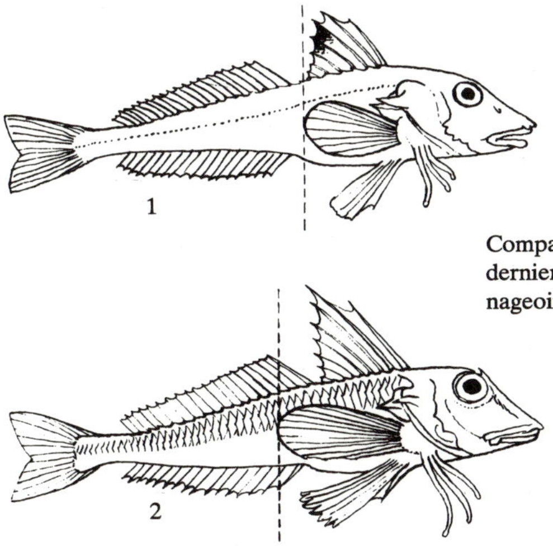

Comparaison de *Trigla gurnardus* (1) et *Aspitrigla cuculus* (2) : ce dernier présente de longues pectorales atteignant la naissance de la nageoire anale.

Grondin hirondelle, perlon *Trigla hirundo*

C'est, avec une longueur maximale de 75 cm, le plus gros représentant de la famille. A la différence du coucou, du grondin gris et de quelques autres trigles, le grondin hirondelle ou perlon présente une ligne latérale recouverte d'écailles de taille normale, parfaitement lisses. Les pectorales sont longues et caractérisées par une coloration chatoyante et changeante, avec du noir, du bleu et du rouge, ainsi que des taches blanchâtres. Elles arrivent jusqu'aux premiers rayons de la seconde dorsale. La coloration du corps est, elle aussi, très variable, avec une dominante brun-rouge à orangée, le ventre étant plus clair.

Le grondin hirondelle recherche surtout les fonds rocheux ou sableux du plateau continental, où il se tient « assis », appuyé sur les rayons libres des pectorales. On le trouve aussi entre deux eaux à différentes profondeurs. C'est un nageur relativement habile qui se nourrit surtout de poissons.

Comme chez les autres grondins, la fraie est fractionnée et étalée sur une longue période de temps. Dans les eaux européennes elle se situe de mai à août ; près des côtes africaines même pendant l'hiver. Les oeufs et les larves sont pélagiques, les alevins passent à une vie benthique.

C'est une espèce relativement courante, constituant l'essentiel des prises de pêche, soit pour l'ensemble des grondins, quelque 13 000 tonnes par an pour la seule Europe. Surtout pêché près des côtes espagnoles, le grondin hirondelle a une chair d'excellente qualité.

Longueur : 30–60 cm, maximum 75 cm.
Poids : 0,7–0,9 kg, isolément jusqu'à 1,5 kg.
Fécondité : jusqu'à 150 000 oeufs.
D_1 : IX–X ; D_2 : 15–18 ; A : 14–17 ; P : 10–11 + 3 ; V : I/5.
Distribution : Méditerranée, mer Noire et Atlantique, de la Norvège moyenne jusqu'aux régions équatoriales de l'Afrique.
Synonymes courants : *Trigla lucerna, Trigla hyrax, Trigla corax.*

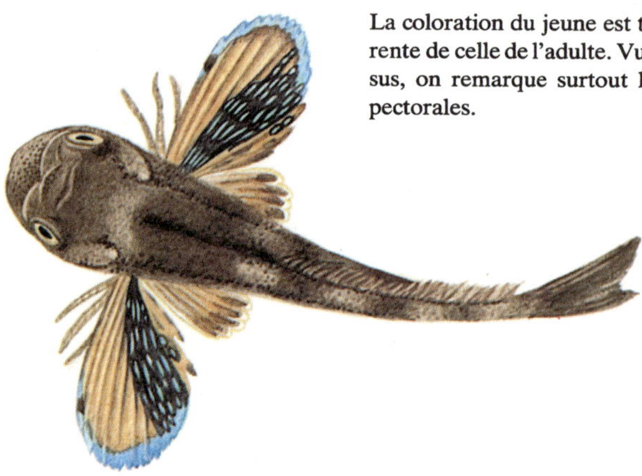

La coloration du jeune est très différente de celle de l'adulte. Vu par-dessus, on remarque surtout les vastes pectorales.

Avant du corps chez *T. hirundo* (1) et *T. lyra* (2). On voit clairement les différences entre ces deux espèces : épines operculaires et, chez *T. lyra*, épine importante surmontant la mâchoire supérieure.

Les COTTIDAE constituent une famille comprenant environ deux cents espèces de poissons marins et d'eau douce. Ils sont le plus souvent aplatis dans le sens dorso-ventral, leur peau épaisse est dépourvue d'écailles mais porte une rangée d'épines osseuses. La plupart des espèces vivent dans les eaux du Pacifique nord, cinq espèces peuplent les eaux douces d'Europe et d'Amérique du Nord.

Chaboisseau

Cottus gobio

Voici un petit poisson au corps fusiforme terminé par une grosse tête aplatie dans le sens dorso-ventral et recouvert d'une peau lisse dépourvue d'écailles.
Le corps est généralement gris à brun-clair, avec des marbrures irrégulières de teinte plus foncée et quatre stries transversales sombres, peu apparentes. Les nageoires sont grises, tachetées.
Le chaboisseau vit le plus souvent dans les secteurs peu profonds des cours de basse ou de moyenne montagne, présentant un fond pierreux avec une abondance d'abris naturels. Il se cache habituellement sous les pierres dans la journée et est surtout actif vers le soir et pendant la nuit. Il ne quitte son abri que si on le perturbe, et se précipite alors dans une autre cachette en effectuant de courts bonds. Il ne possède pas de vessie gazeuse et nage très mal. Il atteint l'âge de huit ans. Sa fraie se situe de mars à mai. Les oeufs sont déposés sur la face inférieure des pierres. Durant l'incubation, la ponte est protégée par le mâle. Celui-ci se distingue de la femelle par sa tête, plus grosse, sa bouche, plus large, et surtout par sa papille génito-urinaire en forme de tube allongé.
Les pêcheurs pensaient jadis que le chabot de rivière s'attaquait aux oeufs de truite et constituait pour la truite et les autres salmonidés un sérieux concurrent alimentaire. Il semble cependant que sa voracité ait été grandement exagérée.
La chair du chaboisseau est savoureuse. Les pêcheurs s'en servent parfois comme appât et il constitue une part importante de la nourriture des salmonidés.

Longueur : 12–14 cm, maximum 16 cm.
Fécondité : 100–1300 oeufs.
D_1 : V–IX ; D_2 : 13–19 ; A : 10–15.

Comparaison des aires de distribution de *C. gobio* (en bleu) et *C. poecilopus* (en rouge).

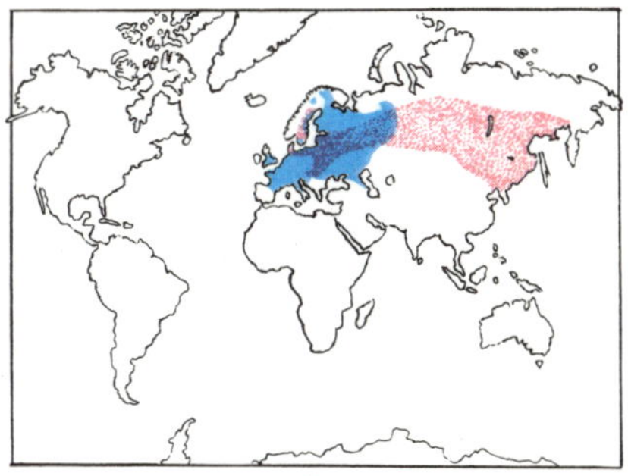

Chabot de Sibérie

Cottus poecilopus

Le chabot de Sibérie ressemble fortement au chabot de rivière ou chaboisseau. Parmi leurs différences, notons surtout la bouche plus largement fendue du chabot de Sibérie, sa ligne latérale incomplète et ses longues nageoires ventrales arrivant au moins jusqu'à l'anus. Le bord de la première dorsale est, surtout chez le mâle, souligné d'une bande voyante de couleur orangée. Les mâles se distinguent des femelles par la plus grande largeur de leur tête, la plus grande longueur de leurs nageoires et leur coloration plus soutenue.

Chez les deux sexes le dos est brun à vert olive tacheté de brun, le ventre blanc ou jaunâtre, les flancs portent habituellement 4 à 5 taches sombres.

Le chabot de Sibérie vit surtout dans les torrents et les ruisseaux de montagne où il remonte souvent jusqu'au secteur des sources, donc plus haut que le chaboisseau. On les trouve simultanément sur de courtes longueurs, à la limite de la basse montagne. Leur mode de vie, leurs stations et leur alimentation sont également similaires, mais le chabot de Sibérie est moins abondant, plus exigeant pour la pureté de l'eau et son oxygénation. Lorsqu'il se sent menacé, il écarte les ouïes, redresse leurs épines terminales et se tourne contre son agresseur, la bouche grande ouverte et les pectorales déployées. Si cette manoeuvre est insuffisante, il se précipite à l'abri en effectuant de petits bonds. Sa maturité sexuelle se situe au cours de sa deuxième année de vie. La fraie se déroule de mars à mai dans de petits nids en coupelle creusés sous les pierres par le mâle. C'est aussi ce dernier qui surveille la ponte jusqu'à l'éclosion des oeufs.

Le chabot de Sibérie vit au maximum cinq à six ans et n'a pas d'intérêt économique particulier.

Longueur : jusqu'à 15 cm, maximum 20 cm.
Fécondité : 200–800 oeufs.
D_1 : VIII–IX ; D_2 : 16–20 ; A : 12–15.
Distribution : Europe du Nord et Asie, du bassin de l'Oder et du Danube jusqu'à l'Amour en Sibérie jusqu'à la rivière Kolyma.

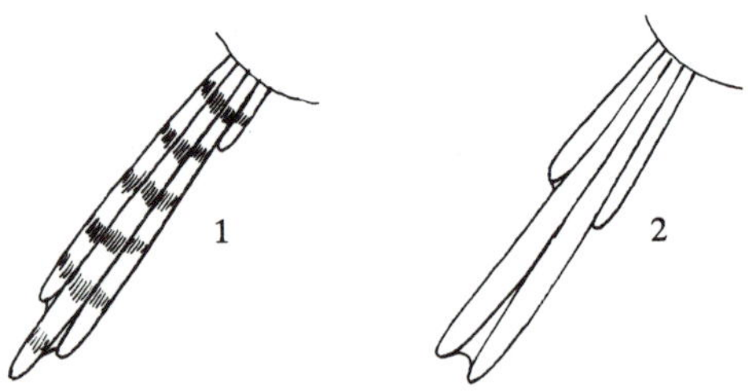

Parmi les critères distinctifs du chabot de Sibérie (1) et du chaboisseau (2), le plus important est constitué par les nageoires pelviennes qui sont toujours régulièrement et transversalement striées chez le premier.

Chabot de mer

Taurulus bubalis

Deux espèces du genre *Taurulus* vivent près des côtes atlantiques de l'Europe. *T. bubalis* porte sur l'opercule une forte épine dirigée en arrière et dont la longueur dépasse le diamètre de l'oeil, ce qui le distingue de son voisin *T. lilljeborgi* chez qui l'épine est toujours plus courte que ce diamètre. La première dorsale ne comporte que des rayons épineux, la seconde que des rayons mous. La pelvienne de *T. bubalis* comporte quatre rayons, celle de *T. lilljeborgi,* trois. Le corps est nu. Chez les mâles, la crête ornant le dessus de la tête est plus développée, les nageoires sont plus longues et il existe une papille uro-génitale.
Le corps est brun-rouge zébré de rayures transversales sombres. A l'époque de la fraie, le ventre du mâle devient rouge orangé à taches bleu clair et blanches.
La fraie survient très tôt au printemps, en mars–avril. La femelle colle les oeufs sur les pierres ou les algues marines. Le développement embryonnaire se poursuit pendant six à sept semaines. Le mâle ne veille pas sur le nid. Les larves qui viennent d'éclore sont pélagiques et ne retournent vers les côtes que lorsqu'elles atteignent 13 à 14 mm de long. Le chabot de mer se nourrit de crustacés (talitres, crevettes et crabes), mais aussi de petits poissons (gobies) voire d'ophiures et de mollusques. Il vit entre les pierres et les algues de la zone côtière, jusqu'à 30 m de profondeur, plus bas en hiver. *T. lilljeborgi* se tient et fraie en eau plus profonde (50–80 m).
Ni l'un ni l'autre de ces chabots de mer n'a d'intérêt économique.

Longueur : 12–15 cm, maximum 20 cm.
D_1 : VII–X ; D_2 : 10–14 ; l.l. : 32–35 ; vertèbres 29–30.

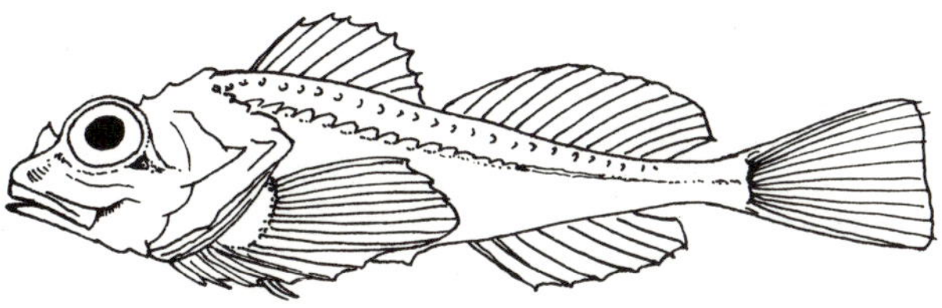

T. lilljeborgi a la même distribution que *T. bubalis* dont il se distingue par seulement deux rayons mous dans la pectorale (il y en a trois chez *T. bubalis*).

Distribution de *T. bubalis.*

Icelus bicornis

Voici un petit poisson au corps de forme caractéristique ; sa grosse tête est dotée de fortes épines osseuses, disposées sur le front et le préopercule. Les flancs portent deux rangées de grosses écailles au bord postérieur épineux : on dirait que le poisson a deux lignes latérales. En fait, seule la plus basse de ces rangées correspond à la véritable ligne latérale, innervée par la ramification correspondante du nerf vague. La papille uro-génitale est particulièrement développée chez les mâles : elle peut mesurer jusqu'à 1 cm.
Le dos est brun-jaune taché de brun plus sombre, les flancs, dans la même tonalité, sont plus clairs.
Il s'agit d'une espèce pratiquement circumpolaire. En Europe, *Icelus bicornis* existe le long du littoral atlantique de la Scandinavie, jusqu'au sud de la Norvège.
Il peut vivre à des profondeurs allant de quelques mètres jusqu'à 600 m ; on le trouve le plus souvent à 40–180 m, les jeunes en eau moins profonde. C'est une espèce d'eau froide, préférant des eaux aux environs de 0 °C, mais ne fuyant même pas les températures négatives jusqu'au point de solidification de l'eau marine. Il tolère des températures maximales de 7 à 9 °C.
Icelus bicornis exige une salinité de 33–35 ‰ et ne pénètre qu'exceptionnellement dans des secteurs radoucis, jusqu'à une salinité de 25–29 ‰. Il vit sur tout type de substrat. Sa fraie se situe d'août à octobre et ses oeufs sont relativement gros en comparaison de sa taille, d'un diamètre mesurant de 2,5 à 3 mm. Il se nourrit de polychètes et de crustacés benthiques et ne présente pas d'intérêt économique.

Longueur : jusqu'à 12 cm.
Fécondité : 150–300 oeufs.
D : VII–X/17–23 ; A : 12–17 ; l.l. : 25–37.
Distribution : océan Glacial Arctique, nord de l'Atlantique.

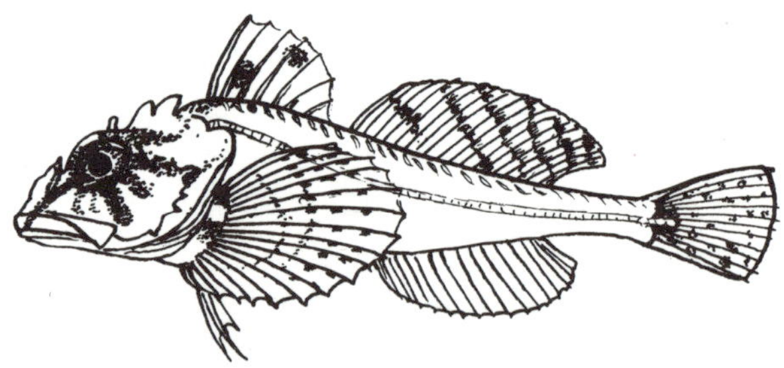

I. spatula vit à l'est de la Sibérie, dans la mer de Béring et celle de la presqu'île des Tchouktches. Il se distingue de *I. bicornis* par la longueur de la ligne latérale qui vient ici jusqu'à la caudale.

Chabot à quatre cornes

Myoxocephalus quadricornis

La forme du corps de ce poisson confirme sa parenté avec les chabots d'eau douce *(Cottus)*. La tête est large, avec, sur les os operculaires, 4 excroissances osseuses qui donnent à ce poisson son nom spécifique d'après le latin. La vue de profil ou de dessus révèle des sortes de bosses au-dessus des yeux et en arrière de la tête : la face supérieure de ces bosses est généralement élargie. Les gibbosités à l'arrière de la tête sont généralement les plus développées, mais leur taille varie fortement d'un individu à l'autre. Au-dessus de la ligne latérale se trouvent 1 à 2 rangées de scutelles osseuses couvertes de menues dents, toutes égales. Le pédoncule caudal est long et mince, la seconde dorsale est, elle aussi, très longue, surtout chez les mâles : appliquée contre le corps, elle atteint la naissance de la caudale. Ses rayons sont couverts de petites dents épineuses, fait unique dans le genre *Myoxocephalus*.

Les adultes sont brun-vert à gris-brun, sans taches marquées. Le ventre est clair, le plus souvent jaunâtre.

L'espèce se plaît sur des fonds rocheux, couverts d'algues et d'autres végétaux aquatiques, où elle vit cachée entre les pierres. Les alevins s'avancent volontiers dans l'embouchure des fleuves. La fraie se situe à la fin de l'automne et en hiver, les oeufs sont déposés sur le fond ; les larves pélagiques apparaissent au printemps et arrivent à mesurer 20 à 22 mm au mois d'août. L'adulte se nourrit surtout de crustacés et de petits poissons.

M. quadricornis n'a pas d'intérêt économique à cause de sa relative rareté. Sa chair blanche est assez savoureuse.

Longueur : 20 à 30 cm, femelles jusqu'à 35 cm.
Poids : 150–200 g, isolément jusqu'à 0,5 kg.
Fécondité : 2000–6200 oeufs.
D_1 : VII–IX ; D_2 : 13–16 ; A : 13–16 ; P : 15–18.
Distribution : circumpolaire dans l'océan Glacial Arctique. Mer Blanche, mer de Barents, Baltique, lacs scandinaves et caréliens (y compris celui de Ladoga et d'Onega), Grands Lacs nord-américains. Dans la Baltique comme dans ces lacs, il représente une relique de la dernière glaciation.
Synonyme courant : *Cottus quadricornis*.

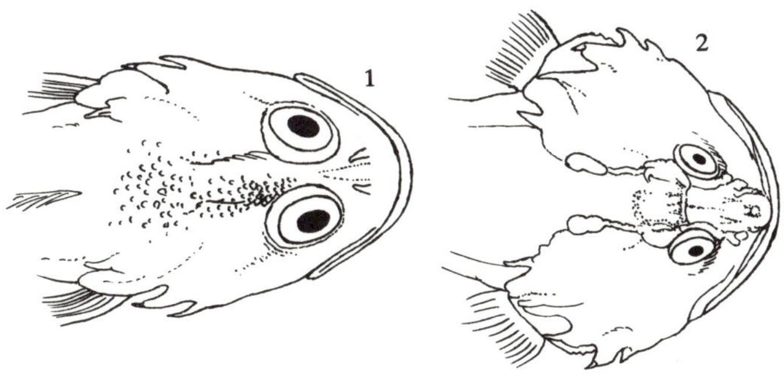

Têtes de *M. scorpius* (1) et de *M. quadricornis* (2). On note la différence de forme des épines operculaires et la taille des gibbosités de la tête.

Chabot scorpion

Myoxocephalus scorpius

Le chabot scorpion a une grosse tête, moins large cependant que celle du chabot à quatre cornes. La peau qui en recouvre le dessus peut être lisse ou porter des pores verruqueux. Les gibbosités du dessus de la tête sont moins développées que chez l'espèce précédente, par contre, les épines operculaires sont plus grosses et leur piqûre est douloureuse. Le pédoncule caudal est court et plutôt haut. Au-dessus et au-dessous de la ligne latérale, les flancs portent des scutelles dermiques saillantes, dont le bord postérieur est muni de plusieurs épines. Ces scutelles sont plus nombreuses et plus fortement armées chez les mâles, plus rares, voire totalement absentes, et plus faibles chez les femelles.

La partie supérieure du tronc est brun-vert à gris avec quelques taches plus foncées. La face ventrale est rouge cerise chez les mâles, orangée chez les femelles, avec chez les deux sexes de grosses taches blanches qui apparaissent également sur les flancs. Cette coloration est cependant très variable.

Le chabot scorpion vit surtout dans la zone littorale à des profondeurs ne dépassant pas 25 m, mais on l'a aussi pris par jusqu'à 100–250 m de fond. Il supporte de fortes variations de température et de salinité et pénètre même assez souvent dans les eaux saumâtres. Il se plaît sur les fonds pierreux et on peut le pêcher sur la partie immergée des digues de béton ou d'autres installations portuaires. A marée basse, il reste souvent dans les flaques laissées par le reflux. Sa maturité sexuelle se situe vers trois ou quatre ans, il se multiplie de décembre à mars. Les femelles pondent leurs oeufs sur le fond entre les pierres et le mâle monte la garde près de la ponte. Le chabot scorpion se nourrit surtout de poissons, moins souvent de gros crustacés et de vers.

Il n'a pas d'importance économique. On le consomme parfois, après l'avoir dépouillé, dans les régions nordiques.

Longueur : 25–30 cm, dans les mers arctiques jusqu'à 60 cm.
Poids : 0,3–0,5 kg, exceptionnellement 1 kg et plus.
Fécondité : 2000–3000 oeufs.
D_1 : VII–XI ; D_2 : 14–17 ; A : 10–15 ; P : 16–18.
Distribution : pratiquement toutes les mers d'Europe septentrionale et près des côtes nord-atlantiques américaines. Il descend vers le sud jusqu'au golfe de Gascogne et existe aussi dans la Baltique.
Synonyme courant : *Cottus scorpius.*

Phobetor tricuspis est une espèce apparentée vivant dans la partie subarctique de l'Atlantique et du Pacifique. Elle atteint jusqu'à 25 cm de long et descend jusqu'à 200 m de profondeur.

Les AGONIDAE forment une petite famille d'une cinquantaine d'espèces. Leur corps est protégé par une cuirasse osseuse. Il s'agit de petits poissons benthiques vivant surtout dans les zones côtières de la partie septentrionale du Pacifique et de l'Atlantique. L'essentiel des représentants de cette famille vit dans le Pacifique, deux espèces seulement ont été repérées dans l'Atlantique.

Souris de mer, aspidophore *Agonus cataphractus*

La tête et la région antérieure du corps sont aplaties dans le sens dorso-ventral. A l'avant se trouve un rostre formé par deux paires de fortes épines osseuses. Les mêmes épines parent aussi les os operculaires. Le dessous de la tête porte une rangée de barbillons. Les scutelles thoraciques, toujours paires, ne comportent pas de rangée médiane.
Le dos et les flancs sont brun sombre avec quatre bandes, foncées, pas toujours clairement visibles. Le ventre est clair, parfois maculé de taches plus foncées. Les nageoires, jaunâtres, portent des taches ou des zébrures foncées.
La souris de mer fraie de février à mai. Les oeufs, relativement gros, sont déposés sur les algues brunes. Ils sont jaunes à orangés et présentent une membrane épaisse. L'incubation est longue et se prolonge probablement pendant toute une année. Les larves ont un mode de vie pélagique et ne se laissent tomber vers le fond qu'après avoir atteint une taille de 20 mm environ. Les poissons vivent au fond. Ils atteignent 6 à 7 cm de long au bout de la première année, 10 à 11 cm au bout de deux ans. Ils deviennent sexuellement adultes vers trois ou quatre ans. Les alevins se nourrissent de plancton, plus tard de crustacés benthiques, de vers polychètes, de mollusques et d'ophiures.
En mer du Nord, la souris de mer vit dans la zone côtière à 20–70 m de profondeur, dans la mer Blanche, depuis quelques mètres de fond jusqu'à environ 35 m. Elle descend plus en profondeur avec la venue de l'hiver (jusqu'à 270 m). Elle recherche surtout les fonds sableux, mais peut aussi vivre sur un fond de pierres.
Elle n'a pas d'importance économique, mais on la trouve quelquefois dans les chaluts à crevettes.

Longueur : 10–15 cm, maximum 22 cm.
Fécondité : 500–2500 oeufs.
D_1 : IV–VI ; D_2 : 6–8 ; A : 5–7 ; l.l. : 32–35.
Distribution : côtes nord-ouest de l'Europe jusqu'à Mourmansk, partie occidentale de la Baltique.

A. decagonus est une espèce voisine vivant dans les eaux arctiques de l'Atlantique, depuis les côtes européennes jusqu'à l'Amérique. Elle atteint 20 cm de long et descend jusqu'à 500 m de profondeur.

La plupart des représentants de la famille des CYCLOPTERIDAE ont leurs nageoires ventrales transformées en une ventouse circulaire. On les trouve dans l'Atlantique et le Pacifique. La famille comprend vingt-cinq espèces marines neviron.

Lompe, lièvre de mer *Cyclopterus lumpus*

Le lompe est un poisson au corps haut et large, couvert d'excroissances osseuses disposées sur 7 rangs (un rang dorsal, quatre latéraux, deux ventraux).
A l'âge adulte, son dos et ses flancs sont gris-bleu à gris-noir avec des taches foncées sur les flancs. A l'époque de la fraie, le ventre et les nageoires du mâle deviennent rouge brique, le dos presque noir. Les alevins et les formes juvéniles sont jaune-olivacé avec une strie argentée sur la tête.
La fraie se déroule tout près du bord sur un fond pierreux et à une température de 5 à 8 °C. La ponte est fractionnée. La femelle retourne ensuite vers des eaux plus profondes, tandis que le mâle, resté sur place, protège les oeufs pendant toute la durée de leur incubation, soit environ deux mois. Durant cette période de nombreux mâles meurent lors d'un reflux puissant ou comme victimes d'oiseaux ichthyophages. Le lompe se nourrit surtout pendant l'hiver de petits crustacés, mais aussi de polychètes, d'alevins d'autres espèces et, pour les gros adultes, également de poissons.
Les lompes passent la plus grande partie de leur vie près du fond, loin du littoral à 50–200 m de profondeur et ne viennent sur les hauts-fonds que pour la fraie. Les adultes se fixent fermement au support à l'aide de leur ventouse ventrale : pris au filet, ils emportent souvent avec eux de grosses pierres.
Le lompe est surtout pêché pour ses oeufs qui servent à la préparation d'un succédané de caviar.

Longueur : 25–30 cm (mâle), 30–40 cm (femelle), maximum 60 cm.
Poids : maximum 1–5 kg.
Fécondité : 80 000–200 000 oeufs.
D_1 : VI–VII ; D_2 : 10–11 ; A : 10–12.
Distribution : partie septentrionale de l'Atlantique jusqu'à 45° de latitude Nord ; Baltique jusqu'au golfe de Finlande.

♀

Face inférieure du mâle et de la femelle. On voit nettement les nageoires ventrales soudées en une ventouse discoïdale ainsi que les différences de coloration et de disposition des organes génito-urinaires.

♂

♀

Les LIPARIDAE regroupent quelque cent vingt espèces de poissons marins, distribués en grande partie dans les régions septentrionales du Pacifique (environ 75 % des espèces). Ils se caractérisent par leur large tête et leur peau fine, parfois transparente. Comme chez la famille précédente, les ventrales forment une ventouse adhérente.

Marmotte, limace de mer *Liparis liparis*

La marmotte a une large tête. L'avant du corps est assez volumineux, le ventre arrondi, l'arrière et la queue sont au contraire fortement comprimés dans le sens latéral. Les nageoires dorsale et anale sont longues et presque réunies à la caudale, la dorsale venant pratiquement jusqu'au premier cinquième de la queue, l'anale encore plus loin. Les vastes pectorales ont une forme échancrée caractéristique, les pelviennes sont transformées en une ventouse arrondie dont le diamètre atteint 11 à 12 % de la longueur totale du poisson. La peau est lâche sur le corps, ridée, parsemée de petites épines.
Le dos et les flancs ont une couleur brun sombre avec une multitude de taches foncées, le ventre est clair. Les nageoires impaires portent, elles aussi, des taches et des stries.
La limace de mer vit surtout près du fond dans la zone côtière, à 5–10 m de profondeur, mais jamais dans la zone de balancement des marées. Elle fraie de janvier à mars, à proximité du fond. La femelle dépose ses oeufs sur les pierres et les végétaux, mais aussi parmi les bouquets de coelentérés au stade sédentaire de polypes. Après l'éclosion, les larves mènent d'abord une vie pélagique et ne s'installent de manière sédentaire au fond qu'après avoir atteint une taille de 2 cm au minimum. La marmotte se nourrit surtout de vers et de crustacés, les sujets d'un certain âge également de poissons.
Malgré sa relative abondance dans certaines stations, elle ne présente pas d'intérêt économique, à la fois à cause de sa petite taille et de sa chair aqueuse et peu agréable.

Longueur : 10–15 cm, maximum 20 cm.
Fécondité : 500–800 oeufs.
D : 35–43 ; A : 29–37.
Distribution : partie nord de l'Atlantique et zones littorales subarctiques de l'océan Glacial Arctique. Près des côtes européennes, sa limite méridionale se situe au niveau du nord de la France.
Synonyme fréquent : *Cyclopterus liparis.*

L. callyodon est une espèce apparentée qui vit près des côtes pacifiques nord-américaines. Sa dorsale présente à l'avant une échancrure triangulaire. Cette espèce atteint environ 12 cm de long.

L'ordre des DACTYLOPTERIFORMES comprend l'unique famille des DACTYLOPTERIDAE, avec deux genres subdivisés en plusieurs espèces. Il s'agit de poissons marins tropicaux et subtropicaux qui ressemblent à première vue aux grondins. Ils s'en distinguent cependant par leur tête garnie de scutelles osseuses, leurs gros yeux et le développement démesuré de leurs pectorales. La structure de la tête et du peloton des pectorales présentent une série de caractères primitifs.

Dactyloptère volant

Dactylopterus volitans

La grosse tête du dactyloptère volant est enfermée dans une cuirasse osseuse. Les yeux sont volumineux. Les pectorales se composent de deux parties : une partie supérieure aux rayons de grosseur normale et une partie inférieure formée de quelques rayons épaissis, libres entre eux. Deux rayons libres se trouvent en avant de la première dorsale.

Le dos, la tête et les flancs sont gris ou brunâtres avec souvent des taches plus foncées, entremêlées de taches claires. Les ventrales sont à peine rougeâtres, les pectorales brunes tachetées de bleu clair, ces mouchetures dessinant des bandes régulières.

Le dactyloptère volant fraie dans les eaux côtières peu profondes en été. Il se nourrit de menus organismes benthiques. Il se tient habituellement à 10–30 m de profondeur, au-dessus d'un fond sableux ou argileux. Comme les grondins, il rampe sur le fond à l'aide des rayons libres des pectorales. Les alevins sont pélagiques mais ne s'éloignent guère des côtes. Ils sont souvent la proie de poissons pélagiques tels que les thons ou les maquereaux. A cause de ses grandes pectorales, on croyait jadis que le dactyloptère volant était capable de voler librement au-dessus des eaux. Tout ce qu'on a démontré jusqu'à nos jours, c'est que, sorti de l'eau, ce poisson effectue sur un support dur quelques « galipettes » grâce justement à la force de ses pectorales. D'ailleurs, avec un corps massif comme le sien, on a peine à croire qu'il puisse nager rapidement dans l'eau et quant à s'élever au-dessus de la surface il ne saurait en être question. Par contre, ses pectorales protègent le dactyloptère contre nombre de ses ennemis : une fois déployées, elles donnent l'illusion qu'on a affaire à un poisson de taille redoutable.

Sans intérêt économique en Europe, il est consommé par exemple au Japon.

Longueur : 20–30 cm, maximum 45 cm.
D_1 : V–VI, précédés de deux rayons libres ; D_2 : 7–9 ; A : 6.

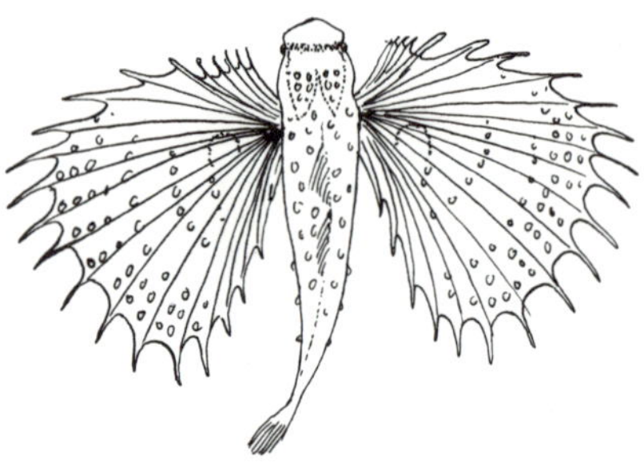

L'espèce voisine *D. orientalis* est relativement courante dans l'océan Indien et dans la partie sud-ouest du Pacifique. Ses grandes pectorales sont vivement colorées. Il atteint 35 à 40 cm de long et est souvent confondu avec *D. volitans,* certains auteurs le considérant simplement comme une sous-espèce de celui-ci.

Distribution de *D. volitans.*

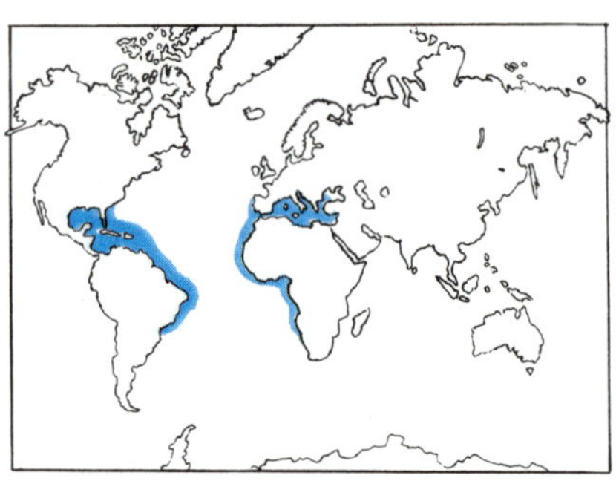

L'ordre des PLEURONECTIFORMES comprend quelque cinq cents espèces de poissons côtiers marins, qui s'aventurent parfois en eau douce. Leur corps est asymétrique, latéralement comprimé : l'un des flancs est plaqué contre le fond, le second forme le dessus du poisson. L'ordre comprend aussi bien de petites espèces ne dépassant pas 10 cm de long que des géants atteignant 4,5 m et pesant 330 kg. Les larves des poissons plats sont translucides et tout à fait symétriques : l'asymétrie ne survient que par la suite, en même temps que le passage à un mode de vie benthique. Les Pleuronectiformes sont des espèces économiquement importantes et leur chair est savoureuse. La vaste famille des BOTHIDAE comprend deux cents espèces. Les yeux sont situés sur la face gauche du corps. Les larves pélagiques sont dotées d'une gouttelette lipidique. La nageoire dorsale prend sa naissance sur la tête en avant de l'oeil et tous ses rayons sont mous. La famille comprend environ trente-huit genres distribués dans les eaux tropicales à tempérées.

Fausse limande

Arnoglossus laterna

La fausse limande a un corps épais avec une petite tête. Les yeux sont placés sur le flanc gauche. La nageoire pelvienne de la face zénithale est beaucoup plus développée que celle de la face nadirale.
La robe est brun à gris clair, parfois jaunâtre, avec une rangée de taches sombres sur les nageoires.
La fausse limande fraie de mai à juillet sur un fond sableux. Les larves, d'abord pélagiques, passent à une vie benthique lorsqu'elles atteignent 15 à 30 mm de long. La nourriture se compose d'abord de plancton, plus tard de crustacés benthiques et de petits poissons (gobies). On rencontre la fausse limande surtout sur des fonds sableux, à une soixantaine de mètres de profondeur, parfois beaucoup plus bas, jusqu'à 200 m environ.
Elle n'a pas d'intérêt économique.

Longueur : 12–15 cm, maximum 25 cm.
D : 83–95 ; A : 60–74 ; l.l. : 50–56.
Distribution : littoral européen, à commencer par la mer du Nord et jusqu'à la Méditerranée.

A. imperialis est une espèce affine, vivant sur la même aire, à l'exception de la partie orientale de la Méditerranée et de la mer Noire. Elle atteint 12 à 18 cm, au maximum 25 cm. Elle se distingue de la fausse limande par sa coloration assez claire et par les premiers rayons de sa dorsale, très longs et libres dans leur région supérieure.

Les SCOPHTHALMIDAE constituent une petite famille comprenant des poissons plats aux yeux disposés sur le flanc gauche. Les deux nageoires ventrales sont ici, au contraire de la famille précédente, à peu près de même taille.

Barbue

Scophthalmus rhombus

La barbue ressemble fortement à son cousin, le turbot. Elle s'en distingue surtout par la conformation des premiers rayons de la longue dorsale, libres dans leur partie supérieure, à partir du milieu environ. Le corps, couvert de petites écailles cycloïdes, profondément enfoncées dans l'épiderme sur la face nadirale, est dépourvu de tubercules osseux.
Le dessus du poisson est brun-vert à gris-brun, avec des marbrures irrégulières constituées par de grosses taches sombres et de petites ponctuation claires. Le dessous est blanc crème.
La barbue vit surtout sur le fond, à 5–70 m de profondeur. Sa fraie se déroule de mars à juin en Méditerranée, plus au nord de mai à août. Les oeufs et les larves sont pélagiques ; leur métamorphose et le passage à la vie benthique surviennent lorsqu'elles atteignent 2 à 3,5 cm de long. Les alevins se nourrissent surtout de crustacés et d'autres invertébrés ; les adultes donnent une nette préférence aux poissons, surtout aux larves et aux formes juvéniles. Les barbues adultes sont habituellement sédentaires ; leur mimétisme total fait qu'on les distingue difficilement du fond. Elles peuvent s'enterrer en partie.
Les prises annuelles ne dépassent pas 1 000 à 2 000 tonnes, ce qui est surtout la conséquence d'une surexploitation des populations dans un passé encore récent. Les mesures de protection comprennent l'interdiction de pêcher des individus inférieurs à 30 cm de long.

Longueur : 40–50 cm, exceptionnellement 75 cm.
Poids : 1,5–4 kg, isolément 7,5 kg.
Fécondité : 1 000 000–10 000 000 oeufs.
D : 70–84 ; A : 54–63 ; P : 11–12.
Distribution : Atlantique, près des côtes européennes, depuis 60° de latitude Nord jusqu'aux côtes marocaines ; Baltique, Méditerranée et mer Noire. Pénètre dans l'eau saumâtre des embouchures.
Synonyme courant : *Rhombus rhombus.*

La barbue norvégienne *(S. norvegicus)* est une espèce apparentée vivant dans le nord-est de l'océan Atlantique. Elle est plus petite que la barbue commune : les individus pêchés ne mesurent que 12 à 15 cm, 20 cm au maximum.

Turbot

Scophthalmus maximus

Le corps du turbot est haut, relativement épais, de forme arrondie à presque circulaire. La tête est grosse. La dorsale prend naissance sur la tête en avant des yeux et ses premiers rayons sont simples. Le corps est dépourvu d'écailles. Celles-ci sont remplacées sur la face oculée (et dans une moindre mesure sur la face aveugle) par de menus tubercules osseux et aigus au toucher. La ligne latérale, visible sur les deux faces, est arquée, comme bossue, au-dessus des pectorales.
La coloration est très variable selon le substrat sur lequel repose le poisson. La face zénithale (gauche) est généralement gris-brun à brun olivacé et couverte d'une multitude de taches brun sombre s'étendant jusque sur les nageoires. La face nadirale (droite) est le plus souvent claire, non pigmentée.
Le turbot vit dans les eaux littorales peu profondes et descend au maximum à 80–100 m. Il devient apte à la reproduction à cinq ans. La fraie se déroule près des côtes, par 10–40 m de fond, d'avril à août. Les oeufs sont très abondants. Les larves, d'abord pélagiques, symétriques et dotées d'une vessie gazeuse, se métamorphosent et, atteignant 2,5 à 3 cm, elles passent alors à un mode de vie benthique. Les jeunes turbots vivent en eau peu profonde près des côtes et se nourrissent d'invertébrés benthiques.
Le turbot est un poisson d'un grand intérêt économique, car sa chair blanche est délicieuse. Il est surtout pêché à la seine et à la palangre, les prises annuelles atteignant 8000 à 10 000 tonnes.

Longueur : 50–80 cm, maximum 1 m.
Poids : 2–12 kg, max. 25 kg.
Fécondité : 1 000 000–10 000 000 oeufs, maximum 15 000 000 oeufs.
D : 57–72 ; A : 42–56 ; P : 11–12.
Distribution : Atlantique, de la Norvège moyenne jusqu'à Gibraltar ; Baltique, Méditerranée, mer Noire.
Synonymes courants : *Rhombus maximus, Psetta maxima.*

Le turbot adulte est un prédateur actif qui se nourrit surtout de divers poissons, tels que de jeunes gades (1), des lançons (genre *Ammodytes* – 2), mais aussi de crabes et tout particulièrement des représentants de la famille des *Cancridae* (3).

1

2

3

Lepidorhombus whiffiagonis

Comme les poissons du genre *Scophthalmus,* cette espèce a les yeux situés sur la face gauche du corps (espèce sénestre), mais son corps n'est pas arrondi comme celui des turbots : il est au contraire très allongé. Le nombre de rayons de la nageoire dorsale et de la nageoire anale est également supérieur à celui des turbots et le pédoncule caudal est plus long. La nageoire caudale a une forme légèrement rhomboïdale.

La face oculée est brun-jaune clair tacheté de sombre, la face aveugle, d'une pâleur cadavérique à blanche, parfois avec quelques taches rougeâtres.

L. whiffiagonis vit généralement à 50–300 m de profondeur, souvent à la limite du plateau continental. Il recherche surtout les fonds mous, sableux ou argileux, où il s'enterre volontiers. La fraie se déroule de mars à juin, en profondeur ; les oeufs et les larves sont pélagiques. Comme chez les autres pleuronectiformes, les larves commencent par être symétriques et possèdent une vessie gazeuse. Les deux faces sont alors colorées de manière identique et le poisson nage de façon classique. C'est seulement en atteignant une certaine taille (ici environ 20 mm) que le corps commence à s'aplatir latéralement, la vessie gazeuse s'atrophie, le crâne évolue de façon asymétrique et l'un des yeux commence à « migrer » sur le front d'abord, puis plus ou moins près de l'oeil fixe. Chez certains poissons plats, les organes internes subissent eux aussi un développement asymétrique et il en va de même pour les mâchoires et les nageoires paires. La face aveugle se décolore alors progressivement : ce sera celle qui reposera sur le fond. Les poissons plats passent l'essentiel de leur vie couchés sur le flanc.

L. whiffiagonis se nourrit, comme les autres turbots, de petits poissons et d'invertébrés benthiques.

Pêché surtout au chalut, il fournit des prises annuelles de 20 000 tonnes environ. Sa chair est savoureuse mais un peu sèche.

Longueur : 30–45 cm, maximum 60 cm.
Poids : 1–2 kg, maximum 5 kg.
D : 85–91 ; A : 67–75 ; P :11–12.
Synonyme courant : *Rhombus megastoma.*

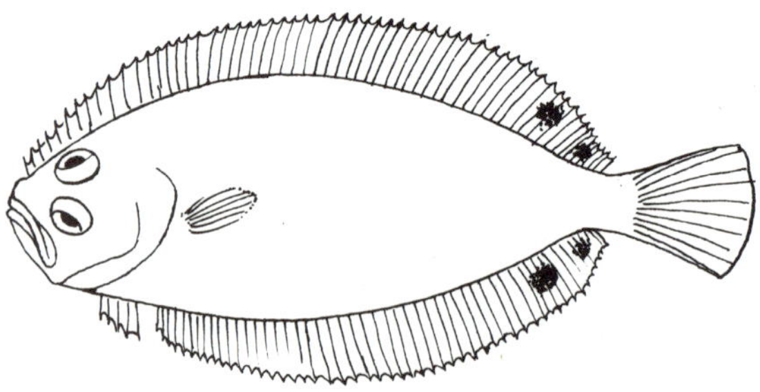

L. boscii mesure environ 30 à 35 cm, au maximum 40 cm. Il vit plus en profondeur que *L. whiffiagonis* (jusqu'à 1000 m de fond) et s'en distingue entre autres par la présence de deux taches noires, de forme arrondie, situées à l'arrière de la dorsale et de l'anale.

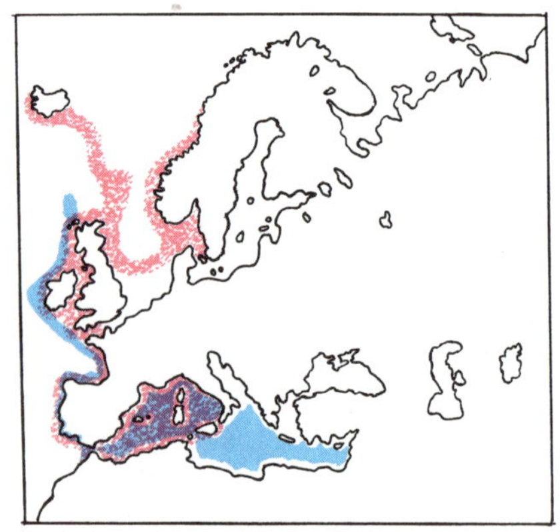

Distribution des deux espèces affines, *L. whiffiagonis* (en bleu) et *L. boscii* (en rouge).

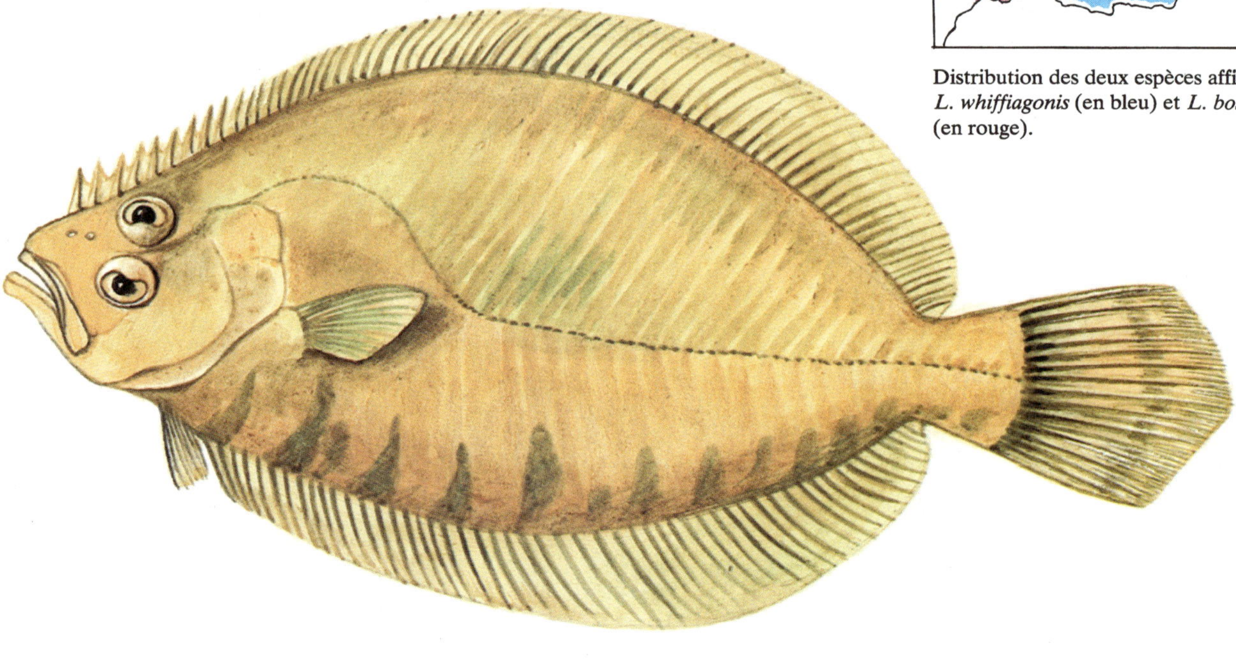

Les PLEURONECTIDAE forment une grande famille. Les yeux sont ici sur le flanc droit (espèces dextres), mais il existe quelques exceptions individuelles.

Flétan, halibut *Hippoglossus hippoglossus*

Le flétan a un corps robuste, aplati, armé de grandes mâchoires dont le bord postérieur dépasse le milieu de l'oeil. La mâchoire inférieure est proéminente. Les dents sont puissantes en haut comme en bas. La ligne latérale est fortement bombée au-dessus de la pectorale.

La face oculée est brun-vert, parfois brun sombre à noire, la face aveugle blanc sale.

Le flétan a une croissance relativement rapide : les mâles de dix ans atteignent 1 m de long et pèsent 16 kg, les femelles du même âge mesurent 1,3 m et pèsent jusqu'à 30 kg. La fraie se déroule à la fin de l'hiver et au début du printemps, par 300–700 m de fond, dans une eau à 5 à 7 °C. Les gros oeufs mesurent 3,5 à 4,5 mm de diamètre. Les mâles deviennent aptes à la reproduction vers sept à huit ans, les femelles vers dix à onze ans. Le développement embryonnaire dure deux à trois semaines. Les larves sont pélagiques et migrent vers le fond en atteignant environ 4 cm. C'est là que se produit la métamorphose, en relation avec le nouveau mode de vie. C'est le flanc gauche qui est aveugle. Jusqu'à deux à quatre ans, les jeunes flétans vivent près des côtes dont ils s'éloignent à mesure de leur croissance, jusqu'à s'installer en grande profondeur (100–1500 m). Après la fraie, les deux sexes entreprennent une migration alimentaire en direction du nord où se trouvent les sites riches en ressources nutritives. A l'époque actuelle, les femelles peuvent atteindre jusqu'à trente ans. Les jeunes flétans se nourrissent de gros crustacés (crabes, crevettes), les sujets dépassant 30 à 35 cm de long, exclusivement de poissons.

Les flétans se tiennent près d'un fond sableux ou caillouteux, mais ne sont pas absolument tributaires d'une vie benthique : prédateurs actifs, ils chassent souvent entre deux eaux.

C'est une espèce d'un grand intérêt commercial, dont les prises accusent cependant une tendance à la baisse : on enregistrait jadis 13 000 à 17 000 tonnes par an, de nos jours seulement 7000 tonnes. La chair du flétan, grasse, très savoureuse, est surtout commercialisée à l'état fumé.

Longueur : 150–180 cm (mâle) maximum 470 cm ; 200–230 cm (femelle).
Poids : 15–20 kg, maximum 350 kg.
D : 96–108 ; A : 72–83.
Fécondité : 1,3–3,5 millions d'oeufs.
Distribution : partie septentrionale de l'Atlantique et zones adjacentes de l'océan Glacial Arctique, mer du Nord, côtes européennes jusqu'au golfe de Gascogne. Abondant au voisinage de l'Islande et près des côtes est de l'Amérique du Nord jusqu'à New York.

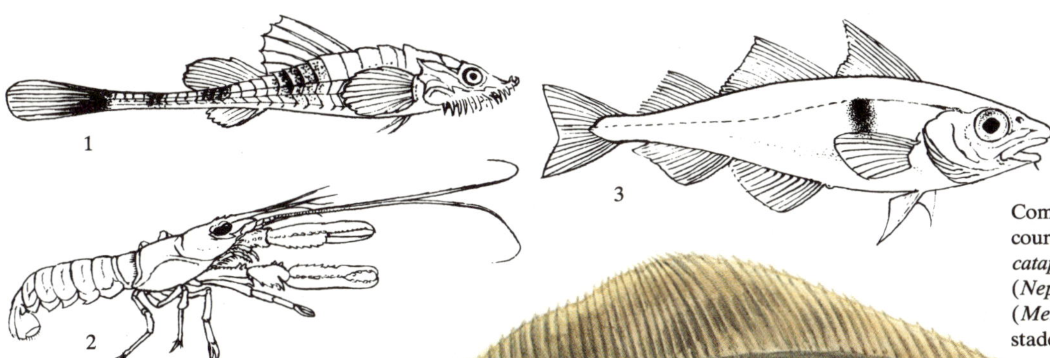

Composantes alimentaires les plus courantes : souris de mer (*Agonus cataphractus* – 1), langoustine (*Nephrops norvegicus* – 2) et églefin (*Melanogrammus aeglefinus* – 3) au stade juvénile.

Limande

Limanda limanda

La limande rappelle fortement les représentants du genre *Pleuronectes* auxquels elle ressemble également par son anatomie. Ici aussi, la dorsale commence au-dessus des yeux, mais la ligne latérale est très arquée, comme bossue, au-dessus des pectorales. Le corps est recouvert de fines écailles chevauchantes, denticulées sur la face oculée, de sorte que la peau est rugueuse au toucher. Sur la face aveugle, seule les bords sont pareillement rugueux. Les mâchoires sont assez puissantes et armées d'un grand nombre de dents. Le dessus du corps est généralement brun à gris-brun avec des taches irrégulières, nettement plus foncées. La face nadirale est blanche, les nageoires impaires sont grises sur le dessous.
La limande vit dans la zone côtière sur des fonds sableux, à 20–50 m de profondeur. Les jeunes sujets recherchent plutôt des stations moins creusées (2–25 m), les adultes au contraire descendent même à 150–200 m, surtout en hiver. Dans la partie méridionale de son aire de distribution, la limande devient sexuellement adulte à deux–trois ans pour les mâles, trois–quatre ans pour les femelles. Dans la partie nordique, la maturité sexuelle survient un à deux ans plus tard. La limande peut vivre dix à douze ans. La fraie se déroule au printemps et en été, le plus souvent par 25–50 m de fond ; les oeufs, les larves et les alevins sont pélagiques. Les alevins atteignant 13 à 18 mm de long passent à une vie benthique avant d'acquérir la forme asymétrique, spécifique aux adultes.
La limande est pêchée au chalut et au filet. Malgré sa petite taille, elle est également appréciée des pêcheurs sportifs car elle vit assez près des côtes et mord facilement. Les prises se situent aux environs de 15 000 à 18 000 tonnes par an ; elle abonde surtout en mer du Nord. Sa chair est très bonne.

Longueur : 20–30 cm, maximum 45 cm.
Poids : 0,5–1 kg, isolément 1,5 kg.
Fécondité : 50 000–150 000 oeufs.
D : 65–80 ; A : 50–61 ; P : 10–13 ; V : 6.
Synonyme habituel : *Pleuronectes limanda.*

Distribution de *L. limanda.*

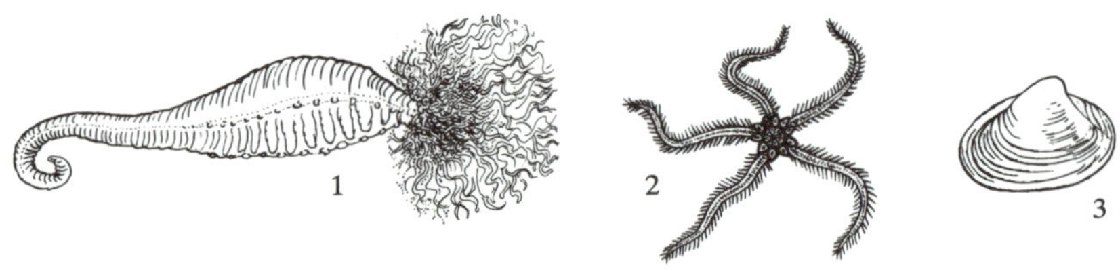

La limande se nourrit de divers invertébrés vivant au voisinage du fond, par exemple de polychètes du genre *Amphitrite* (1), d'ophiures (2), de mollusques (3) et de petits poissons.

Limande-sole, limandelle *Microstomus kitt*

La limande-sole se distingue des espèces voisines appartenant aux genres *Pleuronectes, Limanda, Liopsetta,* voire *Microstomus* par son corps presque ellipsoïdal et son pédoncule caudal particulièrement court. Par ailleurs, son corps est relativement épais et charnu ; sa tête, petite, se termine par une toute petite bouche aux lèvres étirées en avant. C'est un poisson dextre. La ligne latérale est faiblement bombée au-dessus des pectorales, le corps est couvert d'écailles au bord lisse.
La face zénithale est habituellement brune à brun-rouge avec des taches irrégulières sombres, parfois claires ou verdâtres. La face nadirale est blanche. Comme les autres pleuronectidés, la limande-sole a une coloration mimétique qui s'adapte rapidement au support sur lequel elle repose. Les changements de couleur sont sous l'influence de la vision, comme l'ont montré des expériences réalisées à l'aide de poissons aveugles : ceux-ci se sont avérés incapables de s'adapter. La limande-sole abonde dans certaines stations. Elle vit d'ordinaire sur un fond sableux ou caillouteux à 30–200 m de profondeur. Les mâles sont aptes à se reproduire dès trois à quatre ans, les femelles à quatre ou six ans, la durée de vie totale étant de dix – sept ans au maximum. La fraie se déroule du printemps à la fin de l'été. C'est lorsqu'elles atteignent une longueur d'environ 3 cm que les larves, symétriques et pélagiques, se métamorphosent et s'installent au fond de l'eau. La limande-sole se nourrit comme les autres Pleuronectidés surtout de différentes espèces de vers, de mollusques et de crustacés. Etant donnée la petitesse de sa bouche, elle ne peut s'attaquer qu'à de petites proies.
C'est une espèce économiquement importante dont les prises annuelles fluctuent autour de 8000 à 10 000 tonnes, les pêcheurs britanniques étant responsables de plus de la moitié de cetonnage. Etant donné le risque de surpêche de cette espèce, sa taille minimale autorisée à été fixée à 25 cm.

Longueur : 30–40 cm, maximum 65 cm.
Poids : 1–2 kg, maximum 2,5 kg.
D : 85–98 ; A : 69–97 ; P : 9–11 ; V : 5–6.

Synonymes : *Pleuronectes kitt, Pleuronectes microcephalus, Microstomus microcephalus.*

Distribution de *M. kitt.*

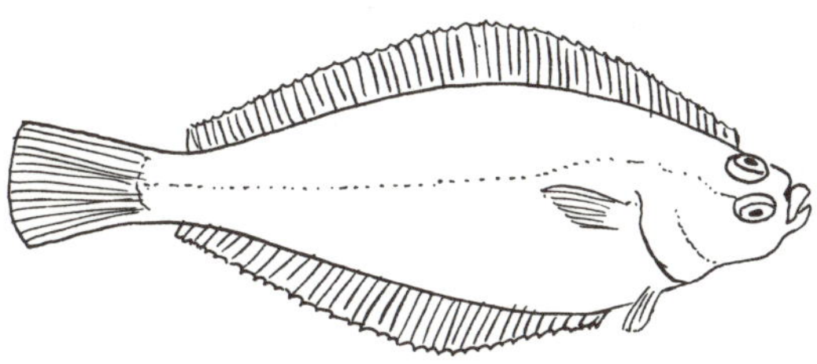

Microstomus pacificus se distingue de *M. kitt* par la forme et la coloration du corps. Il vit près de la côte pacifique du Canada et des Etats-Unis. Il atteint des tailles de 25 à 50 cm, au maximum 70 cm. C'est une espèce économiquement importante.

Plie arctique

Liopsetta glacialis

C'est l'unique représentant du petit genre *Liopsetta* à vivre dans les eaux européennes. Plusieurs autres espèces peuvent être rencontrées dans la partie septentrionale de l'océan Pacifique. La plie arctique a un corps de forme arrondie. Les yeux sont situés sur le flanc droit et la dorsale commence à peu près au-dessus de leur centre. La tête est petite, la ligne latérale presque droite, à peine arquée au-dessus des pectorales. Les écailles sont généralement de type cténoïde chez les mâles et cycloïde chez les femelles.

La face oculée est brune ou olive foncé et porte un grand nombre de taches sombres au contour mal défini, atteignant même les nageoires impaires. Le dessous du corps est blanc, parfois maculé de taches sombres.

C'est une espèce d'eau froide supportant bien les températures négatives. Elle vit en eau peu profonde près des côtes, donnant la préférence aux fonds agrileux et se plaisant dans l'eau très dessalée près des embouchures. Elle se nourrit de diverses espèces de vers, de mollusques, de crustacés et de petits poissons vivant près du fond : elle attend sa proie enfouie dans la vase ou le sable. Les mouvements de son corps mettent en mouvement les particules mobiles du fond qui la recouvrent ensuite et la dissimulent parfaitement en se déposant à nouveau. Même une observation attentive ne permet le plus souvent de voir que les yeux, qui étudient sans relâche le moindre signe de mouvement. Comme les autres plies, elle peut tourner les yeux dans toutes les directions : de plus, leurs mouvements sont indépendants. La plie arctique arrive à l'âge de se reproduire vers quatre à cinq ans et peut vivre au total douze à quatorze ans. La fraie se déroule d'ordinaire sous la glace de janvier à mars.

Sa chair blanche est savoureuse. On ne connaît pas exactement la quantité de poisson pris par an : il n'existe pas de relevé suivi pour cette espèce. Les prises se composent surtout de poissons de cinq à six ans.

Longueur : 25–30 cm, maximum 35 cm.
Poids : 0,5–1 kg, maximum 1,5 kg.
Fécondité : 50 000–200 000 oeufs.
D : 50–62 ; A : 33–44 ; P : 8–12.
Distribution : eaux arctiques, de la mer de Barents à l'ouest, jusqu'à la mer des Tchouktches à l'est.
Synonyme courant : *Pleuronectes glacialis.*

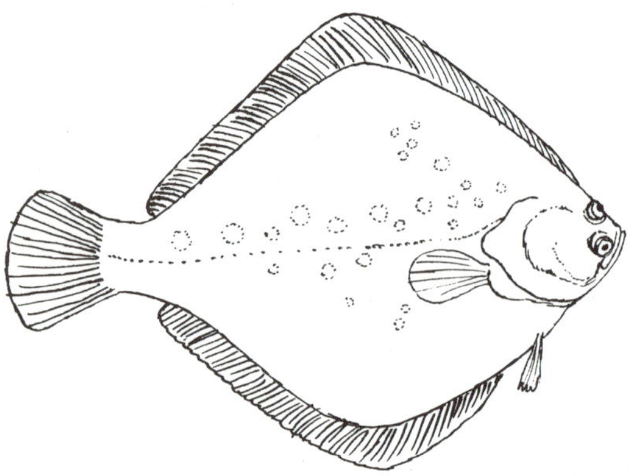

Liopsetta guttulata est une espèce de belle coloration, vivant près des côtes occidentales des Etats-Unis et du Mexique. Elle atteint 45 cm de long et peut peser 2 kg.

Flet

Pleuronectes flesus

Très voisin du carrelet *P. platessa,* le flet lui ressemble tant par la forme de son corps que par sa coloration. Il s'en distingue par sa tête dépourvue de la crête de tubercules osseux que l'on trouve chez le carrelet, et par la présence, le long de la base de la dorsale et de l'anale, d'une rangée de petites dents acérées, perceptibles au toucher. Les deux faces du corps sont couvertes d'écailles cycloïdes, profondément enfoncées dans la peau. La face supérieure de la tête porte quelques plaquettes osseuses. Les mêmes plaquettes soulignent la ligne latérale qui traverse le flanc presque parfaitement en son milieu. La position des yeux est très peu constante chez cette espèce : ils sont généralement situés sur le flanc droit, mais on connaît de nombreux individus sénestres : le nombre de ces individus augmentant en direction du Nord. Ainsi, dans la mer Noire et la mer d'Azov, les prises comportent 2,5 % d'individus sénestres ; dans la mer de Barents, 40 à 50 %.

Le flet vit sur un fond sableux ou argileux, depuis la zone de balancement des marées jusqu'à 60 m de profondeur. Il est actif surtout de nuit. Les gros sujets passent leurs journées sur le fond, recouverts de sable. Dans les zones côtières, le flet s'approche du littoral en quête de nourriture à marée haute et repart en eau plus profonde à marée basse.

Il fraie habituellement de janvier à juin, parfois même en dehors de cette période. Il partage souvent ses frayères avec le carrelet : on assiste à l'apparition d'hybrides présentant des caractères mêlés. Comme chez la plupart des autres pleuronectidés, les oeufs, les larves et les alevins sont pélagiques.

Le flet est une espèce d'importance locale : dans la Baltique par exemple, c'est le plus pêché des Pleuronectidés.

Longueur : 25–35 cm, maximum 50 cm.
Poids : 0,5–2 kg, maximum 3 kg.
Fécondité : 80 000–2 750 000 oeufs.
D : 50–68 ; A : 33–48 ; P : 7–13 ; V : 6.
Distribution : côtes européennes, de la mer de Barents jusqu'à Gibraltar ; Méditerranée, mer Noire, mer d'Azov et côtes du Maroc. Il affectionne les eaux douces et peu remonter assez loin à contre-courant des rivières : par l'Elbe, par exemple, il arrive jusqu'à Magdebourg.
Synonyme courant : *Platychthys flesus.*

La nourriture est formée par la faune benthique : mollusques, larves d'insectes, celles-ci étant surtout consommées lors du passage en eau douce.

Otolithe montrant les accroissements annuels grâce à l'alternance de stries claires et sombres : tout comme les écailles, il peut servir à déterminer l'âge et la vitesse de croissance du poisson.

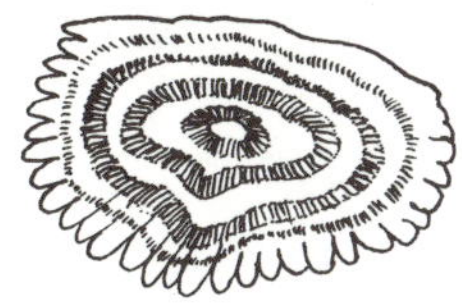

Plie, carrelet *Pleuronectes platessa*

Le carrelet est le plus pêché des Pleuronectidés, aussi bien près des côtes européennes qu'à l'échelle mondiale. C'est un proche parent des genres *Liopsetta* et *Limanda* : comme leurs représentants, c'est une espèce dextre et seul un faible pourcentage d'individus échappe à cette règle. En arrière des yeux, le carrelet présente une sorte de crête osseuse qui se prolonge jusqu'à la naissance de la ligne latérale et se compose de 4 à 8 tubercules relativement bas. Les deux faces du corps sont recouvertes de menues écailles cycloïdes, la ligne latérale passe par le milieu du corps et est relativement rectiligne, à l'exception d'une faible courbure au-dessus de la base des pectorales. Les dents sont mieux développées sur la moitié de mâchoire correspondant à la face aveugle du corps.

La face oculée du carrelet a une coloration brune à brun-vert avec de grandes taches rouge vif ou orangé, irrégulièrement disséminées aussi sur la tête et les nageoires impaires. La face nadirale est blanche.

Le carrelet vit surtout au-dessus des fonds sableux, à 1–250 m de profondeur (le plus souvent à 10–15 m). Les jeunes sujets supportent bien même le séjour en eau dessalée et peuvent remonter les rivières. La fraie se déroule habituellement de janvier à mai. Les oeufs et les larves commencent par flotter dans les couches superficielles de l'eau. Les larves descendent ensuite au fond lorsqu'elles atteignent 13 à 17 mm de long tout en restant au voisinage des côtes. Les mâles arrivent à la maturité sexuelle vers trois à six ans dans la partie méridionale de l'aire de distribution et vers huit à dix ans dans la partie septentrionale. Pour les femelles, plus lentes, ces âges se situent respectivement vers quatre à sept et neuf à douze ans. La durée de vie totale atteint vingt-cinq à trente ans. La nourriture se compose surtout de bivalves dont le carrelet écrase les coquilles à l'aide de ses fortes dents pharyngiennes. Il chasse aussi, dans une moindre mesure, les poissons benthiques.

Les prises annuelles de carrelets atteignent 150 000 à 170 000 tonnes et sont composées en majeure partie de sujets âgés de 6–12 ans.

Longueur : 40–60 cm, maximum 90–100 cm.
Poids : 1–3 kg, maximum jusqu'à 7 kg.
Fécondité : 100 000–600 000 oeufs.
D : 67–84 ; A : 45–61 ; P : 8–14 ; V : 6.
Distribution : majeure partie de la Méditerranée ; Baltique ; Atlantique, de Gibraltar jusqu'à la mer de Barents. Pourtour de l'Islande et côtes méridionales du Groenland.
Synonyme courant : *Platessa platessa.*

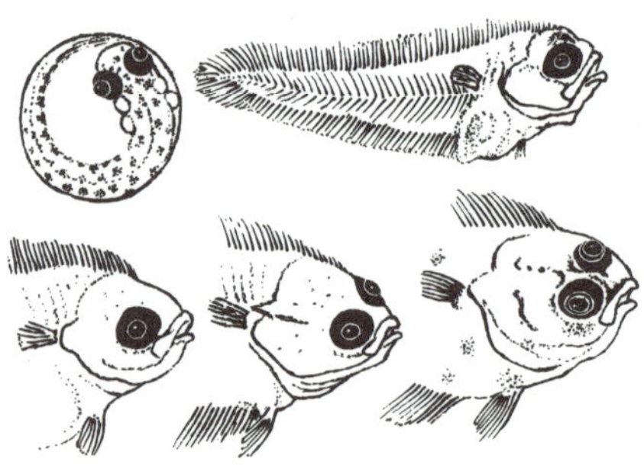

Migration progressive de l'oeil au cours de la métamorphose.

Flétan noir

Reinhardtius hippoglossoides

C'est l'unique représentant du genre *Reinhardtius*. Les yeux sont situés sur le flanc droit, mais l'oeil supérieur est ici carrément sur le dessus de la tête et la dorsale ne commence qu'au-delà de son bord postérieur. La ligne latérale est pratiquement rectiligne de l'extrémité de la tête jusqu'à la caudale dont le bord est droit.

La face zénithale est brune à gris-brun voire brun-vert, mais la face aveugle est, elle aussi, pigmentée chez les adultes, sa coloration étant seulement un peu plus claire.

Le flétan noir vit généralement au bord du plateau continental à 200–2000 m de profondeur, dans des eaux dont la température ne dépasse pas 3 à 0 °C. Au contraire de la plupart des autres pleuronectidés, le flétan noir ne vit pas couché sur le fond, mais nage librement entre deux eaux, ce qui justifie sa coloration et sa symétrie relative. Notons aussi qu'il ne nage pas sur le flanc comme la plupart des autres membres de cette famille, mais avec le dos tourné vers le haut. Il se nourrit surtout de divers poissons. La maturité sexuelle des mâles se situe vers neuf à dix ans, celles des femelles d'ordinaire deux ans plus atard. La fraie se déroule de mai à juillet à 700–1500 m de profondeur. Les oeufs, les larves et les alevins sont pélagiques. La métamorphose survient lorsqu'ils atteignent 6 à 8,5 cm. C'est aussi le moment où la face nadirale commence à pâlir. Les poissons se replient alors vers des eaux moins profondes et vivent souvent sur le fond. Plus tard, mesurant 16 à 20 cm, leur face inférieure se remet à foncer, ce qui est clairement en relation avec le passage à une vie de plus en plus pélagique.

Le flétan noir est actuellement la seconde espèce commerciale de sa famille. Sa chair blanche, grasse, est excellente, surtout à l'état fumé. Les prises totales se situent aux alentours de 70 000 à 130 000 tonnes pour les dernières années.

Longueur : 80–100 cm, maximum 120 cm.
Poids : 10–25 kg, isolément 45 kg.
Fécondité : jusqu'à 300 000 oeufs mesurant 4–4,5 mm de diamètre.
D : 90–103 ; A : 66–79 ; P : 13–15.
Distribution : partie septentrionale de l'Atlantique, de la mer de Barents jusqu'aux côtes nord-américaines. Très abondant près des côtes sud-est du Groenland. Dans le nord du Pacifique, on trouve la sous-espèce *R. hippoglossoides matsuurae*.
Synonymes habituels : *Hippoglossus groenlandiens, Pleuronectes hippoglossoides*.

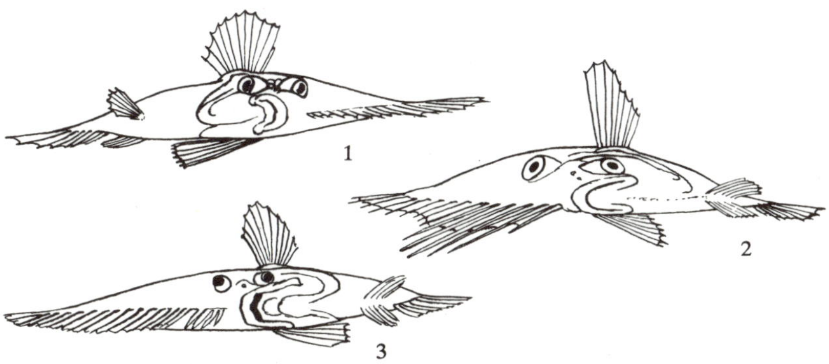

Différents représentants de l'ordre des Pleuronectiformes (vue de face) : *Pleuronectes platessa* (1), *Arnoglossus imperialis* (2), *Scophthalmus rhombus* (3). Le premier poisson est dextre, les deux autres sont sénestres.

La vision frontale permet de voir l'emplacement des nageoires, la disposition asymétrique des yeux et l'asymétrie générale du corps.

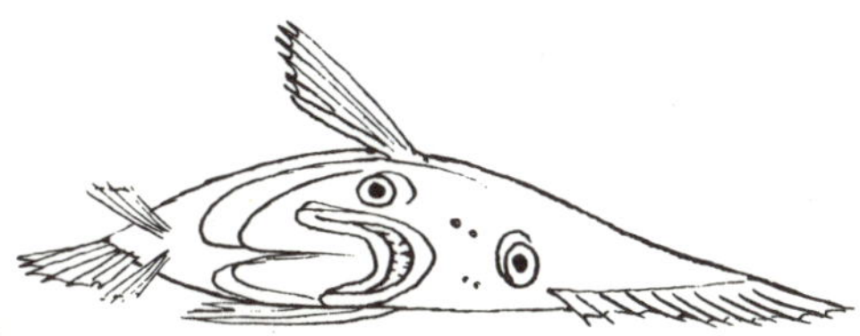

La famille des SOLEIDAE comprend une trentaine d'espèces marines dextres. Les soléidés se nourrissent en fouillant le substrat du fond où ils trouvent des vers, des mollusques et de petits crustacés. Un grand nombre en vit près des côtes de l'Afrique australe. L'espèce la plus connue en Europe est Solea lascaris.

Sole commune

Solea solea

Le nom de la sole traduit sa forme aplatie ou plus exactement compare cette forme aux objets usuels qu'elle évoque aux habitants des différents pays. C'est ainsi que ses noms courants les plus communs sont : « langue de mer », ou « semelle », ou « sandale ».

La tête de la sole est petite, arrondie, avec une bouche en virgule et de petits yeux. C'est surtout l'odorat qui lui sert à chasser ses proies : les ouvertures des narines de la face aveugle sont légèrement renflées, mais pas en rosette néanmoins. Près de la bouche, la face aveugle porte de petites excroissances de peau.

Le dessus de la sole est brun avec des taches irrégulières sombres et claires. Une tache noire orne l'extrémité de la pectorale. La face nadirale est blanc crème.

La sole vit surtout sur les fonds sableux à 10–100 m de profondeur, exceptionnellement jusqu'à 200 m. Les alevins sont plus fréquents à 1,5–3 m. La fraie se déroule d'avril à août, près des côtes, par 40–50 m de fond. Les larves sont d'abord pélagiques. La migration de l'oeil du flanc gauche vers le flanc droit et les autres adaptations à la vie benthique commencent chez les larves quand elles atteignent 12 à 15 mm. Les soles adultes passent habituellement leurs journées enfouies dans le substrat du fond. Elles sont actives de nuit et on peut même les surprendre près de la surface. Leur nourriture se compose surtout de vers et de mollusques et leur âge maximum atteint vingt ans.

La sole commune, ou vraie, est le représentant le plus pêché de sa famille. Sa chair blanche est très délicate. Les prises annuelles représentent 35 000 à 45 000 tonnes.

Longueur : 30–45 cm, maximum 60 cm.
Poids : 1–2 kg, maximum 3 kg.
Fécondité : 10 000–150 000 oeufs.
D : 70–87 ; A : 54–74 ; P : 6–10.
Synonyme : *Pleuronectes solea.*

Vue frontale mettant en évidence la disposition des nageoires et l'asymétrie du corps.

Pelouse, sole pole *Solea lascaris*

Etendue sur le fond, la pelouse ne se distingue à première vue en rien de la sole vraie, beaucoup plus commune. Sa tête est arrondie à l'avant, la dorsale commence en avant de l'oeil et, comme la nageoire anale, elle est reliée à la caudale par une membrane basse. Une observation plus attentive de la face aveugle permet de constater que la narine antérieure a ici une forme tout à fait différente de celle de la sole vraie. La narine postérieure et les deux narines de la face oculée sont tubulaires comme chez la sole vraie. Les deux espèces se différencient partiellement aussi par leur coloration : la robe de la pelouse est brun assez clair à gris-brun, avec de grosses taches sombres et de petites taches plus claires. Le milieu de la pectorale porte une tache noire arrondie.

La pelouse vit sur les fonds sableux ou argileux de la plate-forme continentale à 30–250 m de profondeur, en été même dans des eaux moins profondes. La fraie se prolonge sur une longue période : dans certaines stations, elle a été observée dès le mois d'avril ; dans d'autres, encore à la fin de septembre. Les oeufs et les larves peuvent flotter à différentes profondeurs, souvent même très loin des côtes (60 à 100 milles marins). La nourriture de la pelouse se compose surtout de vers polychètes et de mollusques, dans une moindre mesure d'alevins de poissons benthiques.

Sa chair est assez bonne, mais comme les prises ne sont jamais nombreuses, elle n'a pas de réelle importance économique.

Longueur : 20–35 cm, maximum 45 cm.
Poids : 0,5–1,5 kg, maximum 2 kg.
D : 67–76 ; A : 53–65 ; P : 7–10.
Distribution : Méditerranée ; mer Noire ; côtes européennes et africaines de l'Irlande et de l'Angleterre jusqu'à l'Angola. Elle s'avance parfois dans les embouchures.
Synonyme : *Pleuronectes lascaris, Pegusa lascaris.*

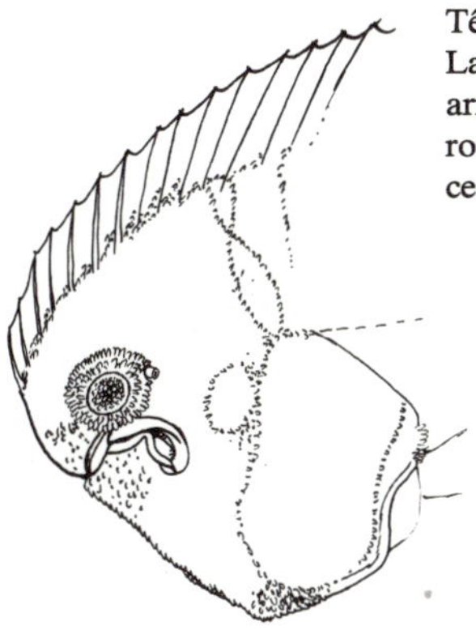

Tête de la pelouse, extrémité antérieure de la face gauche aveugle. La grande narine antérieure est fortement élargie en son extrémité, arrondie et entourée de fines franges qui lui donnent un aspect en rosette. De nombreuses excroissances de peau se trouvent près de cette narine.

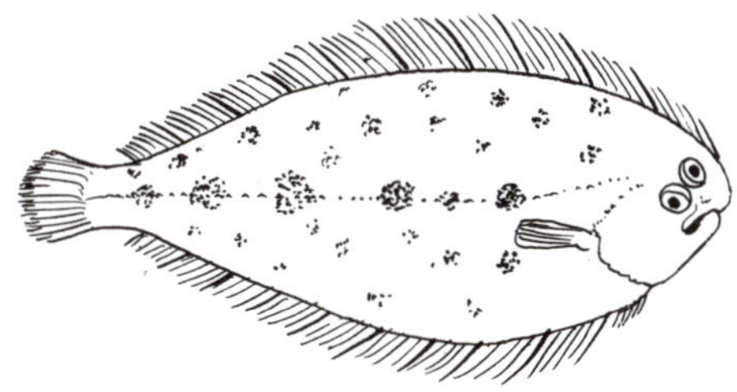

Monochirus luteus est une espèce apparentée à la pelouse, qui vit en Méditerranée et dans l'Atlantique, depuis la Norvège méridionale jusqu'à Dakar. Elle atteint 15 cm de long environ.

Les GOBIESOCIFORMES constituent un groupe particulier de poissons surtout marins, reconnaissables surtout à leur ventouse ventrale formée par la modification des nageoires ventrales. Chez certaines espèces, les os de la ceinture scapulaire interviennent également dans sa constitution. La famille des GOBIESOCIDAE comprend cinq espèces littorales des mers européennes.

Porte-écuelle

Lepadogaster lepadogaster

Malgré sa petite taille, le porte-écuelle est l'un des plus gros représentants de sa famille. Son corps est aplati dans le sens dorso-ventral, la tête est relativement grosse et terminée par un long museau portant, près des narines antérieures et surtout chez les mâles, de longues antennes. La dorsale et l'anale sont réunies à la caudale, la ventouse ventrale est bien développée.
La coloration est très variable selon le substrat. La couleur de base est rosée à rouge sombre, mais aussi parfois cannelle à verte. Le dessus de la large tête porte entre les yeux 2 à 3 ocelles bleus bordés de jaune à brun. Le dos et les flancs portent d'autres taches sombres.
Le porte-écuelle vit surtout dans la zone des ressacs, fixé à la face inférieure des pierres, dans les herbiers, parfois en grand nombre. Même les fortes vagues n'arrivent pas à l'arracher à son support. Il fraie d'avril à fin juillet. La femelle pond ses oeufs sous les pierres et dans des coquilles de mollusques vides. Il se peut que la ponte soit fractionnée. Le porte-écuelle est surtout actif de nuit. Mauvais nageur, il se nourrit surtout d'annélides et de crustacés. Il peut passer une assez longue période hors de l'eau, mais meurt vite en eau douce (en 12 à 15 h). Cependant, lorsque l'eau s'adoucit progressivement sur une période de plusieurs jours, le porte-écuelle arrive à survivre plusieurs mois en eau douce.

Longueur : 6–8 cm, exceptionnellement jusqu'à 10 cm.
Poids : 40–80 g.
Fécondité : 200–300 oeufs.
D : 15–20 ; A : 9–12 ; P : 20–25 ; V : I/4.
Distribution : eaux côtières de l'Atlantique, des îles Britanniques jusqu'à Dakar ; Méditerranée, mer Noire.
Synonyme habituel : *Cyclopterus lepadogaster*.

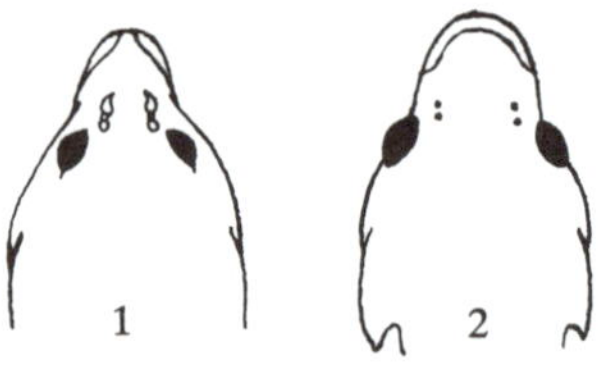

Tête, vue de dessus, de *L. lepadogaster* (1) et de *L. decandollei* (2).

Lepadogaster decandollei est une espèce affine vivant en Méditerranée, en mer Noire et dans l'Atlantique, des îles Britanniques jusqu'à Dakar, toujours dans la zone côtière. Ses narines antérieures sont étirées en de courts tubes. A la différence de *L. lepadogaster,* il n'a pas de longues antennes et ses nageoires dorsale et anale sont séparées de la caudale. *L. decandollei* atteint une taille de 10 à 12 cm.

Les LOPHIIFORMES constituent un ordre comprenant environ deux cent cinquante espèces marines prédatrices, au corps aplati dans le sens dorso-ventral, de forme tout à fait caractéristique. La famille des LOPHIIDAE se compose de quatre genres environ, répartis en douze espèces de poissons benthiques vivant dans la zone tempérée à tropicale des océans mondiaux. Ce sont des poissons peu mobiles dotés d'une grosse tête aplatie, aux mâchoires démesurées. Ils se tiennent souvent en eau très profonde.

Baudroie, lotte *Lophius piscatorius*

Le corps de la baudroie est nu, fortement aplati, terminé par une très grosse tête avec une large bouche supérieure, fortement armée de dents. Autour de la mâchoire inférieure et sur les flancs se trouvent des rangées de lambeaux cutanés qui font penser à des touffes d'algues. Il y a deux dorsales : la première se compose de trois épines libres et de trois épines réunies par une membrane. Les épines libres sont étirées en des espèces d'antennes dont la première porte à son extrémité un lambeau cutané charnu, souvent frangé (filament pêcheur ou ilicium). Les mouvements de ce lambeau attirent les proies vers la bouche du poisson. Sa coloration s'adapte à la couleur du support, la face ventrale est claire.

La baudroie vit surtout dans les eaux peu profondes de la zone littorale où, mauvaise nageuse, elle se tient surtout allongée sur le fond ou cachée dans les touffes d'algues. A l'automne, elle quitte les côtes européennes pour frayer dans les eaux profondes de l'Atlantique (à 1000–2000 m). La fraie se déroule de janvier à février, les oeufs sont situés dans des hexaèdres muqueux qui s'agglutinent en rubans épais de 0,5 cm, larges de 30 à 100 cm et atteignant 4 à 15 m de longueur. Le développement complexe s'étend sur quatre mois environ. Une fois écloses, les larves passent à une vie benthique.

Poisson apparemment maladroit et peu mobile, la baudroie est pourtant un chasseur efficace de toutes sortes de poissons, d'invertébrés, mais aussi de petits requins qu'elle attire près de sa large gueule à l'aide des mouvements du filament pêcheur. Un coup de dents rapide comme l'éclair, et voilà la proie presque toujours capturée. Certains sujets sont tellement voraces que le contenu de leur estomac représente 1/3 de leur poids total.

La chair de la baudroie est savoureuse. Les prises annuelles mondiales se situent aux alentours de 40 000 à 60 000 tonnes. Son pancréas sert à l'extraction d'insuline.

Longueur : 1,5 m, maximum 2 m.
Poids : 30–40 kg.
Fécondité : 1 300 000 oeufs.
D_1 : III+III ; D_2 : 11–13 ; A : 9–11 ; P : 23–27.

Baudroie vue de profil : la forme des rayons libres de la dorsale dont le premier porte le filament pêcheur est ici bien visible.

Distribution de *L. piscatorius*.

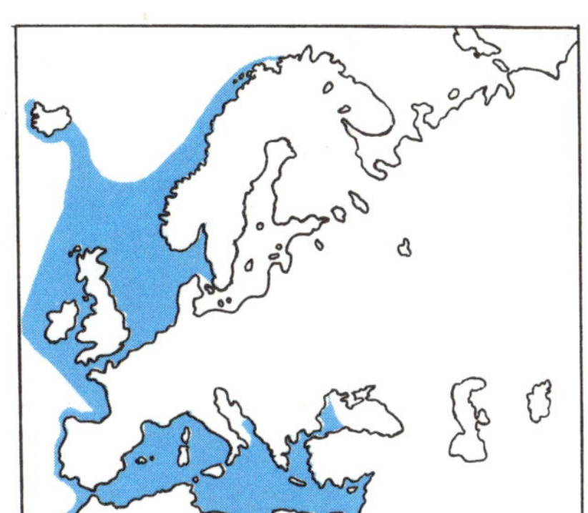

Le vaste groupe des TETRAODONTIFORMES comprend nombre de poissons marins tropicaux et subtropicaux, aux mâchoires armées de fortes dents. Les membres de la famille des MOLIDAE ont un corps de forme caractéristique, latéralement comprimé, et convexe dans sa région postérieure, du fait d'une atrophie de la partie arrière de la colonne vertébrale et de la queue. Au contraire des autres Tétrodontiformes, les Molidés ne possèdent pas de sac oesophagien gonflable. Ils sont donc incapables de modifier leur forme en remplissant cette poche d'air ou d'eau.

Môle, poisson-lune *Mola mola*

Le poisson-lune a une coloration gris-brun avec un ventre clair. Le corps est nu et recouvert d'une peau rugueuse et élastique. Les nageoires dorsale et anale sont longues et s'unissent pour donner une caudale rudimentaire.
La môle nage souvent près de la surface, avec la dorsale dépassant de l'eau. On peut aussi la voir, couchée sur le flanc, et se laissant bercer par les vagues. Elle peut cependant descendre à de grandes profondeurs. Sa fertilité est la plus élevée de tous les poissons connus. Les larves vivent en haute mer et en profondeur. Elles se distinguent des adultes par leur coloration et la structure de leur corps couvert de grandes épines qui les protègent contre les prédateurs. Ces épines disparaissent à l'âge adulte.
La môle se nourrit de zooplancton, de crustacés, de céphalopodes et de petits poissons. Son appareil digestif contient souvent un grand nombre de larves d'anguilles (Leptocéphales).
La môle est rarement prise par les pêcheurs. Bien que sa chair n'ait rien de toxique, elle est pratiquement immangeable.

Longueur : 2,5 m, maximum 4 m.
Poids : 1400 kg, maximum 2000 kg.
Fécondité : jusqu'à 300 000 000 oeufs.
D : 16–18 ; A : 14–18.
Distribution : toutes les mers tropicales et subtropicales, au large. Le Gulf Stream la ramène parfois jusqu'aux côtes méridionales de la Norvège.
Synonyme courant : *Tetraodon mola.*

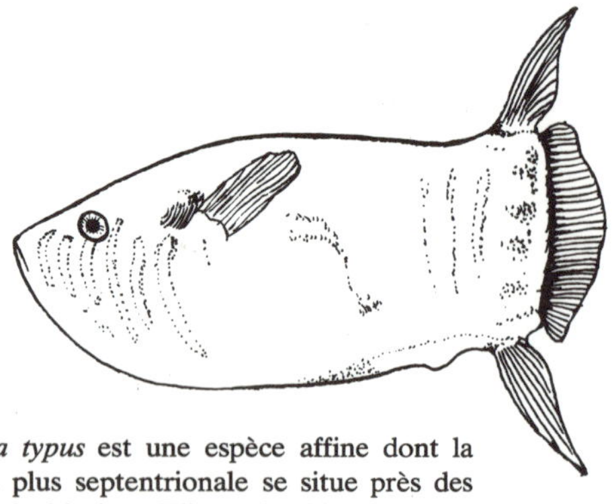

Ranzania typus est une espèce affine dont la limite la plus septentrionale se situe près des côtes nord-africaines. Elle atteint 80 cm de long, au maximum 1 m, et vit en surface.

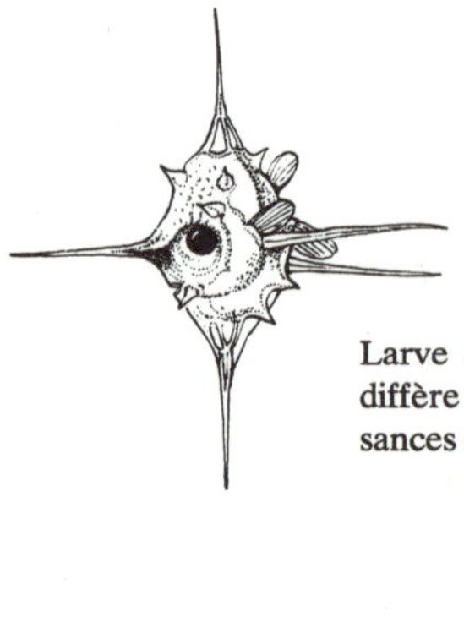

Larve de *Mola mola* (longueur 17 mm). Elle diffère de l'adulte par la présence d'excroissances épineuses qui disparaissent avec l'âge.

Bibliographie sommaire

Bauchot, L. M. et Pras, A. : *Guide des poissons marins d'Europe,* Paris, Delachaux et Niestlé.
Bertin, L. et Arambourg, C. : *Super-ordre des téléostéens* in *Traité de zoologie,* Paris, P. P. Grassé, tome XIII, fasc. III.
Bertin, L. : *La Vie des animaux,* Paris, Larousse, tome I.
Duborgel, M.: *La pêche et les poissons de nos rivières,* Paris, Le Livre de Poche.
Frank, S. : *Encyclopédie illustrée des poissons,* Paris, Gründ.
Frank, S. : *Encyclopédie des poissons d'aquarium,* Paris, Gründ.
Geistdoerfer, P. : *Poissons des mers d'Europe,* Guide Point vert, Paris, Hatier.
Harrant, H. et Jarry, D. : *Guide du naturaliste dans le Midi de la France,* tome I : *La mer, le littoral,* Paris, Delachaux et Niestlé.
Horáčková, J. et coll. : *Animaux de tous les pays,* Paris, Gründ.
Hureau, J. C. et Monod, Th., éd. : *Catalogue des poissons de l'Atlantique nord-est et de la Méditerranée,* Paris, U.N.E.S.C.O., 2 volumes.
Lagler, K. F., Bardach, J. E. and Miller, R. R. : *Ichthyology. The study of fishes,* John Wiley and Sons.
Luther, W. et Fiedler, K. : *Guide de la faune sous-marine des côtes méditerranéennes,* Paris, Delachaux et Niestlé.
Lytgoe, J. and. G. : *Fishes of the sea,* Londres.
Marshall, N. B. : *La Vie des poissons,* Paris, Bordas, 2 volumes.
Meusy, J. J. : *Le Monde sous-marin et son image, photo et cinéma subaquatiques,* Paris, Paul Montel.
Muus, B. J. et Dahlström, P. : *Guide des poissons d'eau douce et pêche,* Paris, Delachaux et Niestlé.
Muus, B. J. et Dahlström, P. : *Guide des poissons de mer et pêche,* Paris, Delachaux et Niestlé.
Petit, G. : *Splendeurs de la Faune marine,* Paris, Delachaux et Niestlé.
Petrovický, I. : *Poissons d'aquarium,* Paris, Gründ.
Wheeler, A. : *Key to fishes of Northern Europe,* Paris, Londres, Frederick Warne.
Wheeler, A. : *Les poissons d'eau douce,* Paris, Solar.

Index des noms français

Able de Stymphale 112, 113
Ablette 112, 114, 115, 193
– de rivière 115
Acipenséridés 69–72
Agonidés 277
Aiguillat 56
Aiguille de mer 173
Aiguillette 147
Albacore 254
Allache 81
Alopiidés 50
Alose finte 76
Ammodytidés 247–248
Anarrhichadidés 243–244
Anchois 82, 167, 186
Anchoveta du Pérou 82
Ange de mer 58
Anguille commune 142
– vésarde 174
Anguillidés 142
Aphie 260
Apron 198
Argentin 100
Argentinidés 100
Aspe 112
Aspidophore 277
Athérinidés 183–184

Balaou 148
Bar 192
Barbeau à courte tête 126
– commun 125
– méditerranéen 127
Barbue 150, 282
– norvégienne 282
Baudroie 295
Bécasse de mer 172
Bélonidés 147
Bélouga 69
Black-bass 200
Blageon 108
Blennie à tête noire 240
– coiffée 241
– commune 237
– fluviatile 238
– gattorugine 238
– ocellée 239
– paon 237
– sphinx 239
Blenniidés 237–241
Bogue 214
Bonite à dos rayé 249
Bothidés 281
Bouvière 130
Brame 202
Bramidés 202
Brème bordelière 116, 119, 140
– commune 116
– du Danube 117
Brochet commun 102
– de mer 177

Cabot 182
Cagnotte 238
Callionymidés 263–264
« Candle fish » 98
Capelan 99, 158
Caproïdés 185
Carangidés 205–207
Carassin 131, 141
– doré 132
Carcharhinidés 53–54
Carpe à la lune 131
– commune 133–134
– -cuir 134
– écailleuse 134
– -miroir 134
Carrelet 289, 290
Castagnole 233
Centracanthidés 203–204
Centrarchidés 200–201
Cépolidés 223
Cétorhinidés 49
Chaboisseau 271, 272
Chabot 166
– à quatre cornes 275
– de mer 273
– de Silésie 272
– scorpion 276
Chat marin 243
Chevesne 105, 106
Chimère 68
Chiméridés 68
Chinchard 205
– méditerranéen 167, 206
Chiqueur 264
Cicerelle 247
Clupéidés 73–82
Cobitidés 136–139
Colonel 100
Congre 144
Coquette 229
Corb 209
Corbeau 209
Corégone péled 94
Corégonidés 92–96
Coucou de mer 268
Crénilabre à cinq bandes 226
– mélops 225
– tanche 227
Cténolabre rupestre 228
Cycloptéridés 278
Cyprinidés 104–135
Cyprinodontidés 145

Dactyloptère volant 269, 280
Dactyloptéridés 280
Dalatiidés 57
Dasyatidés 64
Daurin 178
Denté commun 211
Dorade grise 220
– royale 219

Doré 186
Drageonnet 263

Echénéidés 224
Eglefin 152, 285
Emissole 54
Engraulidés 82
Entélure 175
Eperlan 98
Epinoche à trois épines 168
– de mer 171
Epinochette 169
Equille 247
Esocidés 102
Espadon 254
Esturgeon 70
– étoilé 71
Exocoétidés 149

Fanfre 224
Fausse limande 281
Flet 289
Flétan 285
– noir 291
Fondule d'Europe 145

Gade 67, 265, 283
Gadidés 150–166
Gambusie 146
Gardon 104, 111, 112, 140, 193
– galant 104
– rouge 107
Gastérostéidés 168–171
Germon 253
Girelle 232
Glatdick 72
Gobie à tête de serpent 258
– de rivière 255
– nain 260
– noir 257
Gobiesocidés 294
Gobiidés 255–262
Gonnelle 242
Goujon 128
– à nageoires blanches 128, 129
– de Kessler 129
– du Danube 129
Grand lançon 248
– pollan 93
Grande alose 75
– roussette 52
– vive 234
Grémille 196
– du Danube 197
Griset 47
Grondin gris 269
– hirondelle 270

Halibut 285
Hareng 73, 154, 167, 202, 265
– de Kessler 77

– de la Caspienne 78
Hexanchidés 47
Hippocampe 176
– commun 176
Hotu 123
Houting 93
Huchon 90

Ide mélanote 107

Julienne 161

Kilka 79

Labre merle 231
Labridés 225–232
Laimargue 57
Lamnidés 48
Lampridés 187
Lamproie de mer 42
– de Planer 44
– de rivière 43
– de Wagner 41
– du Danube 45
Lançon 154, 283
Langue de mer 292
Lavaret 96
Lieu jaune 154, 155
– noir 154
Lièvre de mer 278
Limace de mer 279
Limande 286
– -sole 287
Limandelle 287
Lingue 161
– bleue 161
– espagnole 162
Liparidés 279
Loche d'étang 138, 139
– de mer 165
– de rivière 136
– dorée 137
– épineuse 136
– franche 139
– -pierre 139
Lompe 278
Lophiidés 295
Loquette 245
Lote 166
Lotte 166, 295
Loup 192, 243
– marin tacheté 244

Macrorhamphosidés 172
Maquereau 167, 202, 250
– espagnol 251
Marmotte 279
Mendole 204
– alcédo 203
Merlan 153
– bleu 156
Merlu 167
Merluciidés 167
Mérou 191
Meunier 106
Milandre 53
Mochon 184
Mole 296
Molidés 296
Mordocet 237
Morue 150
– commune 151
Motelle commune 163
– de Méditerranée 164

Mugilidés 178–182
Mulet à grosses lèvres 181
– à lèvres minces 179
– doré 178
– labeon 180
– ramada 179
– sauteur 180
Mullidés 221–222
Murène 143
Murénidés 143
Mustèle 54
Myliobatidés 65
Myxine 46
Myxinidés 46

Nase 123
Nérophis 175

Omble-chevalier 88
Ombrine 210
Opah 187
Orphie 147
Osmëridés 98–99

Pageau 215
Pagre 218
Papillon de mer 242
Pastenague 64
Pelouse 293
Perche 193
– arc-en-ciel 201
– commune 195
– goujonnière 196
– soleil 201
– truitée 200
Percidés 193–199
Perlon 270
Petit poisson-chien 103
– tacaud 158
Petite lamproie 44
– marène 92
– roussette 51, 52
– vive 235
Pétromyzonidés 41–45
Pholidés 242
Phoque 69
Pilote 224
Pleuronectidés 285–291
Plie 290
– arctique 288
Plouse 157
Poecilidés 146
Poisson bleu 208
– -chat brun 141
– chien 103
– -lune 296
– -pilote 53, 207
– rouge 132
– -ténia 223
Pomacentridés 233
Pomatomidés 208
Porte-écuelle 294
Poutassou 156
Prêtre 183
Protérorhine marbré 262
Ptéroïs 266
Puzanok 78

Raie-aigle 65
– -aigle tachetée 65
– à museau pointu 62
– bouclée 59
– lisse 61
– radiée 60

Rajidés 59–63
Rascasse blanche 236
– brune 266
– du Nord 265
– rouge 266, 267
Rasoir 121
Rat 236
Régalec 188
Régalécidés 188
Rémora 224
Renard marin 50
Requin bleu 53
– du Groenland 57
– -marteau 55
– pèlerin 49
Roi des harengs 188
Rotengle 111
Rouget de roche 222
– de vase 221
Rousseau 217

Saint-pierre 186
Salmonidés 83–91
Salut 140
Sandale 292
Sandre 193
– commun 194
– de la Volga 194
Sanglier 185
Sar (sargue) commun 213
Sardine 80, 186
Sardinelle 81
Saumon à bosse 83
– commun 86
– de fontaine 89
– de l'Atlantique 84
– du Danune 86, 90
Saurel 205
Sciénidés 209–210
Scombrésocidés 148
Scombridés 249–253
Scophthalmidés 282–284
Scorpénidés 265–267
Scyliorhinidés 51–52
Sébaste 265
Semelle 292
Serran écriture 189
– petite chèvre 190
Serranidés 189–192
Silure glane 140
Siluridés 140
Soffie 124
Sole commune 292
– pole 293
– vraie 292
Soléidés 292–293
Souris de mer 277, 285
Sparaillon 212
Sparidés 211–220
Sphyrénidés 177
Sphyrnidés 55
Spirlin 115
Sprat 74
Squalidés 56
Squatinidés 58
Sterlet 72
Sternoptychidés 101
Streber 198
Surmulet 222
Syngnathe 173
Syngnathidés 173–176
Syphonostome 174

Tacaud 157

– norvégien 157
Tanche commune 122
Tassergal 208
Taupe 48
Thon blanc 253
– germon 253
– rouge 252
Thymallidés 97
Torpénidés 66–67
Torpille marbrée 66
– noire 67
Touille 48
Tourdero 230
Trachinidés 234–235
Triglidés 268–270
Truite 84
– arc-en-ciel 87
– commune 85, 86
– de rivière 86
Turbot 150, 283

Umbridés 103
Uranoscopidés 236

Vairon 109, 166
– des marais 109
Vandoise 105, 166
Vendace 92
Vieille 230
Vipère de mer 175
Vive-araignée 235
Voilier 254

Xiphiidés 254

Zährte 120
Zéidés 186
Zingle 199
Zoarcès 245
Zoarcidés 245–246
Zope 118

Index des noms latins

Abramis ballerus 117, 118
– *brama* 116, 117
– *sapa* 117
Acerina cernua 196
Acipenser gueldenstaedti 70, 72
– *nudiventris* 72
– *ruthenus* 70, 72
– *stellatus* 71
– *sturio* 70, 71
Acipenseridae 69–72
Aetobatus narinari 65
Agonidae 277
Agonus cataphractus 277, 285
– *decagonus* 277
Alburnoides bipuctatus 115
Alburnus alburnus 114
– – *albidus* 114
– – *charusini* 114
Alopias vulpinus 50
Alopiidae 50
Alosa aestivalis 76
– *alosa* 75
– *caspia* 78
– *fallax* 75, 76, 78
– *kessleri* 77
– – *kessleri* 77
– – *pontica* 77
– *pseudoharengus* 202
– *sapidissima* 75
Ammodytes 154, 283
– *cicerelus* 247
– *lanceolatus* 248
– *marinus* 247
– *tobianus* 247
Ammodytidae 247–248
Amplolites rupestris 201
Anarrhichas latifrons 244
– *lupus* 243
– *minor* 244
– *orientalis* 244
Anarrhichadidae 243–244
Anguilla anguilla 142
Anguillidae 142
Aphanius fasciatus 145
– *iberus* 145
Argentina silus 100
– *sphyraena* 100
Argentinidae 100
Argyropelecus lynchus 101
– *olfersi* 101
Aristichthys nobilis 135
Arnoglossus imperialis 281, 291
– *laterna* 281
Aspitrigla cuculus 160, 161, 268, 269
Aspius aspius 112
Aspro streber 198
– *zingel* 199
Atherina 258
– *hepsetus* 184
– *mochon* 183, 184
– *presbyter* 183
Atherinidae 183–184

Barbus barbus 125
– *brachycephalus* 126
– – *caspius* 126
– *cyclolepis* 126
– *meridionalis* 127
Batymyzon bairdii 42
Belone 183
– *belone* 147
Belonidae 147
Blenniidae 237–241
Blennius fluviatilis 238
– *galerita* 241
– *gattorugine* 238
– *nigriceps* 240
– *ocellaris* 239
– *pavo* 237
– *pholis* 237
– *sanguinolentus* 240
– *sphinx* 239
– *viviparus* 245
Blicca bjoerkna 117, 119
Boops boops 214
– *salpa* 214
Boreogadus saida 150
Bothidae 281
Box boops 214
Brachymystax lenok 90
Brama brama 202
– *raji* 202
Bramidae 202
Brosme brosme 160

Callionymidae 263–264
Callionymus bairdi 263
– *festivus* 264
– *lyra* 264
– *maculatus* 263
Cantharus vulgaris 220
Caproidae 185
Capros asper 185
Carangidae 205–207
Caranx trachurus 205
Carassius auratus 131, 132
– – *gibelio* 132
– *carassius* 131
Carcharhinidae 53–54
Carcharhinus glaucus 53
Carcharias glaucus 53
Caspioalosa caspia 78
– *kessleri* 77
Caspiomyzon wagneri 41
Centracanthidae 203–204
Centrarchidae 200–201
Cepola rubescens 223
Cepolidae 223
Cetorhinidae 49
Cetorhinus maximus 49
Chauliodus sloani 101
Chimaera monstrosa 68
Chimaeridae 68
Chondrostoma genei 123, 124
– *nasus* 123, 124
– *toxostoma* 124
– – *arrigonus* 124
Chromis chromis 233
– *dimidiatus* 233
Chrysophrys aurata 219
Ciliata mustela 165
Clupea 85
– *alosa* 75
– *aurita* 81
– *fallax* 76
– *finta* 76
– *harengus* 73
– – *pallasi* 73
– *pilchardus* 80
– *sardina* 80
– *spratus* 74
Clupeidae 73–82
Clupeonella 77
– *delicatula* 79
Cobitidae 136–139
Cobitis aurata 137
– *caspia* 136
– *elongata* 137
– *taenia* 136
Cololabis saira 148
Conger conger 144
Congridae 144
Coregonidae 92–96
Coregonus albula 92, 94
– *autumnalis* 94, 95
– – *autumnalis* 95
– – *baicalensis* 95
– – *migratorius* 95
– *lavaretus* 92, 94, 96
– *nasus* 93
– *oxyrhynchus* 93
– *peled* 94
Coris gaimard 232
– *giofredi* 232
– *julis* 232
Coryphoblennius galerita 241
– *tentacularis* 241
Cottidae 271–276
Cottus gobio 271
– *poecilopus* 271, 272
– *quadricornis* 275
– *scorpius* 276
Crenilabrus melops 225
– *ocellatus* 225
– *quinquemaculatus* 226
– *tinca* 227
Cristovomer 89
Ctenolabrus rupestris 228
Ctenopharyngodon idella 110
Cyclopteridae 278
Cyclopterus lepadogaster 294
– *liparis* 279
– *lumpus* 278

Cyprinidae 104–135
Cyprinodontidae 145
Cyprinus carpio 133–134
– *rutilus* 104
Cypselurus heterurus 149, 253

Dactylopteridae 280
Dactylopterus orientalis 280
– *volitans* 269, 280
Dalatiidae 57
Dasyatidae 64
Dasyatis pastinaca 64
Dentex dentex 211
– *macrophthalmus* 211
– *vulgaris* 211
Dicentrarchus labrax 192
– *lupus* 192
Diplodus annularis 212
– *sargus* 212, 213
– *vulgaris* 212, 213

Echeneidae 224
Echeneis naucrates 224
– *remora* 224
Eleginus gracilis 159
– *navaga* 159
Engraulidae 82
Engraulis encrasicholus 82
– – *encrasicholus* 82
– *ringens* 82
Entelurus aequoreus 175
Epinephelus alexandrinus 190
– *gigas* 191
– *guaza* 191
Esocidae 102
Esox lucius 102
– *sphyraena* 177
Etmopterus spinax 56
Eudontomyzon danfordi 45
Euthynnus 251
– *pelamis* 252
Eutrigla gurnardus 269
Exocoetidae 149

Fodiator 149

Gadiculus argenteus 67
Gadidae 150–166
Gadus aeglefinus 152
– *capelanus* 158
– *elongatus* 162
– *luscus* 157
– *merlangus* 153
– – *euxini* 153
– *merluccius* 167
– *merlus* 167
– *minutus* 158
– *molva* 161
– *morhua* 151
– *mustela* 165
– *navaga* 159
– *pollachius* 155
– *poutassou* 156
– *virens* 154
Gaidropsarus argentatus 163
– *mediterraneus* 163, 164
– *tricirratus* 164
– *vulgaris* 163
Galeorhinus galeus 53
Galeus melanostomus 51
Gambusia affinis 146
– – *holbrooki* 146
Gasterosteus 159, 171
– *aculeatus* 168
– *ductor* 207
Gasterosteidae 168–171
Germo alalunga 253
Gobiesocidae 294
Gobiidae 255–262
Gobio albipinnatus 128, 129
– *gobio* 128
– *kessleri* 129
– *uranoscopus* 128, 129
Gobius batrachocephalus 256
– *cobitis* 258
– *fluviatilis* 255
– *leopardinus* 259
– *melanostomus* 256
– *microps* 259
– *minutus* 260
– *niger* 257
– *ophiocephalus* 255, 258
– *paganellus* 257
– *pictus* 261
Gymnelis viridis 245
Gymnetrus longiradiatus 188
Gymnocephalus acerina 197
– *baloni* 197
– *cernua* 196
– *schraetser* 196, 197
Gymnothorax moringa 143

Hexanchidae 47
Hexanchus griseus 47
Hippocampus guttulatus 176
– *hippocampus* 176
– *punctulatus* 176
Hippoglossus hippoglossus 285
– *groenlandiens* 291
Hucho hucho 90
– *taimen* 90
Huso huso 69
Hyperoplus 85
– *lanceolatus* 248
Hypophthalmichthys molitrix 135

Icelus bicornis 274
– *spatula* 274
Ictaluridae 141
Ictalurus nebulosus 141
Istiophorus platypterus 254

Johnius umbra 209

Labrax lupus 192
Labridae 225–232
Labrus berggylta 230
– *bimaculatus* 229
– *lineatus* 229
– *maculatus* 230
– *merula* 231
– *mixtus* 229
– *ossifagus* 229
– *turdus* 230
Lamna cornubica 48
– *nasus* 48
Lamnidae 48
Lampetra danfordi 45
– *fluviatilis* 43
– *planeri* 44
Lampridae 187
Lampris guttatus 187
– *luna* 187
– *regius* 187
Lepadogaster decandollei 294
– *lepadogaster* 294
Lepidorhombus whiffiagonis 284
– *boscii* 284
Lepomis gibbosus 201
Leucaspius delineatus 113
Leuciscus borysthenicus 106
– *cephalus* 105, 106
– *idus* 107
– *leuciscus* 105, 106
– *souffia* 108
Limanda limanda 286
Liopsetta glacialis 288
– *guttulata* 288
Liparidae 279
Liparis callyodon 279
– *liparis* 279
Lithognathus 215
Liza aurata 178
– *ramada* 179
Loligo forbesi 253
Lophiidae 295
Lophius piscatorius 295
Lota lota 166
Lucioperca lucioperca 193
– *volgense* 194
Lycodes esmarkii 246
– *vahlii* 246

Macrorhamphosus scolopax 172
Macrorhamphosidae 172
Maena chryselis 204
– *smaris* 203
Mallotus villosus 99
Melanogrammus aeglefinus 285
Merlangus merlangus 153
– *pollachius* 155
Merlucciidae 167
Merluccius 156
– *merluccius* 167
Micromesistius australis 156
– *poutassou* 156
Micropterus dolomieui 200
– *salmoides* 200
Microstomus kitt 287
– *microcephalus* 287
– *pacificus* 287
Misgurnus fossilis 138
Mola mola 296
Molidae 296
Molva dipterygia 161
– *elongata* 162
– *macrophthalma* 162
– *molva* 161, 162
Monochirus luteus 293
Morhua lusca 157
Morone labrax 192
Mugil auratus 178, 180, 181
– *breviceps* 178
– *capito* 179
– *cephalus* 180, 182
– *labeo* 180
– *labrosus* 178, 181
– *ramada* 179
– *saliens* 180
Mugilidae 178–182
Mullidae 221–222
Mullus barbatus 221
– *surmuletus* 221, 222
Muraena helena 143
Muraenidae 143
Mustelus canis 54
– *mustelus* 54
Myliobatidae 65
Myliobatis aquila 65
– *nuctula* 65
Myoxocephalus quadricornis 275
– *scorpius* 275, 276

Myxine glutinosa 46
Myxinidae 46

Naucrates ductor 53, 207, 224
Nerophis maculatus 175
– *ophidion* 175
Noemacheilus barbatulus 139

Oncorhynchus gorbuscha 83
– *keta* 83
Onos cimbrius 165
– *maculatus* 164
– *mediterraneus* 164
– *mustela* 165
– *tricirratus* 164
Osmerus 159
– *eperlanus* 98
– – *dentex* 98
Osmeridae 98–99
Oxyporhampus 149

Pagellus acarne 217
– *bellotti* 215
– *bogaraveo* 215, 216
– *cantabricus* 217
– *centrodontus* 217
– *erythrinus* 215
– *mormyrus* 215
Pagrus aurata 219
– *ehrenbergi* 218
– *pagrus* 218
– *vulgaris* 218
Paracentropristis cabrilla 190
– *scriba* 189
Pegusa lascaris 293
Pelecus cultratus 121
Perca cabrilla 190
– *fluviatilis* 195
– *labrax* 192
– *marina* 295
– *norvegica* 265
– *saltatrix* 208
– *scriba* 189
Percidae 193–199
Petromyzon fluviatilis 43
– *marinus* 41, 42
– *planeri* 44
– *wagneri* 41
Petromizonidae 41–45
Phobetor tricuspis 276
Phoca caspica 69
Pholidae 242
Pholis gunnellus 242
– *laeta* 242
Phoxinus percnurus 109
– *phoxinus* 109
Platessa platessa 290
Platychthys flesus 289
Pleuronectes flesus 289
– *glacialis* 288
– *hippoglossoides* 291
– *kitt* 287
– *lascaris* 293
– *limanda* 286
– *microcephalus* 287
– *platessa* 160, 290, 291
– *solea* 292
Pleuronectidae 285–291
Pneumatophorus japonicus 251
Poecilidae 146
Pollachius pollachius 67, 154, 155
– *virens* 154
Polyprion americanum 192
Pomacentridae 233
Pomatomidae 208
Pomatomus saltatrix 208
Pomatoschistus 258
– *microps* 259
– *minutus* 260
– *pictus* 261
Prionace glauca 53
Promicrops lanceolatus 191
Proterorhinus marmoratus 262
Psetta maxima 283
Pseudoserranus cabrilla 190
Pterois volitans 266
Pungitius 171
– *platygaster* 170
– *pungitius* 169, 170

Raja aquila 65
– *batis* 61
– *borea* 63
– *clavata* 59, 61
– *fullonica* 60
– *hyperborea* 63
– *oxyrhynchus* 62
– *quadrimaculata* 62
– *radiata* 60
– *vomer* 62
Rajidae 59–63
Raniceps raninus 162
Ranzania typus 296
Regalecidae 188
Regalecus gladius 188
– *glesne* 188
Reinhartius hippoglossoides 291
– – *matsuurae* 291
Remora remora 224
Rhodeus sericeus 130
Rhombus maximus 283
– *megastoma* 284
– *rhombus* 282
Romaichthys valsanicola 199
Rutilus pigus 104
– *rutilus* 104

Sabanejewia aurata 137
Salmo albula 92
– *apache* 86
– *eperlanus* 98
– *gairdneri* 87
– *hucho* 90
– *leucichthys* 91
– *salar* 84
– *thymallus* 97
– *trutta* 84, 85
– – m. *fario* 86
– – m. *lacustris* 85
Salmonidae 83–91
Salvelinus alpinus 88
– *fontinalis* 89
– *namaycush* 89
Sarda 251
– *sarda* 249
Sardina pilchardus 79, 80
Sardinella 219
– *aurita* 79, 81
Sardinops caerulea 80
– *sagax* 81
Sargus annularis 212
Scardinius erythrophthalmus 111
Sciaena canosai 210
– *cirrhosa* 210
– *hololepidotus* 209
– *umbra* 209, 210
Sciaenidae 209–210
Scomber 251
– *colias* 251
– *germo* 253
– *japonicus* 251
– *scombrus* 250
– *thynnus* 252
– *trachurus* 205
Scomberesocidae 148
Scomberesox saurus 148
Scombridae 249–253
Scophthalmidae 282–284
Scophthalmus maximus 283
– *norvegicus* 282
– *rhombus* 282, 291
Scorpaena porcus 266
– *scrofa* 267
– *ustulata* 267
Scorpaenidae 265–267
Scyliorhinidae 51–52
Scyliorhinus caniculus 51
– *stellaris* 52
Sebastes marinus 265
– *mentella* 265
– *norvegicus* 265
Serranidae 189–192
Serranus aeneus 189
– *cabrilla* 190
– *guaza* 191
– *scriba* 189
Siluridae 140
Silurus glanis 140
Solea lascaris 293
– *solea* 292
Soleidae 292–293
Somniosus microcephalus 57
Sparidae 211–220
Sparus annularis 212
– *aurata* 219
– *auratus* 219
– *bogaraveo* 216
– *boops* 214
– *cantharus* 220
– *centrodontus* 217
– *erythrinus* 215
– *pagrus* 218
Sphyraena barracuda 177
– *gauchancho* 177
– *sphyraena* 177
– *vulgaris* 177
Sphyraenidae 177
Sphyrna tiburo 55
– *zygaena* 55
Sphyrnidae 55
Spicara alcedo 203, 204
– *flexosa* 204
– *maena* 203, 204
– *smaris* 204
Spinachia 171
– *spinachia* 171
Spondylosoma cantharus 220
Sprattus sprattus 74
– – *balticus* 74
Squalidae 56
Squalus acanthias 56
– *griseus* 47
– *zygaena* 55
Squatina squatina 58
Squatinidae 58
Stenodus leucichthys 91
– – *leucichthys* 91
– – *nelma* 91
Sternoptychidae 101
Sternoptyx olfersi 101
Stizostedion lucioperca 193
– *volgense* 194

Symphodus melops 225
– *roissali* 226
– *tinca* 227
Syngnathidae 173–176
Syngnathus acus 173
– *hippocampus* 176
– *tenuirostris* 173
– *typhle* 174

Taurulus bubalis 273
– *lilljeborgi* 273
Temnodon saltator 208
Tetraodon mola 296
Thaleichthys pacificus 98
Thunnus 251
– *alalunga* 253
– *albacares* 253
– *thynnus* 252
Thymallidae 97
Thymallus thymallus 97
Tinca tinca 122
Torpedinidae 66–67
Torpedo marmorata 66
– *nobiliana* 67
– *torpedo* 66
Trachinidae 234–235
Trachinus araneus 235
– *draco* 234
– *vipera* 235
Trachurus capensis 205
– *mediterraneus* 206
– *trachurus* 205, 206
Trachypterus arcticus 188
Trigla corax 270
– *gurnardus* 269
– *hirundo* 270
– *hyrax* 270
– *lucerna* 270
– *lyra* 270
– *milvus* 269
– *obscura* 268
Triglidae 268–270
Trisopterus esmarki 157, 161
– *luscus* 157
– *minutus* 158

Umbra krameri 103
– *pygmaea* 103
Umbridae 103
Umbrina cirrhosa 210
Uranoscopidae 236
Uranoscopus scaber 236

Vimba vimba 120
– – natio *carinata* 120

Xiphias gladius 254
Xiphiidae 254

Zeidae 186
Zeus aper 185
– *faber* 186
Zingel asper 198
– *streber* 198
– *zingel* 199
Zoarces viviparus 245
Zoarcidae 245–246
Zygaena malleus 55